Vengo a salvar a España

VENGO A SALVAR A ESPAÑA

BIOGRAFÍA DE UN FRANCO DESCONOCIDO

ANDRÉS RUEDA

INVESTIGACIÓN ABIERTA

www.investigacionabierta.com
www.nowtilus.com

Serie: **Nowtilus Frontera**
Colección: **Investigación Abierta**
www.nowtilus.com
www.investigacionabierta.com

Título de la obra: **Vengo a salvar a España**
Autor: © **Andrés Rueda**

Editor: **Santos Rodríguez**
Colección ideada y dirigida por: **Fernando Jiménez del Oso**
Responsable editorial: **Teresa Escarpenter**

Diseño y realización de cubiertas: **Carlos Peydró**
Diseño de interiores: **Juan Ignacio Cuesta Millán**
Maquetación: **Juan Ignacio Cuesta y Gloria Sánchez**
Producción: **Grupo ROS (www.rosmultimedia.com)**

Editado por **Ediciones Nowtilus, S.L.**
www.nowtilus.com

Doña Juana I de Castilla, 44, 3º C, 28027 MADRID

ISBN: 84-9763-202-8
EAN: 978-849763202-7
Fecha: Noviembre 2005

Printed in Spain
Imprime: Imprenta Fareso, S. A.
Depósito Legal: M. 44.150-2005

Índice

Hombres de España,
ni el pasado ha muerto,
ni está el mañana
—ni el ayer—escrito.
ANTONIO MACHADO

En la paz, los hijos entierran a los padres,
mientras que en la guerra son los padres los que entierran a los hijos.
HERODOTO.

Si un hombre llega a la cúspide, no dirá cómo arribó allí.
(VANCE PACKARD: *Los trepadores de la pirámide,* 1969)

Con todo, cediendo ya a la fortuna de este hombre y recibiendo el freno, como tuviesen el mando de uno solo, por alivio y descanso de los males de la guerra civil, le declararon dictador por toda la vida; lo que era una no encubierta tiranía, pues a lo suelto y libre del mando de uno solo se juntaba la perpetuidad.
(PLUTARCO: *Vidas paralelas, César*)

Vengo a salvar a España,
(FRANCO, 19-7-36)

Soy un hombre que jamás ha abrigado ambiciones de mando
(FRANCO, 1947)

Todo ha quedado atado y bien atado,
con mi propuesta y la aprobación por las Cortes
(FRANCO, 1969)

Introducción

La presente obra ha sido el resultado de muchos años de investigación iniciada con la realización de la tesina de fin de carrera en la Facultad. Trataba sobre Julio César y la dictadura. Fue tal la cantidad de datos y observaciones acumuladas sobre las dictaduras que, una vez terminada la tesina, surgió la oportunidad de realizar la tesis doctoral sobre la personalidad y psicología de Franco, trabajo que abordé en 1973.

El enunciado del tema ya produjo reticencias y consejos de profesores consultados que argumentaban, no era oportuno dicho tema.

A pesar de las dificultades surgidas, decidí continuar con el tema escogido que adquirió ya título concreto: *Introducción al estudio psicológico de la personalidad de Francisco Franco*.

El simple enunciado del tema produjo distanciamiento y recelos entre los profesores, aconsejando repetidamente el aplazamiento del trabajo y la imposibilidad de colaboración o dirección.

No obstante, continué silenciosamente la tesis doctoral y la investigación durante más de diez años.

Estaba convencido de que el dictador moriría algún día, aunque algunos incondicionales fervorosos no lo creían así.

Las aportaciones contenidas en las páginas siguientes –algunas se publican por primera vez–, son fruto de muchos años de trabajo y algunas investigaciones afortunadas, y fueron revisadas y reelaboradas profundamente ante el acontecimiento capital del franquismo: la muerte del dictador.

Con frecuencia aparecen nuevas aportaciones o testimonios sobre la Guerra Civil o el franquismo, pero ninguna sobre los aspectos claves de la vida, personalidad y psicología de Franco. Todos los trabajos olvidan sistemáticamente el análisis de la personalidad de un hombre que, durante 39 años, detentó el poder absoluto en España, para bien o para mal de los españoles.

Para comprender la larga permanencia de Franco en el poder es imprescindible adentrarse en la personalidad del hombre que sorteó toda clase de dificultades y luchó para alcanzar la cúspide del poder y, una vez alcanzada, continuó luchando para mantenerse hasta el fin de su vida.

Queremos expresar nuestro agradecimiento a cuantas personas e instituciones han colaborado, desde leer el texto hasta aportar sugerencias y datos.

Hoy, después de 30 años de la muerte del dictador, la Editorial Nowtilus se ha atrevido a publicar esta obra sobre Franco que fue rechazada por algunas editoriales.

En esta obra aparece por primera vez el mensaje criptográfico del 18 de julio del 36 en el ABC de Sevilla, que historiadores y periodistas no encontraron.

El título de la obra está tomado de la primera frase que pronunció Franco al tomar tierra en Tetuán: *Vengo a salvar a España*, algo que se tomó muy en serio durante 40 años.

Andrés Rueda

VNA
GRAN
DE
LIBRE
PLVS
VLTRA

FRANCISCO FRANCO BAHAMONDE
(1892-1975)

1936 Generalísimo de los Ejércitos
1939 Gran Cruz Laureada de San Fernando
1940 Orden Suprema de la Annunziata

Doctor Honoris Causa por las Universidades de Valladolid (1938), Coimbra (1949), Salamanca (1954), Pontificia de Salamanca (1954), Santiago de Compostela (1965) y Rector Honorario de la Universidad de Santo Tomás de Manila, Filipinas (1941)

1943 Alcalde Perpetuo de Santiago de Compostela
1945 Medalla de Oro de la Previsión
Decano honorario del Ilustre Colegio de Abogados de Madrid
1945 Hijo Adoptivo de Padrón (La Coruña)
Alcalde Honorario de Padrón
Medalla de Oro de Padrón
1946 Presidente Honorario de todas las Diputaciones de España
1948 Medalla de Oro de la Diputación de Cádiz
1950 Hijo Adoptivo y de Honor de Vizcaya
1950 Medalla de Oro de Baracaldo
1953 Alcalde de Móstoles (Madrid)
1953 Medalla de Oro Laureada del Mérito al Trabajo

DICTADOR
CAUDILLO DE ESPAÑA
(*Responsable ante Dios y ante la Historia*)
JEFE DEL ESTADO ESPAÑOL

1954	Gran Collar de la Orden de Cristo
1954	Protonotario de la Basílica de Montserrat de Roma
1955	Ingeniero Agrónomo Honoris Causa
	Medalla de Oro de las Provincias Españolas
1959	Primera Medalla de Oro de Valladolid
1961	Primera Medalla de Excombatiente de Guipúzcoa
1962	Medalla de Oro de la Provincia de Valencia
1962	Medalla de Oro de la Provincia de Palencia
1962	Medalla de Oro de León y de la Provincia
1964	Medalla de Oro Conmemorativa de los XXV Años de Paz
1965	Gran Collar del Santo Sepulcro
1966	Medalla de Oro de Berga (Barcelona)
1966	Hijo Adoptivo e Hijo Predilecto de la Provincia de Barcelona
1966	Presidente de Honor del Real Club Náutico de Barcelona
1966	Hijo Adoptivo de Guernica
1966	Hijo Adoptivo y Predilecto de Barcelona
1967	Medalla de Oro de la Provincia de Sevilla
1968	Medalla de Oro de Castro Urdiales (Santander)
1970	Medalla de Oro del Museo Militar de Montjuich (Barcelona)
1970	Medalla de Oro del Sindicato de Actividades Diversas y Presidente de Honor

Gloriosos héroes de la magna
18 de julio
D. J. Calvo Sotelo
Gral Queipo de Llano
Gral Cabanellas
Gral Goded
Gral Varela
Gral
Cnel

uzada salvadora de España
1936
nco
Gral Sanjurjo
Gral Mola
D. J. A. Primo de Rivera
VIVA ESPAÑA
scardó
Cnel Yagüe
anda

PARTE I

La forja de un dictador

Nadie en el Tercio sabía
quién era aquel legionario
tan audaz y temerario
que en la Legión se alistó.

(HIMNO DE LA LEGIÓN)

¿Cómo era el General Franco por dentro?

Vamos a entrar, al menos eso pretendemos, en la intimidad de un hombre que durante cuarenta años sólo aspiró a lo más alto de la pirámide del poder y durante los cuarenta años siguientes se propuso no descender de la cúspide.

La personalidad de Franco es contradictoria. Un gran conocedor del ser humano escribe:

La verdad biológica es, en efecto, mucho más difícil de ser deformada que la verdad histórica, y nos es relativamente sencillo el lograr un auténtico hallazgo en el fondo de los espejismos desconcertantes de las leyendas más apasionadas. Las leyendas que se edifican sobre la vida humana de los hombres, y no sobre su vida histórica, tienen siempre una raíz real, que esa leyenda deforma, pero a la vez fija y esquematiza; de suerte que casi siempre es más ayuda que estorbo para la reconstrucción de la exacta silueta de los personajes pretéritos (1).

Si estudiamos detenidamente la personalidad de Franco, analizando sus motivaciones, complejos y conflictos familiares, junto con las frustraciones, lograremos comprender muchas actitudes del dictador, que resultan incomprensibles y hasta absurdas por considerarlas al margen de los problemas psicológicos permanentes del general.

En este trabajo interesan menos los datos históricos, que se pueden conocer a través de cualquier biografía del general, pero mucho más las motivaciones que han dado lugar a los hechos históricos. Durante bastantes años, la pasión más subjetiva moverá las plumas de los historiadores, ya que guste o no, Franco será el tema de nuestro tiempo.

Para estudiar objetivamente la historia contemporánea hay que recurrir con mucha frecuencia a la prensa. Las hemerotecas se han convertido en las bibliotecas y archivos del futuro. El periódico es un testigo diario del acontecer de la historia. Los discursos, las declaraciones, los sucesos e incluso las fotografías son documentos primarios de la historia contemporánea.

Muerto el dictador, un periodista preguntó:

¿Por qué quería Franco mantenerse en el poder? Y responder a una interrogación de este carácter, no le demos vueltas, no es cuestión de historiadores, ni de sociólogos, ni de

economistas. Y ya diremos ahora por qué responder a esta interrogación es una cuestión que entra en los dominios amplios de la medicina y en los más estrictos de la psicología o psiquiatría (2).

Muchos años antes de escrito lo anterior, el gran médico español y buen conocedor de los hombres, escribió:

Porque nadie ignora con cuánta frecuencia la gran tramoya de los hechos públicos ha sido conducida por individuos, o francamente enfermos o de esos otros que, como los funámbulos en su cuerda, atraviesan la vida balanceándose entre la normalidad y la patología. Y acaso no sería desmedido decir que a esta categoría pertenecen, casi sin excepción, los grandes hombres que han hecho cambiar el rumbo de la Historia (3).

ABC de Sevilla publicó un número extraordinario con motivo del primer aniversario del Alzamiento, en 1937, y se preguntaba: *«¿Pero cómo es el general Franco por dentro? Esto es más interesante»* (4). Muchos españoles se han preguntado continuamente *¿cómo era Franco?*, porque sabían que el dictador no era, de verdad, como lo presentaba la propaganda franquista.

Todo hombre presenta en la personalidad factores contradictorios en su estructura psíquica. Los factores de la personalidad de Franco configuraban su distanciamiento y su incomprensión. Por ello, algún periodista puso en circulación la palabra *francología* como una expresión de la posibilidad de interpretación del arcano de Franco. Sobre la biografía del general pesaba intensamente un conjunto de factores, que analizados detenidamente se descomponen en las motivaciones siguientes:

–El complejo de Edipo
–El rechazo del padre
–El Desastre del 98
–La carrera militar
–Los años de Marruecos
–La República
–La Guerra Civil
–La Victoria
–La paranoia

A los hombres les resulta mucho más fácil escribir las páginas de la Historia que borrarla o tacharla. Los romanos dijeron aquello de *scripta manet* (lo escrito permanece). El historiador Suetonio escribió sobre Vitelio, en *Vidas de los Doce Césares* lo siguiente: *El Senado decretó los funerales públicos, haciéndole levantar frente a los Rostros* (5) *una estatua con esta inscripción: "A la fidelidad inquebrantable"*.

Por su parte, el historiador Tácito escribe en los *Anales* también: *Fue ultrajado a su muerte con la misma bajeza con que había sido adorado en vida*.

Existe gran discrepancia entre el Franco que conoce el pueblo español a través de la propaganda de NODO y TVE, y el Franco hombre, lleno de problemas íntimos y personales. El psicólogo Alfred Adler escribe: *Es imposible formar un recto juicio sobre un individuo si se ignora la naturaleza de sus problemas vitales y la tarea que éstos le plantean. Sólo partiendo de la manera como el individuo se enfrente con ellas, de cómo se conduce mientras tanto, comprenderemos claramente su verdadero ser* (6).

Franco, el último general enganchado en la camarilla de la conspiración, tuvo suficiente calma para saber esperar el momento oportuno y lanzar su golpe de audacia. De mero colaborador, dirigido por otros, pasó a primera figura, cuyo protagonismo mantuvo durante 40 años.

Al principio, lo usaron los monárquicos con objeto de aprovecharse de su fama y ser el único general que podría aspirar a denominarse monárquico, de los que contaban con ejércitos tras sus espaldas. Mucho más monárquico que Franco era Orgaz, pero con más años, menos capacidad y sin suficiente arraigo entre los mandos medios del ejército. Franco era respetado entre los oficiales africanistas, que, en resumidas cuentas, eran los que contaban y pisaban fuerte a la hora de la verdad.

Los monárquicos alfonsinos –los hombres de Acción Española–analizaron bien todas las posibilidades que presentaba Franco para la candidatura del "mando único". Por eso, Kindelán– aconsejado por Alfonso XIII –apoyó a Franco, el joven general africanista, "niño bonito" del rey; pero el destino reserva múltiples sorpresas a los hombres y obstaculiza sus mejores propósitos. Es presumible suponer que la personalidad de Franco, tantos años frustrado y considerándose un perseguido–de ahí su paranoia– , cuando llegó a conocer y tratar directamente a los "viejos políticos monárquicos" y advirtió la baja calidad humana que ofrecían (eran eternos detentadores del privilegio continuo, favorecedores de tantas injusticias sociales, de irritantes explotaciones humanas, de hipócritas defensores de la religión, de Dios y de España), *debió sentir asco y rechazo de sus viejas artimañas antipatrióticas, que anteponían sus beneficios capitalistas al ideal de una España nueva* –según escribió un falangista sobre aquellos primeros años de la guerra– *mientras las juventudes morían en los campos de España, defendiendo un falso ideal*. Aquel ideal consistía en salvar las propiedades y los capitales de la oligarquía monárquica, que no supo aprender la lección del 14 de abril de 1931.

Instalado Franco en el poder comprendió que aquellos hombres de derechas que le rodeaban, le adulaban y hasta le temían, carecían de dignidad. Por otra parte, intentaban jugar con él hasta que les salvara sus propiedades y privilegios.

La psicología de Franco actuó de acuerdo con su personalidad de hombre desconfiado, y una vez que le tomó gusto al poder, ya no hubo fuerza humana de desmontarlo. A los trepadores de la pirámide es imposible derribarlos.

Cuando llegó la paz los monárquicos y algunos generales hablaron de restaurar la Monarquía; aquello sonó en los oídos de Franco como una idea subversiva que pretendía arrojarle del poder. Era lo que esperaba el paranoico: verse perseguido por los propios monárquicos, que, al fin, habían encontrado en él a su padre, un benefactor que le devolvió sus bienes perdidos. Franco se vio sin amigos, sin personas en quien confiar, no obstante haber halagado a los generales; Franco se encontró solo. La soledad del paranoico que no confía en nadie y que no tiene amigos. Se reveló como un solitario –el solitario de El Pardo– rodeado de encinas, tapices y lámparas de cristal, pero que carecía de biblioteca **(7)**.

Su terca y secreta ambición de poder –de mando– le mantuvo apartado del pueblo, aislado, a pesar de sus cada vez más esporádicos contactos aclamatorios del "Franco, Franco, Franco". Sus críticos más objetivos le consideran un seudocaudillo sin ideas en lo económico, sin teorías políticas y sin capacidad para transmitir ideas ni facilidad oratoria, incluso ni presencia de líder. Existe

La Traca. La revista humorística de la República publica un número extraordinario sobre la salida de Alfonso XIII de España donde le trata de la forma más despiadada y cruel. Franco usó a Alfonso XIII para promocionarse dentro de la carrera militar. Tras la batalla de El Buiz en África (cuando le dieron el tiro en los testículos), le fue concedida la cruz de María Cristina, que Franco tuvo el arrojo de rechazar escribiendo una carta personal al rey en la que renunciaba a la medalla en favor de un ascenso militar (quería ser comandante), consiguiendo así que el rey le concediera el ascenso. Esta ansia de poder le llevaría a ser el general más joven de Europa.

un abismo de diferencias entre un líder –fuerza para convencer y arrastrar– y un jefe de ordeno y mando.

Vivió engañado por la oligarquía, que le hizo creer que era un caudillo, el salvador de España, el centinela de Occidente. Le hicieron creer que los españoles son ingobernables, poseídos de los "demonios familiares de la desunión, de la discordia y del fratricidio". Y él se lo creyó; por eso asumió la responsabilidad del caudillo imprescindible e irrepetible. Así le labraron un pedestal granítico de autoritarismo y de unidad obsesiva "entre los hombres y las tierras de España". Tuvo muchísimo más mando que gobierno.

Carlyle describe la figura bastante exagerada y poco real del líder político en su punto máximo de poder omnipotente, pero de forma subconsciente estaba descubriendo sus aspiraciones idealizadas, que encubrían su propia personalidad de hombre impotente sexualmente. Esto ocurre con demasiada frecuencia en el hombre que defiende o mantiene sus principios autoritarios absolutos. Es una forma subrepticia de evasión, para compensar psicológicamente la carencia de la potencia sexual, que en la sociedad de todos los tiempos está identificada como el máximo de poder y actividad social. Es una forma de creación de dominio de los demás y de un reconocimiento de juventud y de la agresividad necesaria para acometer y ejecutar acciones varoniles.

La reconocida potencia sexual es un resumen de poder; es un cheque en blanco para realizar empresas de máxima envergadura; es un reconocimiento tácito de todas las posibilidades. En la sociedad actual existe una clara supervaloración de la juventud como un símbolo de todas las posibilidades humanas.

Por ello, los psicólogos y psiquiatras saben perfectamente que detrás de las personalidades políticas y de los hombres autoritarios, tanto religiosos como financieros, se esconde un problema psicológico importante.

Muchos años después de la Guerra Civil, treinta y tres años desde aquel "17 a las 17" el escritor C.J.C. publica una novela cuya dedicatoria dice así: *A los mozos del reemplazo del 37, todos perdedores de algo: de la vida, de la libertad, de la ilusión, de la esperanza, de la decencia. Y no a los aventureros foráneos, fascistas y marxistas, que se hartaron de matar españoles como conejos y a quienes nadie había dado vela en nuestro propio entierro* **(8)**.

Y años después, en la democracia, escribirá de nuevo: *Todos los españoles tendríamos que devolver, ¿a quién?, los laureles de la guerra civil, los crisantemos de la guerra civil, los dolores y los yerros de la guerra civil (...) Los españoles no podemos seguir siendo regidos por los muertos (...) La guerra civil es una maldición de Dios, para castigar a un puñado de culpables, cae sobre mil cabezas inocentes. No recordemos la guerra civil; observémosla como si hubiera sido una malaventura ajena y distante, y avergoncémonos de que haya retumbado sobre nuestro suelo, bajo nuestro cielo.*

Homero, en *La Ilíada*, nos dice: *Quien ama la horrible guerra civil es un hombre sin familia, sin ley y sin hogar* **(9)**.

Entre los juicios que se han emitido sobre Franco destaca uno, que por provenir de un hombre buen conocedor de la biografía del dictador y tratarse de un general promotor del nombramiento de Franco en 1936 por la Junta de Defensa Nacional, merece ser estudiado, ya que pudo observar perfectamente la evolución sufrida por el Caudillo, Salvador de España:

Es hombre (Franco) que tiene la envidiable condición de dar crédito a cuanto le agrada y olvidar o negar lo desagradable. Está, además, ensoberbecido e intoxicado por la adulación y emborrachado por los aplausos. Está atacado por el mal de altura; es un enfermo de poder decidido a conservar éste mientras pueda, sacrificando cuanto sea posible y defendiéndolo con garra y pico. Muchos le tienen por hombre perverso y malvado; no lo creo yo así. Es taimado y cuco, pero creo que obra convencido de que su destino y el de España son consustanciales y de que Dios le ha colocado en el puesto que ocupa, para grandes designios. Marcado por la elevación excesiva y desarmado por insuficiente formación cultural, no sabe apreciar los riesgos de una prolongación excesiva de su dictadura y la cada día mayor dificultad de ponerla a término. La inteligencia de Franco es corriente–más bien le corresponde el dictado de listo o vivo que el de inteligente–con la particularidad de no ser productor de ideas, pero sí de asimilar las que encuentra aprovechables, las que al cabo de muy poco tiempo ha asimilado de tal manera que cree suyas de buena fe **(10)**.

Si analizamos detenidamente la trayectoria que marca la llegada y permanencia de Franco en el poder, se observa que durante toda su vida –juventud, madurez y senectud– sólo le movió la pasión de mandar.

La mitad de los españoles y bastantes extranjeros opinaban que después de la guerra europea en 1945 era imposible que Franco se mantuviera en el poder. Pero el hombre de la calle nunca pensó que Franco pudiera esconder una personalidad psicopatológica. Ese atisbo sólo lo tuvieron los especialistas –psicólogos y psiquiatras–, que a la vista de la persistencia en los rasgos psicológicos, pensaron en la posibilidad de una personalidad con alteraciones patológicas y con múltiples problemas familiares, de infancia, sexuales, etc.

Por el contrario, nadie llegó a pensar en una posible locura, ya que el hombre de la calle por su impericia para diagnosticar estos casos, sólo se limitaba a aplaudir sus discursos con reverencia y a colaborar de una forma inconsciente en el culto a la personalidad. Por otra parte, los profesionales de esa materia no podían exponer públicamente estas opiniones sin exponerse a ser castigados severísimamente.

Hay que tener muy presente que después de una cruenta guerra civil, donde las pasiones más agresivas y sanguinarias de los hombres están a flor de piel y se desatan teniendo posibilidad de realizar los instintos tanáticos, el pueblo de ambos bandos está totalmente traumatizado por la violencia ejercida mutuamente, como vencedores o vencidos.

Una imagen del pasado: la entrada al astillero de El Ferrol.

Si la victoria final hubiera cambiado de suerte, invirtiéndose los términos, el trauma hubiera sido el mismo porque la materia y el instrumento sobre el que actúa es siempre el hombre. Ya dijo Hobbes: *Homo hominis lupus* (el hombre es un lobo para el hombre).

Las acciones de un solo hombre violento en el poder son irrealizables, ya que éstas no son de un individuo aislado en la cúspide, sino que existe una relación recíproca de correlación entre el violento y su pueblo y que la psicopatología de uno repercute en el otro e interacciona con él.

Ahí están como ejemplo los casos típicos de los grandes dictadores de la Historia. Un dictador no llega a serlo nunca si no se rodea de otros dictadores pequeños, que se ayudan y complementan mutuamente en su psicopatología y anormalidad.

Un conocido psicoanalista escribe de Hitler: *No fue sólo Hitler, el loco, quien creó la locura de Alemania, sino que la locura alemana ha creado a Hitler* (11).

Trasladando los términos a España, es perfectamente adaptable esta frase a nuestro país y circunstancia.

El *búnker* no es sólo unas docenas de hombres, sino miles y miles de hombres que apoyaban la dictadura, por ser la realización de sus ideales psicopatológicos, que aparecían convertidos en realidad mediante un hombre ideal para ellos. Franco ha sido durante 40 años la expresión concreta y real de un estado de ánimo de miles y miles de españoles, que satisfacían así su anhelo de materialización de unos deseos latentes. Por eso lo apoyaban fanáticamente como una proyección psicológica de sus ideas psicopatológicas.

No hay que culpar a Franco de tantas desgracias nacionales, porque él no hubiera llegado a la dictadura permanente si no hubiera sido aplaudido, aceptado y reforzado en sus múltiples manifestaciones históricas.

No se puede opinar sanamente de un país donde miles y miles de personas, reunidas en la Plaza de Oriente el 20 de noviembre de 1976, (un año después de muerto Franco), gritaban enardecidos: *Franco resucita, España te necesita*.

El estado de salud mental de estas personas nos hace pensar en un caso de psicopatología colectiva.

Estos hombres y mujeres que gritan desaforadamente están proyectando una personalidad huérfana de padre –y en resumen de autoridad– en un hombre que murió. Están huérfanos psicológicamente.

Hay que analizar cuidadosamente las motivaciones psicológicas que alimentan este estado de ánimo delirante colectivo a cauces de convivencia y respeto mutuo, anulando la violencia latente que subyace en la sociedad actual, que cíclicamente da lugar a escenas similares de violencia y ridículo.

Pero el problema fundamental sigue planteado en investigar y conocer si Franco reunía una personalidad psicopatológica o no, y qué motivaciones hicieron de él lo que llegó a ser. He aquí el problema de todo hombre.

Entre los cientos de obras publicadas sobre el franquismo y la docena de biografías de Franco hay suficiente material histórico y crítico del hombre y de su época, pero nada existe ni se ha escrito que tenga utilidad para acometer un estudio psicológico de la personalidad de Franco.

Y verdaderamente, mientras no se analicen en profundidad las motivaciones psicológicas que dieron lugar a la formación de su personalidad, seguiremos sin conocer ni entender a Franco.

He realizado el estudio de Franco exactamente con la misma metodología que usamos cuando un paciente con alteraciones psicológicas acude a la consulta del psicólogo en busca de ayuda. Tenemos que desentrañar su biografía y poner de relieve las etapas fundamentales de su vida. Analizar el desarrollo de su psicología evolutiva y estudiar sus regresiones y fijaciones psicológicas, que nos darán a conocer los problemas por los cuales atravesó, traumatizándole, y sobre todo las motivaciones que le empujaron a alcanzar la fase siguiente de la estructura de su personalidad. El estudio de las pautas familiares, la formación conseguida y las metas alcanzadas, junto con las frustraciones que llevan al sujeto a una agresividad latente, nos descubre la estructura de la personalidad del sujeto.

Hemos estudiado detenidamente la biografía de Franco y analizado su lingüística y estructura mental y sintáctica, sobre todo en los pequeños discursos pronunciados sin cuartillas previamente escritas, donde Franco deslizaba subconscientemente, sin advertirlo, ideas ocultas que se disparaban sin él suponerlo, a pesar de su constante reserva y control.

Hasta hoy ningún biógrafo ha llegado a estudiar y analizar estas piezas maestras de su personalidad, utilísimas para el psicólogo, que hacen las veces de una entrevista confidencial en la consulta.

Los hombres que hablan en público hacen acerca de sí mismo muchas revelaciones sin saberlo, incluso más de lo que ellos mismos pueden suponer. Y esto lo saben bien los psicólogos. El estudio de la psicolingüística revela con frecuencia muchos factores inconscientes del orador, que muestran procesos psíquicos simbólicamente relacionados con sus propios e íntimos problemas.

Franco hablaba casi siempre ateniéndose a sus ideas obsesivas sobre problemas subconscientes que le martilleaban continuamente como la masonería, el comunismo, el liberalismo decimonónico o la conjura judeo-masónica, contraponiendo a ello la unidad entre los hombres y las tierras de España.

Existen técnicas especiales de uso entre psicólogos y psiquiatras que avalan la exactitud de estos métodos y que facilitan información sobre el inconsciente.

Con la ayuda de todas las fuentes de información, como discursos, datos, frases, anécdotas y escritos, es posible reconstruir y analizar la estructura de su personalidad.

No obstante, reconocemos la gran dificultad que entraña dicho análisis por no disponer de algunos materiales que consideramos necesarios.

Entre las cuatro aportaciones más importantes de Freud a la psicología de la conducta humana, se encuentra la comprensión y estudio de la etapa infantil, que marca necesariamente toda la vida posterior del hombre. Por eso pudo decir Alfred Adler: *El niño es el padre del hombre* **(12)**.

Y Walter C. Langer dice: *Durante sus primeros años, con frecuencia, el niño malinterpreta lo que ocurre a su alrededor y construye la estructura de su personalidad sobre premisas falsas* **(13)**.

La familia

El padre de Francisco Franco pertenecía a la Escuela de Tierra de la Armada, dedicado a la Intendencia y Administración de la Marina. No fue

El contador de navío Nicolás Franco y su esposa Pilar Bahamonde, con el segundo de sus hijos, al que bautizaron como Francisco Paulino Hermenegildo Teódulo. Su padre jamás creyó en él. Franquito era de voz atiplada y afeminada. Su hermano Nicolás era más despierto e inteligente y su hermano pequeño, Ramón, era el simpático de la familia. Franquito siempre estuvo acomplejado ante sus hermanos. El padre de Franco siempre viviría separado de su hijo, incluso en su muerte, que pasó completamente desapercibida.

marino sino administrador. Alcanzó un alto grado en la jubilación. En su juventud, cumplidos los 30 años viajó a las Islas Filipinas, y en Manila sedujo y dejó embarazada a una joven española de 14 años, llamada Concepción Puey, hija de un marino de guarnición en la isla. El 28 de diciembre de 1888 nació un hijo que recibió el nombre de Eugenio. Don Nicolás Franco volvió a España y más tarde, el 21 de mayo de 1890, casó con Doña Pilar Bahamonde y Pardo de Andrade, 10 años más joven que él.

Con sus hijos fue siempre excesivamente exigente y severo, con las genialidades de D. Nicolás y con las anécdotas de su vida hay como para escribir un libro que sería, por cierto, muy entretenido. Continuó frecuentando el Casino de Oficiales sin renunciar a las cartas y a la bebida. Francisco acumuló un resentimiento latente contra el autor de sus días, pues se sentía herido por la falta de respeto que mostraba hacia su madre y por la conducta, en ciertos aspectos escandalosa que observaba. El padre no quería a Paquito y con frecuencia ponía de manifiesto la antipatía que sentía hacia su segundo vástago, tan distinto en todo a su manera de ser **(14)**.

En 1907, el padre fue ascendiendo a un grado superior y trasladado a Madrid. El traslado fue aprovechado para abandonar definitivamente a la esposa e hijos. Vivió en Madrid con una criada gallega, de muy buen ver, que sirviéndole de amante y ama de llaves le dio una hija en Madrid.

Los Franco aprendieron del padre, aunque en distinta medida, a satisfacer sus deseos personales antes que otra cosa. Al mayor le interesó el dinero; al segundo la ambición del mando; al tercero, la rebeldía. Al comprender los tres hermanos que estaban sin padre, cada uno reaccionó con distinta actitud frente a la madre, pero de acuerdo con la psicología individual de cada uno: Nicolás quiso conservar la tradición familiar y acrecentar el patrimonio, velando por la familia y tratando de enriquecerse rápidamente e incluso usando a los hermanos para conseguir los deseos más particulares. Francisco deseó ascender rápidamente en la carrera militar hasta llegar al generalato, aunque tuviese que pisar un montón de cadáveres y con ello alcanzar el poder que, una vez conseguido, no habría fuerza humana que le obligase a soltar. Ramón fue un rebelde nato: el más parecido al padre; alegre, despreocupado y extrovertido, cualidades que heredó del padre. Ambos se dejaron llevar por sus impulsos vitales.

Los psicólogos han señalado que aquellos niños que se ven tempranamente privados de la influencia paterna generan como reacción la ambición de sobresalir en la vida, con objeto de anular el recuerdo del padre y matarlo inconscientemente. Estos niños, cuando son hombres, adquieren una fuerza sobrehumana para luchar e imponerse en el entorno que les rodea, para dominarlo y sobresalir, compensando así la frustración sufrida. No ahorrarán esfuerzo alguno que trate de dominar a los hombres, identificados con el padre que los abandonó, lo que consideran una terrible injusticia. Sostienen una lucha tenaz y durísima para dominar a los demás. Su libido les exige la satisfacción de una ambición desmedida para superar al padre. Conseguido el poder no lo sueltan jamás; sólo ante la muerte se rinden, porque la lucha enconada y a veces sangrienta por poseer el poder, les compensará de tantas frustraciones que soportan durante la infancia y la juventud.

Sánchez Silva escribe: *Don Nicolás era hombre de línea contradictoria* **(15)**.

Por otra parte, Ricardo de la Cierva escribe: *D. Nicolás, su padre, se establece definitivamente en Madrid, solo, poco después del ingreso de Francisco en la Academia Toledana.* **(16)**.

Luis Ramírez escribe: *Nicolás Franco, marino retirado y padre del Caudillo, morirá en apogeo de su hijo segundo, sin que éste vuelva a dirigirle apenas la palabra, sin que sea exaltado como puede esperar por padre del nuevo salvador. Pero es mucho lo que le reprocha. Demasiado. Es gran parte de su vida lo que le ha condicionado* (17).

Nicolás Franco Salgado-Araujo falleció en Madrid el año 1942, a los 88 años de edad. Vivía en la calle Fuencarral con una mujer con la que había tenido una hija. Su hijo Nicolás, el mayor de la familia, recuperó los restos de su padre y los hizo conducir al Palacio de El Pardo donde esa misma noche Francisco oró brevemente para ordenar que, sin pompa, fueran conducidos al cementerio de la Almudena, donde habrían de recibir sepultura (18).

Por el contrario, Ricardo de la Cierva escribe: *En la noche del Domingo 22 de febrero fallece en un piso de la madrileña calle de Fuencarral don Nicolás Franco Salgado-Araujo, padre del Jefe del Estado, a la edad de 85 años. Enfermo desde octubre se había ido recuperando hasta una fatal recaída quince días antes de su muerte. Franco se despide en El Pardo del cadáver de su padre, tras instalar allí mismo la capilla ardiente. Le acompaña hasta la salida del pueblo y el resto del cortejo sigue hasta el cementerio de La Almudena, en la mañana del 24, después de la misa a la que asiste toda la familia* (19).

Una vecina de D. Nicolás nos concedió unas declaraciones sobre los últimos años de la vida del padre del dictador:

Era un hombre acabado físicamente: En sus años mozos debió de ser un hombre de buena presencia y debió de ser hasta buen mozo. Pero al final de su vida decía muchos disparates, como si estuviese algo ido o loco. Debieron de pasar algunas necesidades, por-

Los hermanos Franco: Francisco y Nicolás.
El padre, Nicolás Franco, era un vividor que abandonó a la familia cuando Franco tenía seis años, yéndose a vivir a Madrid con la criada. Desde entonces Franco desarrolló un odio hacia su padre que le duraría toda la vida. Psicológicamente este hecho influye mucho en Franco, que volcó todo su afecto en su madre, a quien identificaba con la patria. Este amor preside la adolescencia de Franco y será una influencia fundamental en su personalidad, convirtiéndose en un auténtico complejo de Edipo. El hermano Nicolás desarrolló una próspera carrera económica a su sombra.

que en aquellos años escaseaba la comida y todo estaba racionado. Lo poco que se encontraba era de estraperlo y muy caro. Le repito a usted, debieron de pasar algunas estrecheces porque su piso y muebles no valían nada cuando murió el viejo.

Era don Nicolás un hombre grueso, casi corpulento, de tendencia a la calvicie y con gran actividad sexual; síntoma que se transmite en la herencia y que heredó en parte el hijo mayor.

Tuvo que verse en una situación insostenible dentro del matrimonio con aquella esposa dulce, resignada y sumamente religiosa teniendo suficiente valor y fuerza para romper definitivamente con la familia. Tomó la decisión de abandonarlos a todos y marcharse a vivir con la "querida" a Madrid. Solicitó y obtuvo un traslado a Madrid, donde comenzó otra vida nueva con alegría y sin reproches; sin lágrimas y con amor. Rompió con todos los prejuicios sociales.

La madre, doña Pilar, también era hija de otro administrativo de la Armada; ella tenía más apellidos que bienes y sin posibilidades de prosperar, pero casó con un marino de tierra que, al menos, tenía un sueldo seguro a final de mes.

George Hills escribe: *Tal era la familia de Francisco Franco: una sociedad dedicada a una única profesión. Durante siglo y medio sus miembros se ocuparon exclusivamente en la administración de una base naval en particular, encerrados en una ciudad amurallada, en un extremo de la península Ibérica. Los hombres se casaron con las hijas de oficiales administrativos. Sus posibilidades de elección eran mínimas. Entre los funcionarios y los demás se alzaba un mundo, y otro entre los que salían al mar y los que se quedaban en tierra. El cuerpo administrativo era considerado como una rama de hacienda y a sus funcionarios se les acusaba de corrupción* **(20)**.

El matrimonio vivió modestamente en medio de la mediocridad del ambiente familiar que supuso un acicate y estímulo para los hijos varones, puesto que lucharon y trabajaron para promocionarse y no seguir las huellas modestas del padre. Es normal que el hijo trate de superar psicológicamente al padre; se trata siempre de hijos que rechazan al padre y a su entorno. *Era un hombre de mucha inteligencia, pero excéntrico... Tenía una gran personalidad propia que le llevaba a hacer lo que le parecía, sin preocuparse del qué dirán* **(21)**.

Pilar Bahamonde no podía albergar ya ilusiones sobre su marido, que perdió su interés por ella poco después del nacimiento, en noviembre de 1898, de su quinto hijo, Paz, y volvió –aunque discretamente– a sus hábitos prematrimoniales **(22)**.

Desde los primeros años de su infancia Franco se identificó con la madre, a la que consideraba un ser desgraciado en manos de un hombre que la despreció. Por el contrario no se identificó con la imagen del padre como tantos niños de su edad. Él en cambio, rechazó al padre despreciándolo también. Se identificó de tal manera con su progenitora que incluso psicológicamente se parecía en varios aspectos a ella. Fue un niño enfermizo y enclenque, de permanente voz atiplada y femenina, y en su madurez conservó un extraño aspecto de ser asexuado y eunucoide.

La madre era una mujer de personalidad masoquista, que soportó dignamente al marido, un hombre borrachín que debía comportarse en las relaciones sexuales de forma sádica.

Pilar era: *Una madre piadosa y caritativa que velaba por la educación de sus hijos* **(23)**.

Pilar Bahamonde tenía esa hermosura suave y transparente que es gala y, casi patrimonio, de las bellezas gallegas. Un rostro ovalado y perfecto y unos ojos pensativos y melancólicos. Ya de mayor Doña Pilar vestía siempre en señora a la antigua, en lo que tiene de respetuosa y noble esta apreciación, ya que este concepto de la dignidad y de la modestia en el vestir no le impedía una elegancia admirable en su porte. Dueña siempre de sí misma, y fortificados con una intensa vida espiritual los resortes morales, asistía a las conmociones que le deparaba la vida con una serenidad y entereza que serían estoicas si no quedaran más exactamente definidas con decir que eran cristianas **(24)**.

Este sería el retrato ideal de una mujer española de principios de siglo, descrita por el primer biógrafo oficial que escribió el primer libro falso sobre Franco.

Arrarás agrega: N*o se la ve en la calle ni en las recepciones. Ella se complacía en dar las gracias al cielo, en largas horas de oración que pasaba en la soledad de los templos de El Ferrol* **(25)**

Según escribe un gran conocedor de la familia, su primo hermano Franco Salgado: *No fue la madre lo feliz que merecía ser por todos los conceptos, ni en su matrimonio, ni tampoco con sus hijos* **(26)**.

En realidad fue una vulgar señora de provincias, sin cultura, pero con una religiosidad muy propia de su época, donde todo era pecado y no se permitía pensar por su cuenta. Confiaba en el confesor todos sus problemas y solamente recibía palabras de resignación y consuelo para seguir sufriendo en esta vida hasta alcanzar la otra, donde sería recompensada y premiada. En resumen, una señora de misa y comunión diaria.

Trabajó infatigablemente con sus hijos y mantenía el hogar limpio y aseado. Su primera preocupación era administrar cuidadosamente el escaso sueldo del marido. Las relaciones con el esposo fueron de sumisión y falta de alegría y placer. A pesar de todo tuvo cinco hijos, aunque parece que no gozó en sus relaciones íntimas con el marido, como tantos otros matrimonios en que las esposas nunca alcanzan un orgasmo durante toda su vida sexual. Mujeres frígidas sin afectividad hacia su marido. Para ellas las relaciones sexuales eran una obligación con objeto de propagar la especie y cumplir el mandato de "creced y multiplicaos". En realidad todas ellas ven el matrimonio con esta idea y les repugna el acto sexual, en el que participan de forma pasiva, sin alegría. Ante esta situación el marido halla pronto una salida apropiada: encuentra una amiga o una amante. Esta es la válvula de escape de la moral burguesa de la época.

Aquí hay un problema psicológico de inadaptación que sólo se solucionaría con la separación definitiva o divorcio. Pero pensemos que en los primeros años del siglo XX en España esto suponía casi un atentado a la moral establecida por la sociedad burguesa y conservadora, amparada por unas ideas religiosas de mantener a toda costa el vínculo matrimonial. La sociedad burguesa admite todas las situaciones inestables que se presenten en cuanto a moral matrimonial, menos la ruptura.

Franco y sus hermanos se distinguen por ser extremadamente ambiciosos y por una voluntad de triunfo imparable. Nicolás deseó el dinero; Francisco, el poder; Ramón, la fama; Pilar, la riqueza. Todos despreciaron las normas establecidas hasta que alcanzaron lo que deseaban (en eso se parecían los cuatro al padre), para más tarde, cumplido su objetivo, volverse conservadores y fieles guardianes de lo establecido.

Respecto al instinto sexual, los hermanos Franco tuvieron más herencia del padre que de la madre, excepto Francisco, que fue netamente más Bahamonde.

Escribe Arrarás: *Fruto de este matrimonio fueron cinco hijos: Nicolás el mayor, Paquito, Pilar, Ramón y Pacita. Los varones, atentos al llamamiento de la milicia se dispersaron muy jóvenes, casi niños, hacia las academias militares. Pacita murió a los cinco años.*

Y con estas escuetas palabras ya no escribe más el primer biógrafo de la infancia ni de la juventud de los hermanos Franco, como si la vida diese saltos como los canguros y no fuera una evolución continuada, basada en etapas anteriores. O Arrarás no sabía nada de la familia Franco, o sabía demasiado y pretendió ocultarlo. Sólo tenía que haberse dado un paseo por El Ferrol y haber preguntado por la familia Franco para recibir amplia información de su pasado.

Arrarás pasa a continuación a hablar sobre Francisco y Ramón, los dos hermanos de vida más sobresaliente y llamativa, en su vuelta a casa, cuando Francisco es ya comandante de la Legión y Ramón es el héroe del *Plus Ultra*. Demasiada laguna en la vida de una familia.

Ramón Franco

En la plaza de España de Sevilla existen 50 bancos de piedra adosados a la pared y decorados con azulejos sevillanos, correspondientes a las provincias españolas; algunos destacan por la belleza de su colorido o por el acierto del tema que adorna el frontal o respaldo, destacando entre los mejores el dedicado a la provincia de Segovia y firmado por *Hijos de Daniel Zuloaga*, con unos maravillosos reflejos metálicos. También destaca el mosaico de la provincia de Murcia, que reproduce una *Cantiga* de Alfonso X El Sabio a la Virgen de la Arrixaca, con letra y música. Pero como anécdota interesante hay que resaltar que las provincias de Las Palmas y Santa Cruz de Tenerife figuran unidas bajo el nombre de Canarias.

Entre los motivos que reproduce el mosaico, aparece el central con las carabelas de Colón (que tocaron puerto canario antes de adentrarse definiti-

vamente en el océano Atlántico), y en los dos laterales aparece dibujado en la cerámica el héroe del vuelo famoso que protagonizó en el hidroavión *Plus Ultra* el comandante Franco.

Las provincias canarias presentan como motivo de orgullo que salieran de sus aguas y de su cielo, para atravesar el Atlántico en un viaje inseguro, Cristóbal Colón y Ramón Franco. Aparece dibujado el retrato de Ramón como uno de los personajes más populares de la España de 1929, año en que Alfonso XIII inauguró la Exposición Iberoamericana de Sevilla. A pesar de lo que algunos biógrafos han escrito que el único miembro de la familia Franco verdaderamente popular en aquellos años era Ramón, porque Francisco sólo era conocido entonces por los militares de alta graduación y no a nivel popular. (Su nombre saltaría a la fama popular a partir de 1934, con la represión de la revolución de Asturias). En 1929 el héroe nacional, a la altura de un torero famoso, era Ramón Franco. Y esa es la razón por la que aparece dibujado su retrato en un mosaico de la plaza de España de Sevilla **(27)**.

El viaje de Ramón en el *Plus Ultra* fue en 1926; diez años más tarde (1926-1936) aparecerá íntimamente relacionado otro Franco con Canarias: Francisco Franco iniciará la sublevación militar en Las Palmas. El segundo vuelo sobrepasaría en fama al de Ramón, y duró 40 años.

En julio de 1936 desempeñaba el puesto de Agregado Aéreo en la Embajada española en Washington gracias a su amistad con Lerroux. Y escribió a su viejo compañero de cárcel, el coronel Romero, que estaba en

Ramón Franco.
Fue considerado el aventurero y la oveja negra de la familia. El historiador Garriga escribe un libro sobre él titulado *El hermano maldito*. Ramón se casó con Carmen Díaz, con quien tuvo una hija de nombre Carmen. Se divorció y se volvió a casar con Engracia Moreno. Fue un protagonista muy popular en los años 20. Su histórico vuelo trasatlántico desde Huelva a Buenos Aires en 1926 (10.200 Km en 60 horas), a bordo del hidroplano *Plus Ultra*, lo convirtió en un héroe nacional.
La coincidencia, tras su divorcio, de su deseo de lograr una total independencia marital y la incapacidad de Franco para tener hijos, pudo ser lo que llevó a que cediese a su hija Carmen a su hermano Francisco.

Barcelona, sobre sus posibilidades de aparecer en la zona republicana, ofreciendo sus servicios a la República, frente a los sublevados. Su amigo Romero consultó con Azaña y la respuesta fue negativa: *Que no venga; lo pasaría muy mal*. No le quedó otra solución a Ramón que ponerse a las órdenes de su hermano. Y en octubre apareció en la zona sublevada, a través de Portugal, pasando a continuación a dirigir la Base aérea de Baleares y bombardeó repetidamente Barcelona, la ciudad que lo votó para el Congreso de los Diputados. Si Azaña lo hubiera meditado detenidamente, los dos hermanos Franco –Francisco y Ramón– habrían podido estar frente a frente en la Guerra Civil.

Adler habla del hermano pequeño: *Su afán por superar a los que le preceden es estimulado cada día... procura realizar su objetivo en un plano completamente distinto, en otra forma de vida o en otra profesión... pertenecen, a menudo, al tipo que más llama la atención* **(28)**.

La popularidad de Ramón Franco fue inmensa tras su viaje en el *Plus Ultra*; el recibimiento en Buenos Aires fue apoteósico y delirante, según los periódicos de la época. En Buenos Aires se reunió la mayor aglomeración humana conocida hasta entonces. Sin embargo, Francisco Franco no tuvo en su vida una manifestación espontánea y llena de simpatía como la tuvo el aviador.

La vida de Ramón fue una vida llena de aventuras, de riesgos y de peligros constantes, desde los profesionales como piloto hasta los de conspirador. Había nacido para la aventura.

Ramón se casó por lo civil con Carmen Díaz en 1924 **(29)**.

Ella tenía 18 años y él, 28. Durante la República se divorció y volvió a casarse con Engracia Moreno. (Gran parte de la biografía de Ramón Franco y su matrimonio con Carmen Díaz, la primera esposa, ha sido narrada en la obra *Mi vida junto a Ramón Franco*, Premio Espejo de España, 1981, escrita por José Antonio Silva).

Ramón Franco adquirió gran fama tras el viaje del *Plus Ultra*. Una prueba es que durante la Exposición Universal del año 29 en Sevilla en la Plaza de España se construyeron unos bancos fabricados con cerámica trianera. Cada uno reproduce un hecho significativo de una provincia o región española. El dedicado a Canarias reproduce la salida de Colón de allí y, en un ángulo, el retrato de Ramón Franco, mucho más famoso en esa época que su hermano Francisco.

CANARIAS

Ramón fue agasajado por el rey y condecorado por el vuelo del *Plus Ultra*. Por Real Orden del ministerio de Instrucción Pública, los maestros de todas las escuelas nacionales del Recinto darán a sus alumnos una lección de geografía sobre los lugares recorridos en su itinerario por el comandante Franco, con sus referencias al primer viaje de Colón. Segundo: lo mismo harán los catedráticos de Geografía de todos los institutos nacionales de segunda enseñanza...

Se enfrentó con la dictadura de primo de Rivera, participando en varios intentos para derribar la monarquía. Fue detenido varias veces; una, en octubre de 1930, el mismo día que detenían también en Barcelona a Lluis Company y Angel Pestaña. En diciembre de 1930, junto con Queipo de Llano y otros militares, protagonizaron un intento de sublevación y un fallido bombardeo del Palacio Real. Tras el fracaso huyeron a Portugal. Proclamada la

Carmen Díaz, la probable madre de la hija de Franco. Carmen Díaz fue la primera esposa de Ramón Franco. Se casaron y tuvieron una hija a la que llamaron Carmen, como la madre. Se divorciaron y Ramón volvió a casarse con Engracia Moreno. Ramón probablemente cedió la hija a su hermano Francisco, que la tomaría como hija natural. Según el historiador Garriga, en los primeros años de la Guerra Civil se borraron los datos de inscripción de la hija de Ramón en el Registro Civil para que pudiera ser inscrita como hija de Franco.

República vuelve a Madrid y es nombrado Director General de Aeronáutica. Fue Diputado por Barcelona.

En octubre de 1938, en medio de la batalla del Ebro, tuvo un accidente en el hidroavión que pilotaba. El informe técnico de accidentes pasó a manos del general Kindelán y no ha sido hecho público hasta la fecha. ¿Se podrán conocer algún día las causas del accidente? Parece que existe una carta de un general a Pilar Franco, informándole de lo sucedido, y posiblemente aparezcan nuevas revelaciones.

Pío XI envió a Franco su condolencia por la muerte del hermano, contestándole: *Como católico siento el orgullo de que mi hermano Ramón haya caído por causa de la fe de Cristo.*

En 1964, dice Franco a su primo: *... es muy lamentable, pero sucede en muchas familias que sale un chico descarriado, ignorándolo los padres. El caso de mi hermano Ramón es uno de ellos.*

Tu hermano, le he dicho, nunca fue comunista, más que nada era anarquista en su manera de ser, y no creo que estuviese afiliado a ningún partido o comité.

Exactamente no sé si era comunista o anarquista, pero para el caso es lo mismo. Su actuación para mi madre y para mí no pudo ser más desagradable, pero en nada teníamos culpa de ello **(30)**.

Se ha especulado mucho sobre la muerte de Ramón: accidente, sabotaje, etc. Hoy se aventura una nueva hipótesis: pudo suicidarse ante el cariz que tomaba la Guerra Civil.

Las relaciones entre los hermanos Francisco y Ramón no fueron cordiales. *La actitud francamente rebelde y antidinástica adoptada por Ramón hizo que su hermano Francisco, director entonces de la Academia General Militar de Zaragoza, interviniera con el propósito de apartarlo de la senda que le conduciría a la perdición. El general se permitió sermonear a su hermano menor* **(31)**.

Se produjo un interesante intercambio epistolar entre ambos hermanos: *Deben leerlo con atención aquellos que buscan entender la psicología de los Franco* (pág. 173).

Estas interesantes cartas son publicadas por Garriga, en su libro citado, entre las páginas 173 y 211:

... si desciendes de tu tronito de general y te das un paseo por el estado llano de capitanes y tenientes, verás que pocos piensan como tú y cuán cerca estamos de la República. Quitando el generalato, la mayoría de los jefes y casi toda la aristocrática arma de Caballería, el resto del Ejército es republicano... Como estoy profundamente convencido de que los males de España no se curan con la monarquía, por eso soy republicano... Siento el terrible disgusto que a la familia le ocasiono con mi actitud.... Termino diciéndote que hago y seguiré haciendo lo que quiera, que siempre es lo que me dicte mi conciencia.

Respecto a la opinión personal y fraternal que Ramón tenía de su hermano Francisco, existen dos testimonios importantes:

Ramón se puso pensativo y me contestó: *Paco por ambición sería capaz de matar a nuestra madre, y por presunción a nuestro padre* (Vicente Guarner, 18-8-77).

Vosotros no sabéis quién es mi hermano; es el hombre más peligroso de España y habría que matarlo (Ramón Franco a Diego Abad de Santillán. Recogido en *100 españoles y Franco*, Editorial Planeta, Barcelona, pág. 17).

Ramón Franco escribe en el prólogo de su libro que en la lucha por la libertad: *Ha sacrificado su carrera y su situación, y por ella también, el día que sea preciso, sacrificará su vida* **(32)**.

Con ello marca una posición contraria a la que mantendrá su hermano Francisco durante más de cuarenta años. Uno lucha por la libertad, el otro, por suprimirla. Ramón arremete contra la monarquía, contra la Iglesia y contra los militares, a los que considera: *hinchados como odres, que en la hora de la verdad se relajan y desinflan*; contra la Iglesia: *que trata de esclavizar a la Humanidad en nombre de Aquél que la quiso redimir*; contra: *una Iglesia que lo crucifica diariamente en sus altares y que se mezcla diariamente en las luchas políticas al lado de los tiranos y de los ricos, en contra de la justicia y de la libertad*. Y contra la Monarquía, a la que define como: *un régimen que es oprobio de un pueblo noble y trabajador, régimen en el cual toda inmoralidad, toda impudicia y todo deshonor tienen un asiento*; calificado a: *Austrias y Borbones con su imbécil inmoralidad*. Y al pueblo español le promete: *La corriente revolucionaria, en el momento crítico marcado por el destino, hará surgir fatalmente por el oriente español la aurora de un nuevo día más justiciero, más humano, más fraternal*. Pronostica a los descendientes un porvenir de: *verdaderos esclavos, si no echamos abajo todo el tinglado levantado en complicidad por reyes, nobles, aristócratas, obispos, banqueros y generales* (pág. XIV).

Llegado el momento de la sublevación contra la Monarquía, Ramón Franco, junto con el general Queipo de Llano encabezan la rebelión. Mientras este se dirige con las tropas hacia Madrid, Ramón intenta bombardear el Palacio Real.

En su libro *Madrid bajo las bombas* narra de forma muy escueta el episodio, así: *Salgo decidido a bombardear el Palacio. Me acompaña Rada, que se encarga de hacer el bombardeo. Llegamos sobre Palacio. Hay dos coches en la puerta. En la plaza de Oriente y explanadas juegan numerosos niños. Las calles tienen su animación habitual. Paso sobre la vertical de Palacio, dispuesto a bombardear y veo la imposibilidad de hacerlo sin producir víctimas inocentes.... no me decido a hacer el bombardeo... ¿Qué pasaría si una de las bombas por nosotros lanzada matara, por ejemplo, a una pobre mujer y media docena de criaturas?* (pág. 171-72).

Sería necesario hacer un análisis de la mentalidad y psicología del hombre que escribió las anteriores frases y que fue tachado de revolucionario, anarquista, comunista y masón, pero que en el momento decisivo e histórico se abstuvo de bombardear el Palacio Real, porque en *la plaza de Oriente y explanadas juegan numerosos niños*, y peligran sus vidas. Según se comprobó sobre el Palacio Real, no parece ser un hombre tan sanguinario y cruel como lo presentaron los monárquicos. Quizá muchos no quisieron ver en Ramón rasgos de ternura y de bondad que poseía.

Una familia con antepasados judíos

Hasta ahora no ha aparecido documentación que pruebe los antecedentes judíos de los Franco. Parece que existe, pero estaba en posesión de Francisco Franco, guardados en un área que nadie ha podido ver, pero a la que la hermana Pilar ha hecho referencia en una de sus múltiples declaraciones a la prensa. Algunos creen que después de la salida de la viuda de Franco de El Pardo fue guardada en el Pazo de Meirás y que, de forma misteriosa, ardió

Tres de loshermanos Franco: Francisco, Pilar y Nicolás en una foto de colegiales.

gran parte del edificio, incluidas obras de arte, tapices, cuadros, muebles y documentos archivados en carpetas, según informaron los periódicos.

En realidad, existen numerosos indicios que dejan entrever la posibilidad de antecedentes judíos conversos en los Franco.

Anatómicamente los Franco tenían aspecto más propio de raza mediterránea que gallega. Una foto muy conocida de los tres hermanos, tras la vuelta de Ramón como héroe nacional a su regreso del vuelo del *Plus Ultra*, en febrero de 1926, donde aparecen Nicolás con uniforme de marino, Ramón (en el centro), con uniforme de aviador y Francisco con el fajín de general. Esta foto fue presentada a un etnólogo (32) y aseguró que los tres hombres tenían un *aspecto muy considerable de sefarditas*. Además, un exnazi residente en Madrid y especialista en la caza de judíos, al mostrarle la foto de los tres hermanos, exclamó: *estos son judíos satisfechos*.

El embajador inglés sir Samuel Hoare admite en sus *Memorias* que Franco era de origen judío.

Ramón Garriga relata una anécdota, hasta ahora no publicada de Ramón: *Como cosecha propia puedo aportar un dato curioso: en la calle Alsina, de Buenos Aires, existía un gran almacén dedicado a la venta de ropa interior; su dueño se llamaba Moisés Chame, sefardita procedente de la isla de Rodas. Una sobrina suya, llamada Notrica, se jactaba entre sus amistades de estar emparentada con Ramón Franco y se complacía en exhibir un retrato del famoso aviador que contenía la siguiente dedicatoria: A los primos Franco, de la isla de Rodas. Según la versión de Notrica, Ramón dedicó y entregó el retrato en una visita que él efectuó a la isla de Rodas. Como dato complementario, se debe añadir que el mismo Moisés Chame realizó, durante la guerra civil española, varios envíos a la España de Franco. Se trataba de cajones que contenían camisetas y calcetines destinados a los soldados franquistas; esos envíos se efectuaban vía Lisboa. Es posible que la dedicatoria de Ramón a sus primos Franco no fuera otra cosa que una de las bromas suyas, a las que era dado. Sin embargo, manifestó siempre especial interés por todo lo que se refería a los sefarditas* **(33)**.

El profesor Américo Castro, en una entrevista que mantuvo con él a su vuelta del exilio, se manifestó abiertamente partidario de que los Franco fueran descendientes de judíos conversos, por muchos argumentos que el profesor sabía y que aseguró *había estudiado detenidamente*, y agregó a continuación: *Usted comprenderá que no es el momento de hablar de este tema* **(34)**.

Entre los judíos sefarditas diseminados por las riberas del Mediterráneo o en la América del Sur abunda el apellido Franco, Franc y Franch, incluso Franche. En la Europa Central o sajona aparece el apellido Frank, Franck, Frankl y Francu.

En un pueblo de Toledo, situado en la carretera de Andalucía, está La Guardia, lugar donde ocurrió un hecho desagradable y trágico en la época de los Reyes Católicos. Un judío converso, Benito García, y otros familiares, junto con judíos no conversos, entre los que figura un Juan Franco, secuestraron a un niño en Toledo y lo llevaron a La Guardia donde reprodujeron con el niño la pasión y muerte de Cristo. Una vez descubierto el hecho por la Inquisición fueron condenados y llevados a la hoguera. Desde entonces se conserva una ermita a las afueras del pueblo, dedicada al "Santo Niño de la Guardia" **(35)**.

El apellido Franco está bastante extendido por las distintas regiones españolas. Entre los judíos conversos condenados por la Inquisición de Mallorca aparece el apellido Franch en los 85 judaizantes que condenó el Santo Oficio y que habitaban en Call: Amorós, Andreu, Arbona, Arnau, Barbarí, Barceló,

Beltrán, Bennassar, Blanch, Brondo, Canet, Carbonell, Cárdenas, Castell, Castelló, Cavaller, Cerdá, Cerdó, Colom, Coll, Company, Corretger, Dalmau, Dameto, Daviu, Doménech, Domingo, Durán, Escales, Ferrando, Ferrer, Fiol, Fornés, Franch, Galiana, García, Garí, Garriaga, Gener, Gilabert, Grau, Gual, Jordá, Jordi, Juan, Juliá, Llorens, Massip, Maymó, Massot, Monar, Marro, Moyá, Mulet, Muntaner, Noguer, Noguera, Olivar, Parets, Pellicer, Pons, Porsell, Prats, Pujol, Quart, Ramón, Rebassa, Ribes, Riera, Ripoll, Rius, Rotger, Roig, Rossiñol, Sabater, Safortesa, Sagranada, Sala, Salom, Salvat, Satre, Serra, Soler, Suau, Sureda, Terrades, Togores, Torrella, Torres, Truyó, Umbert, Vincens, Vila, Vilanova y Vives. **(36)**

En realidad, hay que hacer honor a la verdad y no considerar a los descendientes de judíos como gente "apestada y peligrosa". Esta era una idea muy extendida en España y fomentada por la Iglesia, que a través de la Inquisición mentalizó a la población de que considerara a los judíos como "gente perversa y enemigos de la religión". Los "braseros", que dice Cervantes **(37)** ardían con demasiada facilidad en España. Contra los judíos conversos existió una verdadera lucha trágica de persecución y exterminio, que ha permanecido casi intacta en la población española. Judío llegó a ser sinónimo de despreciable y el apelativo de perro judío era considerado como una de las mayores ofensas.

Es la familia Franco muy aficionada a la genealogía, si bien las investigaciones y tradiciones familiares de sus diversos componentes no concuerdan siempre ante las preguntas del historiador. Lo que desde ahora conviene descartar en un estudio histórico son dos tipos de fantasías, que se han deslizado hasta la letra impresa: la leyenda sobre la ascendencia judaica de Franco y las exageraciones, probablemente de origen dieciochesco, sobre ancestrales entronques dignos de un libro de caballerías. El origen judaico no sería, por lo demás, excepcional en familias que, como la de Franco, enlazan por varios puntos con la más rancia aristocracia andaluza; pero no existen en la documentación disponible pruebas en este sentido. En la familia Franco se conserva una imprecisa tradición de descendencia ultrapirenaica, tradición que se remonta a la alta Edad Media **(38)**.

Ninguna biografía del general Franco trató del linaje de los Franco.

El *Estudio genealógico de Franco* fue publicado por un familiar lejano, Don Luis Alfonso Vidal y Bardola, en 1975 **(39)**, y en el aclara con toda clase de pormenores los apellidos de los antepasados de Franco y sus entronques familiares. Parece que se pretende con este libro demostrar la hidalguía y la nobleza de la familia Franco. Se trata de un libro rebuscado y sutil que posiblemente agradó mucho a la familia.

Ha sido siempre creencia generalizada la de suponer el origen galaico de estos Franco, dado que en las generaciones más recientes ha sido muy destacada la actuación de esta familia en esta región. Sin embargo, el arraigo de los Franco en tierras del Apóstol solamente tiene lugar de dos siglos a esta parte. El origen de este apellido radica en el sur de la península, concretamente en Puerto Real, Puerto de Santa María y Jerez de la Frontera. Cuatro miembros de este linaje de Franco formalizaron dos informaciones de nobleza de sangre al establecerse en Galicia **(40)**.

Nombre y Apellidos	*Fecha de Información de Nobleza*
José Franco Arriondo	27-11-1787
Carlos de Saralogui Franco	4-10-1793
Jesús Franco Aponte	14-5-1793
Nicolás Franco Sánchez	10-10-1794

En el corto tiempo de 7 años, cuatro miembros Franco obtienen la información de Nobleza. Además han nacido en lugar distinto de sus padres y por ello hacen también información de Limpieza de Sangre. Ello demuestra, una vez más, que descienden de judíos conversos.

Don Nicolás Franco Sánchez, bisabuelo de Franco, obtiene la información de nobleza.

Vidal y Bartola agrega:

En el claustro del Convento de San Francisco, de Jerez de la Frontera, de cuya ciudad desciende esta familia, existe un enterramiento con las armas de Franco: "Una cruz roja que atraviesa todo el escudo y en los cuatro huecos que hace la cruz hay cuatro flores de lis azules en campo de oro" **(41)**.

El antepasado más antiguo que aparece en el libro de Vidal parece que fue un don Francisco Franco de Jerez de la Frontera, inscrito en el padrón de dicha ciudad, del año 1604.

Toledo fue Sefarad, la ciudad emblemática de los judíos sefarditas.

El primer árbol genealógico del libro de Vidal se inició con don Juan Franco Doblado, nacido en el Puerto de Santa María el 21 de Diciembre de 1687. Y falleció en La Graña (La Coruña), el 29 de Abril de 1738. Era hijo de don Manuel Franco Lapino y nieto de don Juan Franco Reyna.

Don Juan Franco Doblado se traslada a El Ferrol en 1730 (según legajo 2.268 de intendencia de marina de El Ferrol) estaba casado con Doña Josefa de la Madrid y Elvira, nacida en Puerto Real (Cádiz), el día 6 de diciembre de 1694.

Con don Juan Franco Doblado tenemos ya el primer Franco en El Ferrol en 1730 de familia oriunda del Sur de la Península.

Aquí ya se planea un problema en la familia Franco: El traslado de don Juan Doblado a El Ferrol, acompañado de la esposa, con evidente idea de crear una familia en un lugar distinto del medio donde vivió y se desarrollaron sus antepasados.

Este es un hecho que se da repetidamente durante los siglos XV al XVIII entre familias con una de estas dos motivaciones: afán de ganar dinero o huir de la Inquisición.

Los judíos conversos o cristianos nuevos se trasladaban de región con el deseo de iniciar una nueva vida, dejando atrás y sepultado en el olvido los antecedentes judaicos tan mal vistos en la España de aquellos siglos. Los conversos eran generalmente gente pacífica y trabajadora, amantes de la cultura y del bienestar, que se dedicaban preferentemente al comercio, la administración pública o las ciencias naturales (médicos o boticarios).

El ser labriego o campesino, y principalmente iletrado, era la más firme garantía de ser cristiano viejo. Los médicos (llamados físicos), boticarios, mercaderes, prestamistas, genoveses, recaudadores del fisco, administradores de la hacienda pública, del ejército o de la marina, etc., o sea, todos aquellos hombres que no se vivían de la agricultura, y que por ello sabían leer y escribir perfectamente y se dedicaban a una profesión de tipo intelectual más o menos. Todas estas actividades las realizaban hombres de ascendencia judaica, o sea, conversos.

Una pista muy clara para rastrear la ascendencia judaica de las familias durante los siglos XV al XVIII es analizar las profesiones que ejercían.

Desde luego, los conversos no eran analfabetos, sino todo lo contrario, destacaban en las profesiones en las que era necesario el dominio de los números, o sea, contabilidad, administración, banca, préstamos, etc.

Se dedicaron a la Iglesia donde alcanzaron puestos importantes, e incluso hubo bastantes obispos.

Sobresalieron también en las letras, tanto que las figuras más destacadas de las letras españolas de esos siglos eran descendientes de conversos: Cervantes, Juan de Ávila, Santa Teresa, San Juan de la Cruz, Juan de Valdés **(42)**.

Una característica de los conversos, principalmente en los nietos, era su inquietud por la limpieza de sangre. Se trataba de gente acomodada que pretendía borrar su pasado e insertarse en la sociedad de los llamados cristianos viejos, para más tarde acceder, por medio de enlaces matrimoniales, a las familias de la nobleza, situándose en los árboles genealógicos más apreciados, e incluso entroncando con príncipes o descendientes de la realeza.

Existe un libro muy raro, publicado en el siglo XVI, titulado *El Tizón de la Nobleza de España* y escrito por el cardenal Francisco Mendoza y Bobadilla, arzobispo de Burgos, donde demuestra que no sólo sus parientes, los condes de Chinchón, acusados de sangre poco limpia, tenían antepasados hebreos, sino casi toda la aristocracia de aquella época.

Escribe Gregorio Marañón en su libro *El Greco y Toledo* **(43)**: *La mayoría de la nobleza tenía ya su sangre irremisiblemente mezclada y el arzobispo de Burgos, Don Francisco Mendoza y Bobadilla, pudo escribir su "Tizón de la Nobleza", en el que demostraba, con escándalo o burla de los lectores, la extensión de la promiscuidad. Se ha negado veracidad al "Tizón", pero casi todo lo que allí se dice es cierto. Sobre la gente no aristocrática no se publicaban folletos, pero la mezcla de sangres era todavía mayor.*

Aparecen en los archivos innúmeros expedientes de 'limpieza de sangre' que casi todos demuestran la frecuencia con que se planteaba la posibilidad de una herencia israelita; y en muchas de estas informaciones se adivina, o escandalosamente se comprueba, que el juez ha tenido que hacer juegos de prestidigitación, y acaso no de balde, con los árboles genealógicos para aclarar su pureza.

Era corriente que los cristianos nuevos fueran gentes adineradas, y por ello iniciaban los expedientes de limpieza de sangre a fuerza de testigos falsos en las Chancillerías de Valladolid o Granada.

Don Nicolás Franco Sánchez inicia en 1794 la información de nobleza en El Ferrol y justifica la "limpieza de sangre", diciendo que: *los de su familia son y fueron hijos de algo, de sangre, en posesión y propiedad, y como tales se les guardaron siempre los privilegios, franquicias y libertades correspondientes, que sus padres, abuelos y sus ascendientes de unos y otros no han sido castigados ni sentenciados por el Santo Oficio de la Inquisición ni otro tribunal* **(44)**.

Los Franco, como era usual entre conversos, se forjaban una genealogía de varones ilustres, con pureza de sangre cristiana y sin relación alguna con la Inquisición. Y lo demuestra que emigran del sur de la Península al norte, donde son unos auténticos desconocidos, e inmediatamente inician el expediente de limpieza de sangre. *La necesidad de tener que probar con una falsa declaración* (según era muy antigua costumbre), *la cristiandad vieja de quien no la tenía* **(45)**.

El biógrafo de Franco, Brian Crozier, escribe: *Tanto el apellido Franco como el Baamonde (habitualmente escrito Bahamonde) están considerados como de origen judío* (46).

Existe una contradicción en la vida de Franco que ningún biógrafo ha destacado. Y es la siguiente: la familia Franco, gallega, descendía de una familia Franco andaluza de origen y procedencia de judíos conversos. Inmediatamente después de instalarse en Galicia proceden a solicitar expediente de limpieza de sangre, con confirmación de su ascendencia judaica.

Francisco Franco estuvo obsesionado toda su vida por la conjura judeomasónica, refiriéndose en 193 discursos a dichas conjuras. En su último discurso pronunciado el 1 de octubre de 1975 en la Plaza de Oriente, dijo: *Todo obedece a una conspiración judeo-masónica-izquierdista*.

El apellido Baamonde, escrito sin hache intercalada, procede de la provincia de Lugo. En el partido judicial de Villalba se encuentra situado el municipio de Gegonte, al cual pertenece la aldea de Baamonde (47).

Igualmente, en el partido judicial de Vivero se encuentra el municipio de Muras, al cual pertenece la aldea de Baamonde (48), como tantos otros apellidos españoles que proceden de ríos, montes, pueblos o aldeas. Los Baamonde provienen de una aldea de Lugo, ya que no existen más lugares geográficos con este vocablo que las dos pequeñas aldeas gallegas de la provincia de Lugo.

A mediados del siglo pasado, a partir de la madre de Franco, se intercala en el apellido una hache, quizá para diferenciarse de una oscura aldea denominada así y darle un cierto sabor de linaje distinguido. Tal vez aquí se inicie con este símbolo toda una pretensión de linaje nobiliario.

Sin embargo, es interesante advertir que en Holanda existe el apellido Van-Amonde, que es usado por familias de judíos. Mientras que Ban Mondez es propio de judíos sefardíes. En la Sinagoga de Baruch Spinoza, de Holanda, erigida por descendientes de judíos expulsados de España en 1492, aparecen escritos en las paredes los nombres y apellidos de judíos españoles, entre los que se encuentra Franco.

Rogamos al lector que no tome el origen judío de los Franco como una ofensa, sino todo lo contrario. Si en la raza española hay una chispa de brillantez, originalidad e inteligencia, se debe fundamentalmente al depósito de genes judíos que tienen los hombres y mujeres españoles. Hay zonas geográficas con más abundancia que otras; por ejemplo, Cataluña y algunas zonas de Levante y Andalucía; otras, en cambio, carecen de genes judíos como el Cantábrico y el País Vasco. Por el contrario, Andalucía, de altísimo porcentaje de sangre árabe, permanece con bajo nivel de iniciativas y brillantez intelectual, a pesar de un reducido núcleo de personalidades andaluzas que han alcanzado gran peso específico en la literatura y las artes.

El matiz desdeñoso y despectivo que conlleva la palabra "judío" es debido principalmente a los siglos de presión y propaganda de la Iglesia, ejercida sobre el pueblo hispano, que aplastó el foco de la cultura judía en España mediante la Inquisición. No obstante, floreció una cultura española, conocida como el Siglo de Oro español, que estuvo en manos de judíos conversos. Para ello, véanse los libros de Américo Castro, como *Cervantes y los casticismos españoles*, *Hacia Cervantes*, etc., donde abundan estas referencias.

Franco en Toledo

Franco llega a Toledo en 1907. La ciudad castellana, situada en el corazón de la España seca y amarilla, produce sorpresa en el joven Paquito; él viene de una tierra verde y lluviosa, arbolada y de horizontes grises, pero se encuentra una ciudad luminosa en medio de trigales secos, donde se contempla el paisaje con nitidez, donde los habitantes miran de frente y hablan en castellano claro y sonoro.

En el año 1907 ingresan en la Academia toledana 382 aspirantes, y entre ellos está Paquito Franco. (También el protagonista de RAZA ingresó en 1907). Eran jóvenes de ambiente modesto y provinciano, que soñaban con ser héroes en medio de su mediocridad provinciana. Unos traen frustraciones; otros desean pertenecer a un grupo. Franco pertenece ya a un grupo simbólico, el ejército, pero no se integra en el grupo; le falta sociabilidad, adaptación y deseos de colaborar, algo que ya, desde muy niño, le venía ocurriendo

Una imagen de Franco joven y atractivo.

con los demás. El joven cadete de 14 años se encuentra realmente extraño y apartado del grupo debido a sus problemas de infancia, aún sin resolver; a los problemas familiares y a la imagen del padre, que le falta; a su aspecto poco varonil, de baja estatura y voz chillona, casi femenina.

Muchas cosas de su vida y de la vida de España han quedado atrás. Su madre, sus hermanos y su familia; en El Ferrol, su eterna ilusión marinera. Su infancia, en suma, si no desdichada, tampoco radiante... una familia que comenzaba a dispersarse; unos hermanos más brillantes o decididos, que oscurecían la proyección exterior de Franco; unos compañeros de estudios o de juegos que ridiculizaban, desorbitándolos, los signos de inmadurez –voz insegura, desarrollo físico precario, timidez– del futuro cadete de infantería **(49)**.

Los jóvenes se consideran ya hombres cuando realizan el servicio militar y por ello guardan un grato recuerdo de esos años juveniles, que perdurarán toda la vida: *Nos íbamos de casa a los catorce años. Casi puedo decir que mi verdadera infancia transcurrió en la Academia Militar de Toledo*, declaró Franco a Sánchez Silva, tres años antes de su muerte **(50)**.

Franco entonces era un hombre muy apagado y muy amargado, confesó Vicente Guarner, condiscípulo de Franco en la Academia toledana, a la revista Interviú **(51)**. Y a continuación agrega: *Era un espíritu muy reconcentrado y muy distante*.

Durante el período de los tres cursos que estuvo Franco en Toledo destacó *por su pálida tez y su corta estatura* **(52)**. Debido a la escasa talla, el joven ferrolano fue apodado "Franquito" (en su hoja de Servicios figura la talla de 1 metro 645 mm.).

Un muchacho de talla tan corta, estudioso, introvertido y nada dispuesto a seguir a sus compañeros en sus diversiones sexuales o alcohólicas, no pudo evitar convertirse en blanco de maliciosas bromas y novatadas **(53)**.

En una ocasión, sus compañeros le escondieron los libros y ello le costó un castigo; era un cadete de cara de niño delicado, con poca fuerza en la expresión al que consideraban el blanco de burlas, *aquellos cadetes, que no constituían precisamente un grupo de intelectuales* **(54)**.

George Hills escribe: *Los cadetes británicos iniciaban su preparación profesional a la edad promedio de diecinueve años. A los diecinueve años, el cadete inglés era más maduro que el español a los quince, la edad promedio para ingresar en Toledo. Por lo común, el cadete español era aún un muchacho con no más de siete años de colegio a la espalda, contra los doce o catorce del británico* (55).

Como dato curioso hay que reseñar que en el mismo año 1907 en que ingresa Franco en Toledo, lo hace un joven en Sandhurst (Inglaterra), llamado Montgomery.

G. Hills se pronuncia muy claramente sobre la superioridad de la formación en la Academia británica sobre la toledana, basándose, dice, en sus propias indagaciones junto con el criterio del general Mola, que lo expresa en su obra *El pasado, Azaña y el porvenir. La tragedia de nuestras instituciones militares*, publicada en 1933: *Los métodos de Sandhurst o Woolwich eran incomparablemente mejores que los de Toledo u otras academias españolas* y a pesar de ello, *durante la guerra de los Boers se había dicho que el británico era un ejército de leones dirigido por burros* (56). Razonamiento que aplicado a los oficiales españoles deja al ejército en muy mal lugar.

El arte de la guerra había evolucionado notablemente con la contribución inglesa en el perfeccionamiento de la artillería con cañones estriados de tiro rápido. Sin embargo, en España se seguía basando la táctica militar en la infantería, que en el pasado, ciertamente, había ganado muchas batallas, pero se habían producido muchas técnicas militares nuevas que la Academia de Toledo ignoraba.

La misión de la Infantería exige grandes penalidades al atravesar las zonas más mortíferas del terreno que separa a ambos adversarios. Dicha arma necesita, por tanto, estar animada de un espíritu levantado que la arrastre a llegar al contrario y a vencer a todo trance, salvando las mayores dificultades y obstáculos. Para ello hay que educar el corazón del soldado, inculcándole el patriotismo, el amor a la bandera y al Rey, el valor, la disciplina, la abnegación, el honor y el sentimiento del deber.

(*Reglamento Provisional para la Instrucción Táctica de las tropas de Infantería*. Toledo, 1908).

De entre la promoción de 312 graduados que obtuvieron el despacho de segundo teniente Franco sacó el número 251. Dejaba mucho que desear su inteligencia y capacidad de estudio. Si un psicólogo emitiera un informe del joven cadete a la vista del resultado obtenido en la graduación de su promoción, tendría que decir que ante la situación alcanzada con la valoración del número 251 de los 312 cadetes, Francisco Franco tenía sobre él, con mejores resultados, el 82,2% de los compañeros. Respecto a las notas de clase, asegura Guarner: *Muy malas (las notas), en contra de lo que han asegurado sus biógrafos. Era de los últimos de la promoción, del pelotón de los torpes* **(57)**.

El padre ya había abandonado a los hijos y a la esposa; esta situación difícil y frustrante para un joven, le hizo descender mucho en el rendimiento académico toledano.

Los padres no asisten en Toledo a la entrega de despachos, fiesta que celebran alegremente los jóvenes oficiales.

Y ello produce otra frustración más que sumar a la carencia de imagen del padre.

En la orla conmemorativa de la entrega de despacho, publicada por R. de la Cierva **(58)**, aparece Franquito, casi un niño, que quiere ser un hombre, amparado en el bigote que es un símbolo de su virilidad.

En julio de 1910, Franco consigue ser ya segundo teniente de la Academia toledana. El joven oficial solicita ser destinado a Marruecos, pero esta solicitud es denegada porque había otros muchos oficiales de la misma graduación esperando a ser destinados a África. Realmente lo que sucedió, la verdadera razón fue otra muy distinta. El aspirante era demasiado joven con sus sólo diecisiete años.

Visto que no puede ir a Marruecos, actúa llevado por el subconsciente y solicita la tierra natal, vuelve al regazo materno. *Es un poco como si deliberadamente se le devolviese a su infancia, en el brumoso laberinto de sus angustias ocultas* **(59)**. Fue destinado al regimiento de Zamora n.º 8, de guarnición en El Ferrol. Esta vuelta al hogar, después de los tres años de estudios militares en Toledo, tiene todo un significado psicológico muy importante en la personalidad del joven Franco.

La estancia en la Academia de Toledo le ha demostrado su falta de sociabilidad con los demás y su enorme frustración ante la superioridad del grupo, compensada en parte por la graduación militar alcanzada que podrá exhibir ante los suyos, ante los familiares. Vuelve con bigote (la virilidad) y con un uniforme del ejército español. Franco tiene que demostrar a los demás y a él mismo que es un hombre, a pesar de su aire infantil y de los constantes desprecios que ha sufrido de su padre. El padre ya no reside en El Ferrol, y esta situación influirá poderosamente en la personalidad del hijo, que ve a su madre abandonada.

El joven "Paquito" hubiera dado algo de su vida con tal de darse la satisfacción de que el padre pudiera contemplarle con el uniforme de oficial de Infantería. Era su secreta venganza contra el padre.

La vida de guarnición en El Ferrol era monótona y aburrida, como en cualquier otra parte de la Península. Los oficiales tenían guardia de cuartel, mientras las horas se hacían interminables en la sala de banderas. Allí no se podía poner en práctica las lecciones aprendidas en la Academia, y sobre todo no había posibilidades de demostrar el amor a la Patria ni el sacrificio heroico. Allí, en El Ferrol, no podía demostrar nada ni afirmar su personalidad, y estaba muy necesitado de ello.

Por lo tanto comprendió que la situación real para un joven ambicioso en El Ferrol no se presentaba prometedora ni fácil. Todo lo contrario. *(Tiene) prisa también por abandonar esta villa en que las desgracias conyugales de su madre son fuente de indecentes conmiseraciones* **(60)**.

También comprendió que él no resultaba un oficial arrogante ni conquistador entre la juventud ferrolana. Allí le conocían todos y sabían sobradamente que pertenecía a la clase media, cuyos padres y abuelos habían sido oficiales administradores de la Marina. El joven "Paquito" no tenía el atractivo de sus hermanos Nicolás o Ramón ni contaba con el uniforme de oficial de Marina que allí en El Ferrol abría todas las puertas.

La burguesía industrial española comenzaba a participar en la explotación de las minas del Rif y el pueblo, entre convulsiones violentas o actitudes de mansedumbre, acabó por habituarse a la marcha periódica de soldados a Marruecos. Contra los escritos de los intelectuales pertenecientes a la llamada "generación del 98" se oponían las voces de los políticos y financieros, que defendían la idea de extender el dominio español en el norte de África, manteniendo la tesis de que España no podría levantarse ni "regenerarse" si no mostraba deseos de imperio.

Pero el imperio siempre se extendió por el mundo tras las armas del ejército. Sin embargo, el ejército español no se encontraba en condiciones de emprender una guerra colonial, por su falta de preparación técnica, por la carencia de organización y porque los oficiales no estaban capacitados.

Para el conde de Romanones: *Marruecos era la última oportunidad de España de conservar su posición en el concierto europeo* **(61)**.

Para B. Crozier: *la guerra de Marruecos, en la cual los oficiales españoles y los soldados morían en una proporción mucho mayor de la que parecía necesaria, ya que el Ejército carecía de equipos modernos y de armas* **(62)**.

Para Francisco Franco, en Marruecos estaba su oportunidad. Allí podría alcanzar una posición social debido a los ascensos en su carrera militar, pero sobre todo era una oportunidad para huir del ambiente ferrolano en el cual no se encontraba adaptado. Para un hombre ambicioso, frustrado en El Ferrol, la guerra de África ofrecía muchas posibilidades, aunque habría que contar con las heridas e incluso la muerte.

En África estaba su oportunidad, y allí se fue voluntario. Al final de su vida dijo que sus años pasados en África fueron para él *una escuela de energía y de mando* **(63)**. Ahí radicaba su motivación psicológica: el mando, la pasión de mandar.

En marzo de 1912, el segundo teniente Francisco Franco desembarca en Melilla, ciudad de gran bullicio y trasiego humano, de gentes que acudían con afán aventurero, tras el trabajo y el dinero que producían las minas del Rif; región que albergaba el mayor porcentaje de prostitutas del norte de África, que habían acudido a la presencia de las tropas y de los mineros, con callejas sucias y llenas de animación colorista de soldados, nativos y chiquillos harapientos. Cuando Franco llega a Melilla hay ya una guarnición militar de cerca de 50.000 hombres y 13 generales, entre la ciudad y su contorno. Los soldados entretienen sus días de descanso entre borracheras y prostitutas. *Franquito no bebe, no juega, no fuma y su castidad es ya proverbial*, escribe Nourry; y más ade-

Academia de Infantería de Toledo.

lante agrega: *Si nos fiamos de Galinsoga y Franco-Salgado, uno de los primeros cuidados de nuestro personaje había sido el de confeccionarse una funda de cuero para su sable. Sabia precaución reveladora de un espíritu metódico*, (64). Esta afirmación contiene todo un símbolo y conlleva una preocupación psicológica de procurarse una funda que defendiera su sable de oficial en ese momento de enfrentarse con la dura realidad de las calles de Melilla, llenas de borrachos, de prostitutas y donde había gran peligro de contraer enfermedades venéreas. Franco identifica sable con virilidad, sable con falo, por eso se preserva de los posibles riesgos que le asedian.

Unos meses más tarde de su llegada a Melilla asciende al grado inmediatamente superior por riguroso escalafón. Ya es teniente. Tiene 20 años. Franco ya no ascenderá más debido a la antigüedad del escalafón, excepto a general de División; todos los restantes ascensos de su carrera militar serán por méritos de guerra.

Dos meses después de su llegada a Melilla intervendrá en una operación militar al mando del coronel Berenguer y en el escuadrón de caballería que manda el comandante Cabanellas, participando también, en otro escuadrón, el comandante José Sanjurjo y el teniente Emilio Mola. Con estos ya veteranos oficiales marcha también como oficial del regimiento de África n.º 68 el teniente Francisco Franco.

Franco, a mediados de 1913, pidió ser destinado a los Regulares, tropas indígenas de reciente creación, que por permanecer casi constantemente en primera línea daban la oportunidad de probar a los demás, y sobre todo a sí mismo, la gran cantidad de valor y arrojo que tenía almacenados en su personalidad cualquier oficial deseoso de ascender en el campo de batalla.

Franco se sentía mucho más a gusto con las tropas indígenas que con las españolas. Con ello demostraba, una vez más, su deseo de soledad y de no mezclarse mucho con españoles, a los que empezaba a despreciar. Pero la motivación primordial de haber elegido las tropas indígenas de los regulares radica en que Franco "prefería a aquellos moros", con los cuales podía maniobrar a su antojo y experimentar las enseñanzas aprendidas en la Academia de Toledo. Debido a esto, Franco adquirió pronto fama de valiente y decidido, pero sobre todo de tener buena estrella.

Y también de que era un oficial con muchas bajas en su tropa. El capitán Franco no cedía ante una orden superior de conquistar tal cota, aunque casi siempre lo conseguía a costa de muchas bajas.

Hills comenta a este respecto: *Franco se encontraba en todo momento ansioso de probar a los demás que no había otro hombre más valiente que él* **(65)**. Pero los psicólogos saben muy bien que a quien verdaderamente desean los hombres probar el valor es a ellos mismos. Y Franco necesitaba afirmar su personalidad; algo que toda su vida trató de alcanzar y conseguir.

Las bajas entre las tropas eran muy frecuentes, aunque también abundaban entre los jóvenes oficiales deseosos de gloria y ascensos. Durante los 32 meses de permanencia en los Regulares de Melilla (marzo de 1913 a noviembre de 1915) hubo 35 bajas en los 41 oficiales. A una media de oficial por mes.

En el asalto a El Biutz, uno de los hombres de su compañía fue herido y abandonó el fusil. Franco se agachó a recogerlo, cuando en ese preciso instante una bala enemiga le atravesó el abdomen. Crozier escribe: *La bala no había interesado ningún órgano vital. Su familia, avisada inmediatamente, acudió al campamento temiendo lo peor, por lo que suspiró aliviada al encontrarlo con vida* **(66)**.

Crozier, por su temperamento y formación inglesa, razona y piensa que fue avisada la familia del joven capitán como si hubiera sido herido en cualquier condado inglés. Nada más lejos de la realidad. En 1916, en plena guerrilla marroquí los mandos no avisaban a la familia de los heridos, al menos que fuera un general, y más teniendo presente que la familia del herido residía a mil kilómetros de distancia, con unos medios de comunicación escasos y no muy rápidos. Las familias de los combatientes conocían oficialmente las noticias de sus allegados, cuando ya estaban muertos **(67)**.

Con mucha candidez escribe Ricardo de la Cierva: *En primera línea recibe la visita de sus padres, avisados por telegrama urgente la misma tarde de El Biutz* **(68)**.

Cabanellas escribe: *Crozier afirma que los padres llegaron con el presentimiento de no hallar vivo a su hijo; lo cual es absolutamente inexacto, ya que su padre no fue ni en esa ni en otra oportunidad a Marruecos, ni tampoco se trataba con su hijo* **(69)**.

Desde luego el padre de Franco no acudió a Ceuta como insinúan los biógrafos oficiales, porque ya estaba separado de la familia y las relaciones con los hijos no existían. Por lo tanto, ni el padre ni la madre fueron a Ceuta para ver al hijo herido. Esta es una leyenda interesada, que hay que desechar.

El biógrafo oficial de Franco escribe en 1937: *Los padres llegan a Buitz con el presentimiento de no hallar vivo a su hijo* **(70)**.

El relato que hace Arrarás del momento en que es herido Franco es más propio de un héroe al que se le está tejiendo un mito: *Se realizaron operaciones en la cábila de Anghera por las tropas de Ceuta y Larache. Estas tomaron con relativa facilidad Tafugallz, Melusa y Ain Guenine, pero los de Ceuta, al ocupar Buit, sostuvieron un combate durísimo. El enemigo, rechazado varias veces, se rehacía y renovaba el ataque con la pretensión de desbordar las líneas españolas. En las fuerzas de Ceuta iba Francisco Franco. Como advirtiera que desde un parapeto el adversario hostilizaba e impedía el avance, se puso al frente de sus soldados para asaltarlo. Recuerda que en aquel momento recogió del suelo el fusil abandonado por un regular herido y que lo cargó para utilizarlo. Dio unos pasos y se desplomó con el vientre atravesado por un balazo. (...) La herida era muy grave* **(71)**.

Ricardo de la Cierva escribe: *En El Biutz Franco recibió una herida gravísima en el vientre, (aunque, curiosa confusión, tanto en el parte oficial de la operación como en el expediente que siguió para determinar la procedencia o no de recompensar la acción de Franco con la Cruz de San Fernando, consta que resultó herido "en el pecho"). Tan grave era la herida del joven capitán que nadie, ni él mismo, abrigaba esperanzas de salvación* (72).

G. Hills escribe: *Se llamó a los padres, que estaban en El Ferrol. Lógicamente, el herido no debía sobrevivir más que unos pocos días. Más por interés académico que por que nadie tuviera ninguna esperanza, se le tomó una radiografía* (73). En la nota correspondiente (pág. 103) afirma: *existente aún en 1966.*

Respecto a la herida recibida por Franco se ha especulado mucho, sin base concreta, sin situar el lugar exacto en el que la recibió. Ricardo de la Cierva puntualiza: *Se ha conservado hasta hace muy poco tiempo la radiografía de la herida del capitán Franco; en ella puede verse la difícil trayectoria del proyectil, sin interesar ningún órgano vital* (74).

Efectivamente, se ha publicado una falsa radiografía atribuida a Franco con objeto de silenciar unos rumores y hacer que se olvide la discusión sobre el lugar exacto de la herida.

Consultados dos médicos militares, que desean permanecer olvidados, conocedores de Marruecos y que estuvieron en distintas épocas de su vida en Ceuta prestando servicio en el ejército, aseguran que en el año 1916 (fecha de la herida) no pudo practicarse una radiografía a Franco, porque en aquel año los servicios médicos militares de Ceuta no contaban con aparatos de rayos X. Así es que queda descartada la posibilidad de que sea verdadera la radiografía publicada. Pero hay más: esa radiografía ha desaparecido e incluso hay un argumento en contra de la veracidad de dicha radiografía; suponiendo que se hubiera realizado, habría quedado archivada por poco tiempo en el hospital, ya que se trataba de una radiografía más entre otras, de uno de tantos heridos, porque en aquel tiempo nadie podía pensar que aquel capitán de Regulares sería veinte años más tarde Jefe del Estado español.

Con la radiografía se ha pretendido justificar un factor importante en la personalidad de Franco: la paternidad, que ha sido puesta en duda permanentemente.

Por su hecho de armas en El Biutz, Franco es recompensado con la Cruz de María Cristina. No está de acuerdo y cree merecer más. Ha derramado su

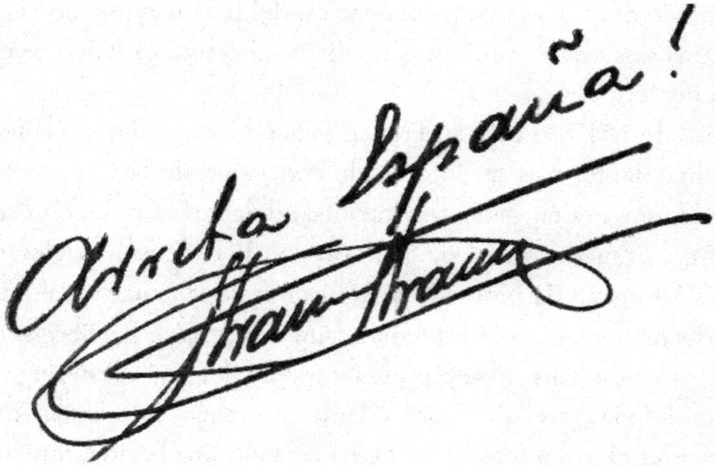

Firma de Francisco Franco.

sangre y ha recibido una herida, que, aunque no es mortal, le traerá más tarde complicaciones.

No está de acuerdo con la medalla y solicita del rey que le sea permutada por un ascenso al grado inmediatamente superior. Aquí descubre Franco su ambición latente y las motivaciones de su permanencia en Marruecos. Toda esa vocación africana que los biógrafos atribuyen a Franco es solamente una ambición oculta. Franco quiere ser "algo" en la vida y no está dispuesto a quedar rezagado ni en el pelotón de cola. Su obsesión ahora es ascender y por ello permanece constantemente en primera fila de la guerra marroquí. La vida no vale nada si no se es "algo" en ella. Esta es una actitud netamente materialista, aunque Franco constantemente habla de amor a la Patria, a la bandera, etc. Pero él sólo desea promocionarse. Por eso rechaza la Cruz de María Cristina, en un gesto muy poco hábil y diplomático; rechaza una medalla que lleva el nombre de la madre del Rey. Franco sólo desea ascender y llegar pronto a la cúspide, el generalato.

El 3 de agosto sale Franco para El Ferrol con dos meses de permiso por herida grave.

El 1 de noviembre, tras una prolongación del permiso por no encontrarse aún bien y tras dos reconocimientos médicos, el capitán Franco se incorpora a su puesto de Tetuán.

En febrero de 1917, el capitán Franco asciende, por méritos de guerra –El Biutz– a comandante, tras un intento de concesión de la Cruz Laureada de San Fernando, que es denegada, recompensándole, en cambio, con la Cruz de María Cristina. Franco no está de acuerdo con la concesión y eleva una instancia al rey Alfonso XIII pidiendo la anulación de la cruz concedida a cambio de un ascenso en el grado inmediato superior, o sea, prefiere ser comandante a tener una medalla. El rey, previo informe del general Berenguer, accede concediéndole la estrella de comandante. En cinco años en África ha conseguido ascender el joven ferrolano. Le ha costado una herida, que no ha sido grave para su salud, pero sí para su personalidad. Ha sido herido en el aparato genital ("bajo vientre", dicho eufemísticamente), anulando sus posibilidades de paternidad, algo que cualquier hombre normal estima más que una medalla o una estrella de comandante.

A Sanjurjo, un veterano de la guerra de Cuba y de la guerra de África, le había costado 15 años ascender a comandante; sin embargo, Franco lo obtuvo en sólo 6 años.

En la Península existía una fuerte reacción contra los ascensos por méritos de guerra. Eran las llamadas Juntas de Defensa, compuestas por militares que permanecían en ella sin guerrear en Marruecos, eludiendo los peligros de las revueltas africanas, mientras en aquí alcanzaban los ascensos a través del escalafón, con una vida monótona en las Salas de Banderas.

En el juicio contradictorio para la concesión de la Cruz de San Fernando, se dice que el oficial médico Ricardo Bertoloty, que asistió a la batalla y asalto de El Biutz, atendió a más de noventa heridos.

El capitán Franco también fue propuesto para la concesión de la Laureada de San Fernando después de la toma de El Biutz, pero no le fue concedida, por no reunir suficientes méritos. La comunicación denegatoria decía así: Visto el expediente de juicio contradictorio instruido... si bien fue brillante la conducta observada por el citado capitán en el hecho de armas de referencia, no se encuentra comprendido en ninguno de los casos ni artículos de la Ley antes mencionada, desestimándose, en su consecuencia, la petición (75).

Entre los párrafos más interesantes del expediente destacamos los siguientes: *Recibió orden de ocupar con su compañía la loma inmediata a la de las trincheras, y al cumplimentarla se encontró con numerosísimo enemigo contra el que con su gente tuvo que llegar al cuerpo a cuerpo, siendo heridos sus dos oficiales y contuso el otro, perdiendo en bajas 56 individuos, casi la mitad de su compañía, compuesta de 113 hombres; fue también gravemente herido el capitán Franco, por lo que se le retiró del lugar de la lucha* (76).

Resulta sorprendente la confusión y el error que existe respecto al lugar de la herida: *Hasta caer gravemente herido en el pecho, siendo merecedor con otros de que se le forme juicio de votación* (77).

El capitán López de Haro declara en el expediente instruido: *Sabe que Franco asistió al combate y que fue herido, ignorando que realizase acto alguno digno de estar comprendido en la Orden de San Fernando* (78).

El Comandante González Tablas, los capitanes Correas y Monís y los tenientes Romero y Lama declaran: *Diciendo además que el capitán Franco no hizo más que auxiliar el avance de la caballería, sin ninguna cosa de particular en su actuación* (79).

El Jefe de Estado Mayor de la columna fue testigo presencial de los hechos, *sumándose a la mayoría de los testigos y añadiendo que el capitán Franco fue ya recompensado por este hecho de armas con la Cruz de María Cristina y mejora después con el empleo de Comandante, y no lo encuentra comprendido en el Reglamento de San Fernando* (80).

El brigada Farriols dice que recogió al capitán Franco inmediatamente que fue herido y *Que nada ha sabido de que realizara hecho alguno heroico o distinguido, que fue herido cuando estaba a media ladera* (pág. 95).

Mohamed Ducali manifiesta que el capitán Franco fue precisamente el primero de la Compañía que cayó y que lo recogió enseguida, no habiendo perdido el conocimiento y *no teniendo por ello tiempo de realizar acto alguno distinguido o heroico, y que las 58 bajas fueran hechas después de herido el capitán Franco* (pág. 96).

El fiscal afirma en el expediente: *Si se tomó la posición no fue con las solas fuerzas del capitán Franco, que mandaba una de las fracciones, sino con el esfuerzo de todos los demás* (pág. 96).

El general Gómez-Jordana, Alto Comisario de España en Marruecos, recomienda a Franco para el ascenso a comandante, apoyando la petición y añadiendo que si la promoción era rehusada por el hecho de que el capitán sólo tenía 23 años, su juventud debía considerarse una razón supletoria para el ascenso. Gómez-Jordana fue ministro de Asuntos Exteriores en el primer Gobierno de Franco y en mayo de 1939, (23 años más tarde del expediente de El Biutz) firma la propuesta de concesión de la Gran Cruz Laureada de San Fernando a favor de Franco. Por fin, el antiguo capitán de Regulares alcanzó la Laureada de San Fernando, siendo ya Jefe del Estado.

Foto de la orla al terminar la academia de Toledo.

NOVIAS

EN EL AÑO 1976, YA MUERTO FRANCO, el biógrafo oficial del viejo dictador fue entrevistado por una revista **(81)**:

–Además de doña Carmen Polo, ¿tuvo Franco una novia que vive todavía?

–Sí. No una, sino dos. Las dos viven aún. Dos señoras estupendas, dos verdaderos personajes. Una de ellas le guarda un amor eterno. No se casó. Y era guapísima. La otra le olvidó en seguida porque se casó con un millonario.

Franco tuvo tres amores en su vida juvenil:

Sofía Subirán, 1912

Mª Angeles Barcón, 1919

Carmen Polo, 1920

En febrero de 1912, Franco desembarca en Melilla y allí recibe los primeros flechazos del amor. Aún no ha cumplido los 20 años. Ella es la sobrina del gobernador militar de Melilla. El joven oficial, desde el primer momento del amor, pone sus ilusiones muy altas, como buscando protección de alta graduación para su incipiente carrera militar.

Había venido por casa nada más llegar a Melilla para saludar a mi padre, y sobre todo, a mi tío, que era general de Intendencia, gobernador militar de Melilla entonces; luego posteriormente, fue alto comisario, y más tarde cuando lo de Primo de Rivera, ministro de la Guerra. Mi padre entonces era su ayudante y era coronel **(82)**.

La joven sobrina del gobernador militar, Sofía Subirán, era cortejada en las reuniones sociales del Casino Militar por el también joven oficial recién llegado de la Península.

En muy certeras frases Sofía describe en 1977 al entonces joven oficial: *Era bastante patosillo... era un poco soso, muy timidito. Buena persona, pero muy poco decidido. Muy callado, reservado... como hombre era fino, atento, todo un caballero... me trataba con una delicadeza exquisita, como si yo fuera una cosa sobrenatural. Era muy serio. Demasiado serio.*

Desde que Franco llegó a Melilla hasta que fue herido en junio de 1916, permaneció 958 días en campaña, o sea, 32 meses, dentro de los 3 años y 4 meses. Debido a las largas permanencias de Franco fuera de Melilla escribía frecuentemente a Sofía Subirán, que recibió más de doscientas cartas y más de cien postales.

La citada revista *Interviú* reproduce un número elevado de postales con la correspondiente firma de Franco.

Cuando él se casó me acuerdo que quemé más de doscientas cartas, que, naturalmente, eran mucho más íntimas que las postales. Las postales me las solía enviar cuando no le contestaba las cartas.

Y más adelante agrega:

Mi padre no quería que me viera con él... el hombre que más ha hecho correr a Franco en esta vida ha sido mi padre... ¡Que viene mi padre! Y Paquito echaba a correr como un gamo. ¡Ni que lo persiguieran los rojos!.

Sofía valora a Franco a continuación:

La verdad es que Paquito no me gustaba nada como hombre... él era un teniente corrientísimo... el único Franco importante había sido su hermano Ramón. Él era Paquito, el hermano de Ramón... sobre todo era soso, frío. A mí ya le digo que no me gustaba... Testarudo sí era. Conseguía lo que se proponía, casi todo, porque a mí no me consiguió.

No se pueden decir más factores de la personalidad de Franco en menos palabras, por una mujer que ya profundizó en él a los 20 años de edad.

Y agrega algo nuevo sobre la biografía de Franco, que resulta revelador:

Por cierto, que estando herido de guerra en Oviedo, mucho después, sería en el veinticuatro, conoció a Carmen Polo, que estaba de enfermera en el hospital, porque entonces lo que ahora llamaríamos las niñas bien se ponían de enfermeras. Pues bueno, estaba él allí convaleciente cuando de repente entra ella en la habitación y Paquito le dice a su compañero de cuarto, que fue quien me lo contó: "Mira, Sofía". Y es que la confundió conmigo, porque se me parecía mucho.

Entre las postales publicadas por *Interviú* hay una que es importante, donde aparece el apellido segundo, escrito "Baamonde" sin la h intercalada, que más tarde añadiría.

Tras la herida del capitán Franco en junio de 1916, unos meses más tarde es destinado a Oviedo, pero ha de retrasar la incorporación hasta que se encuentre bien de la herida, según reconocimiento médico en Madrid el 26 de abril de 1917.

Mediado el año conoce a Carmen Polo, pero tampoco es correspondido por ella. Se opone la familia al noviazgo con un militar, que no posee más que el uniforme y una paga exigua a fin de mes.

Transcurre el tiempo y ya en 1919, durante uno de los permisos que pasa en El Ferrol para asistir a los Juegos Florales, se enamora de María de los Angeles Barcón, Reina de los Juegos Florales de aquel año.

De nuevo la revista *Interviú* **(83)** publica un reportaje titulado «*La otra novia de Franco*», donde María de los Ángeles Barcón rompe el silencio:

Mis padres, que tenían una importante industria metalúrgica en la antigua Casa de la Moneda de El Ferrol, pertenecían a la alta burguesía con entronques aristocráticos.

Y más adelante declara con una precisión exacta: *Hablaba poco y justo. Noté que nunca tenía las manos calientes.*

Debieron de causarle gran impresión a la joven las manos de Franco, cuando 59 años después aún lo recuerda claramente, sin lugar a dudas. Don Gregorio Marañón escribe agudamente: *Otro detalle interesante de la morfología de estos eunocoides y deficientes sexuales es la frialdad húmeda de las manos, descrita por mí con el nombre de "manos hipogenitales", que produce, al estrecharlas, una sensación de viscosidad poco agradable, por lo que es muy común que estos individuos esquiven el dar la mano ofreciendo sólo, rápidamente, las puntas de los dedos. Los médicos sabemos esto muy bien, y podemos colegir, en un cierto grado, la tensión sexual de un determinado individuo por la técnica con que realiza este acto simbólico de la sociabilidad* **(84)**.

A pesar de todo, los jóvenes iniciaron el idilio amoroso hasta que el padre de ella intervino y *Todo acabó de una forma violenta y triste para mí... Al enterarse mi padre de que el idilio con el "comandantín" podía llegar a mayores consecuencias, una tarde, al regresar de su grata compañía, al no saber yo aclarar a mi progenitor nuestras intenciones, me propinó la única y más grande bofetada que haya recibido en mi vida*, dice María Ángeles Barcón. Y agrega otra observación interesante: *Franco iba y venía solo*.

Oviedo y Carmen Polo

Franco se incorpora a la vida cuartelera de la Península en Oviedo, en el mes de mayo de 1917. Llega precedido de fama de militar valiente, que ha hecho una carrera rápida, debido a permanecer casi siempre en primera línea en Marruecos. Muchos de sus compañeros de promoción aún siguen de tenientes.

A través de la Academia para oficiales de complemento, de la que es nombrado profesor, entra en contacto con la burguesía y clase alta asturiana, relacionándose con las jóvenes más distinguidas de la ciudad. Allí conoce también a un joven estudiante de Derecho llamado Joaquín Arrarás, que años más tarde, en 1937, publicará la primera biografía de Franco.

Allí conocerá también a una mujer: Carmen Polo, de 17 años.

En mayo de 1928 el matrimonio Franco-Polo concede una entrevista al periodista Barón de Mora, recordando aquellos días. El periodista, en el estilo cursi y falso de la época escribe: *Carmen Polo de Franco a nuestro lado sonríe dulcemente. La bella compañera del general luce su figura estilizada de suma delicadeza, difuminada tras sutil vestidura de gasas negras...*

–Cuénteme cómo se conocieron.

–Pues... muy vulgarmente. Yo había salido del colegio de Las Salesas, donde me educaba, para pasar las vacaciones de verano, y en una romería le conocí. La verdad, me fue muy simpático –dice un poquito ruborizada–, y como él parecía interesarse por mí con preferencia de todas las otras, y... yo no había tenido todavía novio...

–Sí, el flechazo...

–Eso sería...

Y después agrega:

–Paco quería que fuésemos novios; pero yo pensaba que, siendo él militar, como había venido podría repentinamente marcharse... **(85)**.

Franco no tiene suerte con las novias. En Melilla, recién llegado el 1912, conoció, como ya hemos dicho, a Sofía Subirán, sobrina del comandante militar de la plaza, que no lo acepta porque *era un poco soso, muy timidito... la verdad es que Paquito no me gustaba nada como hombre* **(86)**.

Para la familia Polo, un militar resultaba poca cosa. Además, los padres muestran un marcado aire liberal de ascendencia intelectual y no ven con buenos ojos a los militares.

Crozier escribe: *Carmen procedía de una familia educada, casi aristocrática, liberal y antimilitarista por disposición. Su padre, D. Felipe Polo era un abandonista, que no veía qué objeto tenía gastar vida y dinero en defensa de Marruecos. Así, pues, además de su juventud y de su origen modesto, Francisco Franco tenía el inconveniente, a los ojos de los Polo de simbolizar una casta que no les gustaba y una política que reprobaban* **(87)**.

La familia Polo se opuso desde el primer momento al noviazgo de su hija con un militar, sin medios de fortuna y con unos antecedentes familiares escandalosos para aquella época de rígidas formas sociales: el padre había abandonado a la madre y a los hijos. En una sociedad cerrada y clasista que guarda las apariencias burguesas, *la inmediata inclinación de Carmen por el comandante de África tropezó, por lo tanto, con serios obstáculos familiares* **(88)**.

Franco en Oviedo.
Franco prodigó sus paseos por Oviedo luciendo el hermoso caballo que se adjudicaba a todos los oficiales. Estos paseos le sirvieron para ganar prestigio.

Contra las dificultades amorosas los novios se valen de las artimañas viejas y siempre nuevas de cartas a escondidas y con intermediarios, que dan todo un sabor de aventura y de misterio. El noviazgo fue difícil para el joven comandante, que no era aceptado por la familia de la novia. Otra frustración más en su vida. Otro padre, aunque político, que lo rechaza también.

NO TIENE MÁS QUE SU ESPADA

CALLE DE POCOS SECRETOS ES LA CALLE URÍA DE OVIEDO. Las chicas jóvenes reían a carcajadas, bobaliconamente, ante las miradas insistentes de un militar de aspecto joven y ojos oscuros, pero con mirada triste.

Ya sabemos que Francisco Franco se había enamorado en otra ocasión, estando en Melilla en el año 13 de la joven Sofía, y era experimentado en escribir postales y cartas amorosas. Los padres contrariaron aquellos incipientes galanteos del joven militar, que insistía una y otra vez en sus pretensiones. La esperaba, la asediaba constantemente con miradas, paseos, sonrisas y cartas, como cualquier enamorado. Pasados unos años, en 1929, Carmen Polo concederá una entrevista al Barón de Mora, para la revista *Estampa*: *Nos conocimos muy vulgarmente. Yo había salido del colegio de las Salesas, donde me educaba, para pasar las vacaciones del verano, y en una romería le conocí... Paco quería que fuésemos novios; pero yo pensaba que, siendo él militar, podía marcharse como había venido... Paco no se conformó y me escribió al colegio; pero las monjitas guardaron las cartas para entregarlas a mi familia, y naturalmente, no pude contestarle. Figúrese mi asombro y el de mis compañeras cuando una mañanita, en nuestra misa de las siete y media, vemos devotamente en la capilla al "comandantín", como le nombraban todas las muchachas de Oviedo. No debieron desagradarle nuestros rezos y nuestros cánticos, pues su visita matinal a la capilla del colegio se repitió casi diariamente. Y hasta las monjas lo comentaron edificadas* **(89)**.

La familia de Carmen no ve con buenos ojos que un militar la acompañe y aspire a su mano. Existe toda una motivación clasista y hasta política en no acceder a las pretensiones del militar. Educada entre normas muy estrictas, Carmen pertenecía a la clase media alta de Oviedo, a una sociedad muy cerrada y muy llena de prejuicios sociales. Un militar era poco, muy poco, para Carmen, en aquella época en que los militares eran considerados como parásitos en la sociedad española, sin recursos económicos propios ni apellidos ilustres. Muchos años después, en 1975, se escribirá lo siguiente: *Carmina es una de las "muchachas en flor" más admiradas de la buena sociedad asturiana... aunque el biógrafo Crozier la sitúa en la alta clase media, la familia Polo es algo más. Por parte de madre, los Martínez Valdés pertenecen a la más vieja nobleza del Principado, hasta el punto de que mi curiosidad histórica cidiana me hace pensar si estaría emparentada con Jimena Díaz, la del Cid, hija de Diego, el conde de Oviedo* **(90)**.

Si tomamos en serio las insinuaciones de este escritor, se comprenderían muchas motivaciones del franquismo y especialmente de "la señora de El Pardo".

El padre de Carmen Polo era de familia burguesa, con un nivel económico holgado y con algunas propiedades. El abuelo, Claudio Polo, fue profesor de Preceptiva Literaria y Retórica en el Instituto de Enseñanza Media de Oviedo. Se trataba de una familia liberal y poco dada a los militares que consideraban la guerra de Marruecos como un error, manteniendo la idea de "abandono" ante el problema marroquí, que era opuesto totalmente a la del comandante Franco.

Cuando un día se presentó Francisco Franco, el pretendiente, en casa de los Polo, para pedir la mano de su hija Carmen, don Felipe Polo contestó con evasivas, argumentando la poca edad de su hija; pero su principal negativa radicaba en la profesión del novio: militar.

–*¿Quiere Vd. dejar una viuda antes de tener un hijo?* –le preguntó el padre.

El comandante Franco se siente, una vez más en su vida, frustrado. Debió recordar en aquel momento a Sofía. Y también debió recordar pronunciada por el padre de Josefina, ante las pretensiones de Napoleón: *No tiene más que su espada*.

Franco no consigue convencer al padre de la novia y queda desairado. Ha sido herido en su amor propio, pero el comandante sabe esperar y devolverá el golpe a su debido tiempo, ya pasados muchos años. Instalado definitiva-

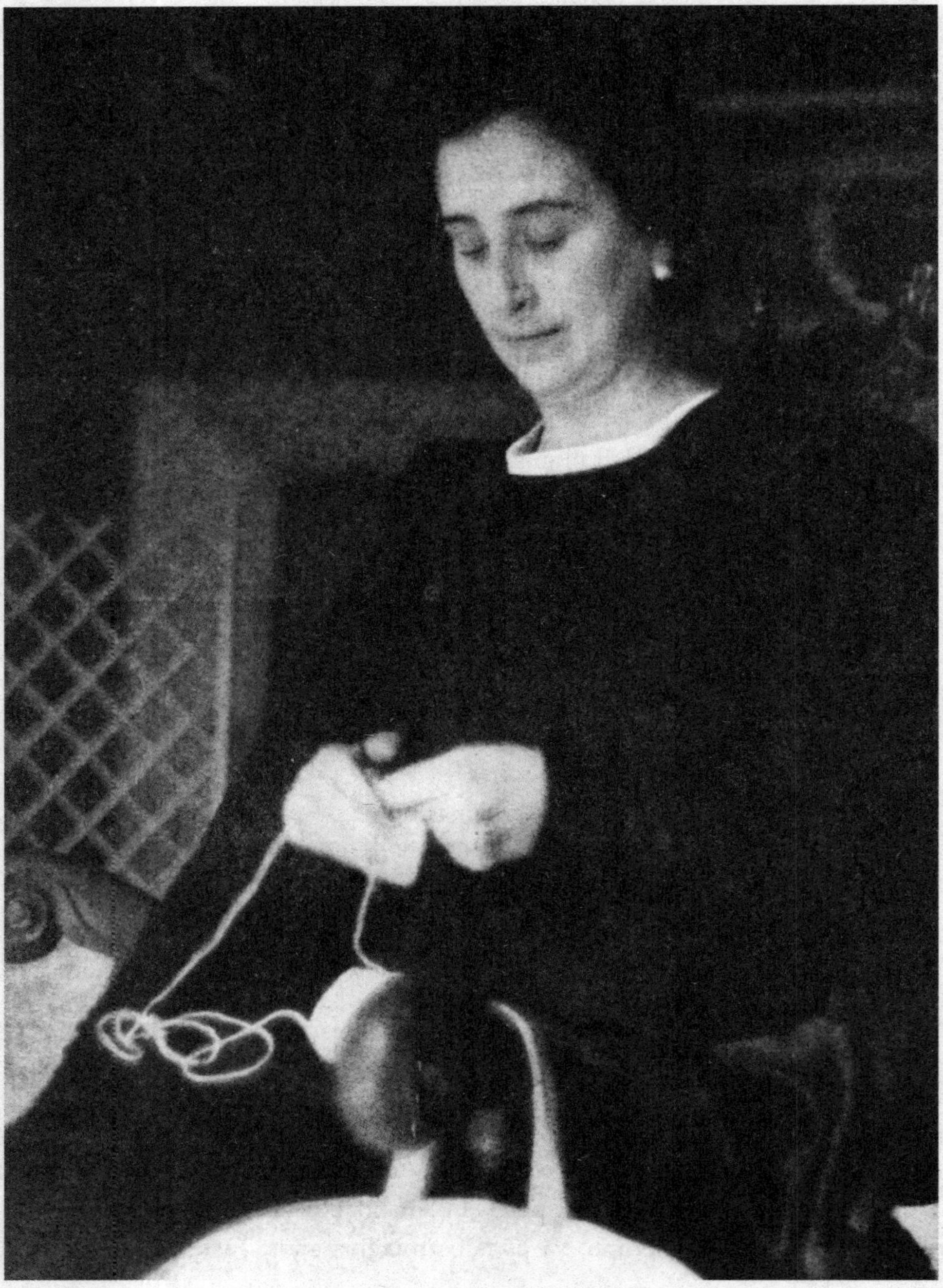

mente en El Pardo, el general Franco convertirá a su cuñado Felipe Polo (91) en su secretario particular y le obligará a llamar a la puerta de su despacho siempre que entre a resolver o tramitar asuntos particulares u oficiales.

A pesar de la negativa recibida en la petición de mano, el comandante Franco recibe sonrisas, suspiros y palabras de la joven de Oviedo, pero eso es poco para él, que desea definitivamente formar un hogar y elevar su status social.

En uno de los permisos, Franco va a su pueblo natal a ver a su madre, que vive sola y abandonada (92.

Se fija de nuevo en una ilusión juvenil, amor platónico, del pueblo. Se llamaba María Ángeles Barcón y era de una familia y clase social muy superior a los Franco. De nuevo Francisco Franco se enamora y ve obstaculizado su camino hacia el matrimonio por el padre de ella. Nueva frustración para el comandante de la Legión, que verdaderamente no tiene éxito en sus amores, debido a los padres de ellas.

Regresa Franco a Oviedo, tras las vacaciones, y vuelve a emprender el asedio a Carmen Polo, valiéndose de tretas y artimañas. Alguien le habría dicho al comandante que "en el amor y en la guerra todo está permitido". Así fue en su segunda etapa con los Polo. Los enamorados se escribían cartas a través del bolsillo del abrigo de ella colocado en el perchero del café o restaurante, que frecuentaban. También se intercambiaban las cartas escondidas en la badana del forro del sombrero de un señor mayor, asiduo visitante a la casa de los Polo. Los enamorados se ingeniaban para comunicarse entre sí. ¿Habría miradas apasionadas?

Lo que resulta ridículo, ayer y hoy, son las relaciones amorosas de unos novios (él, comandante de la Legión, con 26 años), que se escriben a hurtadillas, disimuladamente. En verdad, Franco no tuvo demasiada suerte en el amor.

Doña Carmen Polo, que era de familia burguesa e ilustre de Asturias, recibió una educación esmerada. Era conocido que en sus ratos de ocio se dedicaba a tejer jerseys de niño. Doña Carmen fue un gran apoyo para Franco e influyó en él para que se mantuviera en el poder hasta el final.

Transcurridos tres años bajo estas condiciones y dificultades, don Felipe Polo accede al noviazgo oficial y se fija la fecha de la boda.

Pero ocurre algo inesperado para los novios en el otoño de 1920. El comandante Franco es nombrado jefe de una Bandera de la Legión y debe incorporarse inmediatamente a Marruecos. Carmen Polo tiene que aplazar la boda prevista, sin saber hasta cuándo.

MARRUECOS, DIARIO DE UNA BANDERA

FRANCO ESCRIBIÓ UN DIARIO DE GUERRA, que trata de las peripecias y vicisitudes de la Legión de Marruecos desde octubre de 1920 a mayo de 1922 **(93)**. Se publica en 1922, con una portada sugestiva y curiosa, donde aparece un escudo con dos cabezas de jabalíes unidos por una barra en la boca. Se trata del escudo de la familia Pardo de Andrade, segundo apellido de su madre, doña Pilar Baamonde y Pardo de Andrade. La portada de la edición del *Diario* es todo un símbolo de un claro "complejo de Edipo", junto con un homenaje a la madre, abandonada y rechazada por el padre.

G. Hills escribe: *El Diario de Franco está escrito en alabanza de sus hombres* **(94)**. Debido a su formación inglesa ha sido el único biógrafo que ha estudiado y comentado detenidamente el *Diario*.

Al comentar esta observación con un militar español de alta graduación se lamentó así: *¡Es una lástima que ningún español haya estudiado el "Diario"! ¡Tenía que ser un inglés!*. Sin embargo, Tomás García Figueras, militar y escritor especializado en temas marroquíes, publicó en ABC, con motivo del XXV aniversario de la Jefatura de Franco: **(95)**. El *Diario de una bandera es una obra sobria y del mejor estilo castrense*. Y más adelante agrega: *Sus juicios tienen, en sí mismos y en su extensión, la dimensión justa y ponen de relieve una profundidad, una ecuanimidad y un equilibrio verdaderamente admirables*.

De mayor, la sordera de Carmen Polo le hacía sonreir artificialmente, pero por vanidad se negó a llevar un audífono que le ofrecieron disimulado en uno de sus conocidos collares de perlas.

Teniendo presente el año en que se escribe el comentario –1961– en pleno culto a la personalidad del dictador, el comentarista dice: *Lo que más sorprende del libro, con ser todo él apasionante, es la claridad de ideas sobre aspectos trascendentes de nuestra acción marroquí, la precisión y exactitud de sus juicios, su ejemplar serenidad. Todo ello es tanto más de destacar teniendo en cuenta que el comandante Franco tenía entonces veintiocho años*.

Y termina el comentario con el elogio habitual: *(Franco) a través de su heroica y superada acción militar, ganó tantos laureles para el ejército y para España, y que hoy conduce con mano firme y segura la nave de España hacia la cumbre de su gloria y grandeza*.

En el año 1976, en el primer aniversario de la muerte de Franco, la *Revista de Historia Militar* en su número 40 publica un especial, dedicado a *Francisco Franco, escritor militar*, donde colabora el coronel del Servicio Histórico militar, José María Gárate Córdoba, uno de cuyos artículos, de 20 páginas, se titula *El diario de una bandera* (páginas 29 a 48). (Ver Crozier, Franco, t.I. pág. 96-117)

G. Hills escribe: *En ningún lugar puede leerse un "Dios tenga piedad"* **(96)**.

En la edición de 1956 de Afrodisio Aguado, solamente pueden leerse las siguientes referencias a la religión:

Pág. 57: "el día de Nochebuena".

Pág. 57: "la fiesta de Pascua".

Pág. 91: "es día festivo y nos ayudan para la Misa".

Franco en África.
Página anterior: Aparece un joven y delgado Franco junto al general Sanjurjo. En el año 1916 Franco, entonces capitán, sufrió una gravísima herida en el asalto a una trinchera mora en El Buiz, Marruecos, en una trágica escaramuza donde muere la mitad de su compañía. Franco fue retirado muy grave para ue le fuera curada la herida. Dicen los historiadores que la familia acudió a verle al hospital, pero eso parece poco probable dado que no se relacionaba con su padre y la distancia que separa El Ferrol de Ceuta, 1.300 Kms, era demasiado para un viaje en tren en esa época. Después de su recuperación en Ceuta, le conceden 40 días de permiso y marcha a Oviedo. Ricardo de la Cierva, el único historiador que se ha atrevido a publicar una radiografía de la herida en su obra *Franco*, reproduce un documento muy probablemente falso, ya que en el año 16 no existían aparatos de rayos X en el Marruecos español. Todo esto se ha hecho para acallar los rumores de su falsa paternidad. Pasado el año 21 Franco adquirió un gran prestigio en Melilla, al considerar la población que los había salvado de la matanza de Annual. La bandera de la Legión que dirigía detuvo a los moros y salvó a los melillenses de un desastre aún mayor.

Pág. 133: “un capellán”.
Pág. 133: “reciben la absolución”.
Pág. 181: “el padre Antonio Vidal, escolapio”.

13

En total, son seis las referencias religiosas de Franco en el *Diario de una bandera*, y no cinco como erróneamente cita G. Hills. Aunque hay que destacar que la cita de la pág. 91 dice textualmente: *Es día festivo y nos ayudan para la Misa; a ella asistimos, pero nuestro pensamiento vuela lejos*.

Marruecos. Diario de una bandera

Las 4 ediciones llevan las siguientes portadas:

1.ª edic. 1922. Escudo de la familia Pardo de Andrade (la madre) convertido en el guión de la 1.ª bandera, que mandaba el comandante Franco.

2.ª edic. 1939. Dibujo, un tanto bucólico, de C. Sáez de Tejada: un pastor marroquí con ovejas ante un poblado indígena.

3.ª edic. 1956. Fotografía del comandante Franco en Mizziam.

4.ª edic. 1976. Fotografía del comandante Franco en Tizzi Azza.

Marruecos. Diario de una bandera es un libro que revela las preocupaciones de Franco en aquella época, pero si observamos atentamente sus discursos y escritos posteriores, trata del tema obsesivo que permanentemente no le abandona. *Es un libro a mitad de camino entre el diario de guerra de una formación y las memorias de un oficial del ejército. Franco no escribió nunca nada más revelador* **(97)**.

Las cuatro ediciones de la obra han sido:

1.ª edic. 1922, Editorial Pueyo, Madrid.

2.ª edic. 1939, Editorial Católica, Sevilla.

3.ª edic. 1956, Editorial Afrodisio Aguado, Madrid.

4.ª edic. 1976, Editorial Doncel, Madrid.

En las dos primeras ediciones aparece la palabra *Marruecos*; y en las dos ediciones siguientes, 1956 y 1976, desaparece del título y se publica como *Diario de una bandera*.

Pero lo más sorprendente es que ya en la 2.ª edición de 1939, la censura del gobierno de Franco elimina un párrafo desagradable, que muestra el sadismo de aquellos legionarios:

Poco después llegan a la posición de otras unidades; el "pequeño Charlot", cornetín de órdenes, trae una oreja de un moro. –Lo he matado yo –dice enseñándosele a los compañeros. Al pasar el barranco vio un moro escondido entre las peñas y, encarándole la carabina, le subió al camino junto a las tropas; el moro le suplicaba: –¡Paisa, no matar! ¡Paisa, no matar! –No matar, ¿eh? Marchar a sentar en esta piedra –Y apuntándole, descarga sobre él su carabina y le corta la oreja, que sube como un trofeo. No es esta la primera hazaña del joven legionario.

Según escribe Cabanellas: *Al término de la guerra de Marruecos circulaban curiosas tarjetas postales que mostraban a miembros del Tercio jugando alegremente a la pelota con cabezas de moros degollados* **(98)**.

A veces hasta el destino juega irónicamente con los dictadores, como una parodia reveladora de que la censura de la dictadura censura al dictador, como ocurrió en 1939 y en las dos restantes ediciones del *Diario*, haciendo observar a Ricardo de la Cierva: "*Diario de una bandera" fue impreso en 1922 y una edición posterior ha sido ligera e inútilmente modificada, quien lo dijera, por la censura de un Gobierno de Franco* **(99)**.

Franco escribe el libro como un desdoblamiento de su personalidad. Primeramente es un hombre de acción, pero busca un reconocimiento y una justificación a su esfuerzo. El guerrero necesita que los demás conozcan su afán y alaben su sacrificio. Pero Franco en él persigue el darse a conocer a los demás, o sea, inicia las autorrelaciones públicas. El *Diario* es, en el fondo y como principal motivación, una propaganda de "relaciones públicas" del comandante Franco.

Ningún biógrafo de Franco ha citado, al hablar de este libro, a Julio César –otro dictador– ni a su obra *La Guerra de las Galias*. No existe nexo de unión entre la forma de enfocar la obra ni intelectualmente entre los autores. Por supuesto, la cultura humanística de Franco no alcanzó a conocer ni leer la obra de Julio César.

Millán Astray dice que la 1.ª Bandera *se llamó de los jabalíes de Borgoña, por haber elegido Franco para su guión estas armas* **(100)**.

Estos jabalíes se transformarían en el guión del Caudillo. Algunos observadores mal informados creyeron que se trataba de un recuerdo de los años legionarios de Franco. Pero éstos ignoraban que los llamados "Jabalíes de Borgoña", que usó en la Legión y en la portada de su libro, provenía de un recuerdo subconsciente materno.

La actuación de Franco en Marruecos, desde el punto de vista de relación interpersonal, fue bastante egoísta y por lo tanto negativa.

Cabanellas escribe: *Franco avanza con la vista puesta en lograr ascensos sin pensar en lo que detrás de él queda* **(101)**.

Declara Vicente Guarner, que un día, hablando con Franco en la cantina, se acercó el teniente ayudante y le dijo: *–Mi comandante, los legionarios detenidos ayer han pasado a la guardia de prevención. –Que los fusilen* **(102)**.

Y más adelante agrega: *Castigaba a los soldados del Tercio con verdadera dureza* **(103)**.

Sus ascensos vertiginosos en la carrera militar se debieron a la guerra de África. Cada ascenso le supuso la muerte de cientos de soldados, que con sus heroicidades y sacrificios formaron a Franco un pedestal de muertos. *No tenía compasión alguna de los padecimientos de sus semejantes. Su única obsesión era hacer carrera*, dice Guarner. Y Cabanellas agrega: *Franco avanza con la vista puesta en lograr ascensos, sin pensar en lo que detrás de él queda. No es un soldado más, con sus grandezas y sus miserias, sino el hombre que tiene como meta en su vida alcanzar, lo más pronto posible, los bastones cruzados del generalato*.

Un novelista español que estuvo en la Legión, durante su juventud, escribió más tarde: *Es un poco duro ir con Franco. Puedes estar seguro de tener todo a lo que tienes derecho; puedes tener confianza de que sabes dónde te metes; pero, en cuanto a la manera de tratar..., yo he visto a asesinos ponerse lívidos, porque Franco los ha mirado una vez de reojo. ¿Sabes?; yo creo que ese hombre no es humano; no tiene nervios. Además, es un solitario* **(104)**.

Y Guarner agrega: *Distanciándose de la gente, lo único que hacía era esconder su mediocridad* **(105)**.

Guarner contaba que muchos oficiales se reían de Franco porque era rechoncho, bajito y culibajo, por eso le llamaban "Paca, la culona".

Por fin, en 1926, Franco alcanza los bastones cruzados del generalato y entonces termina, para él, la campaña de África.

Del año 12 al 27, Franco hizo su meteórica carrera militar de segundo teniente a general de Brigada; de esos 15 años pasó cuatro en la Península, de manera que le bastaron poco más de diez años de campaña para alcanzar el grado de general de la Brigada, lapso durante el que sus compañeros de promoción no habían logrado las tres estrellas de capitán; sus ascensos fueron de dos en dos años, mínimo legal en el empleo para pasar de un grado a otro. En febrero de 1926, ascendido a general de Brigada de la Primera División de infantería de Madrid, integrada en el aristocrático regimiento del rey y el no menos palaciego de León. Tardaría más de ocho años en lograr su ascenso a general de División. En su ascenso a coronel por méritos de guerra declararon a favor de Franco los tenientes coroneles Miaja y Pozas **(106)**.

Franco mostró claramente desde su juventud una firme voluntad de ascender siempre, de llegar a la cúspide, como una afirmación de su personalidad y compensación de sus frustraciones e inadaptación familiar.

La realidad social de la guerra de África presenta distintos aspectos según lo enfoque un militar "africanista", un soldado raso, un periodista, un político o un capitalista enriquecido con la guerra. Marruecos siempre fue un negocio sucio de corrupción de la administración española, mientras las guardarropías más brillantes del ejército español lucían sus colores y fanfarrias en la guerra de Marruecos.

Para Luis Ramírez, el biógrafo más implacable de Franco, *el África que pisaron los soldados españoles en marcha hacia un "Rastro" de condecoraciones para sus jefes* **(107)** es verdaderamente dura y hostil.

Para el socialista Indalecio Prieto, que visitó Marruecos como corresponsal y periodista, *Marruecos se había convertido en fábrica de héroes artificiales... Para medrar, agrupándose jefes y oficiales en camarilla alrededor del general más influyente* **(108)**.

Y más adelante agrega el gran conocedor de las intrigas marroquíes: *El favoritismo prevalecía entre los "africanistas", constantemente obsequiados con ascensos injustos y condecoraciones retribuidas. A tal grado llegó el abuso que en el ejército peninsular fue cundiendo la protesta contra tales recompensas, protesta que cuajó en las famosas Juntas de Defensa, atentatorias a la ordenanza militar, pero inspiradas inicialmente por un sentimiento de justicia que pronto hubo de desnaturalizarse* (pág. 48).

Caricatura de 1938. La revista *L´esquella de la Torratxa* de Barcelona publica esta curiosa caricatura de Franco con un aspecto afeminado, tal vez motivado por la fama de voz poco viril y ridícula. El aspecto regordete de Franco, caricaturizado en este chiste, le valió el apelativo sarcástico de "Paca la culona" entre sus compañeros.

Texto: *¿Así que Ud. quiere salvar a España? Sí. ¡España soy yo!*

Nº 3077 del 26-8-38, Barcelona, 1938.

Para Crozier, en el *Diario de una bandera* aparecen varios rasgos dominantes:

Profesionalismo: el valor no basta para el militar, porque el soldado debe saber cómo luchar; aunque la disciplina es importante, pero también lo son la táctica y las armas.

Virtudes militares: las páginas están llenas de referencias al heroísmo y a la gloria del soldado muerto. *Algunas de ellas resultan tediosas para los lectores que no son ni españoles ni militares* **(109)**. Para Franco, el desastre de Annual se debió, sobre todo, al fracaso del mando.

Lealtad y modestia: mantiene una lealtad a los compañeros muertos y exclama: *¡En la guerra hay que sacrificar el corazón!* Franco apenas se menciona en el libro; elude la primera persona.

Indiferencia hacia la política: hay muy pocas referencias a la política, aunque, en realidad, él estaba alejado de las áreas políticas españolas.

Dos años después de la publicación del *Diario de una Bandera*, Franco dirige la *Revista de Tropas Coloniales* **(110)**, donde irá exponiendo sus puntos de vista sobre diversos temas militares y también sobre política, como el titulado *Pasividad e inacción* (abril, 1924), que levantó fuerte polvareda por su crítica a la política pacificadora en el Protectorado, que defendían desde Madrid muchos políticos, mientras los militares reclamaban una victoria militar que llevase a la pacificación, tras el desarme total de los rebeldes (que no eran rebeldes, sino que defendían su independencia frente a los invasores españoles).

Franco dirige tres cartas abiertas a S.M. el Rey **(111)**, durante distintos meses de mayo, en fecha conmemorativa de la elevación al trono y del cumpleaños de Alfonso XIII, exponiendo los motivos de la entrevista. Y le ofrece *sacrificios heroicos, que la Patria no olvida, aunque el patriotismo de los tiempos presentes parezca ocultarlos tras la densa niebla del egoísmo ambiente* (mayo, 1927). Y a continuación califica de *guerras santas* la guerra marroquí que desarrolla España. Y se lamenta de *nuestra labor oscurecida*, para ofrecerle al rey *su fe ciega en los altos designios de la Patria, esperando n día no lejano, que será glorioso en los anales de vuestro reinado, en que sellemos, una vez más, nuestra inquebrantable adhesión*.

Franco ya usa la frase de "inquebrantable adhesión", que tanto habría de proliferar durante 40 años.

En esas tres cartas abiertas al Rey, Franco trata de llamar la atención real para que no pase desapercibida su labor en Marruecos, llamando con frecuencia la atención del Rey. Incluso se vale del periodista Ruiz Iriarte, que en una audiencia con el Rey le entrega en nombre del director de la revista, Francisco Franco, un ejemplar de la publicación, exclamando Alfonso XIII al leer la firma de Franco en uno de los artículos: *¡Hombre, un artículo de Franquito!*

En un artículo publicado en la revista, Franco escribe: *La guerra se hace larga; no hay que pensar en victorias definitivas, que destruyan en un día la rebeldía rifeña. El bloqueo, el hambre, la falta de elementos, el cansancio, la constancia y el tiempo han de ser nuestros mejores aliados; y mientras tanto, mantener la acción ofensiva en los territorios rebeldes, el castigo constante* **(77)**.

He aquí todo un resumen de la forma de entender y hacer la guerra de Franco, que repetirá durante la guerra civil que incluso corregirá y aumentará durante los 40 años de la dictadura: *la constancia y el tiempo han de ser nuestros mejores aliados*, junto con *el castigo constante*.

La boda

El joven comandante Franco pensó sólo en su boda, ya fijada para la próxima primavera, y de acuerdo con su madre, doña Pilar, el hermano mayor, Nicolás, es quien pide oficialmente la mano de Carmen Polo. Era de familia no aristocrática–el abuelo fue indiano, que volvió rico de las Américas–pero sí de alta burguesía provinciana. Esto le dificultaba el noviazgo al comandante (Carmen Polo se educó en un colegio distinguido de provincias, aprendió algo de francés, un poco de piano, labores, repostería y además tuvo una institutriz francesa, mademoiselle Clavería).

Franco pretendía el ascenso social, que no podía alcanzar solamente con su carrera militar, ya que le faltaba el complemento del matrimonio distinguido, como era usual entre los militares de elite. Ello suponía una clase dentro de la casta militar española. Sin un matrimonio distinguido, y a ser posible, con entronque aristocrático, era prácticamente imposible escalar los altos puestos militares.

Carmen Polo, casi una niña, no está dispuesta a casarse con el comandante Franco y no accede a ello, porque el pretendiente no representa nada en la vida social donde ella se mueve. Incluso, los familiares se oponen rotundamente al noviazgo. No olvidemos que un militar, en aquellos años un comandante, no representaba nada en la burguesía española; más aún, estaban mal vistos por considerar que eran los culpables de la "sangría de Marruecos", que daba lugar a las exigencias del fisco con los impuestos.

Franco desea casarse con Carmen, pero no está seguro del amor de la asturiana hacia él. No le acepta plenamente, pero tampoco lo rechaza totalmente. Está jugando con él; lo retiene y lo alienta nada más. Hay que dejar bien claro que el noviazgo no se formaliza en 1917, al poco tiempo de llegar Franco a Oviedo, sino en 1920. En este intervalo de tiempo, Franco pretendió el amor de Mª Ángeles Barcón, de familia distinguida también, más aún que Carmen Polo. Los padres de la señorita Barcón se opusieron rotundamente al noviazgo, porque conocían sobradamente la vida extramarital, de amancebamiento, que llevaba el padre; y eso en una familia burguesa de aquella época resultaba intolerable. Una vez más, le causa serios trastornos y se interpone el padre en la vida del hijo. Con ello va acumulando resentimiento hacia el padre.

Por fin, Carmen va cediendo ante la insistencia del comandante. Ella pone como condición que no vuelva a África, donde tantos peligros le esperan. Ante el dilema del matrimonio, languideciendo en las salas de banderas de la Península, frente al ascenso en la carrera militar en Marruecos, Franco no lo duda y se decide por los ascensos. Así tendrá algo más que ofrecer a la novia.

Hay que tener muy presente que las relaciones interpersonales de la pareja Franco-Polo fueron siempre frías, por parte de los dos, aunque principalmente por ella. Franco tuvo siempre la sensación ante la esposa de no haber pagado suficientemente su ascenso social y familiar. Ella era una mujer distante, calculadora y poco dada a descender del escalón en que le había situado su educación burguesa. (Basta recordar las Memorias del primo-secretario, Franco Salgado-Araujo, donde dice: *No sé por qué cohíbe mucho a la gente y hasta a su marido, que cuando está solo es completamente distinto; con ella se le ve más cohibido y pensativo, más serio y poco hablador* **(114)**.

Instante de la boda con Carmen Polo. Los padrinos son el Gobernador militar de Oviedo que representaba a Alfonso XIII y la esposa del Gobernador, una tía de la novia. El rey no asistía a ninguna boda en que los matrimonios de los padrinos no fueran legales. En este caso los padres de Franco ya están separados, no son invitados y no asisten a la boda.

Franco estaba en débito con Carmen a través del matrimonio. Por otra parte, ella siempre tuvo pretensiones de grandeza; durante la boda, entró bajo palio en la iglesia, por ser apadrinada por los Reyes (le debió gustar porque más adelante, siendo ya la esposa del Jefe del Estado, mantuvo a rajatabla ese privilegio de la Iglesia a los Reyes de España. ¿Acaso no se consideraba una reina?).

Ante la próxima boda, ya fijada con anterioridad, Franco sale para Ceuta en 1929 para tomar el mando de la primera bandera de la Legión. Es una huida y encuentra una salida fácil para no enfrentarse con la realidad. Es el dilema y prefiere la carrera militar. Tal vez, de forma consciente, Franco se vengó del padre de la novia, dejándola plantada, pero con novio. Franco no olvida jamás, según se demostrará a lo largo de su vida. Prefiere hacerse "novio de la muerte" y se va a la Legión.

Es la primera huida.

El 6 de octubre de 1923, Franco solicita permiso de 40 días para casarse y sale de Melilla, pero por asuntos militares se detiene unos días en Madrid y llega a Oviedo el 21. ¿A qué se detiene Franco en Madrid?... A primeros de año había sido nombrado "Gentilhombre de Cámara" del Rey (cargo simplemente honorífico) y en Palacio solicita la venia de Alfonso XIII para contraer matrimonio y sondea veladamente a los Ayudantes de Cámara del Rey, con objeto de obtener el padrinazgo de los Reyes para su boda, algo bastante usual en aquella época de buenas relaciones de la Corona con el Ejército. El teniente coronel Franco consigue su propósito y los Reyes serán sus padrinos de boda, representados por el Gobierno militar de Oviedo, general Losada y una tía de la novia, ya que la madre del novio no puede serlo por estar separada "de hecho" del marido. Las formas y protocolo real son así. Para Francisco Franco es un triunfo de prestigio el hecho de que los Reyes de España sean los padrinos de la boda. Para Carmen Polo, una señorita de provincias, ello supone un prestigio social impresionante. La familia Polo se enorgullece ahora. En la ciudad de Oviedo llega la noticia y da lugar a un auténtico acontecimiento social, aunque la familia Polo está de luto por el fallecimiento reciente de un familiar.

Los novios hicieron su entrada en el templo bajo palio; las varas eran portadas por amigos de los novios y familiares, entre los que se encontraban Felipe Polo y los hermanos, Nicolás y Ramón Franco. Fueron padrinos Alfonso XIII y doña Victoria Eugenia, representados por el general Losada, Gobernador militar de Oviedo y la tía de la novia. La madre, doña Pilar Bahamonde, se vio una vez más menospreciada por culpa del marido en un acontecimiento tan íntimo como la boda de un hijo. El padre no asistió a la boda. La ruptura era total.

Un militar, en un panegírico exaltado y fervoroso escribe: *Aunque el biógrafo Crozier sitúa a la familia de la clase media, la familia Polo es algo más. Por parte de la madre, los Martínez Valdés pertenecen a la más vieja nobleza del Principado, hasta el punto de que mi curiosidad histórica cidiana me hace pensar si estaría emparentada con Jimena Díaz, la del Cid, hija de Diego, conde de Oviedo* **(115)**.

(¡Ya parece demasiado!).

En muchas biografías aparece confundida la fecha de la boda, al situar unos biógrafos el día 16 y otros el 23. La verdadera fecha es la última, según aparece en el acta matrimonial, que muchos biógrafos no se han molestado en examinar.

ABC del 28 de octubre, en la Sección de Ecos de Sociedad, publica lo siguiente: *La Prensa de Asturias publica extensas reseñas de la boda del heroico del Tercio, teniente coronel Franco, con la bellísima señorita, de Oviedo, Carmen Polo y Martínez Valdés.*

La ceremonia se celebró en la parroquia de San Juan, de la capital astur, bendiciendo la unión el capellán castrense, y siendo padrinos S.M. el Rey, representado por el general Losada, gobernador militar de la provincia, y la señora viuda de Ávila, tía de la novia.

Firmaron el acta, como testigos, por la señorita de Polo, su hermano D. Felipe y su primo el teniente coronel D. Carlos Gil de Arévalo; y por el teniente coronel Franco, los marqueses de la Rodriga y Vega de Anzó.

La Iglesia se hallaba atestada de público, y en el trayecto, hasta la casa de la novia, millares de almas tributaron al nuevo matrimonio ovaciones ensordecedoras. No se recuerda en Oviedo un acontecimiento semejante con ocasión análoga, ni en el que tomaran espontáneamente tanta parte las clases sociales.

Los señores de Franco salieron para sus posesiones de Llanera, dentro de breves días marcharán para África **(116)**.

Por su parte, la revista *Mundo Gráfico*, con dos amplias fotos, escribe lo siguiente:

LA BODA DE UN CAUDILLO HERÓICO

POCAS VECES LA FELICIDAD EN LA VIDA DE UN HOMBRE se presenta tan asequible y al mismo tiempo tan disputada, como al heroico teniente coronel Franco, el jefe del Tercio de Extranjeros. Tres veces estuvo anunciada su boda con la bellísima señorita coruñesa (sic), otras tantas hubo de aplazarse, porque los azares de la campaña solicitaban en campos marroquíes la presencia del bravo caudillo de los Legionarios.

La Guerra, como una rival celosa, arrancaba a Franco del lado del Amor y lo arrastraba a la lucha, de donde cada vez tornaba camino de las nupcias con nuevos laureles y mayor prestigio.

Franco, corazón y alma del Tercio, ídolo de la bizarra Legión aventurera y gloriosa, ha contraído, por fin, matrimonio.

Parecía como si la Fortuna aguardara a que la Patria le confiriera el mando y el honor supremos del Cuerpo combatiente, que honró su mando para otorgarle la felicidad al vencedor, al que la suerte, como una enamorada, ha sabido conservar ileso para bien de los suyos y de España, que en él ve uno de sus mejores y heroicos caudillos.

El teniente coronel Franco ha hecho su carrera frente al enemigo, colaborando en la gesta bizarra de la Legión salvadora y brava. Él fue de los que con Millán Astray llegó de los primeros a Melilla en los días trágicos del desastre, cuando el enemigo ensoberbecido amenazaba el último reducto de nuestra fuerza en aquella zona. Él emprendió con sus puñados de terciarios la empresa de gloria y de dolor de la reconquista, y asistió a los horrendos espectáculos de aquellos campos malditos, donde hermanos nuestros, víctimas de la barbarie, se calcinaban bajo el sol implacable que alumbró la rota.

Y después él mantuvo íntegro el espíritu marcial, la fe y el entusiasmo de sus huestes. Ha sido, por último, en Tafaruin donde ha recibido su mejor homenaje. Fue cuando cercada la posición un avia-

La primera foto del matrimonio con Franco como Teniente Coronel de la Legión. Franco por fin se casa con Carmen Polo después de recibir calabazas de muchas novias, incluyéndola a ella, a la que convence gracias a la seducción del uniforme, en contra de la opinión de sus padres. Antes de la boda, el padre de la novia diría sobre Franco: *No tiene más que su espada*. Cuando Felipe Polo, su padre, habló por primera vez con Franco, le preguntó: *¿Pretende usted dejar una viuda joven?*

dor heroico arrojó sobre los sitiados para alentarles un mensaje, en el que se leían: *Valor, Franco ya está aquí*. Este reconocimiento del valor, del prestigio, de cuanto de estímulo significa el bravo caudillo, es una página de orgullo, un timbre de gloria **(117)**.

Aparte del error que aparece en el texto de una señorita "coruñesa" y en el pie de la foto donde dice que los padrinos fueron "la madre del novio", el nombre de Carmen Polo no aparece en la reseña, solamente al pie de una foto. La revista le aplica por cuatro veces el nombre de "caudillo" y los adjetivos de heroico y bravo.

Aquel día, Carmen Franco iba enjoyada de forma que llamó poderosamente la atención: un solitario, un broche de diamantes y una perla. (Algo que permanecerá constante a lo largo de su vida).

También resulta curioso conocer el menú del banquete de bodas: entremeses variados, huevos imperiales, langosta y langostino dos salsas, champiñón, centro de solomillo, espárragos de Aranjuez, mantecado helado, dulces y pastas, vino del marqués de Riscal, bourgogne 1902, cafés, habanos y licores.

Don Francisco Serrano Castilla, catedrático de Literatura, conocía datos y hechos importantes de Franco, que recogió de personas que vivían durante la estancia de Franco en Oviedo y de la boda y homenaje que le hicieron al ascender a general. El Sr. Serrano aporta datos y fechas sobre algunos aspectos interesantes de Franco; por ejemplo, el primer diario que llamó Caudillo a Franco fue el diario *La Región*, además de la revista *Mundo Gráfico* en la reseña de la boda.

Como dato curioso, el *ABC* del día siguiente de la boda publica esta noticia: «*Llamamiento de 78.000 al servicio militar*» **(118)**. Y en la página siguiente escribe: *Prohibición a los generales, jefes y oficiales del Ejército de Marruecos, mientras permanezcan en situación de actividad, que puedan dedicarse en nuestras plazas y territorios limítrofes al comercio ni a la industria en sus diferentes ramas, ni desempeñar cargos de empresas y sociedades*.

Sin comentarios.

Los recién casados marcharon en acción de gracias al santuario de la Virgen de Covadonga, para más tarde pasar la luna de miel en la finca *La Piniella*, propiedad de la familia de la novia. El nuevo matrimonio solamente estuvo junto los treinta días del permiso que le había sido concedido.

Todas las actitudes humanas tienen una motivación íntima, que casi nunca se expresa ni incluso el mismo sujeto la conoce; ello es debido al mecanismo inconsciente de la personalidad.

Los recién casados –escribe el biógrafo Crozier– *sólo estuvieron juntos el mes de permiso que le había sido concedido a Franco. Otra etapa de separación comenzó cuando éste volvió a incorporarse a su destino en Marruecos* **(119)**.

Después de 30 días, Franco deja a la joven esposa, desconsolada y frustrada. Justifica el abandono con la guerra de Marruecos, donde allí peligraría realmente su vida. Pero la motivación es otra muy distinta. El teniente coronel Franco quiere seguir ascendiendo en su carrera militar y también desea estar solo. Así evita los problemas de la relación matrimonial. *La armonía de la pareja* –escribe la doctora Mitchel– *depende únicamente de la personalidad del uno y del otro y de las dificultades cotidianas* **(120)**.

En general, conocemos a un hombre y a una mujer desde hace muchos años, pero ignoramos todo cuanto se refiere a la relación que les une a ambos. Los psicólogos saben perfectamente que la mujer austera y buena madre por excelencia puede ignorar el placer sexual. Los hechos están ahí y son evidentes.

Un conocedor de la biografía de Franco ha escrito:

Las soledades de doña Carmen hay que medirlas por el contrapunto de la hoja de servicios de Franco, buscando las pausas en las operaciones de aquellos años. Las he buscado y el balance es desolador para la recién casada **(121)**.

En la investigación que hemos realizado en la Hoja de Servicios de Franco, publicada por el coronel Esteban Carvallo de Cora, hemos conseguido puntualmente las fechas y períodos de tiempo que Franco estuvo ausente de Ceuta en plenas operaciones militares. Nuestro recuento es aterrador para cualquier matrimonio, incluso para un marino navegante. Como gusta repetir el historiador inglés Carr, la Historia, la más de las veces, no descubre, sino comprueba. **(122)**.

Salida del matrimonio de la iglesia de San Juan en Oviedo.
Vemos a un matrimonio feliz con un Franco vestido con el uniforme de Teniente Coronel de la Legión.

Marañón precisa con exactitud: *Es natural que, en cualquier época de la Historia, ciertos aspectos de la vida estrictamente íntima de los palacios puedan saberse tal vez en los corrillos callejeros, pero nunca, desde luego, en los pudorosos documentos oficiales o en los convencionales relatos de la Historia ortodoxa* **(123)**.

Los españoles pudieron observar que doña Carmen Polo, Señora de El Pardo, había encontrado en la vida social que practicaban las altas esferas oficiales, en los negocios encubiertos y en la ostensible obsesión de las joyas muchas satisfacciones que le compensaban psicológicamente de otras frustraciones de la vida matrimonial.

Muy pocos biógrafos se han molestado en examinar documentos oficiales, como la partida de nacimiento. Nourry dice que Carmencita nació en 1928: *En Zaragoza, sobre todo, había guiado los primeros pasos de su hija Carmencita, apodada Nenuca, que había nacido en La Piniella en el verano de 1928. Nenuca, la única debilidad aparente de aquel hombre que la naturaleza y las circunstancias no habían hecho ni sensual. A decir verdad, tan visiblemente poco sensual que algunos lo imaginaban incluso impotente. Así, se corrió el rumor de que Carmencita, lejos de ser el fruto de sus obras, habría sido en realidad adoptada, a menos que fuese hija de su hermano Ramón, que, evidentemente, tenía una reputación muy distinta en el registro de hazañas amorosas. Esta tesis encontró luego serios refuerzos en el hecho de que la pareja, que tendría todas las razones para fundar una familia numerosa, no tuvo nunca otro hijo. A falta de informaciones serias sobre el tema, dejaremos al lector la libertad de opinar libremente sobre el asunto. Admitamos con Ramírez que Franco sentía hacia el sexo un "distanciamiento natural"* **(124)**.

Una vez ascendido a general, el matrimonio Franco-Polo se instala en el n.º 26 del madrileño Paseo de la Castellana **(125)**, a finales de enero de 1926.

El biógrafo más oficial de Franco escribe: *Tuvo una íntima satisfacción familiar: el nacimiento del primer y único fruto de su matrimonio, su hija Carmencita. El acontecimiento se produjo, a impulsos de la tradición familiar, en la casa ovetense de los abuelos maternos, en la misma habitación y en el mismo lecho donde, veintitrés años atrás, había visto la luz primera la madre de Carmencita. La fecha, el 14 de septiembre de 1926* **(126)**. La hija del joven general sería definida por el más encarnizado biógrafo del padre como *El gran amor de Francisco Franco después del uniforme* **(127)**.

La historia de la hija de Franco está en la actualidad bastante confusa. Escribe Marañón, refiriéndose a otra época: *Es difícil admitir que un hecho totalmente inexacto tuviera un estado de opinión tan unánime, porque así como la gente yerra con facilidad, cuando se trata de juicios éticos suele tener siempre un fondo de razón cuando sentencia hechos concretos de esta categoría* (128).

El periódico local escribe: *Dio a luz con toda felicidad una hermosa niña la distinguida y bella esposa de nuestro querido amigo, el general Franco. Nuestra más cariñosa enhorabuena al feliz matrimonio*. Y a continuación registra el periódico los nombres de "los que nacen y los que mueren". Entre los nacimientos aparece "Carmen Ramona Felipa María de la Cruz Franco Polo". A lo que Ricardo de la Cierva comenta: *Carmencita y no María de la Cruz, como registra "El Carbayón", tres días después* **(129)**.

Como es habitual en muchísimas personas, incluidos bastantes historiadores, no se suele recurrir a las fuentes primarias, en este caso a la partida de nacimiento literal, que nosotros poseemos y que dice así:

«Sección 1.ª, Tomo 183, Pág. 20.– Registro Civil de Oviedo N.º 1. Provincia de Oviedo.» El asiento al margen reseñado literalmente dice así: «En la ciudad de Oviedo, a las diecisiete horas del día quince de septiembre de mil novecientos veintiséis, ante los licenciados D. Sancho Arias de Velasco, Juez Municipal, y D. Telesforo Tejedor, suplente Secretario, compareció D. Felipe Polo Martínez-Valdés, natural de Oviedo, término municipal de Id. Provincia de Id., de estado soltero, profesión Abogado, de 28 años y domiciliado en Id. Uría, 44, participando con objeto de que se inscriba en el Registro Civil el nacimiento de una niña, y al efecto, como tío, declaró: Que dicha niña nació en la casa paterna el día catorce del actual a las nueve treinta horas.– Que es hija legítima de D. Francisco Franco Bahamonde y de D.ª Carmen Polo Martínez-Valdés, de 33 y 25 años, natural es él de Ferrol y ella de Oviedo, y domiciliados en Oviedo, Uría, 44– Que es nieta por la línea paterna de D. Nicolás Franco Salgado-Araujo y de doña Pilar Bahamonde y Pardo, naturales de–; y por la materna de D. Felipe Polo y Flórez y de doña Ramona Martínez-Valdés y Martínez-Valdés, naturales de Oviedo.–Y que a la expresada niña se le puso el nombre de CARMEN RAMONA FELIPA MARIA DE LA CRUZ.–

Todo lo cual presencian como testigos D. Cándido Rodríguez y D. Ángel Magdalena, mayores de edad y vecinos de Oviedo.–Leída esta acta a las personas que deben suscribirla, se estampó en ella el sello del Juzgado, y la firmaron el Señor Juez, el declarante y los testigos, de que certifico.–Sancho Arias.– Felipe Polo M. Valdés.– Cándido Rodríguez.– Ángel Magdalena.– Telesforo Tejedor.– Rubricados.»

El periódico local *El Carbayón*, de Oviedo, tenía razón: la niña fue inscrita con los nombres de Carmen Ramona Felipa María de la Cruz. Aparecen los nombres de la madre, Carmen; de los tíos paterno y materno, Ramón y Felipe.

En la España franquista se rumoreó insistentemente, pero con mucho secreto por miedo a las represalias, como era lógico, que Carmencita no era hija del matrimonio. (A continuación vamos a exponer todos los puntos de vista de la forma más objetiva). Este rumor tan extendido se basaba en varias conjeturas y algunos hechos reales y significativos.

Aseguran los franquistas que Carmencita es hija del matrimonio Franco-Polo.

La partida de inscripción en el Registro Civil de Oviedo certifica que María del Carmen Ramona es hija legítima del matrimonio Franco-Polo, nacida el 14 de septiembre de 1926.

Los biógrafos más caracterizados así lo admiten, como Ricardo de la Cierva, Crozier y Hills.

Estos tres puntos resultan positivos en admitir que es hija del matrimonio. Por el contrario, también existen argumentos negativos a tener en consideración:

–Nadie vio en Oviedo a Carmen Polo embarazada

–Se afirma que permaneció recluida en la finca particular de La Piniella (Asturias) durante los meses del embarazo

–El rumor popular recogido en Oviedo asegura que no era hija del matrimonio

–No se conocen fotografías de Carmencita durante el bautizo ni aún de la infancia

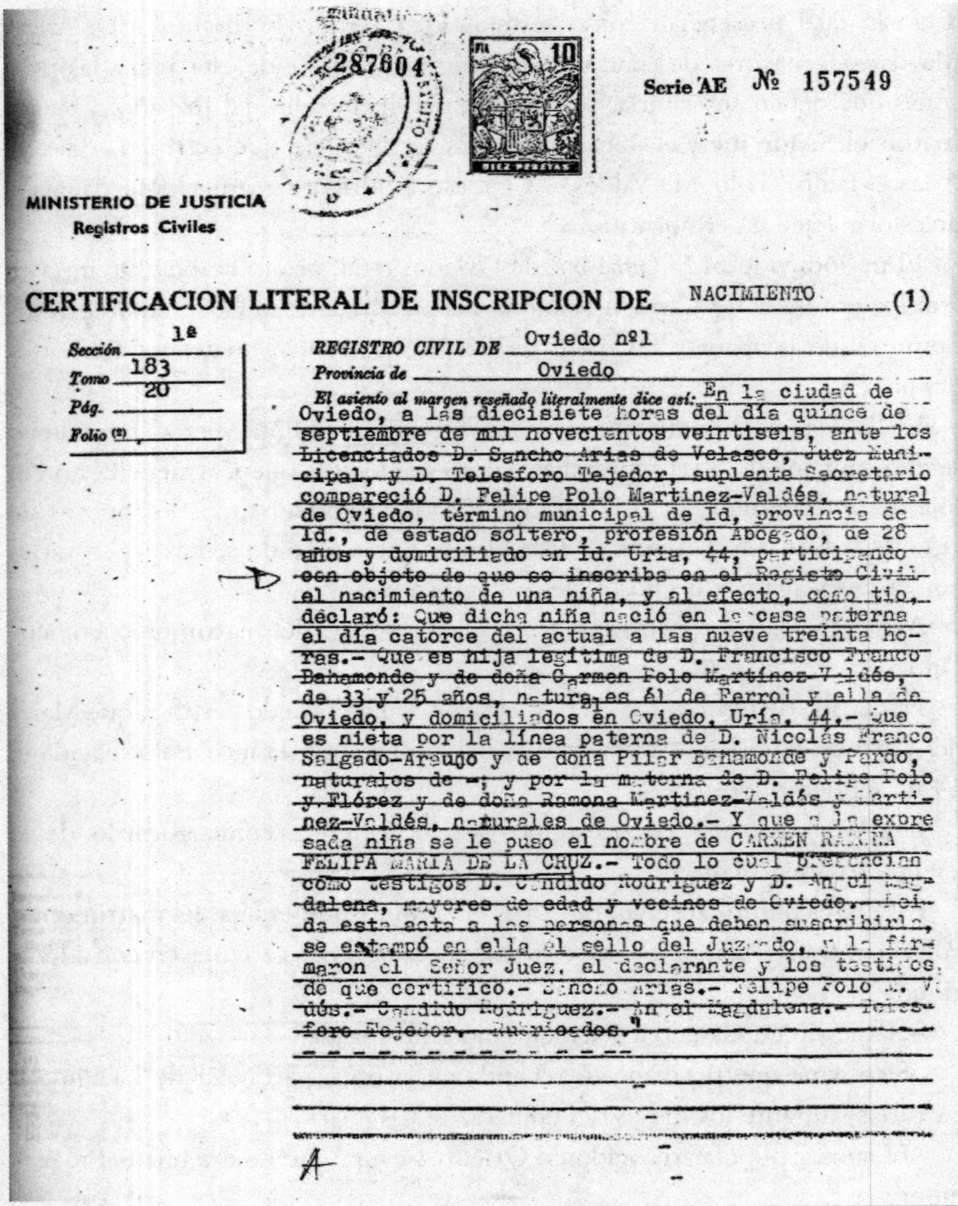

287604

Serie AE № 157549

MINISTERIO DE JUSTICIA
Registros Civiles

CERTIFICACION LITERAL DE INSCRIPCION DE NACIMIENTO (1)

Sección 1ª
Tomo 183
Pág. 20
Folio (2)

REGISTRO CIVIL DE Oviedo nº1
Provincia de Oviedo
El asiento al margen reseñado literalmente dice así: En la ciudad de
Oviedo, a las diecisiete horas del día quince de
septiembre de mil novecientos veintiseis, ante los
Licenciados D. Sancho Arias de Velasco, Juez Muni-
cipal, y D. Telesforo Tejedor, suplente Secretario
compareció D. Felipe Polo Martinez-Valdés, natural
de Oviedo, término municipal de Id, provincia de
Id., de estado soltero, profesión Abogado, de 28
años y domiciliado en Id. Uría, 44, participando
con objeto de que se inscriba en el Registo Civil
el nacimiento de una niña, y al efecto, como tio,
declaró: Que dicha niña nació en la casa paterna
el día catorce del actual a las nueve treinta ho-
ras.- Que es hija legítima de D. Francisco Franco
Bahamonde y de doña Carmen Polo Martínez-Valdés,
de 33 y 25 años, naturales él de Ferrol y ella de
Oviedo, y domiciliados en Oviedo, Uría, 44.- Que
es nieta por la línea paterna de D. Nicolás Franco
Salgado-Araugo y de doña Pilar Bahamonde y Pardo,
naturales de -; y por la materna de D. Felipe Polo
y Flórez y de doña Ramona Martinez-Valdés y Marti-
nez-Valdés, naturales de Oviedo.- Y que a la expre
sada niña se le puso el nombre de CARMEN RAMONA
FELIPA MARIA DE LA CRUZ.- Todo lo cual presencian
como testigos D. Cándido Rodriguez y D. Angel Mag-
dalena, mayores de edad y vecinos de Oviedo.- Leí-
da esta acta a las personas que deben suscribirla,
se estampó en ella el sello del Juzgado, y la fir-
maron el Señor Juez, el declarante y los testigos,
de que certifico.- Sancho Arias.- Felipe Polo M. Val-
dés.- Cándido Rodriguez.- Angel Magdalena.- Teles-
foro Tejedor.- Rubricados."

Certificación de la Inscripción de nacimiento de Carmen Franco en el Registro Civil de Oviedo. El registro del nacimiento de Carmen Franco lo realiza de una forma sospechosa el hermano de doña Carmen, Felipe Polo, que comparece en solitario como

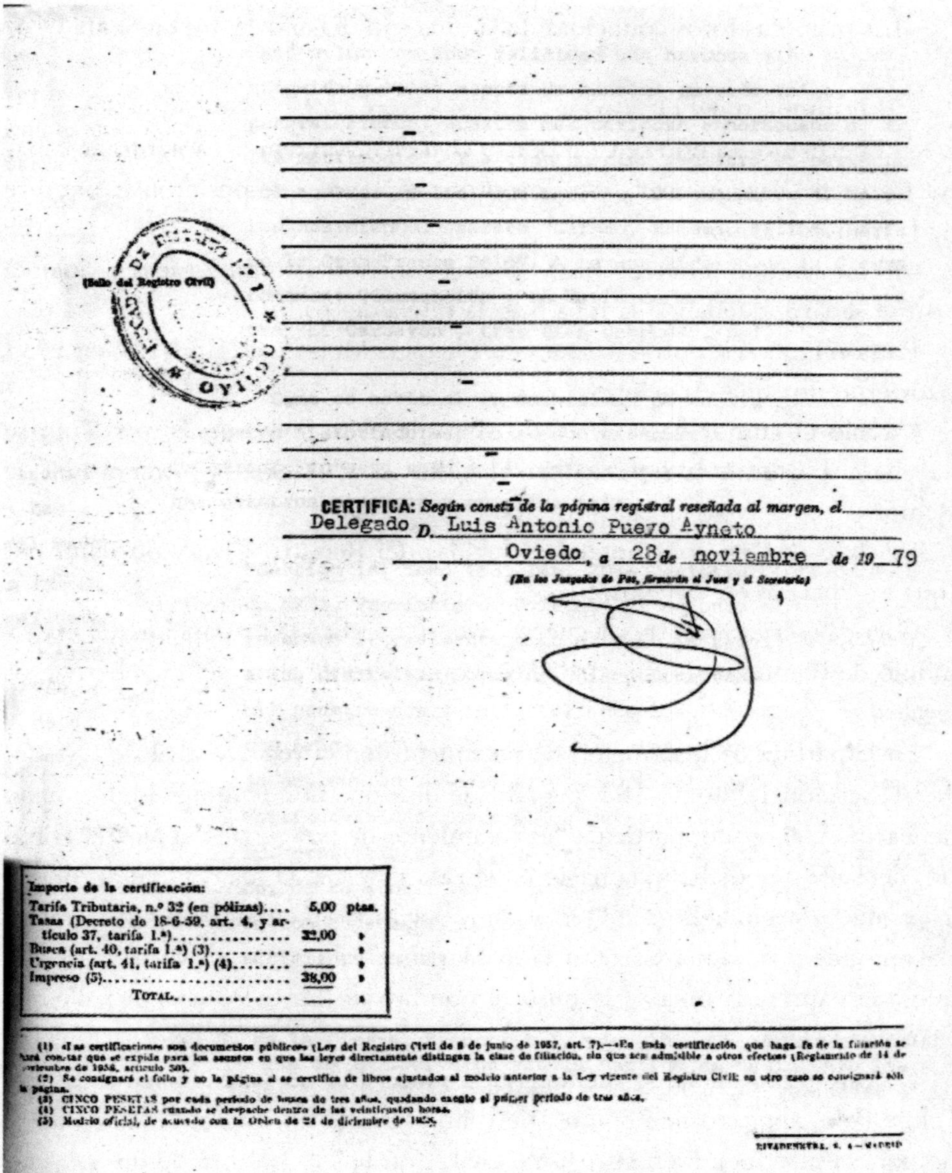

(Sello del Registro Civil)

OVIEDO

CERTIFICA: *Según consta de la página registral reseñada al margen, el* Delegado *D.* Luis Antonio Pueyo Ayneto

Oviedo, *a* 28 *de* noviembre *de 19* 79

(En los Juzgados de Paz, firmarán el Juez y el Secretario)

Importe de la certificación:		
Tarifa Tributaria, n.º 32 (en pólizas)....	5,00	ptas.
Tasas (Decreto de 18-6-59, art. 4, y artículo 37, tarifa 1.ª)................	32,00	»
Busca (art. 40, tarifa 1.ª) (3)............	——	»
Urgencia (art. 41, tarifa 1.ª) (4)........	——	»
Impreso (5)........................	38,00	»
TOTAL...............	——	»

(1) «Las certificaciones son documentos públicos» (Ley del Registro Civil de 8 de junio de 1957, art. 7).—«En toda certificación que haga fe de la filiación se hará constar que se expide para los asuntos en que las leyes directamente distingan la clase de filiación, sin que sea admisible a otros efectos» (Reglamento de 14 de noviembre de 1958, artículo 30).

(2) Se consignará el folio y no la página si se certifica de libros ajustados al modelo anterior a la Ley vigente del Registro Civil; en otro caso se consignará sólo la página.

(3) CINCO PESETAS por cada período de busca de tres años, quedando exento el primer período de tres años.

(4) CINCO PESETAS cuando se despache dentro de las veinticuatro horas.

(5) Modelo oficial, de acuerdo con la Orden de 24 de diciembre de 1958.

RIVADENEYRA, S. A.—MADRID

abogado y sin ningún tipo de documento médico a inscribir a la niña como hija legítima de don Francisco y doña Carmen. El nombre que le pusieron fue Carmen Ramona Felipa María de la Cruz.

–Las primeras fotos conocidas de la niña son del año 1936, en Santa Cruz de Tenerife

–El testimonio del Dr. Box

–El hermano Ramón se casó por lo civil en 1926 con la cantante de cabaret Carmen Díaz Guisasola y tuvieron una niña a la que pusieron el nombre de la madre: Carmen

–El matrimonio Franco-Díaz, tras una convivencia tempestuosa y violenta (94), se separó, quedando la niña bajo la tutela del padre

Ramón Franco se volvió a casar con Engracia Moreno Casado **(130)** en 1933 y tuvieron una hija, Angelines.

Circuló el rumor hacia 1926-27, de que el matrimonio Franco-Polo se hallaba al borde de la separación y decidieron adoptar a la primera hija de Ramón

La clave está en confrontar las partidas del Registro Civil y de Bautismo (que no aparece en Oviedo).

Garriga escribe que, tras la guerra civil, se rectificó la inscripción del matrimonio de Ramón en el Registro Civil, con objeto de eliminar a los herederos legales.

En la partida de inscripción de nacimiento en el registro civil de Oviedo, N.º 1, sección 1.ª, tomo 183, pág. 20, se dice que don Felipe Polo, hermano de Carmen, abogado, participa "el nacimiento de una niña, y al efecto, como tío, declaró: que dicha niña nació en la casa paterna, el día catorce del actual a las nueve treinta horas. Que es hija legítima de don Francisco Franco Bahamonde y de doña Carmen Polo Martínez-Valdés, de 33 y 25 años... Y que a la expresada niña se le puso el nombre de Carmen, Ramona, Felipa, María de la Cruz...

De este texto oficial se deduce que se inscribió por participación de don Felipe Polo, abogado de 28 años, pero no presenta documento médico alguno para la inscripción en el registro civil. Con la sola palabra de un abogado fue suficiente.

Hay un punto oscuro muy controvertido, cuestionado en silencio hasta ahora, aunque es posible que algún día se aclare con algún documento: la

Franco con su hija Carmen, cariñosamente llamada Nenuca. Una de las primeras fotos de Franco con su hija a partir del año 36. Parece ser que Franco amaba extraordinariamente a su hija.

paternidad de Franco. *La historia se escribe con documentos, pero, por lo menos de la España del siglo XX, se hace muchas veces con rumores* **(131)**, escribe Ricardo de la Cierva.

El matrimonio se celebra en octubre de 1923 y el nacimiento de la hija es en octubre de 1927, según Vidal y Bartola **(132)**, que está equivocado en la fecha del mes y año. (Nació el 14 de septiembre de 1926). Han transcurrido tres años, menos un mes, para el nacimiento de la hija. Esto no es normal, afirman todas aquellas personas a las que se le pidió su opinión sobre un nacimiento tan retrasado. Algunos dijeron que posiblemente fuera debido a las largas separaciones matrimoniales, al no seguir la esposa al marido en sus desplazamientos. Sin embargo, es típico que los marinos, que permanecen largas temporadas en la mar tengan un hijo a los nueve meses de haberse reunido. Otros, la mayoría de los consultados, opinaron que en aquellos años, los matrimonios normales traían un hijo al año del matrimonio.

Existen varios puntos exactos e indiscutibles en los que hay que apoyarse necesariamente:

–En 1916, Franco recibe una grave herida en el bajo vientre

–En 1923, contraen matrimonio en Oviedo

–Nace una hija

–Según Bartola en 1927

–Según la partida de nacimiento en 1926 **(133)**

–Según el Dr. Box en 1924

–Según Hills en 1928.

Cabe preguntar, ¿qué sugiere tanta diversidad de fechas de nacimiento?, ¿qué significa esto?, ¿qué se persigue con divulgar errores?, ¿se trata de ocultar algo?

Don Miguel de Unamuno, profesor de griego, escribe lo siguiente: *Descansar en una hija es algo que no sabemos bien lo que significa. La palabra hija en el griego antiguo significa "ordeñadora": la que ordeñaba las vacas en la casa del padre, la que en sus últimos años, cuando ya viejo volvía a la segunda leche, le hacía creer que volvía a tener madre, y que no moriría huérfano, mientras tuviera una hija* **(134)**.

Y es que los griegos, con una visión permanente de los hombres, unían con la mayor naturalidad cultura, psicología y mitos.

Reunión de doña Carmen Polo con su hija, el capellán Boulart y el asesor jurídico Martínez Fuset. Podemos apreciar la madurez de la niña, siempre superior en las fotos a su edad real. En esta foto del año 37 en Burgos, la niña tendría oficialmente once años, aunque en la foto su aspecto más bien corresponde a trece o catorce años. Fuset fue, junto a Serrano Suñer, el asesor personal más importante de Franco.

PARTE II

El glorioso Alzamiento Nacional

Cara al Sol,
con la camisa
nueva,
que tu bordaste
en rojo ayer.
(HIMNO DE LA FALANGE)

José Antonio Primo de Rivera con Onésimo Redondo y Ruiz de Alda. El creador de la Falange se asoció con los otros dos para atraer a las J.O.N.S. y crear un único movimiento. Fue detenido por posesión ilegal de armas y enviado a la cárcel de Alicante donde se encontraba recluido al empezar la Guerra Civil. La República, que lo mantenía aislado, ofreció a Franco canjearlo por un hijo de Largo Caballero (Ministro de la República). Cuando llegó esta propuesta hasta Franco, que se encontraba en Burgos, éste la rechazó temiendo la influencia de José Antonio en la vida pública, resultado de su prestigio, altura intelectual y talante negociador.

1936. La conspiración

Al empezar el año 1936 hubo varias reuniones de generales conspiradores.

La primera se celebró en enero, en casa del general Barrera, y el general González Carrasco la describe así: *Después de repetidas reuniones (a partir de diciembre) se celebró en el mes de enero, y en casa del general Barrera, una a la que concurrió por primera vez la Junta Superior de la UME y varios delegados de provincias. En dicha reunión se acordó la ejecución del movimiento para el momento de las elecciones, y fue designado el que suscribe para encargarse de organizarlo en Barcelona, a cuya población marchó en los primeros días de febrero, cumpliendo órdenes del general Barrera…*

Se acordó de efectuarse el movimiento primero el viernes y después el miércoles posterior a las elecciones. Suspendido el movimiento desde Madrid por el general Goded, que resultó el Director, debido, según manifestó, a dificultades surgidas a última hora y motivado por la marcha del mismo a Baleares y separación de la Junta a voluntad propia de los generales Barrera y Fernández Pérez, procedió a reorganizarla, consiguiendo que el general Rodríguez del Barrio se pusiera al frente de ella (135).

La segunda reunión tuvo lugar el 8 de marzo en el domicilio de don José Delgado y Hernández de Tejada, en la calle General Goded, 19 (hoy). La Junta aprovechó la coincidencia de hallarse en Madrid, de paso para Pamplona, el general Mola; y del general Franco, que aquella misma noche salía en el expreso de Cádiz, rumbo a las Canarias. José Mª Gil Robles relaciona una lista de asistentes a la reunión, convocada por el general Mola: *Asistieron los generales Franco, Orgaz, Villegas, Fanjul y Varela, que asumió la representación de Sanjurjo. También estuvo presente el teniente coronel Galarza. El general Varela se mostró partidario de un "golpe de audacia y de valor", por considerar que aún era tiempo de levantar la moral del Ejército, al que secundarían grandes contingentes del Requeté y la Falange. El general Mola, mucho más pesimista, se manifestó opuesto a un movimiento exclusivamente militar, que estaba de antemano condenado al fracaso. El general Franco expuso las medidas de previsión adoptadas por él, hasta entonces, y la necesidad de que el movimiento no tuviese "etiqueta determinada", aunque sin cerrar el camino a que pudiera estructurarse el régimen más conveniente una vez restablecido el orden público.*

Después de haber expuesto cada uno su parecer, se llegó a la conclusión de intentar, con urgencia, un nuevo golpe de Estado, todavía en la línea clásica del pronunciamiento militar; el general Orgaz, de la Capitanía de Madrid. Fijada la fecha del 20 de abril, se distribuyeron los principales puestos de responsabilidad (136).

Los puntos principales tratados en la reunión fueron los siguientes: Organización y preparación de un: *Movimiento militar que evitara la ruina y la desmembración de la Patria*.

El movimiento: *Sólo se desencadenaría en el caso de que las circunstancias lo hiciesen absolutamente necesario* (tesis de Franco, varias veces repetida durante aquellos meses).

Por iniciativa de Franco se decide que el movimiento: *Fuese exclusivamente por España, sin ninguna etiqueta determinada*. Después del triunfo se trataría de problemas como el de la estructura del régimen, símbolos, etc.

En la reunión se decide la formación de una Junta (en realidad lo que se decidió fue la consolidación y quizá la ampliación de la Junta ya existente) constituida en principio por los generales comprometidos residentes en Madrid: Orgaz, Villegas, Fanjul, Rodríguez del Barrio, Saliquet, García de la Herrán Kindelán, González Carrasco y Varela. Se admite la jefatura –ya implícita– de Sanjurjo, lo que supondría un nuevo lazo de unión con la UME (137).

Se discute el "plan Varela" (apoderarse en Madrid del poder) y el plan Mola (sublevarse en las provincias y presionar sobre Madrid).

En la cuarta reunión, del 8 de abril, no se trataron planes concretos y ejecutivos, sino acuerdos de principio sujetos a una posible improvisación.

En la quinta reunión, del 17 de abril, en el domicilio del general González Carrasco "se acordó efectuar el movimiento" y se fija la fecha para el 20 de abril.

A la sexta reunión, no asisten Orgaz ni Varela, detenidos; ni Rodríguez del Barrio, que justificándose con una enfermedad, se retiró de la conjura, aunque parece que fue presionado por su esposa, mujer que tenía el carácter más fuerte que su marido.

A partir del fracaso del 20 de abril, con el "plan Varela", los conjurados vuelven los ojos al general Mola, que asume la dirección del alzamiento con la aceptación de los principales conjurados. Y hacia finales de mayo la dirección de Mola, acatada por los conspiradores y la sublevación, se concreta y se define.

Mola ofrece ya la única posibilidad de dirección coherente y responsable para los conjurados. El 13 de mayo, el general Queipo de Llano celebra una entrevista con Mola, que no ofrece mucha confianza al organizador, pero después de pensarlo más detenidamente, acepta Mola la colaboración, ya que Queipo, al ser director general de carabineros, ofrece la gran posibilidad de poder desplazarse libremente por España sin levantar sospechas; además, que Queipo posee una buena ejecutoria republicana que no lo hará sospechoso. Se incorpora plenamente a la conjura y el 18 de julio obtendrá un éxito importantísimo al apoderarse, en un alarde personal, de Sevilla.

Las relaciones de Mola con Franco están aún muy oscuras y poco documentadas en este período de la conspiración. Algunos colaboradores de Mola han escrito que esas relaciones casi no existían.

El enlace entre Franco (Canarias) y Mola (Navarra) era Galarza en Madrid, que a su vez se relacionaba con Mola a través de Fernández Cordón. Según dice Gil Robles, Galarza recibió de Franco "no menos de treinta misivas" con análisis de la situación.

Los militares esenciales en la conspiración fueron: Mola, Galarza, Goded, Álvarez Rementería, Kindelán, Queipo y Sanjurjo. Hay que advertir que Franco era una pieza secundaria, que se sumó a la sublevación en el último momento, e incluso, como se analizará más adelante, se ausentó del territorio nacional el día 18 de julio, durmiendo esa noche importante para todos los conjurados, en Casablanca (Marruecos francés).

La unión Militar Española –UME– fue el órgano encargado de coordinar todas las actuaciones encaminadas al levantamiento militar. Dio órdenes precisas y concretas a los jefes responsables de los sectores y asignó cometidos exactos a cada uno de los implicados. (Franco, una vez alcanzado el poder y consolidada su situación personal, fue eliminando a todos los miembros de la UME y destrozó toda la organización, para evitar una nueva conjura o reacción que se volviera contra él mismo).

La UME había recibido todo el apoyo moral y económico de las derechas (monárquicos y capitalistas), para organizar el levantamiento contra la República. La figura prestigiosa para las derechas era el general Sanjurjo, que ya tuvo una intentona en el 1932 en Sevilla; sin embargo, Sanjurjo estaba en Portugal y se necesitaba un general inteligente y discreto que tomara el mando de la sublevación, hasta la llegada de Sanjurjo.

Tras el triunfo del Frente Popular, en febrero, la República procedió a dar nuevos nombramientos y destinos a los altos cargos del Ejército. Mola fue relevado del mando del ejército de Marruecos y trasladado de comandante militar a Navarra, lugar que la República consideraba suficientemente alejado del peligro que suponía el contar con el ejército de Marruecos. El traslado de Mola a Pamplona fue un grave error de la República al servirle en bandeja una comandancia con escasa fuerza militar, pero sí con enormes posibilidades humanas de simpatizantes de la rebeldía. Los navarros estaban, en su mayoría sometidos a la fuerte influencia de los curas de la región (por ser una zona de fuerte arraigo católico) y también del fuerte fermento tradicionalista de los carlistas, que era palpable en aquella zona. Así que el Gobierno puso en manos de Mola todo un potencial humano, que colaboraría con fanatismo en la sublevación, resultando una ayuda valiosa y eficaz para el ejército.

Franco fue trasladado a Canarias con la idea de alejarlo de Madrid, donde estaba mal visto por las izquierdas al haber colaborado decisivamente durante el "bienio negro" en el aplastamiento de la revolución de Asturias.

En la primera quincena de marzo coinciden en Madrid los generales que habían sido trasladados de sus destinos y se reúnen tras unos tanteos previos en el domicilio del diputado Sr. Delgado. Los generales asistentes son: Saliquet, Villegas, Franco, Orgaz, Rodríguez del Barrio, Fanjul, Ponte, Varela, García de la Herrán y González Carrasco. También asistió el general Mola, aunque algunos historiadores no lo citan. Se discutieron dos planes a seguir, presentados por Varela y Mola. El denominado "plan Varela" carecía de lógica militar y se atendía a un vulgar pronunciamiento, basado en el valor y temeridad de un hombre que hiciera prisionero al ministro de la Guerra y lanzara el típico bando de guerra, reproduciendo en líneas generales el esquema de

El general Franco había asistido en 1934 a un homenaje que se dio a Manuel Azaña con otros personajes civiles y militares. En esos momentos Franco era general de Brigada en el Ministerio de la Guerra y había adquirido prestigio por haber reprimido brutalmente, junto al general Yagüe, la rebelión de los mineros asturianos. Dos años después, este hecho provocaría su alejamiento de la Península, destinado a Canarias.

Sanjurjo en 1932. Consistía en contar con un aliado dentro del Ministerio, el general Rodríguez del Barrio, que le facilitaría una entrevista con el ministro, con el pretexto de solicitar un destino; una vez en el despacho ministerial y pistola en mano obligaría al ministro a meterse dentro de la caja fuerte. Ya dueño de la situación daría órdenes para la actuación de las unidades y el general Orgaz se haría cargo de la Capitanía de Madrid, tomando posesión de ella; lo mismo haría con Marina el almirante Carranza. Se trataba de un golpe de mano audaz de difícil realización, pero muy teatral. El general Varela infravaloraba las actuaciones de los partidos políticos de izquierdas y del pueblo en general. En realidad se trataba de un plan descabellado y un tanto infantil para presentarlo ante diez generales.

Se fija la fecha del 19 de abril, pero al final no encuentra la colaboración deseada.

Frente al “plan Varela”, teatral e infantil, se discute el presentado por el general Mola, hombre cauto y minucioso que aún recuerda sus métodos siendo Director General de Seguridad en el Gobierno Berenguer. Mola consideraba que la rebeldía de una población, por muy importante que fuera, no era suficiente para derribar al Gobierno. La acción tenía que partir de Marruecos por contar con las fuerzas mejor adiestradas, e inmediatamente lo harían las distintas divisiones, cabeceras de región, que una vez dominada la situación marcharían columnas sobre Madrid y Barcelona, lugares considerados adversos a la sublevación. Era de esperar que los sindicatos declarasen la huelga general para paralizar toda actividad de la población.

Prevalece el criterio de Mola, pero la urgencia de la situación no admite demora y Varela decide pasar a la acción, aunque no conseguirá realizar su plan por faltarle asistencia y colaboración. José Mª Iribarren, secretario del general Mola, escribe que el “plan Varela” fracasó porque *un comprometido se arrepintió*.

Franco, más cauto y desconfiado aún que Mola, no se decide a colaborar en la sublevación mientras no vea claro el éxito. Y por ello, no se suma a la conjura. Sin embargo, los generales reunidos en Madrid están de acuerdo en que debían actuar inmediatamente si se producían los siguientes hechos:

–Disolución de la Guardia Civil

–Licenciamiento del Ejército

–Disolución del cuadro de oficiales

–Violencia contra los poderes públicos como preparación a la revolución comunista

–Sublevación de alguna guarnición, a la que había que apoyar (Félix B. Maiz).

El 14 de marzo llega el general Mola a Pamplona para tomar posesión de su nuevo destino. El Gobierno creía que debido a sus antecedentes liberales, Mola no se pondría de acuerdo con los carlistas navarros.

En abril, el Gobierno tiene noticias del “plan Varela”. El general Orgaz es confinado a Las Palmas, mientras Varela es encerrado en el castillo de Santa Catalina, en Cádiz.

Los primeros historiadores de la sublevación, Iribarren, Bertrán Güell y Maiz, coinciden en que la designación de Mola como jefe supremo del Alzamiento en la Península tuvo lugar en mayo. Y a finales de este mes el teniente coronel Seguí llevó a Pamplona la adhesión del ejército de Marruecos a los planes del Alzamiento.

El 25 de mayo firma Mola su directriz titulada *El objetivo, los medios y los itinerarios*, que será la base real de la estrategia del golpe militar.

El general Vigón, biógrafo del general Mola, encuentra en el conspirador *un regusto avinaretiano, en el que adivina a un lector de Baroja* **(138)**.

Franco se despide de Mola para incorporarse cada uno a su nuevo destino, pero no se suma completamente a la conspiración. *Franco entra en contacto con la camarilla de los conspiradores. No para desempeñar su papel —al menos por el momento— sino para mantenerse informado. Sólo en el último instante se decidirá a intervenir* **(139)**.

A Franco no le agradó nada su nuevo destino... En Canarias quedaba muy alejado para acudir a tiempo de contener un movimiento revolucionario, escribe su primo y secretario **(140)**. Aún no se ha decidido a incorporarse a la sublevación, que preparan otros militares. Sin embargo, pide que le tengan al corriente de los preparativos y de la organización; pero se niega a participar en la conspiración directamente. Pretende nadar y salvar la ropa. Ante todo, su egoísmo. Esa actitud que siempre mostrará en todo momento y a flor de piel. Como no quiere comprometerse, delega su representación en el teniente coronel Yagüe, que está en Marruecos con la Legión. Franco no desea adquirir compromiso alguno que pueda: *comprometer y poner en peligro su brillante y segura posición dentro del Ejército* **(141)**. No se compromete a nada, lo que está claro para Queipo de Llano, que años más tarde dirá: *El único sacrificio que hizo Franco por la causa nacional fue cortarse el bigote*.

Pero Franco: *Sopesando ventajas e inconvenientes de un movimiento militar en el que debía desempeñar el papel de comparsa, y no de protagonista, mal podía ser de su agrado, pues tenía mucho que perder y nada que ganar. Para quien, como él, había sabido esperar pacientemente una oportunidad que había de darse, era absurdo mezclarse en una aventura en la que, de triunfar, la jefatura indiscutida la tenía adjudicada el general Sanjurjo y en la que, como segundas figuras, se encontraban militares que, con más antigüedad que él, ya habían dispuesto el futuro gobierno del Estado* **(142)**.

Como siempre se reserva y no pone las cartas boca arriba. Tan sólo se decidirá si comprueba que los generales más importantes están dispuestos a dar el primer paso; mientras tanto, a esperar y a no arriesgar nada. Franco, muy típico del hombre inseguro y resentido, tolera y aguanta todo de sus superiores jerárquicos y legales; como igualmente, el inseguro y resentido devolverá crecidos y multiplicados los agravios y afrentas recibidos.

En aquellos días de principios del 36, el pueblo hablaba continuamente del "próximo ajuste de cuentas", incitado por los partidos políticos de izquierdas que azuzaban a las masas desprovistas de todo contra unas derechas egoístas, miedosas e injustas. Se hablaba del reparto de tierras, que sería real y verdadero, en el momento que triunfase el Frente Popular.

La izquierda estaba vociferante y crecida, mientras la derecha se preparaba en silencio y sin pausa, conectada con las salas de banderas de los cuarteles. Y se respiraba anticipadamente un verdadero clima de guerra civil.

La izquierda burguesa de Azaña estaba ya desbordada por la izquierda de Largo Caballero, que repetía al iniciar la campaña electoral: *Antes de la República, nuestro deber era traer la República; pero, establecido este régimen, nuestro deber es traer el socialismo. Y cuando hablamos de socialismo no nos hemos de limitar a hablar de socialismo a secas. Hay que hablar de socialismo marxista, de socialismo revolucionario... La clase trabajadora no renuncia de ninguna manera a la conquista del poder político... Queda bien aclarado aquí que nosotros no hipotecamos nuestra ideología ni nuestra libertad de acción para lo porvenir. Vamos a la lucha en coalición con los republicanos de izquierda, con un programa que no nos satisface....*

Por su parte, Calvo Sotelo, desde otro punto extremo, decía: *Se predica por algunos la obediencia a la legalidad republicana; mas cuando la legalidad se emplea contra la Patria y es conculcada en las alturas no es que sobre la obediencia, es que se impone la desobediencia conforme con nuestra doctrina católica, desde Santo Tomás al padre Mariana. No faltará quien sorprenda en estas palabras una invocación a la fuerza. Pues bien, sí lo hay... Una gran parte del pueblo español, desdichadamente una grandísima parte, piensa en la fuerza para implantar el imperio de la barbarie y de la anarquía... Para que la sociedad realice también una defensa eficaz, necesita también apelar a la fuerza....*

La apelación a la fuerza estaba ya en los dos bandos, en los dos extremos.

El profesor Carlos Seco escribe en el prólogo de *Las elecciones del Frente Popular* de Xavier Tusell: *El profesor Jiménez Fernández, la mejor encarnación de la democracia cristiana dentro de la CEDA, nos refirió poco antes de su muerte cómo se intentó sin éxito, en plena "primavera trágica", dar expresión concreta a ese centrismo que pudo evitar la catástrofe abriéndose camino entre los dos polos antidemocráticos que iban a protagonizar la guerra civil: "Después de la rebatiña de actas en 1936, las gentes sensatas de izquierdas se asustaron de las insensateces de Largo Caballero y de los golpistas, y desde abril de ese año, Besteiro, Maura, Sánchez Albornoz y yo pensábamos y hablábamos sobre un posible Gobierno parlamentario centro, que comprendiera desde la derecha socialista de Besteiro y Prieto hasta la izquierda democristiana de Lucia, para oponerse y combatir la demagogia fascista y frentepopulista. Desgraciadamente, ese plan, que en principio no les parecía mal ni a Gil Robles ni a Prieto, no pudo cuajar por los siguientes obstáculos: a) la miopía política de Martínez Barrios, que, a cambio de lograr siete actas en el despojo que se hizo a las derechas pasando de treinta y cinco a cuarenta y dos, no se dio cuenta de que su grupo pasaba de ser fiel de la balanza en la Cámara a quedar englobado en la derecha, resultando, como luego demostró el curso de los sucesos, completamente inoperante. b) El miedo de Azaña, percatado de que se le escapaba el control de las izquierdas y que aceptó por ello pasar a la Presidencia de la República, sin darse cuenta de que al destituir a don Niceto perdía un apoyo fortísimo en sus propósitos repentinamente templados, como demostró el discurso de 28 de enero de 1936, que le costó la animadversión de Largo y sus secuaces. c) La obstinación de Prieto, que, para no ser tachado de traidor por los suyos, no quería escindir la minoría parlamentaria socialista mientras no contara con la mayoría de ella; pues en mayo del 36 pasó de treinta a cuarenta y cinco adeptos, sobre todo después de la agresión a Negrín de Écija, le faltaban ocho diputados, que no llegaron a decidirse en tiempo útil por haber provocado la escisión y tras ella la crisis con la que, según Sánchez Albornoz, estaría conforme Azaña para solucionarla con un gobierno Prieto, ya que, también por miedo, no aceptaba la jefatura Sánchez Román. d) La presión a favor de la guerra civil en la derecha, donde la Juventud de Acción Popular, irritada por los atropellos de la extrema izquierda y la lenidad de los poderes públicos, pasaba en oleadas al fascismo o a los requetés, los financieros volcaban sus arcas a favor de quienes prepara-*

ban la rebelión y finalmente Gil Robles nos planteó a fines de mayo a Lucia y a mí la imposibilidad de seguir preparando la situación centro, que realmente queríamos muy pocos, pues la mística de la guerra civil se había apoderado desgraciadamente de la gran mayoría de los españoles" (143).

Ramón Serrano Súñer entrega una carta de Franco a Gil Robles, donde solicita su inclusión, como independiente, en la candidatura derechista para la repetición de las elecciones en Cuenca, ya que fueron anuladas las del 16 de febrero. El comité electoral de la CEDA acepta la petición de Franco y el cuñado, Serrano Súñer, vuelve a Santa Cruz de Tenerife para comunicarle la vía libre a su deseo. Los diarios de derechas dan la noticia el día 23, pero José Antonio Primo de Rivera, que está en la cárcel, se opone a dicha candidatura, que incluye a Franco, porque él también estaba incluido en la misma por Cuenca. El jefe de la Falange no quiere ver su nombre junto a Franco en unas elecciones. Por fin, Serrano Súñer vuelve de nuevo a Tenerife y convence a Franco de que José Antonio no quiere ser incluido con él: *No me parece viable una candidatura en que figuremos él y yo*, dijo José Antonio, según transcribe Gil Robles.

Este hecho preelectoral dejará amargo recuerdo en Franco, que no olvidará jamás. Su nombre ha sido rechazado, con exigencia, por José Antonio, el fundador de la Falange e hijo del dictador Primo de Rivera. Franco se ve despreciado en su alta estima, en su honor y en su orgullo; en el subconsciente guardará mal recuerdo de José Antonio. Cuando en el otoño del 36, en los primeros meses de la guerra civil, se realicen gestiones para salvar a José Antonio, que está en la cárcel de Alicante, para canjearlo por el hijo de Largo Caballero a propuesta de Indalecio Prieto (144), Franco no accederá a ello y le abandonará a su suerte, olvidado y sin esperanza. La frustración de Franco por la candidatura de Cuenca con José Antonio dará después sus frutos de rencor y venganza. Cuando un hombre inseguro y rencoroso se venga, calma su conciencia justificando una mitología de José Antonio e iniciando un culto a su recuerdo para acallar su culpabilidad.

La conspiración se ha iniciado para derribar el gobierno del Frente Popular, aunque los monárquicos prefieren derribar la República.

José Antonio Primo de Rivera en la cárcel de Alicante, donde sería fusilado sin que Franco hiciera nada por evitarlo.

Mientras tanto, el general Mola ha puesto su actividad conspiratoria a plena ebullición y ha comenzado a enviar circulares informativas reservadísimas con instrucciones muy detalladas a los más destacados jefes de la sublevación. Con fecha 5 de junio envía una circular que contiene todo un programa de actuación y que reproducimos a continuación:

EL DIRECTORIO Y SU OBRA INICIAL

Tan pronto tenga éxito el Movimiento Nacional se constituirá un *Directorio* integrado por un Presidente y 4 Vocales Militares. Estos últimos se encargarán precisamente de los Ministerios de la Guerra, Marina, Gobernación y Comunicaciones.

El Directorio: ejercerá el poder con toda su amplitud; tendrá la iniciativa de los Decretos Leyes que se dicten, los cuales serán refrendados por todos sus miembros.

Dichos Decretos Leyes, serán refrendados en su día por el Parlamento Constituyente elegido por sufragio, que ejercerá las funciones que hoy tienen los Ministros.

Los Consejos que celebre el Directorio podrán ser Ordinarios y Plenos.

Los primeros los integrarán el Presidente y los Vocales; los segundos, los citados y los Consejeros Técnicos.

Los primeros Decretos Leyes serán los siguientes:

- Suspensión de la Constitución de 1931.
- Atribuirse todos los poderes del Estado, salvo el judicial, que actuará con arreglo a las leyes y Reglamentos preestablecidos, que no sean derogados o modificados por otras Disposiciones.
- Defensa de la Dictadura Republicana. Las sanciones de carácter dictatorial serán aplicadas por el Directorio, sin intervención de los Tribunales de Justicia.
- Derogación de las Leyes, Reglamentos y Disposiciones que no estén de acuerdo con el Nuevo Sistema Orgánico del Estado.
- Disolución de las actuales Cortes.
- Exigencia de responsabilidades por los abusos cometidos desde el poder por los actuales gobernantes y los que les han precedido.

– Disolución del Tribunal de Garantias.

– Declarar fuera de la Ley todas las sectas y organizaciones políticas que reciben su inspiración del extranjero.

– Separación de la Iglesia y del Estado, libertad de cultos y respeto a todas las religiones.

– Absorción del paro y subsidio a los obreros en paro forzoso comprobado.

– Extinción del analfabetismo.

– Creación del carné electoral, en principio no tendrán derecho a él los analfabetos y quienes hayan sido condenados por delitos contra la propiedad y las personas.

– Plan de Obras Públicas y Riegos, de carácter remunerador.

– Creación de Comisiones Regionales para la resolución de los problemas de la tierra, sobre la base del fomento, de la pequeña propiedad y de la explotación selectiva donde ella no fuera posible.

– Saneamiento de la hacienda.

– Ordenación de las industrias de guerra.

– Restablecimiento de la pena de muerte, en los delitos contra las personas siempre que produzcan la muerte, o lesiones, que ocasionen inutilidad para el ejercicio de la profesión de la víctima.

El Directorio se comprometerá, durante su gestión, a no cambiar en su gestión el Régimen Republicano, mantener en todo las reivindicaciones obreras, legalmente logradas, reforzar el principio de la autoridad y los órganos de la defensa del Estado, dotar convenientemente al Ejército y a la Marina para que tanto uno como otro sean eficientes, creación de Milicias Nacionales, organizar la instrucción preliminar desde la escuela y adoptar cuantas medidas se estimen necesarias para crear un ESTADO FUERTE Y DISCIPLINADO. Madrid, 5 de Junio de 1936. EL DIRECTOR.

INSTRUCCIÓN RESERVADA N.º 4

Para el régimen de tiempo se tendrá presente lo siguiente:

1.º) La hora inicial será aquella en que se empiece el movimiento por la División que tome la iniciativa en el sector Valladolid-Burgos-Zaragoza. Para ello el General Jefe de cualquiera de las Divisiones 5.ª, 6.ª o 7.ª, al darse cuenta con arreglo al párrafo. 3º de la INSTRUCCIÓN RESERVADA N.º 3, dirá la hora en que va a declarar el Estado de Guerra: ESTA ES LA HORA INICIAL (HI).

2.º) La primera etapa de las fuerzas deberá estar realizada, por lo tanto, a las HI más TREINTA Y SEIS horas. La confronta en esta etapa debe hacerse a la Hora HI más TREINTA Y SEIS más UNA.

3.º) La segunda etapa deberá estar realizada a la Hora HI más TREINTA Y SEIS más VEINTICUATRO. La confronta de destacamentos, a la Hora HI más TREINTA Y SEIS más VEINTICUATRO más UNA.

4.º) La tercera etapa habrá de estar realizada a la Hora HI más TREINTA Y SEIS más VEINTICUATRO más VEINTICUATRO. Las confrontas de destacamento a esta hora más DOS.

Calvo Sotelo, jefe de la oposición, se comunica con el general Mola a través de su enlace Félix Maiz, y éste anota en su Diario el día 13 de junio: *Diga Vd. al general Mola que no opongo ningún reparo a su comunicado. Que solamente espero conocer día y hora para ser uno más a las órdenes del ejército* **(145)**.

Sin embargo, el día 9, Calvo Sotelo declaró en el Congreso que no creía que: *existiera actualmente en el ejército español un solo militar dispuesto a sublevarse a favor de la monarquía y en contra de la República. Si lo hubiera sería un loco, lo digo con toda claridad...* (Diario de Sesiones del Congreso, 16-6-36).

Antonio Lizarza, enlace entre la Comisión Tradicionalista y el general Mola, escribe: *Yo no me entendía con Mola. Él era republicano y no lo ocultaba. Él decía que era un movimiento para salvar la República. Yo me opuse rotundamente, nosotros no íbamos a salvar la República*.

Y más adelante agrega: *Yo no dije que sin la bandera española bicolor no salíamos. Mola decía que había guarniciones que saldrían con la bandera republicana*.

Y después, opina sobre la muerte de Mola, de forma rotunda y clara: *Para mí, la muerte de Sanjurjo fue un sabotaje; también creo que fue sabotaje lo de Mola, aunque en este caso el aviador también se mató*. Respecto a la ideología opina: *Se salió contra aquello. Contra la República. Por la Religión* **(146)**.

Cuarenta años después de aquellos hechos, López Rodó escribe: *El general Mola, que fue uno de los principales protagonistas, exigió que el Alzamiento no tuviera la etiqueta de monárquico* **(147)**.

En 1945, escribe Franco en uno de los escasos prólogos a un libro, sobre las discrepancias que hubo entre los conjurados sobre la Monarquía y que ante la actitud de Mola se acordó que la sublevación sería únicamente "Por Dios y por España": *Los carlistas, por boca de sus principales jefes, ofrecieron a Mola su concurso al Movimiento solamente por Dios y por España*. Ante la actitud intransigente de los carlistas: *Mola, consciente de su responsabilidad, rechazó con entereza la exigencia, resuelto, según su propia confesión, a pegarse un tiro si el pueblo no le secundaba* **(148)**.

Pero en este Prólogo a las Obras Completas de Víctor Pradera, escrito por Franco en el año 1945, puntualiza que: *Cuando se reconoció la necesidad y la urgencia del Movimiento, al exigirnos el general Mola, para tomar parte en él, que éste no tuviese la etiqueta de monárquico, que algún sector político, sirviendo su ideario, pretendía; se ventilaban problemas mucho más altos, como el de Dios y el de Patria*.

El general Mola sigue enviando circulares a los jefes implicados. Con fecha 24 de junio y firmada en "Peloponeso" envía la siguiente a Marruecos al general Yagüe:

DIRECTIVAS PARA MARRUECOS

Ha de procurarse por todos los medios organizar dos columnas mixtas sobre base de la Legión, una en la circunscripción oriental y otra en la occidental que desembarcarán respectivamente en Málaga y Algeciras, aunque conviene hasta el momento preciso hacer creer que los puntos de desembarco son Valencia y Cádiz.

Esto es muy interesante para el feliz éxito de la operación.

Jefe de todas las fuerzas de Marruecos lo será hasta la incorporación de un prestigioso General, la persona a quien van dirigidas estas instrucciones.

Como la dirección del movimiento tiene absoluta confianza en dicho Jefe, deja en absoluto a su albedrío los detalles de ejecución, así como el de reforzar la guarnición de Málaga con las que crea necesarias para garantizar el Orden Público; pero sí ha de tener presente:

1.º) Que el movimiento ha de ser simultáneo en todas las guarniciones comprometidas y desde luego de una gran valentía. Las vacilaciones no conducen más que al fracaso.

2.º) Que inmediatamente ha de procederse al embarque y traslado de fuerzas a los puntos indicados, en inteligencia que se tiene casi la seguridad absoluta de que este solo hecho será suficiente para que el Gobierno se dé por vencido.

3.º) Solicitará la colaboración de la Escuadra y tendrá tomadas las disposiciones convenientes, para inutilizar la Aviación que no sea afecta. La artillería antiaérea de los barcos actuará al primer intento de agresión.

4.º) La marcha de las columnas una vez desembarcadas ha de ser rápida y sobre Madrid, procurando durante el avance arrastrar todas las fuerzas cívicas simpatizantes con el movimiento salvador de la Patria.

5.º) No debe de olvidar el Jefe la conveniencia de llevar las fuerzas convenientemente abastecidas, con suficientes municiones y numerario para satisfacer en el acto los gastos que convenga no dejar pendientes.

No olvidarse de que el dinero abre todas las puertas.

6.º) Oportunamente se enviará aviso para estar preparados y después día y hora del movimiento.

El telegrama de estar preparados dirá: MIL FELICIDADES EN NOMBRE DE TODA LA FAMILIA.- EDUARDO. A lo que contestará el director con un telegrama fechado en Ceuta y firmado por *Juan* por el que se comprenda está dispuesto poniendo en el telegrama un texto cualquiera.

El movimiento se avisará por un telegrama que dirá: Día (tal) LLEGARÁ A ESA *FULANITO*. RUEGO SALGAS A RECIBIRLE. Firmado EDUARDO. El nombre de *Fulanito* indicará por el número de letras, la hora, que será de la mañana, si no lleva apellido; si se pone apellido, se refiere a la tarde. Ejemplo: DIA 8 LLEGARÁ A ESA NICASIO. RUEGO SALGAS A RECIBIRLE. Firmado EDUARDO, que quiere decir que el movimiento habrá de realizarse el día 8 a las 7 de la mañana.

7.º) Ha de tenerse presente que, desde luego, el movimiento se producirá donde está el Director, y que por lo tanto no debe hacerse caso de las noticias que para quebrantar la moral haga circular el Gobierno por radio u otros medios.

8.º) Inmediatamente de producido el movimiento en Marruecos, habrá de comunicarse al Director por el medio más rápido, incluso si es posible por avión, que pueda tomar tierra en el aeródromo inmediato o en el eventual que exista cercano a la capital en que ésta se fecha.

Le ruego acuse inmediatamente recibo de estas instrucciones si está conforme con ellas.

NOTA.- De estas instrucciones sólo tienen conocimiento el destinatario, el Director y una tercera persona que ejerce de coordinador. SON POR LO TANTO ABSOLUTAMENTE RESERVADAS.

PELOPONESO, 24 de junio de 1936. EL DIRECTOR.

El 14 de julio la Junta Suprema Carlista da orden de movilización: *La Comunión Tradicionalista se suma con todas sus fuerzas en toda España, al Movimiento militar para la salvación de la Patria*.

Las fechas de alerta para la sublevación fueron el 10, 14, 15 y 20 de julio. Mola comunicó que a partir del 15 estuvieran en su puesto "esperando la señal convenida" (Kindelán).

Al amanecer del 17, Félix Maiz depositaba en la oficina de Telégrafos de Bayona (Francia) los telegramas cifrados, que ordenaban la iniciación del Movimiento: *Uno para el general Franco en Santa Cruz de Tenerife, otro para el general Sanjurjo en Lisboa y el tercero para el teniente coronel Juan Seguí en Melilla* **(149)**.

La precisión de Maiz en los tres nombres de los destinatarios demuestra que el jefe de la sublevación era Sanjurjo y debía prepararse para su inmediato traslado a España; el telegrama a Seguí en Melilla era la orden de iniciación de la sublevación, que a su vez debía comunicarla a Yagüe en Ceuta y éste a donde se hallaba el ejército más adiestrado y preparado de España; y el telegrama a Franco, en Santa Cruz de Tenerife, le comunicaba que el momento había llegado y debía incorporarse a Marruecos para hacerse cargo del mando.

Franco, una vez más en su vida, no actúa rápidamente y duda, perdiendo bastantes horas en la indecisión. Llega a Marruecos veinticuatro horas más tarde.

Franco y la conspiración

Uno de los puntos más oscuros de la biografía de Franco en el año 36 es la participación o no del comandante general de Canarias en los preparativos de la sublevación. La mayoría de los historiadores se pronuncian por la no participación de Franco en los preparativos hasta cuatro días antes de la sublevación.

Gil Robles afirma: *Motivo de incertidumbre y preocupación, hasta última hora, fue para todos la actitud, un tanto enigmática, del general Franco*.

Otro aventura: *Franco intentó que la situación superlativamente grave tuviese salida incluso dentro de la legalidad republicana, que tanto le repugnaba* (Franco Salgado).

El historiador Payne escribe: *El prudente y muy influyente general Franco se mantuvo en una actitud dudosa hasta el último día*.

Para Ricardo de la Cierva, defensor de la participación desde el primer momento de la conjura, la actitud del general es: *Un enigma en la vida de Franco* **(150)**. Aduce las visitas de Serrano Súñer, la relación con el general Orgaz en Canarias y los viajes del comandante Barba, de UME, más de 30 misivas enviadas a Valentín Galarza (el Técnico), tres cartas de Mola durante el mes de julio, agregando R. de la Cierva que: *Mantenía contacto diario y cifrado con Fernández Cordón y con Mola, vía Galarza* **(151)**.

José María Gil Robles

Y Félix Maiz agrega que Galarza viajó a Tenerife para entrevistarse con Franco.

La indecisión de Franco era suficientemente conocida entre los conjurados que, según Gil Robles, estuvo vacilando ante la actitud a seguir. Y como ello fue un rumor muy extendido durante los primeros meses de la guerra civil, Franco salió al paso de una declaración: *Los jefes del Ejército no intervinie-*

ron hasta tener la convicción de que solamente su acción podía salvar al país de la ruina completa (152).

Con mucha frecuencia se hablaba de la indecisión de Franco, pero Mola también estuvo indeciso e inseguro en el triunfo. Buena prueba de ello es que el general Mola exigió garantías económicas personales a don Juan March, el financiero de la sublevación, para que en caso de fallar y no alcanzar la victoria la esposa e hijos tuvieran un porvenir garantizado económicamente. Mola recibió un millón de pesetas, depositadas en un banco francés, para atender las necesidades familiares y envió la familia a Francia unas semanas antes de la sublevación.

Franco recibió también un millón de pesetas, depositadas en Francia, a donde envió igualmente a la esposa e hija, y no regresarían a España hasta finales de septiembre, encontrándose de nuevo con Franco en Cáceres.

Mola ya tenía experiencia de llegar a fin de mes y no cobrar la paga: *Fue procesado por la República, que le privó de su categoría de general y de su sueldo* (153).

Para vencer a los indecisos importantes estaba precisamente Juan March; generalmente las vacilaciones se deben al temor de lo que espera a los familiares de los sublevados, si fracasa el movimiento. Sanjurjo, en Portugal, disponía de medios para realizar su labor conspirativa. Ricardo de la Cierva ha aportado el testimonio de Tomás Peire, hombre de toda confianza del mallorquín, quien afirmó que el financiero proporcionó cierta cobertura y seguridad para el general Mola y su familia, y le entregó sumas de cierta importancia durante la preparación del movimiento; así pudo Mola enviar a su familia a Francia y disponer de absoluta libertad de acción para su labor (154).

Analizadas detenidamente las conspiraciones y sublevaciones militares más importantes se llega a la conclusión de que han sido decididas en el último momento, y por lo tanto, llevadas a la victoria por hombres indecisos, que al principio casi no se podía contar con ellos. Se trata de la ley de "Decisión de los hombres indecisos", que en un momento crucial, cuando toman la resolución final, enjugan el tiempo perdido anteriormente y llegan a sobrepasar a los demás conjurados ampliamente. Es una ley de compensación psicológica, demostrada a través del tiempo y el análisis social.

Desde la Revolución Francesa a la Soviética, pasando por la Egipcia (155) y el 18 de Julio español, se cumple inexorablemente la premisa de que los hombres que inician la acción para transformar o destrozar las normas sociales o políticas establecidas, no son los que permanecerán tras las primeras semanas. De ahí se dice que la revolución devora a sus hombres. Los protagonistas iniciales de la sublevación del 18 de Julio que dieron el primer paso, como Mola, Cabanellas, Queipo, Kindelán, y los jefes del ejército de Marruecos, Seguí, Yagüe, Castejón, Rolando de Tella, etc., fueron devorados posteriormente, una vez cumplida su misión al principio por otros más astutos, que esperaban agazapados o indecisos hasta ver el camino despejado. Es el caso de Francisco Franco.

Una vez recibida la señorita que traía el mensaje, Mola le preguntó: *¿Qué pasa por Madrid?. –No es en Madrid, señor. Es en Canarias... Viene aquí en el cinturón. Por favor, unas tijeras. –Elena descosió el cinturón del que saltó un papelito, que temblaba en sus manos. Lo tomó el general. El mensaje, lacónico como todos los que circulaban por los medios de la conspiración, contenía tres palabras: "Geografía poco extensa". Elena quiso hablar, pero se cortó ante el ademán de Mola que arrojó violentamente al suelo cinturón y papelito* **(156)**.

En medio del grave contratiempo que se presentaba para el Director de la conspiración, Mola reaccionó con un exabrupto: *Estoy hasta los cojones de estos gallegos...* **(157)**, dijo, según cuenta Serrano Súñer. ¿Qué significado tenían aquellas tres palabras en el código de los conspiradores?

Mola sabía el significado de aquellas tres palabras: *Franco no va*.

Serrano Súñer escribe: *Franco puso dificultades para ir a Tetuán. En principio se había convenido que tendría lugar (la sublevación) en la segunda mitad del mes de julio, pero a medida que las fechas se echaban encima Franco, en el ambiente tranquilo de las Islas Canarias, pensaba que podía no haber razón para precipitar el acontecimiento, siempre bajo la preocupación y el recuerdo del fracaso del 10 de agosto de 1932. Las cosas a su juicio iban mal, pero lo mismo podían seguir algún tiempo más sin mayores complicaciones, por lo que no veía motivo concreto para dar el paso; y así, el día 12 de julio –esto es, antes del asesinato de Calvo Sotelo– envió un mensaje al coronel Galarza –enlace con Mola– que contenía esas tres palabras: "Geografía poco extensa"* **(158)**.

Con estas palabras cifradas, Franco comunicaba al Director que continuaba dudando y no se decidía a sumarse a la sublevación. Continuaba deshojando la margarita una semana antes de la fecha histórica.

Mola, irritadísimo, conocía el significado de aquellas tres palabras que tradujo del modo que conocemos **(159)**, pero reaccionó enseguida y envió un mensaje al Técnico (Galarza), comunicándole que, *Juan Antonio Ansaldo llevaría a Marruecos al general Sanjurjo*.

Aún está la incógnita sin resolver sobre el posible cambio de jefe para la sublevación de Marruecos. ¿Qué pasó? Parece que Mola había destinado a Sanjurjo para hacerse cargo y ponerse al frente de los sublevados en África, tanto es así que Ansaldo estuvo preparado para realizar el vuelo Lisboa-Tetuán con Sanjurjo. Las gestiones de Serrano Súñer y de Sangróniz lograron convencer a Franco, pero de forma misteriosa el avión de Sanjurjo tuvo un accidente cuando Franco estaba ya en Marruecos el día 20.

...Cuando la vida de los ciudadanos está a merced del primer pistolero, cuando el Gobierno es incapaz de poner fin a ese estado de cosas, no pretendáis que las gentes crean ni en la legalidad ni en la democracia; tened la seguridad de que derivarán cada vez más por los caminos de la violencia y los hombres que no somos capaces de predicar la violencia ni de aprovecharnos de ella seremos lentamente desplazados por otros más audaces o más violentos que vendrán a recoger este hondo sentido nacional.

Y más adelante, Gil Robles acusa claramente: *...el señor Calvo Sotelo ha sido asesinado por agentes de la autoridad... Este período vuestro será el período máximo de vergüenza, de un régimen, de un sistema y de una nación.*

Gil Robles amenaza seguidamente: *...cuanto mayor sea la violencia, mayor será la reacción; por cada uno de los muertos, surgirá otro combatiente. Tened la seguridad –esto ha sido la ley constante de todas las colectividades humanas– de que vosotros, que estáis fraguando la violencia, seréis las primeras víctimas de ella* **(160)**.

Indalecio Prieto escribe: *Se ha dicho hoy que la muerte trágica del señor Calvo Sotelo podría servir de pretexto para el levantamiento del que se habla. Este anuncio ha bastado para que, en una reunión que ha durado solamente diez minutos, el Partido Socialista, el Partido Comunista, la Unión General de Trabajadores, la Federación Nacional de las Juventudes Socialistas y la Casa del Pueblo, se pongan de acuerdo sobre lo que deberá ser su acción común si el movimiento subversivo estalla al fin. Se acabaron las discordias. Ante el enemigo, la unión* **(161)**.

El *Socialista* de Madrid publicaba lo siguiente: *Conocidos los propósitos de elementos reaccionarios enemigos de la República y del proletariado, las organizaciones polí-*

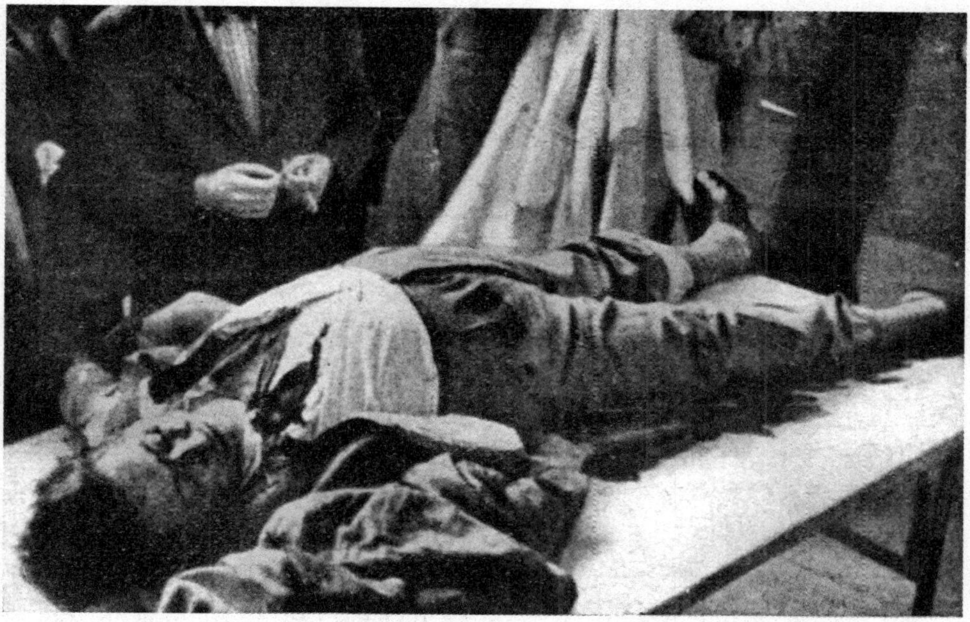

Cadáver de José Calvo Sotelo, la chispa que prendió el fuego. El jefe de la oposición derechista fustigaba a los diputados de la República en el Parlamento con tanta intensidad que un día la Pasionaria dijo: *Ese hombre ha hablado ya su última palabra*. Sin duda una condena a muerte. El día 10 de julio del 36, en la calle Fuencarral, unos falangistas mataron al teniente Castillo de la Guardia de Asalto a las puertas de una pequeña iglesia. Sus compañeros juraron venganza. El día 13 de julio del 36, de madrugada, una camioneta de la Guardia de Asalto se presentó inesperadamente en el domicilio de Calvo Sotelo, en su casa de la calle Velázquez, a quien se llevaron engañado bajo la excusa de hacer unas declaraciones en la Dirección General de Seguridad. Unos metros más adelante le dispararon un tiro en la nuca dentro de la camioneta y arrojaron el cadáver en la puerta del cementerio de la Almudena. La derecha, que venía agrupándose con la iglesia y los militares (para *salvar a España*), se plantó para iniciar la sublevación.

ticas y sindicales, representadas por los firmantes, se han reunido y han establecido una coincidencia absoluta y unánime en ofrecer al Gobierno el concurso y el apoyo de las masas que les son afectas, para todo cuanto signifique defensa del Régimen y resistencia contra los intentos que puedan hacerse frente a él. Esta coincidencia no es circunstancial; por el contrario, se propone subsistir, con carácter permanente, mientras las circunstancias lo aconsejen, para fortalecer el Frente Popular y para dar cumplimiento a los desig-

nios de la clase trabajadora, puestos en peligro por los enemigos de ella y de la República. Firmado: por la U.G.T.: Manuel Llopis; por la Federación Nacional de Juventudes Socialistas: Santiago Carrillo; por la Casa del Pueblo: Edmundo Domínguez; por el Partido Socialista: Luis Jiménez de Asúa; por el Partido Comunista: José Díaz **(162)**.

Franco llega a Santa Cruz de Tenerife el día 12 de marzo. El Frente Popular había decretado la huelga general y al desembarcar Franco recibió: *Una pita estrepitosa*, según comenta Franco Salgado. *Llegaban hasta nosotros los primeros gritos hostiles. Hombres y mujeres demostraban una actitud airada*. Y más adelante escribe el primo-secretario: *Franco estaba convencido de que el movimiento militar que se estaba preparando iba a ser muy sangriento y nada fácil de conseguir su triunfo. Eso me lo dijo muchas veces, sobre todo cuando comentaba conmigo las impaciencias del general Orgaz, desterrado en Las Palmas por orden del ministro del Ejército. "Orgaz me está apremiando a que nos sublevemos cuanto antes y me dice que el triunfo es seguro". Decía que era una "perita en dulce que se va a comer otro general". Franco le contestaba: "Qué equivocado estás, va a ser sumamente difícil y sangriento"* (pág. 139).

Un personaje que resultó clave en la iniciación de la sublevación fue el general Balmes, gobernador militar de Las Palmas. El primo Franco Salgado escribe unas frases que reflejan veladamente la situación de este hombre, respecto al Gobierno: *Saqué la mala impresión, que luego resultó equivocada, de que en aquella guarnición el único enemigo del gobierno del Frente Popular era el general Balmes* **(163)**. Es decir, que el general Balmes daba la impresión de estar en contra del Frente Popular, pero no era así en realidad.

El diario ABC de Sevilla, de fecha 17 de julio, publica la siguiente noticia: *«El general Balmes muerto por disparo casual». Las Palmas, 16, 7 tarde. Cuando examinaba una pistola en el polígono de la isleta el comandante militar, general Balmes, se le disparó el arma y el proyectil lo hirió en el abdomen.*

Inmediatamente fue asistido por médicos de la capital, los cuales calificaron la herida de pronóstico gravísimo.

Poco después fallecía el general a consecuencia de la herida.

El entierro se verificará mañana y será presidido por el general Franco.

A continuación el diario resumía en unos datos biográficos lo más sobresaliente de la vida del general Balmes. Contaba 58 años de edad y hacía ocho que había ascendido a general.

La providencial muerte del general Balmes. El historiador Ricardo de la Cierva llama a esta muerte la "muerte providencial". El general Balmes, amigo de Franco, se negó a sumarse al Alzamiento y, como consecuencia y para facilitar la salida de Franco de Canarias, fue asesinado por su ayudante con un disparo en el vientre. La decisión de asesinar al general Balmes probablemente fue tomada con el apoyo del entorno civil del Alzamiento y dejó el camino allanado al general Franco.

EL GENERAL BALMES MUERTO POR DISPARO CASUAL

Las Palmas 16, 7 tarde. Cuando examinaba una pistola en el polígono de la isleta el comandante militar, general Balmes, se le disparó el arma y el proyectil lo hirió en el abdomen.

Inmediatamente fué asistido por médicos de la capital, los cuales calificaron la herida de pronóstico gravísimo.

Poco después fallecía el general a consecuencia de la herida.

El entierro se verificará mañana y será presidido por el general Franco.

Datos biográficos

El general D. Amado Balmes Alonso era uno de los generales más prestigiosos de nuestro Ejército. Alcanzó por méritos contraídos en Marruecos los ascensos de comandante, teniente coronel, coronel y general de brigada, distinguiéndose muy especialmente en las operaciones en la zona occidental para la liberación de Kudia Tahar (posición inmediata a la ciudad de Tetuán), a donde fué enviado por el general Primo de Rivera, en septiembre del año 1926, al frente de una bandera del Tercio y un tabor de Regulares, con cuyas fuerzas había intervenido en el glorioso desembarco de Alhucemas.

Sus servicios en Africa los prestó siempre en el Tercio y Regulares. En el primer Cuerpo de los cuales mandó la primera legión. En el segundo ciclo de operaciones de Alhucemas mandó, ya de coronel, una de las cuatro columnas que en breve plazo hubieron de ocupar toda la extensa cabila rebelde, hasta lograr el territorio asignado a la zona de nuestro Protectorado.

Dos veces desempeñó el cargo de comandante militar de Las Palmas y el mando de la brigada de Infantería de Madrid. Era piloto aviador y había desempeñado la jefatura superior de Aviación militar. Contaba en la actualidad cincuenta y ocho años y hacía ocho que había ascendido a general.

El diario ABC, al publicar la noticia fechada el 16 en Las Palmas, cerraba la información con tres palabras clave para aquellos que estaban alerta y esperando la iniciación de la rebelión militar: el general Franco.

Con ello, ya sabían los conjurados, que el día 17 estaba en Las Palmas el general Franco. Y como quiera que los organizadores sabían de antemano que en Las Palmas se encontraba el avión fletado por Juan March, bajo las gestiones de Luca de Tena, propietario de ABC y enviado a Las Palmas por el corresponsal de ABC en Londres, Luis Bolín, se cerraba el círculo de información para los conjurados. El lector de ABC del día 17 ya sabía que Franco se encontraba en Las Palmas.

Pero había algo implícito en la noticia de la llegada de Franco y que conocían muy pocos –solamente tres personas–, aunque algunos intuían o lo sospechaban. La coartada estaba bien preparada.

«*La misteriosa muerte del general Balmes*», titula un capítulo **(164)** R. de la Cierva al tratar este tema. ¿Qué ocurrió en realidad?

El levantamiento estaba asegurado en Santa Cruz de Tenerife, pero no en Las Palmas, donde el comandante militar, general Balmes, era adicto a la República y no se podía contar con su colaboración. Por ello, entre el general Franco y el general Orgaz deciden la eliminación de Balmes.

Para asistir al entierro, Franco solicitó permiso del ministerio de Madrid, que le fue concedido por teléfono. Ese fue el pretexto para trasladarse de Tenerife a Las Palmas, donde se encontraba a su disposición el avión facilitado por March y Luca de Tena. Franco embarca la noche del 16, junto con su esposa e hija, su ayudante y primo, Franco-Salgado, el comandante jurídico Martínez Fuste y cuatro oficiales de la escolta, capitanes Espejo Aguilera y tenientes Martín Bencomo y Logendio Clavijo.

El 17 a las 11 de la mañana se celebra el entierro, rodeado de gran expectación; horas antes, comandos izquierdistas realizan pintadas en el suelo y paredes de las calles por donde pasará el entierro, con las frases de "Balmes ha sido asesinado", "fascistas", "asesinos".

Las calles por donde iba a pasar el entierro las habíamos pintado nosotros, verdad, igual que ahora hicieron los del Pueblo Canario Unido, en el mismo suelo, y decíamos que Balmes había sido asesinado **(165)**.

Otro canario que conoció el entierro y hoy está exilado en Venezuela declara también en Interviú:

Al general Balmes lo mandaron matar y eso está más claro que el agua. Y lo mandaron matar, porque era un republicano de verdad y porque se oponía totalmente al golpe de estado fascista **(166)**.

Se llegó a hablar de suicidio para confundir y desorientar a la opinión pública, principalmente a los militares republicanos. Lo que está claro es que nadie vio el cadáver y, sobre todo, que sus ayudantes no se sumaron a la sublevación, siendo más tarde fusilados.

Terminada ya la guerra civil, la revista *Nueva España* **(167)** publica el párrafo siguiente: *Muchos atribuyeron la muerte de Balmes a un atentado personal; otros supusieron que se trataba de un suicidio y no pocos llegaron a decir que el General había sido asesinado por no estar de acuerdo con el Movimiento Nacional.*

El comentario de Franco, después del entierro de Balmes, contiene un mensaje inexplicado: *Ha muerto un caballero, un gran compañero y un entrañable amigo, llevándose a la tumba un secreto.*

Constituyó también un motivo grave de preocupación e incertidumbre, hasta última hora, la actitud aparentemente indecisa del general Franco **(168)**, según escribe Gil Robles, gran conocedor de la conspiración, que analiza la incertidumbre y preocupación de Franco hasta el último momento: *Tardó bastante en decidirse* (pág. 779). *Dudó mucho tiempo y tuvo que vencer grandes escrúpulos de conciencia y romper también con una trayectoria humana bien definida.*

A finales de junio no saben los conspiradores quién mandará el Ejército de Marruecos, porque Franco no se decide e incluso acaba de enviar una carta al presidente del Gobierno, Casares Quiroga, que consideran como una adhesión a la República. Aquí aparece otro rasgo de la personalidad de Franco, oculto hasta entonces y que se revela decisivo. Ante las cartas y llamadas al patriotismo, a la conciencia, a la civilización cristiana, Franco no se decide, pero ante la realidad tangible y segura del emisario personal del banquero Juan March, el general indeciso se inclina y expulsa los escrúpulos militares y legalistas. A finales de junio Franco recibe la visita en Tenerife del emisario de March, que le pone al corriente de la base económica de la sublevación y de las garantías que ofrece el "patrón" a los generales más significados. Sanjurjo y Mola ya han recibido garantías bancarias de sus depósitos en Suiza, de un millón de pesetas, para el caso improbable de que fracase la sublevación. Simplemente, se trata de asegurar una salida económica a los familiares de los generales implicados. Ante estas poderosas razones –y no las otras– Franco se inclina ante March y garantiza su colaboración al alzamiento. Ya tiene jefe el ejército de Marruecos. Lo ha conseguido un banquero. Aún resuena en el Congreso aquella frase de: *O la República destruye a March o March destruye a la República.*

Constituyó también un motivo grave de preocupación e incertidumbre, hasta última hora, la actitud aparentemente indecisa del general Franco (Gil Robles, *No fue posible la paz*, pág. 776).

Según la *Historia de la Cruzada Española*: *La misión delicadísima del Alzamiento en África estaba confiada al general Franco. Sin embargo, tras muchas vacilaciones se sumaría, en realidad, a la empresa unos días antes de la sublevación. Siempre fue opuesto Franco, con toda razón, a la participación de los militares en la vida pública por medio de golpes de Estado*. (Gil Robles, *No fue posible la paz*, pág. 779).

En octubre de 1934 interrogaron a Franco, días antes de trasladarse a Madrid para dirigir la represión de la revolución de Asturias. Alguien le preguntó a quemarropa: *Y usted, mi general, ¿cuándo se subleva?* A lo que Franco respondió imperturbable: *Cuando yo me subleve será para ganar. (Tengo esta referencia de un dignísimo jefe del Ejército que presenció la escena, y cuyo nombre no puedo dar por razones fácilmente comprensibles)*. (Gil Robles, *No fue posible la paz*, pág. 780).

El primo-secretario escribe estas palabras: *El día 13 de julio, al mediodía, estando trabajando en mi despacho oficial de Capitanía, me llama Franco y me da a conocer la tremenda y trágica noticia del asesinato del señor Calvo Sotelo, diputado a Cortes y jefe de la oposición al gobierno del Frente Popular. Me dice que había sido secuestrado de su domicilio por guardias de asalto y ejecutado por éstos, que dejaron su cadáver en el cementerio de Nuestra Señora de la Almudena. Con gran indignación, mi primo afirmó que ya no se podía esperar más y que perdía por completo la esperanza de que el gobierno cambiase su conducta al realizar este crimen de estado, asesinando alevosamente a un diputado de la nación, valiéndose de la fuerza de orden público a su servicio. La decisión de Franco era definitiva e irrenunciable. Yo no lo dudé un momento y puedo afirmar que sentí deseos de que cuanto antes se alzase contra el gobierno del Frente Popular mucho mejor, pues nos estábamos exponiendo a que los comunistas nos ganaran la mano y con ello se llevasen de ventaja la iniciativa. Este horrendo crimen había de unir a todos los elementos de orden y justificaba por completo la iniciación del Movimiento Militar.* **(169)**.

Parece ser que, según Franco, la suerte estaba echada. Tanto es así, que se preocupa inmediatamente por la seguridad de su esposa e hija y da la orden al secretario de adquirir billetes para que salgan de la isla: *Por la tarde de aquel día adquirí por encargo de mi primo dos billetes para El Havre, para su mujer e hija, en el buque alemán Waldi, que dentro de unos días tenía anunciada su salida de Las Palmas, con destino al citado puerto francés* **(170)**.

Franco ya sabía perfectamente que el día 18 Marruecos se levantaría en armas contra la República, por ello mandó adquirir dos pasajes, para el día más próximo al 18, de un barco que precisamente zarpaba de Las Palmas.

Las piezas del rompecabezas se iban uniendo de forma perfecta e implacable, según el plan previsto con anterioridad.

El Dragon Rapide aterrizó en el aeropuerto de Gando, Gran Canaria, la tarde del miércoles 15 de julio **(171)**.

La salida para Tetuán no debía hacerse desde el aeródromo de Los Rodeos, en la isla de Tenerife, por estar con mucha frecuencia envuelto en una espesa niebla. No había más remedio que ir a Las Palmas y emprender el viaje aéreo desde Gando, donde, además, estaba detenido el avión sin la menor documentación, ya que ésta había sido recogida por las autoridades españolas por haber tomado tierra dicho aparato en Cabo Juby sin permiso oficial. Por las buenas o por las malas, no cabía hacer otra cosa.

Existía también la pega de que Franco necesitaba permiso ministerial para ir a Gran Canaria, donde hacía unos quince días que acabábamos de estar en visita oficial. Convinimos en que podía justificarse esta salida solicitando al Ministerio autorización para inspeccionar las islas de Lanzarote y Fuerteventura. La muerte por accidente de tiro del malogrado general de brigada don Amadeo Balmes, gobernador militar de Las Palmas, nos dio la justificación del precipitado viaje a dicha capital.

Y más adelante agrega Franco Salgado: *Parecía descartado un accidente por descuido o imprudencia en el manejo de su pistola, cuando en compañía de su ordenanza se entrenaba en su afición favorita. ¿Había sido un suicidio o un asesinato provocado por su ordenanza?* **(172)**.

Se ha acumulado no poco misterio sobre este hecho, según escribe Ricardo de la Cierva **(173)**, aunque considera este autor que, *Amado Balmes estaba comprometido de lleno en la conspiración*.

Resulta sorprendente que el comandante militar de Las Palmas abandone su despacho oficial, a media mañana del día 16, jueves, para practicar en el campo de tiro de la Isleta, como si en aquellos días no tuviera problemas más importantes a que dedicarse el general Balmes.

El monárquico Sangróniz se había entrevistado en Santa Cruz de Tenerife con el general Franco y convienen una clave para confirmar el día 17, como fecha de la sublevación, según había fijado Mola desde Pamplona. La clave convenida fue: *El zumo de uva fermenta*.

En una entrevista con Jean Descola, en 1974, Sangróniz dice lo siguiente: *Yo era, sobre todo, un mandatario del general Orgaz y representaba, dentro de la organización, la tendencia monárquica. Para mí, la sublevación debía conducir al retorno del rey. Yo fui siempre monárquico y lo sigo siendo... Yo le transmití en Tenerife las instrucciones que me habían dado. El asesinato de Calvo Sotelo lo había exasperado. Esta tragedia fue como la señal para el desencadenamiento de nuestra guerra, porque acabó con las últimas vacilaciones de Franco, si es que todavía las tenía. De todos modos, la orden que yo le transmití era tajante. Franco tenía que partir, sin pérdida de tiempo, para Marruecos y tomar el mando del ejército de África* (174).

La operación estaba perfectamente montada y encajaban sus piezas con precipitación.

(Página anterior). Foto histórica de Franco sin bigote bajando del avión en Sevilla. A la izquierda el coronel Calderón, la escolta de legionarios, el piloto con un mono blanco y el general Gil Yuste a la derecha de todos.
Franco llega a Sevilla desde Tetuán el 24 de julio para hacerse cargo de la situación. El general Queipo de Llano hizo un comentario poco agradable para él diciendo que: *El único sacrificio que había hecho Franco por el movimiento había sido afeitarse el bigote*. El futuro dictador se lo afeitó durante el viaje de Canarias a Tetuán a bordo del *Dragon Rapide* para poder estar preparado para falsear su identidad en caso de fracaso. Llevaba un pasaporte falso del diplomático vasco Sangroniz, que le permitiría huir en caso de emergencia. El parecido físico con él se acentuaba sin bigote.
A pesar de ser el último en sumarse al Alzamiento, Franquito (como le llamaban los otros generales) acabó convirtiéndose en el "jefe" gracias al apoyo de Kindelán y las oportunas muertes de Sanjurjo y Goded.

El derecho a sublevarse. Psicología del jefe improvisado. Psicología de la guerra.

José María Pemán escribió: *El Movimiento Nacional divide a España en dos partes. No es una línea militar táctica y estudiada. Es la frontera caprichosa que resulta del altibajo de la pasión española. Donde hubo valor y espíritu, hubo zona nacional... El mapa que resulta es el del Espíritu y de la Fe de la verdad de España. Ya están, sin tapujos, frente a frente, la España y la Anti-España, el ejército y la Materia; el Bien y el Mal; la Verdad y la Mentira* **(175)**.

Sin embargo, para Indalecio Prieto las motivaciones son distintas y escribe: *Todas las esperanzas murieron: las mató el crimen de la sublevación militar, gigantesco crimen caracterizado por la alevosía* **(176)**.

Manuel Azaña hace un diagnóstico exacto de las motivaciones del 18 de julio: *Odio destilado lentamente durante años, en el corazón de los desposeídos. Odio de los soberbios, poco dispuestos a soportar la insolencia de los humildes. Odio de las ideologías contrapuestas, especie de odio teológico, con que pretenden justificarse la intolerancia y el fanatismo* **(177)**.

Los monárquicos se alinearon sin reservas ni exclusiones al lado de los sublevados. Todas las élites aristocráticas y financieras, hasta Alfonso XIII, sabían que la sublevación, a pesar de los gritos iniciales de ¡Viva la República!, luchaban por el restablecimiento de la monarquía. Como siempre, el pueblo era manejado y no sabía a dónde caminaba ni por quién luchaba. Eran muy pocos los iniciados en el secreto.

El juicio de Cabanellas sobre la iniciación de la contienda fratricida es acertado al implicar a las dos partes contendientes: *La Guerra Civil se produjo porque no había por parte de los políticos afán sincero de evitarla. Falangistas y comunistas, extremas izquierdas y extremas derechas habían iniciado la pequeña guerra civil, subvencionados unos por derechas cerriles e intransigentes y otros por izquierdas rencorosas* **(178)**. Y agrega aún más: *No puede culparse sólo al comunismo y al fascismo de que fueran responsables del desastre. Hubo ideologías opuestas, pero éstas no habían alcanzado todavía el punto crítico que después de iniciada la contienda tuvieron tanto la dialéctica comunista como la fascista.*

Por su parte, Ricardo de la Cierva coincide en la misma afirmación: *Fracasó la República: por culpa de las izquierdas sectarias y de las derechas sectarias; por falta de sentido humano y de sentido social en unos y en otros, es decir, en todos... El fracaso de la República es evidente, pero es de todos, como de todos fue el fracaso de la Monarquía* **(179)**.

El profesor Seco Serrano, hijo del comandante de Infantería Seco Sánchez, jefe de ametralladoras en Melilla (que se mantuvo fiel a la República y a su jefe, el general Romerales), fue testigo de excepción en lo ocurrido la plaza africana. Narra perfectamente la sublevación del 17 de julio siendo un niño. Su relato fue publicado en 1965 y habla de su padre: *Cuya lealtad al general no ofrecía dudas. Contemplé este acto inicial de la guerra desde un balcón de mi casa, frontera a la comandancia. Las tropas en la calle desarticulaban todo intento de reacción* **(180)**.

El 17 a las 17, sin haberlo fijado los conspiradores, se inició la sublevación, que se llamaría después "Alzamiento", "Cruzada salvadora" y finalmente "Guerra Civil" española. El "17 a las 17" comenzó la matanza más despiadada y cruel de la historia de España. El objetivo inmediato era eliminar al contrario, al enemigo. Unos y otros se matan como animales, porque la vida de un hombre no vale nada. Era la hora de las venganzas personales.

La famosa consigna del "17 a las 17" era de acuartelamiento, no de sublevación, escribe Salas Larrazabal **(181)**.

Moros y cristianos –entre nubes de polvo– van por los caminos calcinados –escribe un historiador– *que conducen a Melilla cantando en loca algarabía de voces humanas y de chirridos de vehículos, sus cantos de combate*. Aquella tarde, desde la comandancia de Melilla, se cursó un telegrama urgente dirigido a Franco: *Este ejército, levantado en armas, se ha apoderado en la tarde de hoy de todos los resortes del mando en este territorio. La tranquilidad es absoluta. ¡Viva España! Firmado: coronel Solans*.

Aquellos jóvenes oficiales cometieron dos errores iniciales: primero, anticiparse a la hora prevista; segundo, detener en su despacho oficial al delegado gubernativo, sin desconectar el teléfono. Al atardecer, el gobierno de Madrid ya sabía lo sucedido: se han sublevado los militares en Melilla.

El coronel Solans, al anochecer, comunica la noticia a Santa Cruz de Tenerife y al teniente coronel Yagüe en Ceuta. Ante el adelanto imprevisto, pero forzado, de la sublevación en Melilla, el general toma la decisión de adelantar también la sublevación en las distintas guarniciones de Marruecos, secundando la acción Sáenz de Buruaga en Tetuán, etc. Aquella noche, los rebeldes reducen los pequeños focos de resistencia de algunas ciudades y en el amanecer del 18 todo Marruecos está ya en poder de los sublevados.

Han sido detenidos los altos mandos que se opusieron a la sublevación: el alto comisario, Alvarez Buylla; los generales Romerales, Gómez Morato; el jefe de la Legión, coronel Molina **(182)**; los tenientes coroneles Blanco Novo y Caballero; los comandantes De la Puente Bahamonde **(183)**, Seco, Ferrer y varios capitanes. El teniente coronel Luis Romero Basart, jefe de los Regulares de Larache **(184)**. Los militares que no se sumaron a la sublevación fueron depuestos de sus mandos, juzgados en Consejos sumarísimos y fusilados. Los cargos de la condena eran "rebelión militar". Aquí aparece la España paradójica y alucinante, un tanto psicópata, que fusila a los leales a la República por "rebelión militar", siendo por el contrario ellos, los sublevados contra el Gobierno legal, los que se erigen en jueces y condenan a los leales. Esta tesis se mantendrá inflexible durante 40 años. No faltarán enseguida juristas y teólogos que encontrarán argumentos, tanto morales y jurídicos como religiosos, para justificar una represión nunca conocida hasta entonces en España.

Un historiador ha escrito: *Es una fecha común para la tragedia que se ha pretendido dedicar a una gloria imposible* **(185)**.

El Gobierno tiene noticias de la sublevación de Marruecos el mismo día 17 al atardecer; esa misma madrugada transmite la noticia a las cabeceras de la división. La mañana del 18, todos los altos jefes militares –implicados o no en el levantamiento– saben la noticia de lo ocurrido ya en Melilla; cuando los conspiradores civiles tienen la primera noticia, el comentario de Jorge Vigón al marqués de Valdeiglesias es: *Esta vez va de veras, con Franco o sin Franco* **(186)**.

Unos días antes, una reunión de conspiradores de la UME (Unión Militar Española) en Madrid, se expresaron violentamente no sólo contra la República, sino contra los jefes superiores del ejército que no se decidían a dar la orden: *son unos buenos burgueses envejecidos (los generales), incapaces de un gesto de arrojo. Nos entregarán inermes al comunismo por pura falta de decisión. Con Franco no hay que contar, por supuesto. Y el propio Mola retrocederá en el último momento* **(187)**.

Si el plan estratégico y táctico de la sublevación hubiera sido presentado a examen como fin de curso en una escuela de Estado Mayor, para la obtención del Diploma, el aspirante hubiera sido con toda razón y justicia suspendido. Los conspiradores no contaron en sus cálculos iniciales con los siguientes factores: la aviación y la marina; las principales ciudades; la logística y los abastecimientos; las municiones suficientes; la artillería, etc. Solamente disponía del ejército de Marruecos. El fracaso de Mola y de Galarza era evidente, como demostrarían los hechos. Y ello es una prueba más de que la sublevación se hizo con la mentalidad del típico pronunciamiento decimonónico.

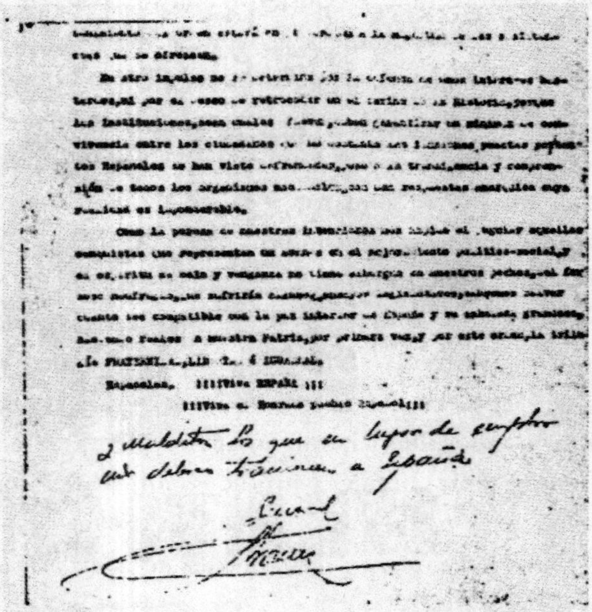
¡Malditos los que en lugar de cumplir sus deberes traicionen a España!

Franco

Proclama de guerra con frase autógrafa de Franco. En este documento amenazaa todos los militares que no se hayan adherido a la sublevación con una frase manuscrita: *Malditos los que, en lugar de cumplir sus deberes, traicionen a España*.

Los redactores del libro oficial *Historia de la Cruzada española* escriben lo siguiente: *La noche del 18 al 19 de julio se vive una vigilia angustiada. ¿Dónde está Franco? ¿Viene?* **(188)**.

La impresión más real y próxima de aquel día nos la da un testigo directo, el periodista Arqués, que escribe: *¿Y Franco? ¿Y Franco?... Era el afán hecho pregunta y esperanza en todos los labios de Marruecos. Y ni llegaba el deseado ni se sabía nada de su aventura... ¿Y Franco? ¿Y Franco?... Ya estaba todo hecho: el bando de gue-*

rra con su nombre, clavado en las paredes; las nuevas autoridades en sus puestos; las ciudades, entregadas y tranquilas; el campo, por España; el Ejército, esperando la orden de marchar... Pero ¿y el Caudillo de la gran epopeya? **(189)**.

Francisco Franco sigue deshojando la margarita a pesar de haber recibido la visita de Sangroniz, para comprometerle definitivamente en la conspiración. Lleva en el bolsillo su pasaporte diplomático, con objeto de encontrar una salida cómoda en caso de problemas imprevistos y tal vez, en caso de fracaso de la sublevación, tener expedita la huida. Esta artimaña de Franco demuestra claramente que no estaba seguro del éxito; tal vez recordara el fracaso absoluto de la de Sanjurjo en agosto de 1932. Incluso hay más todavía: compra dos pasajes y embarca a su esposa e hija en un vapor alemán con rumbo a Francia. Se quiere asegurar plenamente con respecto al porvenir de la familia. No obstante, ha exigido a los financieros de la conspiración que depositen en un banco suizo un millón de pesetas a su nombre en caso de fracaso. El Caudillo salvador de la Patria se asegura las salidas negativas que puedan presentarse, con vistas a un porvenir sin problemas económicos. Los héroes son así de interesados, mientras miles de españoles mueren ilusionados e ignorantes de lo que está sucediendo y de quién mueve los hilos secretos.

Bolín, Luca de Tena, Marcha y el *Dragón Rapide*. Balmes

Tras el asesinato de Calvo Sotelo, las derechas huyen despavoridas en Madrid, incluidos los obispos de Madrid, Toledo, Córdoba, etc. La clase política tenía ya anteriormente a la familia veraneando fuera de Madrid en lugares tranquilos fuera del peligro de las grandes ciudades.

ABC publica con fecha 16 de junio de 936 unos recuadros comunicando a sus lectores los puntos de venta donde se puede adquirir durante el verano el diario. En Ginebra, 10 quioscos y 1 librería. En Lisboa, donde se encuentra la mayoría de las familias monárquicas, 99 puestos de venta; también *Blanco y Negro* se distribuía en 46 localidades portuguesas.

Los más comprometidos y activos permanecen hasta última hora en Madrid. Antonio Goicoechea, el conde de Vallellano, Yanguas Messía, Luis de Zunzunegui y muchos más abandonan precipitadamente la capital. *Salir de Madrid, 7 de julio* –escribe Goicoechea–, *después de conocida por el Gobierno la noticia del levantamiento de África, cuando ya estaban las carreteras y yo mismo sometidos a la vigilancia más estrecha, constituyó un verdadero milagro. Gracias al amparo de Dios pude lograrlo, y a las siete de la tarde salí desde la casa de mi hermana de la calle Columela, y en compañía de Luis Zunzunegui, que pocas horas antes había regresado de acompañar a Valladolid al general Saliquet. Llegué sin el menor entorpecimiento en automóvil a la finca de los marqueses de Albaida, en la provincia de Salamanca, casi en la raya de Portugal. En la finca de Albaida coincidimos, además del dueño de la casa y de su amable familia, el conde de Vallellano y don José María Yangüas con su esposa. Pasamos allí todos reunidos en amigable hermandad tres días inolvidables, los que mediaron desde la noche del viernes 17 a la mañana del lunes 20. En la mañana del lunes 20, sabedores de que el Movimiento había triunfado en Valladolid y Burgos, a esta última población encaminamos nuestros pasos, quedando en la noche del mismo día definitivamente incorporados a la España nacional. Con nosotros llevábamos un inmenso caudal de ilusiones y de esperanzas, mágico poder que nos hacía invencibles* **(190)**. La clase dominante se encuentra situada en los lugares más próximos a las fronteras con Portugal y Francia. El conde de Romanones está en San Sebastián, Vallellano y Goicoechea, próximos a Portugal, Gil Robles en Francia, y otros cercanos a la frontera en Huelva. Una vez en zona sublevada se incorporan llenos de entusiasmo para colaborar "desinteresadamente" con los militares. Están salvados, ¡gracias a Dios!.

Mientras tanto, en aquellos tres años de inseguridad, miedo y sangre derramada en ambas zonas, mueren miles de españoles en los campos y las ciudades, en las carreteras y en los campos con las mieses en plena siega. Fue una siega humana de muchos inocentes que creyeron en palabras, en promesas, que no conducían más que a la muerte casi segura... Pero ¡gracias a Dios!, los conspiradores –muchos conspiradores civiles– estaban a salvo y sus cuentas corrientes también, en bancos extranjeros. No es de extrañar que ante tanta vileza y egoísmo humano, los militares no permitieran a los civiles que organizaran el poder, después de sus cobardes huidas a lugares seguros. Más tarde, pasados casi mil días, los políticos de la República también mostraron una cobardía imperdonable, abandonando al pueblo –al pueblo que defendió a la República–, que no se marchó. De todos los políticos republicanos el único que mantuvo una dignidad ejemplar fue don Julián Besteiro, que se atuvo a un final en consonancia con sus ideas. Le ofrecieron abandonar la zona republicana y no aceptó, porque deseaba seguir "la misma suerte del pueblo español". Sería condenado a muerte y murió, más tarde, en la cárcel de Carmona (Sevilla).

El 5 de julio, Bolín recibió una llamada telefónica. *La segunda llamada desde Biarritz se produjo a las dos horas. Luca de Tena fue derecho al grano. Necesito* –dijo– *que contrates en Inglaterra un hidroavión capaz de volar directamente desde las Canarias a Marruecos, si es posible a Ceuta. Si no consigues un hidro, alquila un avión corriente que ofrezca seguridad absoluta. Un español llamado Mayorga te facilitará el dinero preciso; trabaja en la City, en la Banca Kleinwort. El aparato tiene que estar en Casablanca el sábado próximo, 11 de julio... Es posible que el avión tenga que seguir hasta las Canarias para recoger a un pasajero y llevarle a Ceuta...* **(191)**.

Por mediación de don Juan de la Cierva, inventor del autogiro español, residente en Londres, Bolín logró contratar un avión, pero no un hidroavión como había indicado Luca de Tena. La empresa Olley Air Service poseía un aeroplano apropiado en su base de Croydon. Se trataba de un De Havilland *Dragon Rapide* con siete plazas y dos motores nuevos, con matrícula C-ACYR.

Para no infundir sospechas, Bolín no debía ir solo en el avión, sino acompañado de alguien más y sobre todo de algunas mujeres, según una sugerencia de Juan de la Cierva: *Mejor sería que llevaras a dos rubias y a un amigo de confianza. La gente creería que ibais de juerga* (pág. 32). Un amigo inglés le proporcionó un acompañante, Mr. Pollard, comandante retirado y aficionado a la caza del zorro y experto en armas de fuego. Este inglés iría acompañado de su hija y de una joven amiga, Diana y Dorothy, dos bellas y jóvenes rubias inglesas. Todo tenía las apariencias de dos señores maduros con dos amiguitas acompañantes. El piloto que llevaría el avión era el capitán Bebb *Joven pelirrojo y lleno de pecas, con ojos muy azules y una sonrisa simpática* (pág. 37).

Una vez contratado el avión y los viajeros a punto, Bolín se fue a la iglesia de los carmelitas *A prepararse espiritualmente para el viaje. Si el sacrificio de mi vida era necesario para el triunfo del Movimiento, estaba dispuesto a ofrecerla, y así se lo dije al confesor* (pág. 38). A continuación se entrevistó con el duque de Alba en el Hotel Claridge *Y el duque se mostró de acuerdo en que para salvar a España no quedaba más recurso que la fuerza* (pág. 39).

El día 11 por la mañana, muy temprano despegaron del campo de Croydon. En el *Dragón Rapide* volaban el capitán Bebb, el radiotelegrafista, el mecánico, Mr. Pollard, Diana y Dorothy y Bolín. Aterrizaron en Burdeos donde les esperaba Luca de Tena y Bolín recibió nuevas instrucciones y consignas. Allí se quedó el mecánico inglés, que continuaría viaje en línea regular hasta Casablanca para reunirse de nuevo con ellos; la plaza del mecánico la ocupó el marqués del Mérito, que era *Portador de un pasaporte diplomático boliviano extendido a nombre supuesto por su suegro Simón Patiño, embajador de Bolivia en París* (pág. 40). Después de tomar tierra en Biarritz se extravió el piloto y hubo de volver, volando ya sobre España, de nuevo a Biarritz y provisto de mapas llegaron a las 8,15 a tierra portuguesa, en el aeródromo militar de Espinho, cerca de Oporto.

A la mañana siguiente, el día 12, aterrizaron en Alverca, próximo a Lisboa. Buscaron Bolín y el marqués al general Sanjurjo, *Considerado por muchos como posible Jefe del Movimiento* (pág. 43). *Lleno de fe y de entusiasmo en el Movimiento que se avecinaba, Sanjurjo no mostró la más mínima ambición por dirigirle, atribuyendo en cambio una importancia máxima al éxito de mi vuelo. Era vital, nos dijo, que Franco llegara pronto a Marruecos. Su juventud y sus dotes eran esenciales para el triunfo de nuestra causa* (pág. 44). Aquella tarde, antes de las 8, llegó el *Dragón Rapide* a Casablanca, en el Marruecos francés.

En Casablanca tenía Bolín que recibir nuevas instrucciones, mediante un emisario que se daría a conocer con la contraseña de "Galicia saluda a Francia". Allí supieron la noticia del asesinato de Calvo Sotelo en Madrid. *Ahora había que actuar, en vez de esperar. Lo primero a éste efecto era despachar el avión a las Canarias, sin más órdenes... Franco, seguramente, necesitaba el avión con urgencia, y yo tenía que enviarle a las Canarias, sin esperar a nadie ni a nada* (pág. 49).

El *Dragón Rapide* salió rumbo a Las Palmas, dejando en Casablanca a Luis Bolín, mientras el marqués del Mérito salía para Tánger, para desde allí estudiar la posibilidad de aterrizar o no Franco en la llegada, además de servir de enlace en las comunicaciones de los conjurados. Al permanecer Bolín en Casablanca, cumplía dos objetivos: esperar instrucciones de un emisario y *La mejor forma de disfrazar la finalidad real del vuelo del "Dragón Rapide" a las Canarias era hacer que llegara allí con una tripulación británica, un grupo de pasajeros exclusivamente británicos y ningún español a bordo* (pág. 50).

Es sumamente interesante revisar las notas de vuelo del capitán Bebb, que reproduce Bolín en su libro **(193)**.

–11-7-36: Salida de Inglaterra a las 7,15

Burdeos, Biarritz, Espinho (Portugal)

–12-7-36: Salida de Espinho a las 9,00

Alverca, Casablanca, con la llegada a las 19,45

–Duermen los viajeros en Casablanca la noche del día 12.

Allí abandona el avión el marqués del Mérito y sube a bordo el radiotelegrafista inglés, que hizo el vuelo desde Londres en línea regular; en Casablanca permanece el avión hasta el día 15 por la mañana, hasta que se anuden los hilos misteriosos de la conspiración. ¿Por qué espera el avión en Casablanca dos días y tres noches? ¿Qué asuntos faltan por resolver? ¿Qué decisiones están tomando los conspiradores?

–15-7-36: Salida de Casablanca a las 7,55

En Casablanca queda también Bolín. El avión inglés solamente lleva a bordo a ciudadanos ingleses.

Casablanca, Cabo Juby, Las Palmas, con llegada a las 14,40.

Ya está el avión inglés en Las Palmas, esperando, mientras Mr. Pollard embarca esa noche en el vapor-correo rumbo a Tenerife, con su consigna de identificación aprendida: "Galicia saluda a Francia".

Unos oficiales interrogaron al piloto Bebb, que no sabía nada. Sólo indicó que el avión *Había sido fletado en Londres por un inglés acaudalado, el cual había salido para Tenerife la noche anterior, diciendo que iba a estudiar el cultivo del tomate en dicha isla* **(56)**.

El vuelo de Franco desde Las Palmas a Tetuán en el avión inglés *Dragón Rapide* fue programado por Toby O'Brien, uno de los pioneros de las "relaciones públicas" en Inglaterra. Fue él quien, de hecho preparó una reunión que condujo finalmente al regreso clandestino del general Franco a España desde Canarias **(194)**.

O'Brian presentó a Luis Bolín, a la sazón corresponsal del diario ABC en Londres, a Douglas Jerrold, que más tarde lo pondría en contacto con Mr. Pollard y las dos señoritas rubias inglesas.

Veinticuatro horas después de la llegada del avión a la capital canaria, muere misteriosamente el general Amado Balmes, comandante militar de Las Palmas. La llegada del avión y la muerte de Balmes son piezas perfectamente cronometradas del mismo mecanismo, *Tanto que de nada sirve la muerte de Balmes si no está el avión en Gando, y de nada sirve el avión en Gando si no muere Balmes* **(195)**.

El general muere precisamente el día 16, cuando toda la sublevación está pensada y preparada para los días 17, 18 y 19, con ello fue posible el traslado de Franco a Las Palmas, donde esperaría el mencionado avión inglés para trasladarlo a Marruecos. De aquí surge claramente la sospecha de la relación íntima entre la muerte del comandante militar y la llegada de Franco a Las Palmas, con el objeto exclusivo de asistir oficialmente al entierro. Con Balmes vivo o muerto –no importa–, se puede sublevar Mola, Queipo de Llano, Saliquet, Cabanellas, etc., pero Franco no puede realizar la misión encomendada. Está bloqueado en Santa Cruz de Tenerife y necesita obligatoriamente trasladarse a Las Palmas, donde le aguarda el transporte desde el día 15.

Algunos autores han visto, con claridad, que Franco era un general más en el engranaje de la sublevación, subordinado a las directrices que recibía de Mola y que no es el único que se subleva, sino otro, con una misión muy concreta: sublevar Marruecos y pasar las tropas a la Península. Franco ni organiza la sublevación ni el movimiento militar es obra suya, sino idea ajena que él se apropia inmediatamente sin escrúpulos y con astucia. Más aún, es el general que se suma el último a la sublevación, cuando ya está casi descartada su participación. *Esta vez nos sublevamos con Franquito o sin Franquito*, diría Sanjurjo.

La aventura del *Dragon Rapide*. Los más importantes promotores civiles de la sublevación fueron don Juan March, banquero y los Luca de Tena, muy influyentes en la derecha española. Juntos diseñaron una estrategia para sacar a Franco de Canarias y ponerlo al frente del ejército de África. El plan consistió en utilizar un avión que volaría desde Inglaterra hasta Canarias recogiéndolo para realizar el traslado hasta Tetuán. El pasaje del avión en su vuelo hasta Canarias lo componen el piloto inglés Capitán Bebb, un radiotelegrafista y dos rubias inglesas: Diana, la hija de Polard, y su amiga Dorothy. Con estos pasajeros este vuelo parecería un viaje de placer, escondiendo así su verdadero propósito. Para no levantar sospechas aterriza en Las Palmas. Franco, que está en Tenerife, sólo podría desplazarse allí con el permiso del gobierno de la República y por razones importantes. La muerte del general Balmes (asesinado) resulta ser la excusa. Para asistir a los funerales es autorizado a salir de Tenerife y se desplaza a Las Palmas, donde ya lleva dos días esperándole el avión. Podría haber volado por la mañana y haber llegado el mismo día 18 a Tetuán, pero retrasa voluntariamente el despegue hasta las 2:30 del día 18 para asegurarse de que no llegará a Tetuán hasta el 19, con tiempo de saber si el alzamiento ha tenido éxito. A las 17:30 hace escala en Agadir y a las 20:00 aterriza en Casablanca y pernocta en un hotel desde donde tiene una entrevista telefónica con un periodista francés para poder justificar, si fuese necesario, su ausencia en la sublevación. Esa noche se afeita el bigote. La mañana del 19 parten hacia Tetuán. Ya en vuelo se desprende de su uniforme militar y se viste con otras ropas de civil. A mediodía llegan y ordena al piloto que dé varias vueltas sobre el aeropuerto para asegurarse de que la ciudad está ya controlada por la legión, y no ordena el aterrizaje hasta que no reconoce en tierra al general Saenz de Buruaga, señalándole y exclamando: *Ahí está el rubito*. Cuando desciende del avión pronuncia la famosa frase, y título de esta obra:
VENGO A SALVAR A ESPAÑA.

Para los conjurados se plantea urgentemente el problema de la salida de Franco desde Santa Cruz de Tenerife, según escribe el primer biógrafo de Franco, a Las Palmas, donde se halla el avión **(196)**.

Y veinte años después del hecho, un biógrafo escribe: *No extrañó en Tenerife ni a las autoridades civiles ni a las turbas del Frente Popular, que eran todo y lo mismo, este viaje inopinado de Franco porque se sabía que iba a asistir al entierro del general Balmes y a inspeccionar las guarniciones de Fuerteventura y Lanzarote. ¡Sí, sí!... Dios, con su eterna presencia para todas las cosas y para todos los hombres, y después la Historia, saben a lo que iba Franco a Las Palmas* **(197)**.

Balmes, viejo camarada africanista de Franco, había sido sometido a insistentes presiones para que se uniera a los rebeldes. Al parecer, el general Balmes se negó a ello y de ahí que circularan rumores de que su muerte no hahbía sido accidental, sino un suicidio o asesinato. En cualquier caso, la eliminación de Balmes facilitó la tarea de los conspiradores en las Islas Canarias **(198)**.

El general Balmes muere en el día y hora que han establecido y les conviene a los conjurados. Ello plantea una serie de interrogantes, que hasta ahora nadie ha resuelto, pero que el lector podrá también conocer:

–¿Es lógico que el comandante militar se dedique a practicar el tiro de pistola, a media mañana y en plena jornada de trabajo, cuando debía estar en su despacho oficial?

–¿Acaso un experto militar cometió el error de apoyar la pistola encasquillada y cargada sobre el vientre?

La presidencia del entierro la ocupó el general Franco, Comandante General de Canarias; el Gobernador Civil y el Presidente de la Audiencia; el Comandante accidental de la Plaza, teniente coronel Galtier y Pley, el coronel de Estado Mayor Ferrer, el Alcalde de la capital, el Presidente del Cabildo y demás autoridades representativas, administrativas y civiles. Las fuerzas que rindieron honores estaban mandadas por el teniente coronel de Artillería Ernesto Pascual Lascuevas.

Hay que destacar que los militares Galtier, Ferrer y Lascuevas no se sumaron a la sublevación y sufrieron las consecuencias, como igualmente las autoridades civiles.

Momentos antes (del entierro) y en la sala destinada al efecto se le practicó la autopsia **(199)**.

Como tantas cosas extrañas que ocurrieron con la muerte de Balmes, ninguno de los oficiales más allegados al general que estuvieron presentes en el duelo oficial durante el entierro participó ni se sumó a la sublevación. Fueron fusilados, como el teniente coronel Galtier, comandante accidental de Las Palmas; el coronel Ferrer, del Estado Mayor; el teniente coronel de artillería Pascual Lascuevas, que mandó las fuerzas que rindieron honores.

18 DE JULIO DE 1936

EL DÍA 18 DE JULIO, sábado, ABC de Sevilla publica en la portada una extraña composición fotográfica: media página la ocupa un hidroavión, que vuela sobre una ciudad; la otra mitad, cuatro militares uniformados señalan, según el texto, unos ejercicios de aviación, pero realmente están señalando el título de la noticia: la aviación militar inglesa **(200)**.

A primera vista, el texto parece simple e ingenuo, pero no es así. Se trata, nada menos, de un mensaje criptográfico, o sea, un texto cifrado que comunica un mensaje, sólo comprensible para los destinatarios. ¿Quiénes eran? Pues los jefes de sector responsables de la sublevación en Andalucía, que mediante el ABC de Sevilla tendrían noticias exactas del momento tan esperado, debiendo coincidir la fecha del periódico con el número de líneas del texto, que a su vez, llevaría en cada renglón una palabra, que unida telegráficamente hacía comprensible el mensaje criptográfico.

El avión lleva inscrito en el lateral, a modo de matrícula, la siguiente inscripción: G-AD.HL.

Se advierte claramente que las letras están desproporcionadas y ocupan gran parte del espacio lateral; destaca también, que las letras no guardan perspectiva respecto a la línea del avión.

Nos sorprendió tanto la portada del diario sevillano, que dedicamos muchas horas de observación y análisis; después entregamos una reproducción a un experto en criptografía y a dos oficiales de Estado Mayor, coincidiendo los tres en la interpretación.

El texto periodístico es el siguiente: *La aviación militar inglesa. El rey de Inglaterra, Eduardo VIII, acaba de hacer una visita por el aire a los aeródromos militares ingleses. Ha sido esta la primera vez que S.M. ha vestido el uniforme de aviación y que se ha ocupado de este asunto desde su elevación al trono. En una de nuestras fotografías aparece el rey con el alto personal del cuerpo contemplando los ejercicios celebrados en su presencia por los expertos aviadores ingleses. La otra fue obtenida durante las pruebas realizadas también en presencia de Eduardo VIII, de un hidroplano construido en Rochester por la industria militar de aviación inglesa, y cuya carga podrá llegar a las dieciocho toneladas* **(201)**.

El mensaje descifrado se lee así: El rey de Inglaterra, Eduardo VIII, acaba (33 letras). Hay que sustituirlo por: El general Francisco Franco Bahamonde (33 letras). Luego hay una serie de palabras clave en el texto: Visita / Militares / Vestido / Ocupado / Asunto / Fotografía / Personal / Ejercicios / Expertos / Obtenida / Presencia / Hidroplano / Industria / Inglesa / Carga / Dieciocho / Punto.

Por otra parte, las letras que muestra el avión en su costado también llevan un mensaje criptográfico: **(202)**

G-AD.HL = G Gando, el aeródromo de Las Palmas.
AD = 14 horas, según el orden alfabético de las letras.
H es el 9 en el orden alfabético y el punto multiplica y divide la cifra.
L es el 14 en el orden alfabético.
14.9.14:14 horas, o sea, a las 2 de la tarde x 9, o sea, 18:14, o sea, 7.
Descifrado así: G-AD.HL = Gando a las 14 horas del 18 de julio.

Y así fue en realidad: *A las dos y diez de la tarde el Dragon despega rumbo a Marruecos*, escribe el historiador **(203)**.

Hoy nos resulta sumamente fácil entender el mensaje criptográfico, conociendo ya la historia que protagonizó Franco desde Las Palmas a Marruecos, a bordo del avión, contratado por los conspiradores y pilotado por ingleses.

Repetimos que la portada del ABC de Sevilla del 18 de julio de 1936 y su interpretación criptográfica es la primera vez que se publica. Se trata de una aportación nueva al desvelado de algunos enigmas de la sublevación militar.

Tras la portada criptográfica del ABC sevillano, aparece en la tercera página un artículo con un título bastante premonitorio: «*Cara a la tempestad*», que comienza así: *Desde la alta ventana veo el escenario imponente del mar enfurecido (...) Por la mañana se tendía como una plácida llanura azul, y ahora, a la tarde, hierve y se agita como un desesperado. Veo el cielo emborronado de nubarrones y cómo las olas rompen precipitadamente a impulsos del huracán (...) el horror me estremecía (...) Es un espectáculo que amedrenta (...) Cualquier instante puede ser el decisivo (...) avanza con firmeza y da la sensación de que el miedo no existe. (...) Esto sucede a los tres días de espantosos naufragios. Está viva la memoria de esa tempestad súbita que ha barrido la costa (...) Hasta que llega el instante de la adivinación y siente que una voz misteriosa le anticipa el conocimiento de lo que ha de acontecer (...) Mañana amanecerá un día radiante y el mar se habrá serenado (...) así son nuestras vidas, de desastre a la fortuna, tal es nuestro destino (...) vamos a morir, hermanos... por la victoria del espíritu y del corazón* **(204)**.

¡ESPAÑOLES!

Proclama de Estado de Guerra desde Santa Cruz de Tenerife. Este interesante documento termina curiosamente con la famosa frase de la Revolución Francesa: *Fraternidad, Libertad e Igualdad*, en este orden.

DIARIO ILUSTRADO. AÑO TRIGESIMOSEGUNDO. 15 CTS. NUMERO

ABC

DIARIO ILUSTRADO. AÑO TRIGESIMOSEGUNDO. 15 CTS. NUMER

La aviación militar inglesa.

El Rey de Inglaterra, Eduardo VIII, acaba de hacer una visita por el aire a los aeródromos militares ingleses. Ha sido esta la primera vez que S. M. ha vestido el uniforme de Aviación y que se ha ocupado de este asunto desde su elevación al Trono. En una de nuestras fotografías aparece el Rey con el alto personal del Cuerpo contemplando los ejercicios celebrados en su presencia por los expertos aviadores ingleses. La otra fué obtenida durante las pruebas, realizadas también en presencia de Eduardo VIII, de un hidroplano construído en Rochester por la industria militar de Aviación inglesa, y cuya carga podrá llegar a las dieciocho to-

Portada del ABC de Sevilla del 18 de julio de 1936. Muchos oficiales estaban comprometidos con la sublevación, pero poquísimos eran los que sabían la fecha. El día y hora en que se produciría el alzamiento se comunicó a los implicados mediante un mensaje oculto en esta portada. Aquí aparece un avión inglés volando con unas letras falseadas en el fuselaje, que esconden en clave el momento de la salida de Franco desde Canarias. Como se puede apreciar en la foto, las letras son un montaje.
Más abajo en la página, hay un texto de dieciocho líneas que encierra un mensaje en forma criptográfica. Cada una de las líneas, a partir de la segunda, contiene una palabra clave del mensaje. La primera línea: El rey de Inglaterra Eduardo VIII(33 letras) se sustituye por El general Francisco Franco Bahamonde (33 letras).
Sorprende que aún hoy ningún historiador o periodista haya publicado esta interesantísima portada.

Desde los más antiguos, algunos ingeniosos, otros rudimentarios, hasta los modernos programas de ordenador que añaden dificultades casi insuperables, la lista de médotos criptográficos es variadísima. Los egipcios, por ejemplo, grababan algunos mensajes en el cuero cabelludo de los esclavos y esperaban a que les creciera el pelo para mandarles a su destino. En Caldea, Babilonia y Asiria han aparecido algunas tablas cuneiformes con mensajes ocultos e indescifrables. La primera referencia a un método la conocemos gracias a un texto histórico: la *scitala spartana*, citado por Plutarco en *Vida de los hombres ilustres de Grecia y Roma*. Los espartanos enrollaban una cinta de cuero helicoidalmente alrededor de un palo cilíndrico. El mensaje se escribía encolumnándolo sobre él. El destinatario tenía que tener otro del mismo tamaño y conocer el método. Entre el 390 y el 360 a. C. Eneas, general de la liga de Arcadia, crea el primer tratado de cifra. El capítulo XXI, dedicado a mensajes secretos, describe un sistema basado en un disco cuyo borde tenía 24 agujeros correspondientes a letras ordenadas. Mediante hilos que iban uniendo sucesivamente un agujero central con los periféricos, se construía un mensaje que podía ser leído al revés por quienes conocían el secreto. Los textos religiosos hebreos, eran protegidos por tres sistemas de cifrado, conocidos como Atbash, Albam y Atbah, muy simples y vulnerables. El primero consistía en sustituir cada letra por su simétrica dentro del alfabeto; el segundo implicaba un simple desplazamiento de 13 posiciones; y el tercero semejante al primero con un criterio distinto. Existía también un cuarto sistema, presente en los Manuscritos del Mar Muerto, conocido como "cryptic script B", del que desconocemos algunos signos. El famoso método de Julio César era tan simple como cambiar cada letra por la que ocupaba tres lugares por delante dentro del alfabeto, o sea, la A se sustituía por una D o la Z por una C. De tal manera, VAMOS-A-ATACAR-EL-MIÉRCOLES, se escribiría: YDPRV-D-DWDFDU-HO-PLHUFROHV.
La primera máquina encriptadora fue concebida por Leon Battista Alberti en el siglo XV, pero la más famosa sin duda es *Enigma*, que emplearon los alemanes en la Segunda Guerra Mundial, basada en un método utilizado por George Washington.

En Melilla, con fecha 17 de julio se hace público el siguiente bando:

FRANCISCO FRANCO BAHAMONDE,
GENERAL JEFE SUPERIOR DE LAS FUERZAS
DE MARRUECOS, HAGO SABER

Una vez más el Ejército, unido a las demás fuerzas de la nación, se ha visto obligado a recoger el anhelo de la gran mayoría de españoles que veían con amargura infinita desaparecer lo que a todos puede unirnos en un ideal común: España.

Se trata de restablecer el imperio del orden dentro de la República, y no solamente en sus apariencias o signos exteriores, sino también en su misma esencia; para ello precisa obrar con justicia, que no reposa en clases ni categorías sociales, a las que ni se halaga, ni se persigue, cesando de estar dividido el país en dos grupos: el de los que disfrutan del poder y el de los que son atropellados en sus derechos (…). El restablecimiento de este principio de autoridad, olvidado en los últimos años, exige inexcusablemente que los castigos sean ejemplares, por la severidad con que se impondrán y la rapidez con que se llevarán a cabo sin titubeos ni vacilaciones.

Por último: espero la colaboración activa de todas las personas patrióticas, amantes del orden y de la paz, que suspiraban por este movimiento…

El bando de guerra de Melilla fue publicado al día siguiente en el diario local *El Telegrama del Rif*. Se trataba de *Restablecer el imperio del orden dentro de la República* y sobre todo *Obrar con justicia* y que *Los castigos sean ejemplares… sin titubeos ni vacilaciones*. Más adelante apela a la sensatez con los obreros y a la caridad de los patronos, algo que suena en aquellos días a música celestial. Pide la colaboración de las personas patrióticas *Que suspiraban por este movimiento*.

A las 7 de la mañana Radio Club de Tenerife radió el bando de la sublevación, que es un Manifiesto Político:

¡Españoles! A cuantos sentís el santo amor a España, a cuantos en las filas del Ejército y Armada habéis hecho profesión de fe en el servicio a la Patria, a los que jurasteis defenderla de sus enemigos hasta perder la vida…

(Franco inicia la arenga con la idea del *Santo amor a España*, que mantendrá durante el resto de su vida hasta que redacta el testamento político, unos días antes de su muerte, donde repite *España, a la que amo hasta el último momento* y a continuación escribe: *Por el amor que siento por nuestra Patria*.)

Justifica la sublevación por la anarquía existente en los campos y en los pueblos, por las huelgas revolucionarias que arruinan las fuentes de riqueza, creando una situación de hambre y desesperación. Se preocupa por los monumentos y tesoros artísticos que son objeto del ataque de las hordas revolucionarias.

(En el denominado desarrollo franquista muchos monumentos e iglesias, retablos y obras de arte, junto a colegios y noviciados fueron convertidos en solares para la especulación del suelo).

El Ejército, la Marina y demás Institutos armados son atacados de forma calumniadora y soez, mientras "los estados de excepción y alarma sólo sirven para amordazar al pueblo y que España ignore lo que sucede fuera de las puertas de sus villas y ciudades, así como para encarcelar a los pretendidos adversarios políticos".

(Algo que el general Franco practicará constantemente durante 40 años).

Se muestra defensor de la legalidad y de la Constitución:
"La Constitución, por todos suspendida y vulnerada, sufre un eclipse total; ni igualdad ante la Ley, ni libertad, aherrojada por la tiranía, ni fraternidad cuando el odio y el crimen han sustituido al mutuo respeto, ni unidad de la Patria, amenazada por el desgarramiento territorial más que por el regionalismo..."

(Franco suspenderá definitivamente la Constitución).

(A continuación, el subconsciente le juega una mala pasada a Franco y habla de la apetencia de poder).

"Nada contuvo la apetencia de poder, destitución ilegal del moderador, glorificación de las revoluciones de Asturias y catalana, una y otra quebrantadoras de la Constitución, que, en nombre del pueblo era el Código fundamental de nuestras Instituciones".

(Para en seguida aparecer los agentes soviéticos, que se mantendrán presentes hasta el final de su vida).

"Los agentes soviéticos, que ocultan la sangrienta realidad de aquel régimen que sacrificó para su existencia veinticinco millones de personas".

(Más adelante, Franco se hace una pregunta).

"¿Es que se puede consentir un día más el vergonzoso espectáculo que estamos dando al mundo? ¿Es que podemos abandonar a España a los enemigos de la Patria, con un proceder cobarde y traidor, entregándola sin lucha y sin resistencia? ¡¡Eso no!! Que lo hagan los traidores, pero no lo haremos quienes juramos defenderla".

(Frente a este panorama negativo, Franco ofrece justicia e igualdad y paz y amor entre los españoles).

"Justicia e igualdad ante la Ley os ofrecemos. Paz y amor entre los españoles. Libertad y fraternidad exentas de libertinaje y tiranía. Trabajo para todos. Justicia social, llevada a cabo sin enconos ni violencias y una equitativa y progresiva distribución de riquezas sin destruir ni poner en peligro la economía española".

(Nada menos que justicia e igualdad, paz y amor entre los españoles. Trabajo para todos, menos para los obreros, que en cantidades masivas se fueron a trabajar a Alemania, a Francia, a Suiza, etc. Con objeto de no poner en peligro la economía española y enviar divisas para el capitalismo español.)

(A continuación, Franco declara la guerra sin cuartel a los políticos que explotan a los obreros honrados).

"Una guerra sin cuartel a los explotadores de la política, a los engañadores del obrero honrado, a los extranjeros y a los extranjerizantes que directa o solapadamente intentan destruir a España".

(Desde este momento, Franco ya no concederá paz a los políticos y manipulará constantemente a los *obreros honrados*. Ya estaba de moda aplicarles este calificativo por parte de las derechas. Igualmente declara la guerra a los extranjeros, mostrando una vez más su gran xenofobia. Ahora anuncia que España entera se levanta pidiendo paz, pero Franco trae la guerra y la paz de las tumbas a aquellos que se resistan).

"En estos momentos es España entera la que se levanta pidiendo paz, fraternidad y justicia; en todas las Regiones, el Ejército, la Marina y las fuerzas del orden público se lanzan a defender la Patria. La energía en el sostenimiento del orden estará en proporción a la magnitud de las resistencias que se ofrezcan".

(Franco se expresa diciendo que España se levanta pidiendo la paz, pero él trae la guerra, su guerra, que se prolongará por 40 años. Anuncia que no va a defender unos intereses bastardos, ni va a retroceder en el camino de la Historia, porque la pureza de sus intenciones no permitirá yugular las conquistas en el mejoramiento político-social, para afirmar a continuación):

"El espíritu de odio y venganza no tiene albergue en nuestros pechos y del forzoso naufragio que sufrirán algunos ensayos legislativos, sabremos salvar cuanto sea compatible con la paz interior de España y su anhelada grandeza, haciendo reales en nuestra Patria, por primera vez, y por este orden, la trilogía FRATERNIDAD, LIBERTAD E IGUALDAD.

Españoles: ¡¡¡VIVA ESPAÑA!!!, ¡¡¡VIVA EL HONRADO PUEBLO ESPAÑOL!!!"

El jefe de la Cía Telefónica y de Radio Tenerife transmitió al Gobierno Militar de Las Palmas un telegrama del general Solans, que recibió de madrugada el comandante ayudante del general Balmes (enterrado horas antes) **(205)** e inmediatamente llevó al Hotel Madrid y entregó al primo, Franco Salgado, que a su vez despertó a Franco. Decía así:

General Solans al general Franco: Este Ejército levantado en armas contra el gobierno; habiéndose apoderado de todos los resortes del mando. ¡Viva España!

Una vez conocido el levantamiento de Marruecos, Franco ordena a su primo que llame al general Orgaz y al comandante jurídico Martínez Fuste; redactan un telegrama para las guarniciones del archipiélago canario, a Ceuta, Tetuán y Melilla, como igualmente a *Los jefes de las Divisiones de la Península. Cuando Franco recibió el telegrama de Tenerife eran las cuatro de la mañana del memorable día 18 de julio de 1936 y Franco se iba a poner a la cabeza del levantamiento militar, que en la tarde anterior había empezado en África* **(206)**.

Reunidos en el despacho del difunto general Balmes, enterrado horas antes, Franco envía por radio un mensaje a todas las guarniciones españolas y a los barcos de la Flota:

Gloria al heroico ejército de África. España sobre todo. Recibid el saludo entusiasta de estas guarniciones que se unen a vosotros y demás compañeros de la Península en estos momentos históricos. Fe ciega en el triunfo. Viva España con honor. General Franco.

El mensaje empieza con la palabra "gloria" y termina con otra similar "honor". Las connotaciones de estos dos vocablos para Franco son indicativas del deseo vehemente de rehabilitar el prestigio del ejército, tan malparado desde que el joven teniente llegó a Melilla, en 1912. En el momento de redactar el mensaje acude inconscientemente el recuerdo de Annual en 1921, el expediente Picaso, el intento de abandono por parte de Primo de Rivera de Marruecos, el desprestigio popular que había adquirido el ejército tras la represión de Asturias, en 1934, en fin, su propio descontento y resentimiento contra todo lo que rozase el honor del ejército. Gloria y Honor.

Se trata de un lacónico mensaje de cuarenta palabras que se inicia con gloria; consta de ocho conceptos: gloria, ejército de África, España, saludo entusiasta, guarniciones que se unen, momentos históricos, fe ciega en el triunfo, España con honor.

Existe un original de la primera alocución del General Franco radiada por la emisora E.A.J.-50 de Las Palmas, en el que al final del texto está escrito con letra del propio Franco esta frase: *Y malditos los que en lugar de cumplir sus deberes traicionan a España.* General Franco **(207)**.

Aún no se ha llegado a realizar un estudio de todas las proclamas y bandos de guerra del mes de julio. Nosotros hemos realizado un muestreo entre los más conocidos y entre ellos aparece expresado el concepto de defensa de la República y del orden, e incluso, muchos –el 62,3%– termina con un *Viva la República*.

De hecho, en muchas guarniciones el grito de sublevación fue en nombre de la República, y lo mismo sucede en alguna de las más importantes proclamas de los jefes sublevados; por ejemplo, en la más importante, aunque menos conocida, que firmó el general Franco **(208)**.

Es necesario señalar claramente que la sublevación no fue monárquica en apariencia, aunque el motor de arranque estaba en manos monárquicas; los militares sublevados lo hicieron bajo el grito de *¡Viva la República!*, según puede leerse en el conjunto de proclamas y bandos de guerra, leídos entre los días 18 al 20 de julio. La proclama inicial de Franco, fechada y publicada en Santa Cruz de Tenerife terminaba con vítores a la República y el recuerdo a la igualdad y fraternidad de la revolución francesa.

A los dos años de la sublevación resultaban molestas y hasta comprometedoras las frases de los bandos de guerra con el clarísimo *¡Viva la República!*. Y sobre todo resultaba absurdo y falto de lógica luchar despiadadamente contra la República, haciéndola responsable de todas las desgracias y crímenes de la Guerra Civil, habiéndose sublevado contra el Gobierno con este grito.

Juan Beneyto, uno de los jóvenes intelectuales sumados al Gobierno de Burgos, junto con Ridruejo y Laín Entralgo, miembros del Servicio de Propaganda, escribirá años más tarde, ya muerto Franco, que las frases de *¡Viva la República!* fueron suprimidas por la censura:

Las palabras señaladas en el texto se repiten al final del Manifiesto en las ediciones difundidas hasta bien avanzado 1938. Fui yo mismo, a las órdenes de Ridruejo y Laín, en el Servicio Nacional de Propaganda de Burgos, quien hubo de aplicar la nueva con-

signa. Es posible que Franco lo olvidase a fuerza de ir pensando otra cosa, y así no es extraño que lo niegue en 1964. (Conversaciones, pág. 245) **(209)**.

A pesar de los ya olvidados gritos de *¡Viva la República!*, el grupo de Acción Española se propone la reinstauración monárquica influyendo entre bastidores sobre los militares sublevados, aunque se vieron frustrados en su deseo. Acción Española colaboró estrechamente en la dirección ideológica para la formación de los primeros años de la guerra civil. Según escribe Raúl Morodo, Acción Española marcó *El nuevo rumbo político de creación de un nuevo régimen peculiar. Así, entre los más importantes están: la constitución de la Junta de Defensa Nacional de 24 de julio de 1936; el decreto número 138 de esta Junta de Defensa, nombrando al general Franco "Jefe del Gobierno del Estado de España", de 29 de septiembre de 1936; la creación de la Junta Técnica del Estado, de 18 de octubre de 1936; el decreto de Unificación, de 19 de abril de 1937; el decreto nombrando el Secretario de la Junta Política de Fet y de las Jons, de 22 de abril de 1937; el primer Consejo Nacional de Fet y de las Jons, de 2 de diciembre de 1937; y, finalmente, la Ley de 30 de enero de 1938, estableciendo el primer Gobierno Nacional* **(210)**.

Pero con el transcurso del tiempo se afianzó la institucionalización personal de Franco alejándose, cada vez más y sin esperanzas, la restauración monárquica propugnada por Acción Española. Por otra parte, consiguieron al principio una gran influencia intelectual, que paulatinamente fueron perdiendo, según abandonan a Franco sus hombres más conspicuos, como Sáinz Rodríguez, Vegas Latapié, Andes, etc. La técnica empleada por Acción Popular fue propulsar la acción del Mando Único al considerar a Franco un general "manejable" para la posterior restauración monárquica. Muchos años después de aquellas fechas, Serrano Súñer escribirá: *El grupo que tenía mayor influencia era precisamente el más reducido: el de los monárquicos, alfonsinos en su mayor parte, autoritarios, como lo eran las principales figuras de la revista Acción Española* **(211)**.

Y treinta años antes de escritas las Memorias, Serrano Súñer volverá a escribir que un sector de innegable importancia propugnaba la restauración monárquica como resultado de la guerra. Era principalmente el grupo de Acción Española, alfonsino, tradicionalista y autoritario.

Resulta sorprendente las frases violentas y agresivas que aparecen en los periódicos, durante las primeras semanas de la sublevación; todo ello fruto de una ideología exaltada. A primeros de agosto se publica en Pamplona el número 1 del periódico de Falange, *Arriba España*; su director es un sacerdote falangista, Fermín Izurdiaga, que cuenta entre sus redactores con Rafael García Serrano y la llamada "Escuadra de la Sabiduría", compuesta por Eugenio Montes, Ernesto Jiménez Caballero, Rafael Sánchez Mazas y Raimundo Fernández Cuesta, que en el mes de octubre fundan la revista *Jerarquía*, que nutren de ideología a los sublevados. El diario *Arriba España* se escribe en un estilo más poético que periodístico, entre simbólico e imperial. En el primer número, a modo de oración bajo una foto de José Antonio, escribe lo siguiente: *Vuelven días de Cruzada y queremos estar con la mente despierta y el brazo enhiesto en la hora sagrada*. Aquí aparece ya, a sólo 13 días de la sublevación, la palabra cruzada.

Fue creación de Fermín Izurdiaga, el navarro fanático que unió religión y guerra, bajo la retórica del púlpito. Para el cura navarro, matar rojos y obreros era hacer una cruzada.

El día 4 de agosto *Arriba España* publica una fotografía del general Mola con este pie: *En esta cruzada estremecida y radiante de España el caudillo invicto se levanta como en los tiempos montaraces sobre un pavés*.

Las primeras horas de la sublevación en Las Palmas fueron muy tensas, donde Franco se encontró muy solo. Muchos jefes militares se negaron a

El sacerdote navarro Fermín Izurdiaga, con Raimundo Fernández Cuesta.

sumarse a la sublevación y Franco tuvo que llamarlos personalmente por teléfono a las distintas guarniciones militares, para que se unieran.

Franco se encontraba en el despacho del gobernador militar tratando de convencer por teléfono al jefe de la Guardia Civil, teniente coronel Baraibar, para que él y sus fuerzas se uniesen al movimiento militar. Este jefe le contestó que él no obedecía más órdenes que las órdenes que desde Madrid le comunicara su director general. El general (Franco) le respondió que uno de los motivos del Alzamiento era vengar los ultrajes que a la Guardia Civil habían hecho los gobiernos marxistas de la República **(212)**.

A continuación, Franco llama al comandante Loureiro, subordinado de Baraibar, *Que le respondió en igual forma que su jefe (...) La misma actitud adoptaron los capitanes y oficiales con los que también habló (...) Fracasó también en las gestiones que hizo con los jefes de los guardias de asalto. La situación se presentaba angustiosa ante la probabilidad de tener que luchar contra la fuerza veterana de la Guardia Civil y los guardias de asalto*, continúa Franco Salgado.

Todos estos jefes y oficiales a los que Franco, en un momento difícil y peligroso, les pidió ayuda y que se sumaran a la sublevación y se lo negaron, fueron fusilados una vez que los sublevados se hicieron dueños de la situación.

La suerte estaba echada. Se va a iniciar la etapa más sangrienta de la Historia de España. Franco es solamente uno de los alfiles del ajedrez de la muerte.

Las primeras veinticuatro horas de la sublevación fueron muy indecisas; faltaron las comunicaciones y nadie sabía nada. Franco en Las Palmas estaba aislado y desconocía lo que estaba pasando en la Península y en Marruecos. Y por supuesto, no sabía nada de Mola. Lo único cierto de Madrid era que el Gobierno de la República dominaba la radio.

Por otra parte, el general Kindelán, enlace de Mola, llega a San Fernando, en Cádiz, y allí recibe el telegrama de Yagüe y se encarga inmediatamente de *Su difusión discreta y rápida* **(213)**. A continuación sale para Algeciras, encargado de preparar el desembarco de las fuerzas de África. Desde allí pasa a Gibraltar *Como representante oficial de Franco* (pág. 19). Desde la colonia inglesa *Aproveché la oportunidad para dar cuenta oficial del movimiento, por telégrafo a varias naciones extranjeras y a don Alfonso XIII* (pág. 19).

Luca de Tena ha escrito que *El Rey de España no podía, ni debía ponerse al frente de la inevitable guerra civil, ni provocarla en 1931 (...) La experiencia republicana fue, sin duda, muy triste y bochornosa, pero ineludible y hasta necesaria. Para ganar la guerra era preciso que la mayoría de España perdiese su nefasta ilusión* (214).

Luca de Tena es preciso en aplicar tres adjetivos terriblemente reveladores de la situación, con un conocimiento profundo del entramado de la conspiración monárquica. A la guerra civil la considera "inevitable"; la experiencia republicana, "necesaria"; para ganar la guerra era preciso perder la "nefasta ilusión" republicana. Se puede deducir claramente el engaño en que había caído el pueblo español.

El 18 de julio fue pensado originariamente como un "pronunciamiento" al estilo del siglo XIX, no habiendo analizado suficientemente las posibilidades de respuesta del Gobierno republicano e incluso habían infravalorado la fuerza de los partidos de izquierdas.

Ya escribió Ortega y Gasset, en 1921, un sustancioso capítulo sobre los "pronunciamientos", que podía aplicarse perfectamente al 18 de julio de 1936. Dice así:

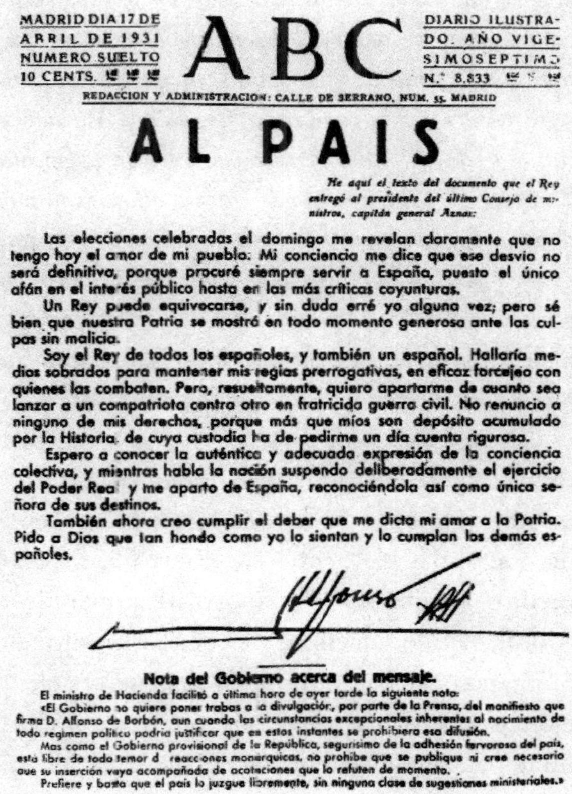

MADRID DIA 17 DE ABRIL DE 1931 NUMERO SUELTO 10 CENTS.

ABC

DIARIO ILUSTRADO. AÑO VIGESIMOSEPTIMO N.° 8.833

REDACCION Y ADMINISTRACION: CALLE DE SERRANO, NUM. 55. MADRID

AL PAIS

He aquí el texto del documento que el Rey entregó al presidente del último Consejo de ministros, capitán general Aznar:

Las elecciones celebradas el domingo me revelan claramente que no tengo hoy el amor de mi pueblo. Mi conciencia me dice que ese desvío no será definitivo, porque procuré siempre servir a España, puesto el único afán en el interés público hasta en las más críticas coyunturas.

Un Rey puede equivocarse, y sin duda erré yo alguna vez; pero sé bien que nuestra Patria se mostró en todo momento generosa ante las culpas sin malicia.

Soy el Rey de todos los españoles, y también un español. Hallaría medios sobrados para mantener mis regias prerrogativas, en eficaz forcejeo con quienes las combaten. Pero, resueltamente, quiero apartarme de cuanto sea lanzar a un compatriota contra otro en fratricida guerra civil. No renuncio a ninguno de mis derechos, porque más que míos son depósito acumulado por la Historia, de cuya custodia ha de pedirme un día cuenta rigurosa.

Espero a conocer la auténtica y adecuada expresión de la conciencia colectiva, y mientras habla la nación suspendo deliberadamente el ejercicio del Poder Real y me aparto de España, reconociéndola así como única señora de sus destinos.

También ahora creo cumplir el deber que me dicta mi amor a la Patria. Pido a Dios que tan hondo como yo lo sientan y lo cumplan los demás españoles.

Nota del Gobierno acerca del mensaje.

El ministro de Hacienda facilitó a última hora de ayer tarde la siguiente nota:

«El Gobierno no quiere poner trabas a la divulgación, por parte de la Prensa, del manifiesto que firma D. Alfonso de Borbón, aun cuando las circunstancias excepcionales inherentes al nacimiento de todo regimen político podría justificar que en estos instantes se prohibiera esa difusión.

Mas como el Gobierno provisional de la República, segurísimo de la adhesión fervorosa del país, está libre de todo temor de reacciones monárquicas, no prohibe que se publique ni cree necesario que su inserción vaya acompañada de acotaciones que lo refuten de momento.

Prefiere y basta que el país lo juzgue libremente, sin ninguna clase de sugestiones ministeriales.»

Nota de despedida de Alfonso XIII de los españoles el 17 de abril de 1931. El diario ABC de Madrid publica un texto que el rey entregó para su difusión y conocimiento de todos los españoles, donde escribió de forma premonitoria:
Soy el Rey de todos los españoles.... Pero quiero apartarme de cuanto sea lanzar a un compatriota contra otro en fratricida guerra civil.
Tras el alzamiento fue informado de todo cuanto sucedía por militares monárquicos, como Kindelán.

Aquellos coroneles y generales, tan atractivos por su temple heroico y su sublime ingenuidad, pero tan cerrados de cabeza, estaban convencidos en su "idea", no como está convencido un hombre normal, sino como suelen los locos y los imbéciles. Cuando un loco o un imbécil se convence de algo, no se da por convencido él solo, sino que al mismo tiempo cree que están convencidos todos los demás mortales. No consideran, pues, necesario esforzarse en persuadir a los demás poniendo los medios oportunos; les basta con proclamar, con "pronunciar" la opinión de que se trate: en todo el que no sea miserable o perverso repercutirá la incontrastable verdad. Así, aquellos generales y coroneles creían que con dar ellos el "grito" en un cuartel toda la anchura de España iba a resonar en ecos coincidentes. Consecuencia de esto era que los conspiradores no solían preocuparse de preparar a tiempo grandes núcleos auxiliares, ni siquiera numerosas fuerzas de combate, ¿para qué? Los "pronunciados" no creían nunca que fuese preciso luchar de firme para obtener el triunfo. Seguros de que casi todo el mundo en secreto opinaba como ellos, tenían fe ciega en el efecto mágico de "pronunciar" una frase. No iban, pues, a luchar, sino a tomar posesión del poder público **(215)**.

El diagnóstico de Ortega, en 1921, se volvió a cumplir en 1936 de forma exacta. El 18 de julio tuvo todas las características del "pronunciamiento" militar: hombres de temple heroico; convencimiento de su "idea"; creencia de que al dar el "grito" en el cuartel, España se sumaría a ellos; carecer de medios auxiliares o de apoyo; disponer de fuerzas escasas; creencia en el triunfo rápido y fácil; fe ciega en el triunfo, etc.

Franco estaba convencido de que el solo hecho de ponerse al frente del ejército de África sería suficiente para que Madrid entregase el poder a los militares. Según escribe Payne, mediante el pronunciamiento clásico, los militares *Confiaban en que haciendo una demostración de rebeldía todas las unidades militares situadas alrededor de Madrid se pasarían a su lado* **(216)**.

Franco creyó que todo sería cuestión de unos días nada más y que el Gobierno entregaría apresuradamente el poder. Esto se comprueba por lo escrito por el general Franco Salgado:

Al salir para el muelle iba convencido de que antes de finalizar el verano estaría de regreso con la alegría del triunfo del movimiento nacional **(217)**.

Es preciso hacer una aclaración importante sobre el texto citado: Franco Salgado se está refiriendo a la salida desde Santa Cruz de Tenerife a Las

Palmas, donde Franco salió acompañado de su mujer e hija, para asistir al entierro del general Balmes. Luego ya sabía perfectamente Franco a lo que iba. *Antes de finalizar el verano estaría de regreso con la alegría del triunfo*.

Franco no sale de Las Palmas hasta tener noticias confirmadas de que la sublevación en Marruecos ha triunfado plenamente y está el territorio en manos de Yagüe y sus hombres. A las diez y veinte de la mañana, Franco recibe un radiograma de Sáenz de Buruaga, que le asegura el control de los aeródromos marroquíes. No obstante la seguridad que proviene del ejército marroquí, Franco no se precipita y sigue cerciorándose por radio de que la sublevación se ha iniciado también en la Península. No posee noticias exactas y veraces de ello. Transcurren las horas de la mañana del sábado 18 y Franco no recibe la gran noticia de que las grandes ciudades se hayan sublevado contra la República y el Frente Popular. Cree que algo ha fallado en el dispositivo de la organización y teme el fracaso. En vista de que no hay confirmación oficial de la sublevación a escala nacional, decide retrasar la llegada a Marruecos. Y hace circular una noticia falsa para cubrirse la retirada en caso de que se presente un rotundo fracaso, como el ocurrido el 10 de agosto del 32 con Sanjurjo.

Un periódico francés publica esta noticia:

El general Franco, llamado por el Gobierno para sofocar la rebelión, se encuentra en pleno vuelo desde Canarias a Madrid.

El piloto Bebb dice: *Mientras volábamos sobre las olas del Atlántico, el general se quitó el uniforme, encerró sus efectos en una maleta y, después de meter en ella también los papeles que llevaba consigo, la arrojó al mar. Inmediatamente le vi ponerse un jaique y un albornoz y arrollarse a la cabeza un turbante. Se le hubiera creido un verdadero árabe salido de los zocos de Marrakech. "No quiere ser reconocido", pensé. ¿Qué estaban preparando?* **(218)**. El que así habla es un testigo directo de aquella escena: *El piloto Bebb, que lleva a Franco, ya sublevado en Las Palmas, con un manifiesto y un bando de guerra firmado y que no está seguro del triunfo de la sublevación*. Por eso, se deshace del uniforme militar y lo arroja al mar, mudo testigo. Se viste de moro, volando sobre el Atlántico y unas horas después se afeitará el bigote. El otro testigo es su primo y secretario, Franco Salgado, que lo cuenta, junto con Galinsoga, en una biografía color de rosa.

Muy astutamente, Franco elude la responsabilidad de su implicación en la rebelión y aquella noche duerme en tierra extranjera, mientras muchos españoles mueren por las calles y los caminos de España, defendiendo una España rota y ensangrentada. Franco prefiere dormir en tierra extranjera.

Franco no está seguro de lo que pueda acontecer en las horas siguientes y, por ello no quiere verse envuelto, como cabeza visible de la sublevación, en un pronunciamiento militar de rebeldía. Cautamente prefiere ausentarse hasta que los acontecimientos se presenten claros e inequívocos. Entonces decide salir a primeras horas de la tarde en el avión inglés, rumbo a Marruecos, pero con la secreta intención de pernoctar en territorio francés. Saliendo por la tarde no tendrá tiempo de llegar a Tetuán, debiendo pasar la noche en territorio francés. Llega a última hora de la tarde, anocheciendo, a Casablanca, después de repostar gasolina en Agadir. Necesita ganar tiempo. Mientras tanto, Balbín permanecía impaciente en Casablanca a la espera del *Dragon Rapide* inglés. El diario La *Dépêche Marocaine* titula así:

«*Sublevación militar en el Marruecos español. En Melilla, población de la zona oriental del Protectorado vecino, un grupo de oficiales se ha sublevado contra el gobierno de la República*».

Y a continuación ampliaba:

El general Franco, llamado por el Gobierno para sofocar la rebelión, se encuentra en pleno vuelo desde Canarias a Madrid.

La actitud de Franco el 18 de julio resulta extraña, pero es propia de su mentalidad insegura, que no arriesga hasta ver clara la solución, aunque ese día la solución se la van a dar resuelta otros hombres. El 18 de julio Franco declara el estado de guerra en Canarias y se ausenta de territorio nacional hasta comprobar en qué situación desemboca la rebelión militar frente al gobierno. Durante esa noche del 18 en el Marruecos francés, en Casablanca, trata de informarse a través de Bolín del éxito o fracaso de la rebelión. Logran averiguar que Marruecos español está sublevado frente al gobierno de Madrid, frente a la República; asegurado ya y en poder del ejército marroquí el territorio, en la mañana del 19 despega el avión de Casablanca hasta Tetuán. Pero Franco sigue desconfiando y ordena al piloto que dé varias pasadas sobre el aeropuerto hasta comprobar la situación. Franco no arriesga nada. Por fin distingue en el aeropuerto a un subordinado Sáenz de Buruaga. Al tratarse de un implicado en la sublevación ya está seguro y decide aterrizar.

Vengo a salvar a España, exclama nada más pisar tierra. Se hace cargo de la situación y se pone al frente del mando del ejército. Piensa que el mero hecho de estar mandando el ejército de Marruecos es motivo suficiente –y también amedrantador– para que el gobierno de la República entregue el poder. Franco y Mola están equivocados y han subestimado al pueblo español.

El 18 de julio solamente se sublevan Franco en Canarias y Queipo de Llano en Sevilla. Y al anochecer, ya con 48 horas de iniciado el alzamiento en Melilla, lo hará Mola en Pamplona.

El 19 lo harán la mayoría de los otros sublevados.

Pero Franco establecerá más tarde la fecha símbolo del alzamiento el día 18: su fecha. El día en que durmió en suelo extranjero, mientras muchos españoles estaban atónitos o aterrados. Todo un símbolo de su personalidad.

El avión que conduce a Franco llega a Agadir y permanece dos horas repostando combustible. El general trata de ganar tiempo. Intenta informarse de lo que sucede en España a través de los periódicos franceses. Sin prisas despega de Agadir y a las nueve y cuarto de la noche llega a Casablanca. Allí sale a recibirle Bolín; cenan unos bocadillos en el aeródromo y es ya noche cerrada para continuar el vuelo. Precisamente es eso lo que pretendía Franco: pernoctar en Casablanca, a mitad de camino entre Canarias y Madrid.

Aquella noche del 18 al 19 durmió Franco en la misma habitación de un hotel de Casablanca con el hombre que hizo posible la llegada del avión inglés a Las Palmas, Luis Bolín. Años más tarde, relataría su actuación en el libro *Spain: the vital years*:

El general Franco y yo ocupamos una habitación pequeña, modesta, pintada de gris claro y con dos camas y un cuarto de baño **(219)**.

Y a continuación, agrega:

Franco se afeitó el bigote para alterar en cierto modo su fisonomía (pág. 62)

Algún tiempo después de ello, el general Queipo de Llano, ya enfrentado a Franco, diría:

Franco sólo se ha sacrificado por el Movimiento afeitándose el bigote.

Bolín, en su libro, trata de dar un retrato psicológico de Franco, al escribir: *Las virtudes comunicativas del general Franco son bien conocidas, como lo son su facilidad de palabra, la sencillez de su trato y la forma amena con que salpica su conversación de recuerdos y anécdotas siempre interesantes. Aquella noche tenía mucho que decir.*

Bolín relata bastantes tópicos e ideas generales que, según dice, le comunicó Franco aquella noche, como si ya tuviera un programa político trazado de antemano o alentara la idea en él de llegar a presidente de la República o jefe de un estado dictatorial.

Permanecimos conversando hasta después de las dos. El general no abrigaba la ilusión de posible triunfo rápido sobre las huestes del Frente Popular. Los factores en nuestra contra eran muchos. Consideraba perdidos para nuestra causa casi todas las poblaciones importantes. Tan negro fue el cuadro que pintó ante mis ojos, que acabé por preguntarle si podríamos vencer... En último caso —dijo Franco— *nos iríamos a los montes y allí desarrollaríamos esa guerra de guerrillas en la que nuestros soldados no tienen rival. Pero no tendremos que recurrir a esto. El enemigo no puede vencernos. Nosotros tenemos fe, ideales y disciplina. La guerra durará más de lo que muchos piensan, pero al final la victoria será nuestra*. (pág. 63)

Mientras Franco y Bolín descansaban en un hotel de Casablanca la noche del día 18, muchos españoles ya habían muerto defendiendo una idea o la contraria. España seguía dividida en dos.

En Marruecos, los militares sublevados dominaban ya la situación militar y civil, pero estaban impacientes, nerviosos y muy preocupados.

Un periodista, testigo presencial, escribe más tarde así:

¿Y Franco? ¿Y Franco?... Era el afán hecho pregunta y esperanza de todos los labios de Marruecos. Y ni llegaba el deseado ni se sabía nada de su aventura... ¿Y Franco? ¿Y Franco?... Ya estaba todo hecho: el bando de guerra con su nombre, clavado en las paredes; las nuevas autoridades en sus puestos; las ciudades entregadas y tranquilas; el campo, por España; el ejército, esperando la orden de marcha... Pero ¿y el Caudillo de la gran epopeya? **(220)**.

El "Dragón Rapide" despegó de Las Palmas hacia la costa africana sobre las dos de la tarde. Tres horas después aterrizaba en Agadir (221).

DIARIO APOLITICO
DEFENSOR DE LOS INTERESES
DE ESPAÑA EN MARRUECOS

EL TELEGRAMA DEL RIF

Año XXXIV.-Número [illegible] — Fundador: CÁNDIDO LOBERA Y GIRELA — Melilla.-Sábado 18 de Julio de 1936

Don Francisco Franco Bahamonde, General de División y Jefe de las Fuerzas Armadas de Africa,

HAGO SABER:

Una vez más el Ejército, unido a las demás fuerzas de la Nación, se ha visto obligado a recoger el anhelo de la gran mayoría de españoles que veían con amargura infinita desaparecer lo que a todos puede unirnos en un ideal común: ESPAÑA.

Se trata de restablecer el imperio del ORDEN dentro de la REPUBLICA, no solamente en sus apariencias o signos exteriores, sino también en su misma esencia; para ello precisa obrar con JUSTICIA que no repara en clases ni categorías sociales, a las que ni se halaga, ni se persigue, cesando de estar dividido el país en dos grupos, el de los que disfrutan el poder y el de los que eran atropellados en sus derechos, aún tratándose de leyes hechas por los mismos que las vulneraron: la conducta de cada uno guiará la conducta que con relación a él seguirá la AUTORIDAD, otro elemento desaparecido de nuestra nación y que es indispensable en toda colectividad humana, tanto si es en régimen democrático, como si es en régimen soviético, en donde llegara a su máximo rigor. El restablecimiento de este principio de AUTORIDAD, olvidado en los últimos años, exige inexcusablemente que los castigos sean ejemplares, por la seriedad con que se impondrán y la rapidez con que se llevarán a cabo sin titubeos ni vacilaciones.

Por lo que afecta al elemento obrero, queda garantizada la libertad de trabajo, no admitiéndose coacciones ni de una parte ni de otra. Las aspiraciones de patronos y obreros serán estudiadas y resueltas con la mayor justicia posible, en un plan de cooperación, confiando en que la sensatez de los últimos y la caridad de los primeros, hermanándose con la razón, la justicia y el patriotismo sabrán conducir las luchas sociales a un terreno de comprensión con beneficio para todos y para el país. El que voluntariamente se niegue a cooperar o dificulte la consecución de estos fines será el que primero y principalmente sufrirá las consecuencias.

Para llevar a cabo la labor anunciada rápidamente,

Ordeno y mando:

Art. 1.º Queda declarado el ESTADO DE GUERRA en todo el territorio de MARRUECOS, y como primera consecuencia, militarizadas todas las fuerzas armadas, sea cualquiera la Autoridad de quien dependían anteriormente con los deberes y atribuciones que competen a las del Ejército y sujetas igualmente al Código de Justicia Militar.

Art. 2.º No precisará intimación ni aviso para repeler por la fuerza agresiones a las fuerzas indicadas anteriormente, ni a los locales o edificios que sean custodiados por aquellas, así como los atentados y «sabotages» a vías y medios de comunicación y transporte de todas clases, y a los servicios de agua, gas, y electricidad y artículos de primera necesidad. Se tendrá en cuenta la misma norma para impedir los intentos de fuga de los detenidos.

Art. 3.º Quedan sometidos a la jurisdicción de guerra y tramitados por PROCEDIMIENTO SUMARISIMO.

a) Los hechos comprendidos en el art. anterior.

b) Los delitos de rebelión, sedición y los conexos de ambos, los de atentados y resistencia a los agentes de la autoridad; los de desacato, injuria, calumnia, amenaza y menosprecio a los anteriores o a personal militar o militarizados que lleven distintivo de tal, cualquiera que sea el medio empleado, así como los mismos delitos cometidos contra el personal civil que desempeña funciones de servicio público.

c) Los de tenencia ilícita de armas o cualquier otro objeto de agresión utilizado o utilizable por las fuerzas armadas con fines de lucha o destrucción. A los efectos de este apartado quedan caducadas todas las licencias de uso de armas concedidas con anterioridad a esta fecha. Las nuevas serán tramitadas y despachadas en la forma que oportunamente se señalará.

Art. 4.º Se considerarán también como autores de los delitos anteriores los instigadores, agentes de enlace, repartidores de hojas y proclamas clandestinas o subversivas, los dirigentes de las entidades que patrocinen, fomenten o aconsejen tales delitos, así como todos los que directa o indirectamente contribuyan a su comisión y preparación, así como los que directa o indirectamente tomen parte en atracos y robos a mano armada o empleen para cometerlos cualquier otra coacción o violencia.

Art. 5.º Quedan totalmente prohibidos los LOCKOUTS y HUELGAS. Se considerará como sedición el abandono de trabajo y serán principalmente responsables los dirigentes de las asociaciones o sindicatos a que pertenezcan los huelguistas, aun cuando simplemente adopten la actitud de «brazos caídos».

Art. 6.º Queda prohibido el uso de banderas, insignias, uniformes, distintivos y análogos que sean contrarios a este bando y al espíritu que lo inspira, así como el canto de himnos de análoga significación.

Art. 7.º Se prohiben igualmente las reuniones de cualquier clase que sean, aun cuando tengan lugar en sitios públicos como restaurantes o cafés, así como las manifestaciones públicas.

Art. 8.º Serán depuestas las autoridades principales o subordinadas que no ofrezcan confianza o no presten el auxilio debido y sustituidas por las que designe.

Art. 9.º Quedan en suspenso todas las leyes o disposiciones que no tengan fuerza de tales en todo el territorio nacional, exceptos aquellas que por su antigüedad sean ya tradicionales. Las consultas resolverán los casos dudosos.

Art. 10. Los reclutas en Caja y los soldados de 1.ª y 2.ª situación de servicio activo y los de reserva que [illegible] delitos comprendidos en este bando o en el Código de Justicia Militar quedan sometidos a la jurisdicción de Guerra.

Art. 11. Los jefes más caracterizados [illegible] de la Guardia Civil, Carabineros, Seguridad y Asalto [illegible] y a falta de ellos los Cuerpos [illegible] Mozos de Escuadra, etc., etc. [illegible] se harán cargo del mando civil en los territorios de su demarcación, siempre que en ellos no haya fuerzas del Ejército a quienes compete en primer lugar.

Art. 12. Quedan sometidas a la CENSURA MILITAR todas las publicaciones impresas de cualquier clase que sean, para la difusión de noticias, se utilizará la radiodifusión y los periódicos, los cuales tienen la obligación de reservar en el lugar que se les [illegible] para la inserción de las noticias oficiales [illegible] orden público y política podrán insertarse. También quedan sometidas a la censura todas las comunicaciones eléctricas, urbanas e interurbanas.

Art. 13. Queda prohibido, por el momento, el funcionamiento de todas las estaciones RADIO-EMISORAS PARTICULARES de onda corta o extracorta, incurriendo los infractores en los delitos indicados en los artículos 2.º y 4.º

Art. 14. Ante el bien supremo de la Patria quedan en suspenso todas las garantías individuales establecidas en la Constitución, aun cuando no se haya consignado especialmente en este Bando.

Art. 15. A los efectos legales, este Bando surtirá efecto inmediatamente después de su publicación.

POR ULTIMO, espero la colaboración activa de todas las personas patrióticas, amantes del orden y de la paz que suspiraban por este movimiento, sin necesidad de que sean requeridas especialmente para ello, ya que siendo sin duda más [illegible] la mayoría, por comodidad, falta de valor cívico o por carencia de un aglutinante que aunara los esfuerzos de todos, hemos sido dominados hasta ahora por unas minorías audaces sujetas a órdenes de internacionales de índole varia, pero todas igualmente antiespañolas. Por ello termino con un solo clamor que deseo sea sentido por todos los corazones y repetido por todas las voluntades:

¡VIVA ESPAÑA!

El Alzamiento en África. Franco declara el 18 de julio del 36 el estado de guerra en todo el territorio de Marruecos, militarizando todas las fuerzas armadas.

EL VUELO DEL *DRAGÓN RAPIDE*

17 de julio -	0,10:	Salida desde Santa Cruz de Tenerife
	8,00:	Llegada a Las Palmas
18 de julio -	14,33:	Salida del *Dragon Rapide*
	17,30:	Escala en Agadir
	20,00:	Casablanca - Noche del 18 al 19
19 de julio .	Tetuán:	Franco al frente de las tropas africanas

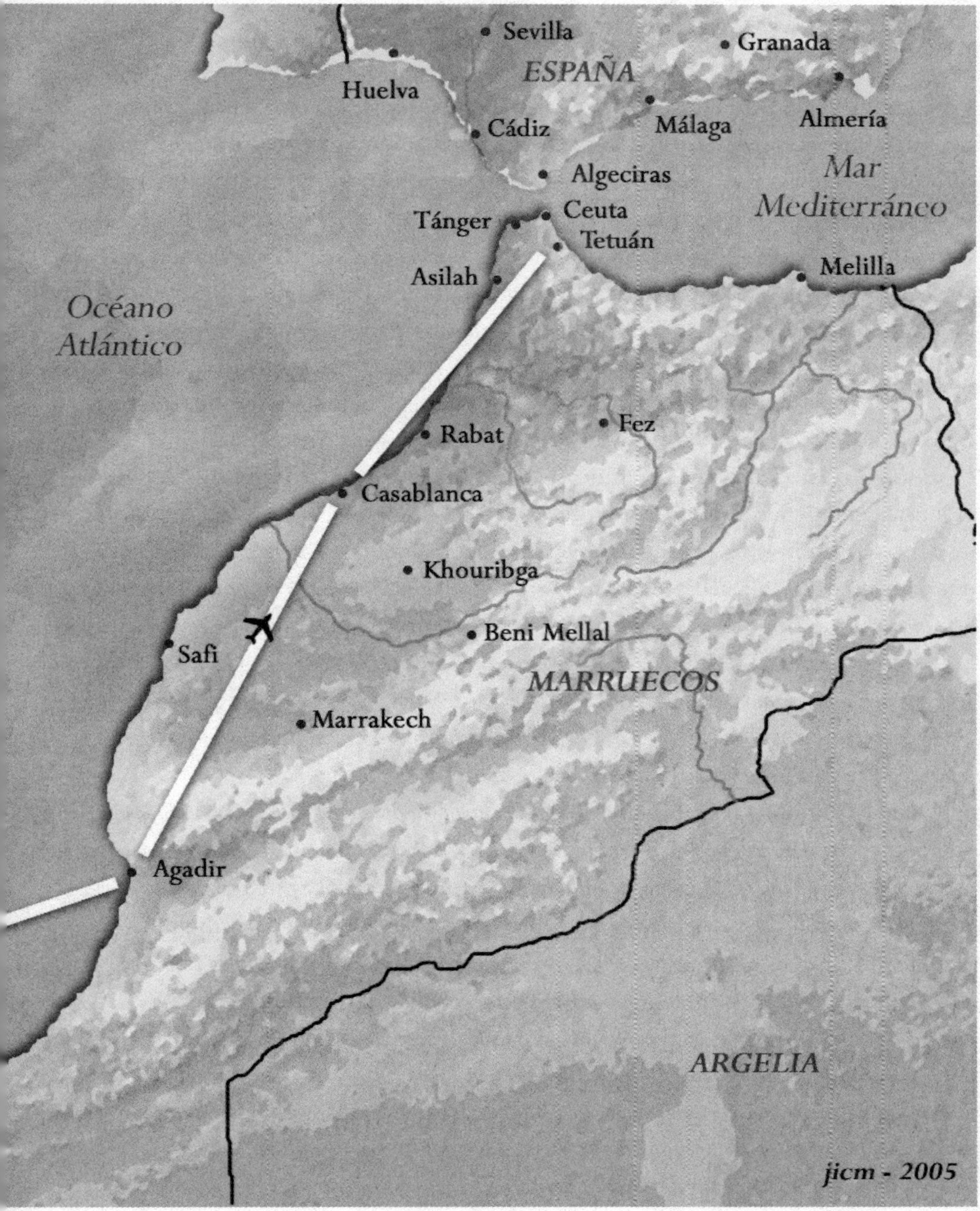
Sevilla
Granada
Huelva
ESPAÑA
Almería
Cádiz
Málaga
Algeciras
Mar Mediterráneo
Tánger
Ceuta
Tetuán
Asilah
Melilla
Océano Atlántico
Rabat
Fez
Casablanca
Khouribga
Beni Mellal
Safi
MARRUECOS
Marrakech
Agadir
ARGELIA
jicm - 2005

La Junta de Defensa Nacional. Toledo: el Alcázar

La Junta de Defensa Nacional se compuso inicialmente por los jefes de la sublevación de la Península: Cabanellas, Saliquet, Mola, Dávila y Ponte. Franco no fue nombrado miembro de la Junta en su creación el 24 de julio, sino el 4 de agosto, y el retraso en el nombramiento le supuso un resentimiento contra los miembros de la Junta por no haberlo tenido en cuenta desde el momento de la creación; por otra parte, las dudas que mantenía Franco ante la decisión de incorporarse o no a la sublevación, hicieron que la Junta, principalmente Mola, tuvieran reservas sobre la sinceridad de Franco respecto a la sublevación. Como sabemos hoy, Franco no se decidió hasta seis días antes de iniciar la sublevación; fue convencido y ganado para los sublevados por su cuñado Ramón Serrano Súñer y el diplomático Yangüas Messía.

Entre los Decretos más significativos publicados por la Junta de Defensa Nacional se encuentran los siguientes:

Decreto número 1 (24-7-36). *Se constituye la Junta de Defensa Nacional, que asume todos los poderes del Estado y representa legítimamente al País ante las Potencias extranjeras.*

Decreto número 2 (24-7-36). *El general Mola asume las funciones de General Jefe del Ejército del Norte.*

Decreto número 3 (24-7-36). *El general Franco asume las funciones de General Jefe del Ejército de Marruecos y del Sur de España.*

Decreto número 6 (24-7-36). *Alterada la normalidad jurídica y económica del país por las ineludibles operaciones militares que se realizan, que imposibilitan el ejercicio de derechos y el cumplimiento de obligaciones dentro de los plazos y trámites legales y complementarios y en evitación de los perjuicios que de ello pudieran derivarse (...) quedan en suspenso, hasta nueva orden, todos los plazos térmicos judiciales con excepción de los que regulan la detención y prisión de los presuntos encartados. Asimismo quedan en suspenso los plazos de vencimiento de letras de cambio, pagarés y efectos mercantiles, sin resultar por ello perjudicados tales efectos.*

Decreto número 7 (24-7-36). *Los ingresos de contribución, renta e impuestos se efectuarán en nombre de la Junta de Defensa Nacional. No se autorizan salidas de fondos del Banco de España sin permiso de la Junta.*

El primer día de la constitución de la Junta de Defensa, Cabanellas firma siete decretos entre nombramientos y temas económicos de acuciante necesidad que afectan a los sublevados, sin recursos disponibles en los Bancos. Con fecha de 27 del mismo mes –tras diez días de sublevación– *la cantidad máxima total que los particulares podrán extraer de las cuentas corrientes durante el plazo de 30 días no excederá de 2.000 pesetas*.

Decreto número 14.(28-7-36). *Se confirma la declaración del Estado de guerra en todas las provincias en que ello hubiera tenido lugar, siendo de aplicación en el territorio de esta Junta de Defensa el Bando que por la misma se publicará*.

Con fecha 29 publica lo siguiente: *Con el fin de prestar los auxilios necesarios a los que, desinteresadamente guiados sólo por su amor a España, se han alistado a las filas del Ejército salvador de nuestra querida Patria, dejando abandonadas las cosechas y sus bienes, la Junta de Defensa Nacional interesada como nadie en que los perjuicios que aquellos se ocasionen sean los menores posibles y tengan el precio merecido a su altruismo, ha resuelto: 1º por todos los Ayuntamientos de la zona ocupada se procederá, inmediatamente, a organizar un servicio de prestación personal, con los vecinos que hayan quedado en sus casas para que sean recogidas las cosechas de los que no han titubeado en acudir al llamamiento patriótico para formar parte de las filas del ejército redentor*.

Con fecha 30 de julio, el Boletín Oficial de la Junta de Defensa *hace extensivo el estado de guerra a todo el territorio nacional*.

Por el Decreto número 25 se *nombra Vocal de la Junta de Defensa Nacional al general de División, Jefe del ejército de Marruecos y del Sur de España a D. Francisco Franco Bahamonde*.

Y por el Decreto número 63, la Junta de Defensa pone en manos de las bandas falangistas un arma psicológica además de intestinal: *Se incauta del aceite de ricino "El Goloso", poniéndolo a disposición de los gobernadores civiles* (24-8-36).

Por el Decreto número 77, (29-8-36) *Se restablece la bandera rojo y gualda*.

Con fecha 13 de septiembre, la Junta publica un decreto: *Se declaran fuera de la ley todos los partidos y agrupaciones políticas o sociales que, desde la convocatoria de las elecciones celebradas en fecha de 16 de febrero del corriente año han integrado el llamado Frente Popular, así como cuantas organizaciones han tomado parte en la oposición hecha a las fuerzas que cooperan al Movimiento Nacional.* En el artículo 2 se decreta: *La incautación de cuantos bienes, muebles, inmuebles, efectos y documentos pertenecientes a los referidos partidos o agrupaciones, pasando todo ello a la propiedad del Estado*.

Entre los nuevos Decretos de la Junta (30-8-36 y 29-9-36) aparece la derogación de la Reforma Agraria iniciada por la República. En el artículo 2.(28-9-36) se denomina "intrusos" a los campesinos que ocupaban las tierras. Y los terratenientes recuperan sus tierras: es la factura inmediata.

La Junta publica el decreto de 30-8 donde se deroga la reforma agraria de la República, recuperando así las tierras, que pasan a manos de sus antiguos dueños.

Franco Salgado reproduce una carta dirigida al general Franco por el general Mola, con fecha de 11 de agosto del 36, y que entre otras cosas dice lo siguiente: *Es imprescindible abrir la comunicación que te propuse ayer por Cáceres* **(222)**.

Y agrega más adelante:

6.º.– Consideraciones de orden político y económico me obligan a reiterarte la necesidad de avanzar cuanto antes sobre Madrid. El enemigo está desmoralizado (tengo documentos que lo acreditan) y es preciso no darle tregua. Mi general: a Madrid; a Madrid cuanto antes...

...8.º.– Te ruego contestes a mis preguntas y peticiones diciendo sí o no; pero contesta.

Franco contesta a Mola con fecha 11 del mismo mes, así:

Recibida tu carta cuando ya tenía escrita la mía y preparadas para cifrar estas notas:

1.º– Siempre consideré como tú que problema capital y de primerísimo orden es ocupación Madrid y a ello deben encaminarse todos los esfuerzos...

Nota: Acción sobre Madrid estimo debe consistir en apretarle cerco y privarle agua y aeródromos, cortándole comunicaciones, evitando ataques casco población, que caso contrario defensa destrozaría tropas.

Las fuerzas expedicionarias, bajo el sol de agosto, avanzan desde Sevilla a Badajoz –262 km– en once días. El 14 de agosto se llega al punto culminante del avance, a las puertas de Badajoz, ciudad que es conquistada al asalto y proporciona uno de los episodios más sangrientos de la guerra. *El asalto de la puerta de la Trinidad fue extraordinariamente duro, y las bajas sufridas por los asaltan-*

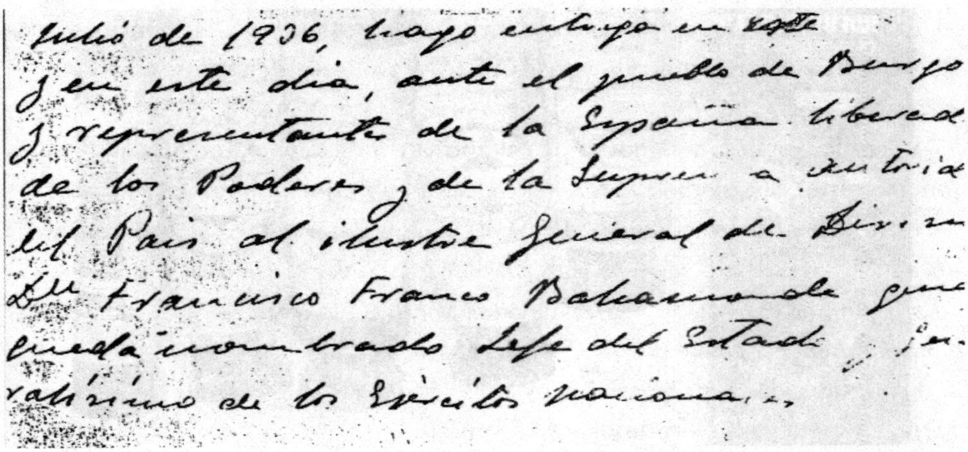
Julio de 1936, hago entrega en este
y en este día, ante el pueblo de Burgos
y representantes de la España liberada
de los Poderes y de la Suprema autoridad
del País al ilustre General de División
Don Francisco Franco Bahamonde que
queda nombrado Jefe del Estado y Generalísimo de los Ejércitos nacionales.

Guión manuscrito del General Cabanellas para la transmisión de poderes al General Franco en Burgos el 1 de octubre del 36. El general de máximo rango en el escalafón, el zaragozano Cabanellas, es quien entrega los poderes al General Franco. Su hijo recuerda que su padre comentó tras esta toma de posesión: *No sabéis lo que habéis hecho…, habéis entregado España a este hombre y no la dejará hasta su muerte*. El militar conocía muy bien a Franco porque lo había tenido bajo sus órdenes en Marruecos. Entre los vocales que lo votaron en Salamanca el 29 de septiembre del 36, el único que votó negativamente fue Cabanellas, quien sin embargo se vio forzado a ceder ante la mayoría de los generales. Este hombre ostentaba un alto grado en la masonería española. Una vez nombrado el gallego, lo relegó quitándole todos los mandos militares y arrinconándolo descaradamente.

tes muy numerosas; pero su ímpetu venció todas las resistencias, constituyendo éste un episodio gloriosamente sangriento… El enemigo se defendió de manera encarnizada, por lo que la lucha fue muy cruenta, quedando las calles sembradas de cadáveres. Las bajas nacionales fueron igualmente muy cuantiosas (223), así escribe el historiador y coronel de artillería Martínez Bande.

Para el militar que investiga y escribe 30 años después de la toma de Badajoz, el hecho en sí constituye *Un episodio gloriosamente sangriento*. Pero ¿qué pensarían, unos días después, las madres, las novias y la familia de los muertos tan "gloriosamente" perdidos? ¿Es que a una madre se le puede consolar –o engañar– al decir que su hijo ha muerto "gloriosamente"?

Las tropas de Yagüe devuelven las tierras repartidas a los campesinos por la Reforma Agraria republicana y fusilan a los hombres que se habían opuesto a su avance.

Las calles estaban sembradas de cadáveres y toda la ciudad de Badajoz olía a muerto. Ante ello, debido al calor de agosto, hubo que quemar los cadáveres.

Con fecha 12 de agosto escribe ABC de Sevilla: *A la hora de borrar todas las cosas sucias escritas a lo largo de estos cinco años mortales por la plebe que ha mancillado el país, no era lícito ni posible conservar manchada la enseña de la Patria que ellos pusieron perdida el mismo día 14 de abril* **(224)**.

Se trataba de la preparación psicológica de las masas, muy resistentes a aceptar de nuevo los símbolos monárquicos.

A las 11 de la mañana del día 15, sábado, día de la Virgen de los Reyes, patrona de Sevilla, es izada la bandera bicolor en el balcón principal del Ayuntamiento sevillano, *ante la muchedumbre que aclamó con patriótico frenesí a España y a su ejército*. Asisten los generales Queipo, Franco y el Cardenal Illundain, junto con las autoridades provinciales. Una vez izada la bandera bicolor pronunció unas palabras vibrantes el general Queipo, y a continuación cerró el acto el general Franco:

Sevillanos: ya tenéis aquí la gloriosa bandera española; ya es nuestra; el heroico general Queipo de Llano la ha inaugurado en esta fiesta solemne y en forma oficial. Esta bandera roja y gualda es la que está en el corazón de la inmensa mayoría de los españoles. (Una voz: "de todos").

Él os ha explicado el origen de la bandera y os ha repetido cómo nuestros heroicos soldados se batieron y supieron morir en defensa de la patria a la sombra de la bandera roja.

Recuerda el general Franco después su permanencia en Marruecos durante doce años, defendiendo la auténtica bandera española que los soldados sacaban con emoción al campo de batalla.

Desde los primeros días se mantuvo la rebeldía dentro del Alcázar de Toledo, que llegó rápidamente a adquirir todo un símbolo heroico, creando una auténtica preocupación al gobierno de la República, que dio siete veces la noticia, a través de la radio, de la toma y redención del Alcázar toledano. Pero donde se estableció una auténtica contienda fue en la prensa de los dos bandos

Diecisiete extremeños en busca de la muerte. Estos hombres marchan contentos y felices a luchar con armas inservibles y anticuadas. Su contrincante será el mejor ejército del momento, la legión y los moros. Al fondo aparece una joven que despide a los voluntarios. ¿Volverán después de la batalla de Badajoz? En la sangrienta batalla murieron cuatro mil milicianos y mucha población civil. Quienes sobrevivieron a esta masacre fueron fusilados en el ruedo de la ya desaparecida Plaza de Toros.

enfrentados, tanto nacionales como extranjeros. Ahí están para demostrar tanto nacionales como extranjeros. Ahí están para demostrarlo las Hemerotecas. Recientemente se ha publicado el *ABC 1936-1939. Doble Diario de la guerra civil*, donde se aprecia perfectamente la "doble mentira" que usaban ambos bandos, en la forma tendenciosa de publicar la noticia, tanto favorables como desfavorables. Madariaga escribió que la guerra civil española se reflejó en los países occidentales en una "guerra civil de tinta". Uno de los primeros periodistas ingleses que intervino en la larga polémica escribe: *Es en los periódicos donde se libran efectivamente los grandes enfrentamientos de la guerra y las verdaderas batallas no tienen lugar en los campos de combate, sino en la prensa y la radio* **(225)**.

El asedio del Alcázar toledano suscitó una auténtica guerra de tinta.

La llegada del Ejército de África ante Maqueda planteó un gran problema. ¿Qué hacer? ¿Seguir avanzando hacia Madrid o desviarse a la derecha para liberar a los sitiados en el Alcázar de Toledo?... Ante el dilema de Maqueda, Franco se decidió por el giro a la derecha. (Todo un símbolo en la vida de Franco: girar a la derecha y salvarlos).

Ante la desviación de Maqueda, el jefe de las tropas africanas, Yagüe, se resiste a aceptar la orden de Franco y es relevado, bajo el pretexto de enfermedad y agotamiento, siendo enviado a descansar y a reponerse a Ceuta. Yagüe mostró su descontento e incluso la indisciplina ante la orden de Franco de cortar el avance hacia Madrid y desviarse hacia Toledo. Fue sustituido por el general Varela, más manejable y moldeable, como demostró y demostraría más tarde a lo largo de los años del franquismo. Las tropas se dirigen hacia Toledo en contra de la opinión técnica de los oficiales de Estado Mayor, que consideraban más urgente e importante el avance hacia Madrid. Frente a los criterios técnicos o tácticos, Franco insiste y actúa de forma política. Prefiere apuntarse un tanto inmediato y efectista ante los generales de la Junta de Defensa reunidos aquellos días en Salamanca.

Ante el cambio de objetivo en el avance, olvidando las Instrucciones del Director de la sublevación, esta es la conversación entre Kindelány Franco: *¿Sabe mi General que Toledo puede costarle Madrid?, le dije. Sí, lo sé, he meditado mucho sobre las consecuencias de mi decisión*, para agregar a continuación: *En toda guerra, y más en las civiles, los factores espirituales cuentan de modo extraordinario; hemos de impresionar al enemigo por el convencimiento llevado a su ánimo de que cuanto nos proponemos lo realizamos sin que puedan impedirlo. Además, yo espero que un retraso de ocho días en la marcha sobre Madrid no se traduzca en las consecuencias que usted pronostica, pero aunque así fuera, yo no desistiría de conquistar Toledo y liberar a los heroicos defensores del Alcázar, a quienes por mensaje aéreo se lo tengo prometido* **(226)**.

En este párrafo de Franco aparecen varias motivaciones muy claras, donde expresa parte de su personalidad y de su psicología:

Yo así lo tengo decidido. Franco no admite opiniones de otros cuando ha decidido algo y más aún si se trata de asuntos militares. Muestra su personalidad autoritaria e inflexible.

El episodio del Alcázar. La Guardia Civil y los militares se encierran en el Alcázar de Toledo. La república estaba a punto de penetrar mientras las tropas de Franco habían llegado a Maqueda. Éste dio orden a Yagüe (que dirigía el ejército de legionarios y moros) de dirigirse a Toledo para liberar el bastión. El general se opuso a esta orden y Franco le mandó llamar urgentemente a Cáceres, le dijo que estaba muy cansado, le envió a Ceuta y le sustituyó por el general Varela (el único general bilaureado). Este fue quien liberó finalmente el Alcázar. Franco acude inmediatamente a Toledo para hacerse la foto de rigor con Varela y Moscardó.

En las guerras civiles los factores espirituales cuentan de modo extraordinario. Reconoce explícitamente, a los 64 días de iniciada la sublevación, que se encuentran ante la guerra civil. Pero, sobre todo, Franco admite que los factores espirituales permiten la manipulación, presentándolos como ideas sublimadas ante el pueblo que sigue embobado cualquier idea irrealizable y utópica. Los factores espirituales cuentan de modo extraordinario.

Hemos de impresionar al enemigo. Esta frase tiene un recuerdo inconsciente de las guerras marroquíes, donde se valoraba más el aspecto agresivo y fiero del guerrero que la realidad de la acción. Impresionar al enemigo es fundamental, junto con el factor sorpresa, para ganar la partida. Franco está hablando,

El general José Moscardó era el Jefe de Gimnasia y Deportes de la Academia de Toledo. No era un buen militar, aunque sí el de mayor graduación de los encerrados en el Alcázar de Toledo. Sin embargo, la auténtica defensa del Alcázar la llevó a cabo un comandante de la Guardia Civil. Moscardó adquirió la fama por no ceder ante los republicanos, que le querían chantajear con el fusilamiento de su hijo Luis, finalmente fusilado ante la negativa de su padre de entregar el Alcázar.

desde sus años marroquíes, a impresionar, tanto a sus legionarios emocionales e inmaduros, como al rey Alfonso XIII. Franco, durante 40 años, supo impresionar a los españoles, a los que consideró solapadamente como sus enemigos.

Cuanto nos proponemos lo realizamos sin que puedan impedirlo. En esta frase de Franco aflora su recuerdo legionario. En realidad, se trata de una necesidad de afirmación que se da siempre en el hombre inseguro. Por otra parte, hay un reflejo de la constante mantenida por Franco a lo largo de su vida: subir. Recordemos su biografía ascendente. Cuanto se propuso lo alcanzó, excepto unir a los españoles, conducirlos al Imperio y realizar la revolución pendiente.

Yo no desistiría de tomar Toledo... lo tengo prometido. Franco vuelve otra vez a disfrazar la realidad. Necesita ansiosamente la conquista de Toledo para presentarse ante la Junta de Defensa Nacional como el general "salvador" de Toledo y de Extremadura, que pudo atravesar el Estrecho con las mejores tropas que luchaban. Franco cogió lo próximo y posible por lo lejano e inseguro, Madrid–aunque representara un bien mayor y de más espectacular éxito–. Pero Franco ocultaba la verdad, incluso a sí mismo. Madrid estaba aún lejano y no era fruta madura todavía, aunque, en realidad, y esto no lo han querido reconocer los franquistas, no quiere acercarse a Madrid porque sabe ya que va a ser nombrado Generalísimo y Jefe máximo de los sublevados. Por ello desea primero ser Generalísimo y después tomar Madrid, como así trató de conseguirlo; solamente que, pasados 45 días le fue imposible tomar la ciudad.

A mediodía del 21 de septiembre, las tropas que manda Yagüe se encuentran ya ante el cruce de Maqueda con la carretera de Toledo y Madrid-Extremadura. ¿Qué hacer? ¿Hacia dónde seguir? Se plantea un interrogante que puede repercutir, de forma importante y decisiva, en el desarrollo de la guerra.

Como nota curiosa, ese mismo día Franco es nombrado hijo adoptivo de la ciudad de Cádiz, primer eslabón de la larga cadena de nombramientos y medallas de oro que durante el franquismo inundaron de indignidad y chistes las poblaciones españolas.

Las órdenes de Franco a Yagüe son tajantes: girar noventa grados hacia la derecha y entrar en Toledo. Las tropas han estado detenidas tres días ante el cruce de Maqueda, mientras Yagüe se negaba a acatar la orden. Es llamado urgentemente a Cáceres y relevado del mando, siendo enviado a Ceuta a descansar y reponerse de una enfermedad inexistente. Al frente de las tropas es nombrado el general Varela.

La atención pasional de la columna de socorro, avivada por la contemplación de las figuras espectrales de los sitiados, se desbordó en una de las represiones más duras de esta primera parte de la guerra. Muy pocos prisioneros se hicieron en Toledo y los defensores de los últimos reductos republicanos encontraron la misma suerte que ellos preparaban a los defensores del Alcázar: es el signo de las guerras civiles **(227)**. Cecil Eby, *The siege of the Alcázar*, 1945.

Unos milicianos se encierran desesperados en el seminario de Toledo, resistiendo desde la noche del 27 frente los legionarios y protagonizando un episodio auténticamente numantino. El periodista norteamericano Cecil Eby, escribe:

En la tarde del 30 de septiembre la Legión recibió órdenes de eliminar a toda costa la resistencia de los 30 milicianos que, conscientes de su fin, habían preferido volver al seminario y morir. La Legión asaltó el edificio, ya incendiado, y trató de forzar el portalón de entrada con una enorme viga de hierro. Los milicianos asomaron sus fusiles por las grietas del portalón y consiguieron derribar a los legionarios. Aullando como fieras heridas, los asaltantes hicieron saltar la puerta. Dentro, sólo quedaban vivos siete defensores. Uno de ellos se apoyó en la pared, se metió la pistola en la boca y apretó el gatillo. Tres más trataron de escapar por la puerta trasera y cayeron al segundo piso. Los tres restantes consiguieron resistir un buen rato por los pasillo hasta que al fin se encerraron en una habitación del segundo piso. Mientras, los legionarios reptaban hasta ese último reducto, y el jefe del grupo de milicianos dejó un mensaje en la pared, escrito con carbón: "Manuel Gómez Cota, miliciano de Izquierda Republicana de Madrid, el día 27 se hizo cargo de este Seminario. Después de luchar duramente con el enemigo y poner en libertad a mujeres, niños, y ancianos, decidimos incendiar el edificio. Son las cinco de la tarde. El incendio sigue: sólo quedamos nosotros: Manuel Gómez (jefe de los Leones Rojos), Tomás Parques (sargento), Eduardo Ruíz (socialista). ¡Viva Azaña! ¡Viva la República!" **(228)**.

Cuando la legión irrumpió en el cuarto los tres defensores se encerraron en una alacena e hicieron estallar una bomba Laffitte. El comentario de los vencedores, expertos en la materia, fue: *Estos hombres saben cómo morir*.

Fue el último episodio de la Batalla de Toledo.

En las crónicas sobre los defensores del Alcázar toledano no aparece el nombre del teniente coronel de la Guardia Civil, Pedro Romero Basart, que era el jefe de la Comandancia de Toledo y se incorporó a la sublevación con la mayoría de las fuerzas bajo su mando. Aunque ignorado –la gloria y los laureles fueron para Moscardó–, el teniente coronel Romero fue el cerebro de la rebelión en Toledo. Estaba implicado en el alzamiento y estudió cuidadosamente la defensa del Alcázar y se preocupó de almacenar armas, municiones y alimentos para una larga resistencia. Conocía personalmente a sus hombres y supo encomendarles la misión más apropiada a cada uno. Fue el segundo jefe dentro del Alcázar después del coronel Moscardó, que se cubrió de gloria y heroísmo al permitir el fusilamiento de su hijo Luis antes que rendirse. Ello le valió la gloria, en un país tan dado a las exaltaciones y a los extremismos. Moscardó –según militares competentes–, carecía de buena formación militar y pudo defender el Alcázar gracias a contar con un jefe extraordinario como el teniente coronel Romero, que fue silenciado por la propaganda en beneficio de Moscardó, quien fue presentado como un héroe nacional.

La primera entrevista concedida por Franco a la prensa extranjera fue al periodista Jay Allen del *News Chronicle* a los diez días escasos de la sublevación. Se trata de un documento importante:

ENTREVISTA CON EL JEFE REBELDE ESPAÑOL

…Acabo de llegar de Tetuán donde ha tenido una entrevista sensacional con el general Francisco Franco, jefe de los rebeldes españoles (…) No habrá compromiso ni tregua, seguiré preparando mi avance hacia Madrid. Avanzaré –gritó–, tomaré la capital. Salvaré a España del marxismo, cueste lo que cueste. (…) Pronto, muy pronto, mis tropas habrán pacificado el país y todo eso (el general movió sus manos en la dirección de España) será pronto algo como una pesadilla.

Pregunta el periodista: ¿Eso significa que tendrá que matar a la mitad de España? El genera Franco sacudió la cabeza con sonrisa escéptica, pero dijo: Repito, cueste lo que cueste. (…) Yo establecería una dictadura militar y más tarde convocaría un plebiscito nacional para ver lo que el país quiere. Los españoles están cansados de política y políticos. (…) **(30)**.

Franco concede unas declaraciones al diario portugués *O'Seculo*: *La dictadura militar procurará agrupar con ella a quienes lo merezcan por su capacidad… Soy partidario de las dictaduras cortas. Su duración depende únicamente de la resistencia que hagan ciertos órganos y del período que se tarde en consumar el total restablecimiento de todos los sentimientos auténticamente. El directorio militar llamará junto a él a los elementos que crea precisos para realizar la obra proyectada en el más breve plazo. Su administración estará a cargo de elementos técnicos y no políticos, ya que intentamos, y lo conseguiremos, transformar por completo la estructura de España* **(229)**.

Y unos días después declarará al World *Telegraph*: *…Durante algún tiempo no habrá plebiscito. El español no sufrirá la preocupación política respecto al régimen a elegir*.

Y termina la entrevista con la siguiente observación: *…Es asombrosamente pequeño (otro enano que quiere ser dictador). Sus ojos son amables, su nariz aguileña, sus manos y pies muy pequeños. Tendrá barriga muy pronto*.

Con la misma fecha se publica en el americano *Chicago Daily Tribune* otra entrevista a Franco firmada por Jay Allen, casi idéntica a la anterior, cuyo párrafo principal transcribimos con objeto de que el lector pueda compararlos:

–¿Entonces no habrá tregua, no hay compromiso posible? –Decididamente, no. Estamos luchando por España. Ellos están luchando contra España. Seguiremos adelante a cualquier precio. –Ustedes matarán a media España, dije. Sacudió la cabeza, sonrió y entonces, mirándome atentamente, respondió: *–He dicho que al precio que sea* **(230)**.

El diario vaticano *L'Obsservatore romano* dio la noticia de la sublevación militar en la sexta página con el título de «*Estalla una revuelta militar en Marruecos*». En los siguientes días fue incrementando la información, basándose en los datos de agencias francesas, con las correspondientes matizaciones. Los comunistas sobresalen por su "salvaje devastación". Es interesante observar que los excesos cometidos se atribuyen a los comunistas. Un corresponsal escribe: *Donde quiera que se han hecho con el poder los comunistas, se han lanzado a espontáneas actividades, destruyendo y devastando todo y muy frecuentemente sacrificando bárbaramente vidas humanas. Iglesias y conventos han sido particularmente tomadas como blanco*. Y más adelante agrega: *Se distingue su bárbara irrupción por una señal característica, estampada en el fuego de las iglesias y los conventos*. Pero aclara a continuación que la Iglesia no participaba en el conflicto de las dos partes contendientes y que, sobre todo, no se adivinaba un vencedor **(231)**.

El día 12 de octubre, fiesta de la Raza Española, se produce un incidente grave en un acto oficial de la España nacionalista, que revela el fanatismo e intransigencia militar frente a los intelectuales; algo que perdurará durante el franquismo.

Con motivo de la fiesta de la Raza se celebra un acto académico en la Universidad de Salamanca al que asisten la esposa de Franco, el obispo Plá y Deniel y don Miguel de Unamuno. Tras los discursos patrioteros, cierra el acto, con unas breves palabras, Unamuno, que dice lo siguiente:

Dije que no quería hablar, porque me conozco; pero se me ha tirado de la lengua y debo hacerlo. Se ha hablado aquí de guerra internacional en defensa de la cavilación cristiana; yo mismo lo he hecho otras veces. Pero no, la nuestra es sólo una guerra incivil. Nací arrullado por una guerra civil y sé lo que digo. Vencer no es convencer y hay que convencer, sobre todo, y no puede convencer el odio que no deja lugar para la compasión; el odio a la inteligencia que es crítica y diferenciadora, inquisitiva, mas no de inquisición. Se ha hablado también de los catalanes y los vascos, llamándoles la anti-España; pues bien, con la misma razón pueden ellos decir otro tanto. Y aquí está el señor obispo, catalán, para enseñaros la doctrina cristiana que no queréis conocer, y yo, que soy vasco, llevo toda mi vida enseñándoos la lengua española, que no sabéis. Ese sí es Imperio, el de la lengua española, y no... **(232)**.

Unamuno no pudo terminar la frase; fue interrumpido por el grito de *¡Mueran los intelectuales! ¡Viva la muerte!* pronunciado por Millán Astray, que se encontraba en el salón.

Millán Astray, creador de la Legión. En un viaje a Marruecos conoció la estructura y ejemplar disciplina de la famosa Legión extranjera francesa. Al volver a España concibió un cuerpo similar al francés. Para su puesta en marcha confió en Franco y le puso al frente de una "bandera". Desde el principio éste vio el nuevo cuerpo como un método rápido para escalar puestos en el escalafón. Diría más tarde: *Mi vida no hubiese sido nada sin Marruecos.*

Este grito histérico impresionó a Erich Fromm, quien ha tratado y analizado psicológicamente el tema con las siguientes palabras: *La palabra "necrófilo" para designar un rasgo de carácter y no un acto perverso en el sentido tradicional la empleó el filósofo español Miguel de Unamuno en 1936 con ocasión de un discurso pronunciado por el general nacionalista Millán Astray en la Universidad de Salamanca, de que era rector Unamuno al empezar la guerra civil española. La divisa favorita del general era ¡Viva la muerte!, y uno de sus partidarios la voceó desde el fondo del salón. Cuando el general hubo terminado su discurso, Unamuno se levantó y dijo:*

"Acabo de oir el necrófilo e insensato grito: ¡Viva la muerte!. Y yo, que he pasado mi vida componiendo paradojas que excitaban la ira de algunos que no las comprendían, he de deciros, como experto en la materia, que esta ridícula paradoja me parece repelente. El general Millán Astray es un inválido. No es preciso que digamos esto en un tono más bajo. Es un inválido de guerra. También lo fue Cervantes. Pero desgraciadamente en España hay actualmente demasiados mutilados. Y, si Dios no nos ayuda, pronto habrá muchísimos más. Me atormenta pensar que el general Millán Astray pudiera dictar las normas de la psicología de las masas. Un mutilado que carezca de la grandeza espiritual de Cervantes, es de esperar que encuentre un terrible alivio viendo cómo se multiplican los mutilados a su alrededor"".

A esto Millán Astray, incapaz de reprimirse por más tiempo, gritó: *¡Abajo la inteligencia! ¡Viva la muerte!* Los falangistas aclamaron esta réplica.

Pero Unamuno prosiguió: *Este es el templo de la inteligencia. Y yo soy su sumo sacerdote. Estáis profanando su sagrado recinto. Venceréis porque tenéis sobrada fuerza bruta. Pero no convenceréis. Para convencer hay que persuadir. Y para persuadir necesitáis algo que os falta: razón y derecho en la lucha. Me parece inútil el pediros que penséis en España. He dicho.*

Y puntualiza Erich Fromm: *La necrofilia en sentido caracterológico puede describirse como la atracción apasionada por todo lo muerto, corrompido, pútrido y enfermizo; es la pasión de transformar lo viviente en algo no vivo, de destruir por destruir, y el interés exclusivo por todo lo puramente mecánico. Es la pasión de destrozar las estructuras vivas* **(233)**.

A primeros de diciembre, Unamuno escribe una carta a su amigo Quintín de la Torre y dice:

...Aquí mismo (Salamanca) se fusila sin formación de proceso y sin justificación alguna. A alguno, porque dicen que es masón, que yo no sé que es esto ni lo saben los bestias que fusilan por ello **(234)**.

El Boletín Oficial de fecha 9 de diciembre dicta normas para la separación definitiva del servicio de toda clase de empleados que "por su conducta anterior o posterior al Movimiento Nacional se consideren contrarios a éste, cualquiera que sea la forma en que ingresaren y la función que desempeñen, lo mismo se trate de funcionarios del Estado que de la Provincia o Municipio" (art.º 1.º). En el 3.º se establece que dichas resoluciones "no podrán ser objeto de recurso ante la jurisdicción contencioso-administrativa, cualquiera que haya sido el procedimiento seguido para dictarlos".

De esta forma se establecía el arbitrio del poder, de cualquier poder local o provincial, para expulsar a los funcionarios sin la menor garantía jurídica. Ello dio lugar a una depuración exhaustiva que dejó los escalafones de funcionarios (maestros, catedráticos, funcionarios de ministerios y ayuntamientos) con un reducidísimo número de personas. Se puso de moda decir entonces, aquello de "¿Quién es masón?... el que está delante en el escalafón". Aquellas depuraciones permitieron que nacieran carreras fulgurantes y meteóricas de los que se acomodaban a las circunstancias de la guerra y se plegaban al "espíritu y la voluntad de servicio".

Ha llegado la hora: Generalísimo y Jefe de Gobierno

Las intrigas que hubo durante el mes de septiembre hasta desembocar en la elección del mando único siguen aún sin desvelarse claramente; varios autores las han calificado del "18 Brumario español". El único texto de uno de los protagonistas de las reuniones, el general Kindelán, nos relata minuciosamente, aunque con algún error en las fechas, la preparación y el desarrollo de los hechos:

Como me pasaba el día en el despacho de Franco, en Cáceres, le expuse varias veces mi pensamiento en esta importante materia, y aquí surgió la primera dificultad; pues aunque conforme el General, doctrinalmente, en la necesidad de la unificación e incluso en que a él le correspondiese el mando único, como yo pensaba proponer, no se decidía a abordar la solución del problema y la dilataba día tras día.

Varias concausas determinaban, a mi juicio, esta actitud de Franco. Ante todo, la modestia ingénita que regula sus actos y después, el temor de que la cosa no estuviese aún madura y un apresuramiento imprudente hiciese fracasar el propósito y provocase incluso suspicacias agriando las cordiales relaciones que existían entre los mandos en los Ejércitos.

Ante esta dificultad, me sentí español y procedí como proceden todos los españoles cuando tienen gran interés en conseguir un empeño difícil: busqué una recomendación. Y, ya en esta vía, siguiendo las normas clásicas, acudí como intermediario recomendante a un próximo pariente de Franco: a su hermano Nicolás.

Hombre éste de gran inteligencia y conocedor de los principios militares, se identificó con mi modo de ver y concedió al problema la misma jerarquía de importancia y de urgencia, presionando a su hermano, con todo interés y constancia, al mismo tiempo que lo hacíamos Orgaz, Millán, Yagüe y yo (235).

Los dos generales monárquicos de la Junta, Orgaz y Kindelán, son los más interesados en la elección de Franco para el mando único por considerarle más próximo a la monarquía y el más antirrepublicano; por lo tanto, con él existían más posibilidades de una restauración monárquica. Kindelán estaba actuando como agente de Alfonso XIII, con el que mantenía conferencias telefónicas frecuentes. (No olvidemos que el 18 de julio habló por teléfono con el Rey desde Gibraltar). Queipo era un furibundo antimonárquico y Mola ya había dado señales de ello al expulsar de España al hijo de Alfonso XIII, don Juan, en el mes de agosto. Así es que las únicas posibilidades que tenían los monárquicos se cifraban en el general Franco.

Sin embargo, Franco muestra una actitud de duda, además de *La modestia ingénita que regula sus actos y después el temor de que la cosa no estuviese aún madura*, dice Kindelán. A pesar de todo lo que se ha escrito a la ligera sobre la elección de Franco para el mando único, ningún autor se ha detenido a analizar que Franco no aspiraba a la Jefatura del Estado español en el mes de septiembre y mucho menos en los momentos de la sublevación. Esto hay que aclararlo. En el reparto previo de cargos o puestos de mando, para los conspirado-

res, Franco solamente aspiraba a ser Alto Comisario en Marruecos. Y nada más. Habla Kindelán de *la modestia ingénita* de Franco. Su ambición era muy limitada respecto al poder civil, pero no en cuanto al mando militar, para el que se consideraba muy capacitado él mismo, como buena prueba de ello había dado en 1934, con el aplastamiento de la revolución de Asturias.

En la propuesta y elección de Franco para el mando único intervinieron varios factores o presiones muy importantes, que confluyeron en la persona del general Franco:

–Los monárquicos.
–Los alemanes a través del almirante Canaris, jefe del Servicio Secreto.
–La ambición de Nicolás Franco, el hermano.
–El fuerte deseo del general Franco de dirigir la guerra personalmente.

Todo lo que vino después se dio por añadidura. Nada más. Ahora bien, una vez ya instalado en el poder, se le desarrolló rápidamente la ambición de continuar en la cúspide, por la creencia de que lo estaba haciendo muy bien y era su mejor oportunidad en la vida. Por otra parte, la ambición de continuar en el poder fue fomentada por la camarilla que lo rodeaba y que fue incrementada intensamente con la llegada del cuñado Ramón Serrano Súñer en febrero de 1937. Más aún, la Iglesia se puso netamente a su favor el obispo Plá y Deniel, con su pastoral titulada *Las dos ciudades*, de septiembre de 1936, y el cardenal Gomá, con su pastoral titulada *El caso de España*, de noviembre del mismo año, dieron lugar a un apoyo generalizado de la Iglesia a favor de los sublevados. Se empiezan a propagar tímidamente las palabras Cruzada y Caudillo, que cobrarían fuerza a lo largo del año 1937, y principalmente con la difusión internacional en los medios católicos de la *Carta colectiva del episcopado español*, de 1 de julio de 1937.

General Alfredo Kindelán. Fue el promotor monárquico de la votación para nombrar a Franco Jefe del Estado. Defendió públicamente que éste había sido nombrado sólo hasta el término de la Guerra Civil, lo que le costó varios destierros, entre ellos al monasterio de Guadalupe. Fue el enlace del rey Alfonso XIII con el Movimiento. Destacó en la aviación, pero su enfrentamiento hizo que no contase con él para la dirección del nuevo Ministerio del Aire, al mando del cual puso al general Yagüe.

Todos los factores reseñados jugaron conjuntamente, además de los intereses creados, que inmediatamente afloraron, recuperando los privilegios perdidos durante la República.

Después vendrían los mecanismos psicológicos de la personalidad de Franco, llena de complejos, para asumir la nueva personalidad que se estaba creando, con una transformación lenta y constantemente sometida a las presiones del entorno, del ambiente y de los intereses. Tendría que haber sido un hombre muy inteligente –y Franco no lo era– para percatarse del juego de intereses que había a su alrededor. Había que ser muy inteligente también para no tomarse en serio el continuo bombardeo de frases laudatorias y halagadoras junto con las palabras altisonantes, como caudillo, salvador de la Patria, invicto general, creador de un Imperio.

Hay que tener muy presente que Franco tenía una personalidad inmadura –como muchos militares– sometida al complejo de Edipo, que nunca pudo resolver, según analizaremos más adelante. Castilla del Pino lo diagnostica como "complejo de castración" **(236)**. Una personalidad inmadura es muy receptiva al halago de las palabras por estar necesitada de afectividad, como los niños. Era un gran tímido que no sabía dar la mano, según nos cuentan aquellas personas que fueron recibidas en audiencia. Los tímidos dan la mano floja, sin apretar la mano de aquel al que saludan y, sobre todo, solamente entregan la punta de los dedos. Esto es muy importante observarlo con personas que nos saludan. En la relación interpersonal era un hombre desvalido, casi un niño. Esa leyenda que se creó a su alrededor de hombre que meditaba mucho cualquier acción que emprendiera es típica del hombre inseguro. Junto a la timidez unía la necesidad imperiosa de dominar al "otro", (al padre, o sea, al superyo, que tenía muy desarrollado y potente). Además de tener muchos prejuicios, estaba obsesionado por unas cuantas ideas que para él eran fundamentales en su vida, tales como deber, disciplina, patria, comunismo, masonería, liberalismo, etc. El libro que muchos años después escribiría su primo-secretario, Franco Salgado **(237)** nos muestra a Franco como un hombre mediocre y vulgar.

Y continúa Kindelán: *Por fin, el Presidente puso a votación mi propuesta, que fue aprobada con el solo voto en contra del Presidente*. Se trataba del viejo general Cabanellas.

Franco no le perdonaría jamás su "voto en contra". Después lo arrinconaría, nombrándole Inspector General del Ejército, cargo sin mando de tropas.

Votaron todos los demás asistentes a favor, *Salvo Cabanellas, quien dijo que, adversario del sistema, no le correspondía votar persona para cargo que reputaba innecesario* –continúa Kindelán–. *Convinimos en mantener secreto el acuerdo hasta que la Junta de Burgos le diera vigencia y publicidad oficial*. Pasaban los días y la Junta de Burgos –especialmente, su presidente Cabanellas– no daba publicidad al acuerdo tomado anteriormente.

El generalmonárquico escribe: *Franco hablaba desde un balcón al pueblo de Cáceres, entusiasmado por la toma de Toledo; su hermano Nicolás y yo redactábamos un proyecto de decreto que había yo de someter a acuerdo en la segunda reunión proyectada. Mientras dictaba, veníame a la memoria la escena histórica de la víspera del 18 de Brumario. Nicolás representaba el papel de Luciano.*

En la siguiente reunión de la Junta de Defensa Nacional leí el siguiente proyecto de Decreto:

"Constituye precepto indiscutible del Arte de la Guerra la necesidad del Mando Único de los Ejércitos en campaña. En la nuestra hasta ahora la falta de tal requisito, impuesta por la incomunicación inicial entre los teatros de operaciones, ha sido suplida por el entusiasmo y buena voluntad de todos y por la unidad espiritual que es característica destacada del Movimiento.

Realizada la conjunción táctica e incrementadas considerablemente las fuerzas de los Ejércitos, se hace inaplazable dar realidad al Mando Único, postulado indispensable de la Victoria. Razones de todo linaje señalan además la conveniencia de concentrar en un solo poder todos aquellos que contribuyan a la consolidación de un nuevo Estado con asistencia fervorosa de la Nación.

En su virtud, y en la seguridad de interpretar el sentir nacional auténtico, se decreta:

Art. 1.º Todas las fuerzas de Tierra, Mar y Aire, que colaboran o colaboren en el porvenir a favor del Movimiento estarán subordinadas a un Mando Único, que desempeñará un general de División o Vicealmirante.

Art. 2.º El nombrado se llamará Generalísimo y tendrá la máxima jerarquía militar, estándole subordinados los militares y marinos de mayor categoría.

Art. 3.º La jerarquía de Generalísimo llevará anexa la función de Jefe del Estado, mientras dure la Guerra, dependiendo del mismo, como tal, todas las actividades nacionales: políticas, económicas, sociales, culturales, etc.

Art. 4.º Quedan derogadas cuantas disposiciones se opongan a ésta (39).

Mala acogida tuvo mi lectura en especial el artículo 3.º mereció muestras de disconformidad generales. El famoso artículo implicaba de inmediato el cese y desaparición de la Junta de Defensa y por lo tanto se oponía a ello el general Cabanellas, al comprender que todos los poderes irían a manos de Franco.

Ante el momento más importante de su vida, Franco medita serenamente sobre aquello que debe hacer, sopesando los pros y los contras. Con la "escalilla militar" en la mano, Franco analiza sus posibilidades de llegar al mando supremo, de la siguiente forma:

Generales de División	*Fecha nacimiento*	*Edad*
N.º 2. Miguel Cabanellas Ferrer	1-1-1872	64 años
N.º 7. Gonzalo Queipo de Llano	5-2-1875	61 años
N.º 11. Andrés Saliquet Zumeta	21-4-1877	59 años
N.º 23. Francisco Franco Bahamonde	4-12-1892	43 años

Generales de Brigada	*Fecha nacimiento*	*Edad*
Luis Orgaz Yoldi	28-5-1881	55 años
Emilio Mola Vidal	9-7-1887	49 años

El general Cabanelles tenía 64 años y era masón; sólo le situaba ser el más antiguo de la Junta de Defensa Nacional y poseía buena fama de republicano.

El general Queipo de Llano tenía 61 años y era el general más republicano de la Junta; poseía fama de rebelde y un tanto atolondrado, además de grosero en sus expresiones y gestos.

El general Saliquet tenía 59 años, de aspecto grueso, no inspiraba mucha confianza y tenía fama de bruto; no poseía tendencias políticas y si no se mostraba republicano, tampoco era monárquico.

En resumen: estos tres generales podrían exigir el mando con arreglo al escalafón y a la antigüedad, pero Franco comprendió en seguida que tenían muy pocas posibilidades de ser propuestos. Los dos generales siguientes en activo, Orgaz y Mola, eran de graduación menor y también tenían más edad que Franco, por lo tanto, él no aceptaría la entrega del mando a un inferior.

Cuando Kindelán propone la candidatura de Franco, él no muestra interés alguno en conseguirlo, porque sabe muy bien que al final los tres generales no tendrán posibilidades. Se trata sólo de saber esperar. El general Mola ha sido en realidad, el Director de la sublevación y el organizador, pero ha cometido varios errores, entre ellos la expulsión de España casi violenta del hijo de Alfonso XIII y eso no lo perdonarán los monárquicos; por otra parte, los éxitos militares no han sido destacados ni abundantes, incluso no ha dispuesto de efectivos militares. Hay que saber esperar.

El único general que puede mostrar éxitos espectaculares, como el envío de tropas a Sevilla por aire, el paso del Estrecho de Gibraltar con fuertes refuerzos militares, la conquista de Extremadura por las tropas de Marruecos y la llegada a 65 km de Madrid, pero sobre todo, la liberación de Toledo y los sitiados del Alcázar, que ha supuesto un gran éxito internacional es él. Por otra parte, Franco ha sido el único que ha logrado iniciar unas relaciones oficiosas con Italia y Alemania, traducidas en una ayuda efectiva en aviones y armamento.

A todas estas cartas sobre la mesa se sumarán las intrigas monárquicas, encabezadas por el general Kindelán (más tarde se descubriría como representante y amigo personal de Alfonso XIII).

Decreto. 29 Septiembre 1936

La Junta de Defensa Nacional, creada por Decreto de veinticuatro de julio de mil novecientos treinta y seis, y el régimen provisional de Mandos combinados, respondía a las más apremiantes necesidades de la liberación de España.

Organizada con perfecta normalidad la vida civil en las provincias rescatadas, y establecido el enlace entre los varios frentes de los Ejércitos que luchan por la salvación de la Patria, a la vez que por la causa de la civilización, impone ya un régimen orgánico y eficiente, que responda adecuadamente a la nueva realidad española y prepare, con la máxima autoridad, su porvenir.

Razones de todo linaje señalan la alta conveniencia de concentrar en un solo poder aquellos que han de conducir a la victoria final, y al establecimiento, consolidación y desarrollo del nuevo Estado, con la asistencia fervorosa de la Nación.

En consideración a los motivos expuestos, y segura de interpretar el verdadero sentir nacional, esta Junta al servicio de España promulga el siguiente

DECRETO

Artículo 1.º En cumplimiento de acuerdo adoptado por la Junta de Defensa Nacional, se nombra Jefe de Gobierno del Estado Español al Excmo. Sr. General de División D. Francisco Franco Bahamonde, quien asumirá todos los poderes del nuevo Estado.

Artículo 2.º Se le nombra, asimismo, Generalísimo de las fuerzas nacionales de tierra, mar y aire, y se le confiere el cargo de General Jefe de los Ejércitos de operaciones.

Artículo 3.º Dicha proclamación será revestida de forma solemne, ante representación adecuada de todos los elementos nacionales que integran este movimiento liberador, y de ella se hará la oportuna comunicación a los Gobiernos extranjeros.

Artículo 4.º En el breve lapso que transcurra hasta la transmisión de poderes, la Junta de Defensa Nacional seguirá asumiendo cuantos actualmente ejerce.

Artículo 5.º Quedan derogadas y sin vigor cuantas disposiciones se opongan a este Decreto.

Hugo Thomas propagó la leyenda de la motocicleta y escribe así: *El texto original del decreto, tal como lo aprobaron los generales el día 29, hablaba de Franco como Jefe de Gobierno. Pero un mensajero especial de Nicolás Franco llegó a la imprenta en el último momento en motocicleta, y alteró el texto convirtiéndolo en "Jefe del Estado", y con estas palabras se publicó el decreto* **(239)**. Nada más lejos de la realidad, según puede el lector comprobar en el Boletín Oficial. También García Venero afirma lo mismo en su obra *Falange*.

Parece que la historia de la motocicleta y la supresión de "Jefe de Gobierno" parte del francés Jean Creách **(240)**, según Brian Crozier.

Radio Castilla de Burgos volvió a dar lectura en la emisión de sobremesa del día 30, del decreto N.º 138 y rectificó lo leído el día anterior: *... se nombra Jefe del Gobierno del Estado español al Excmo. Sr. General de División, don Francisco Franco Bahamonde....* El texto definitivo aparece en la *Legislación Española* de Gabilán Plá y W. Alcahud (San Sebastián, 1937, pág. 9 y 10). También aparece el texto en *Fundamentos del Nuevo Estado* (Vicesecretaría de Educación Popular, Madrid, 1943). E igualmente en *Leyes Políticas de España* (Instituto de Estudios Políticos, Madrid, 1956, pág. 202).

Muchas han sido las discusiones sobre el nombramiento de Franco el día 1 de octubre, principalmente sobre el texto del Decreto. Muchos historiadores, tanto españoles como extranjeros, ayudaron a crear la confusión tan extendida de si fue "Jefe del Estado español" o "Jefe del Gobierno del Estado español". Nada más fácil que recurrir a las fuentes; en este caso se trata nada menos, que del "Boletín Oficial de la Junta de Defensa Nacional de España" (Decreto N.º 138, del boletín N.º 32, Burgos, 30 de septiembre de 1936, cuya fotocopia se adjunta).

La confusión partió realmente del texto que fue leído por "Radio Castilla" de Burgos, que en la emisión de noche del 29 de septiembre, dijo así:

...se nombra Jefe del Estado español al Excmo. Sr....

Y en el artículo 2.º no le nombra Generalísimo, sino que dijo: *Se confiere a dicho señor General el cargo de General en Jefe de los Ejércitos de operaciones*. Colaboró a esta desorientación y confusión el ABC de Sevilla, al publicar el texto de Radio Castilla con la alteración señalada. ¿Hubo verdaderamente dos textos diferentes?... Aquí entra en juego la fantasía de muchos historiadores, que no se han molestado en investigar las diferencias existentes. Se propagó, más adelante, la leyenda del motorista, que enviado por Nicolás Franco, el hermano, llegó a la imprenta con el texto rectificado.

Con sobrada razón legal insistían los juristas españoles en que Franco ostentaba la Jefatura del Estado español sin nombramiento oficial, ya que el 1 de octubre de 1936 tomó posesión "Jefe del Gobierno del Estado Español", según se comprueba en el Boletín Oficial.

BOLETIN OFICIAL

DE LA JUNTA DE DEFENSA NACIONAL DE ESPAÑA

ADMINISTRACIÓN: GOBIERNO CIVIL DE BURGOS. Precio del ejemplar, 0'25 pesetas

Año 1936 Burgos 30 de septiembre Número 32

Presidencia de la Junta de Defensa Nacional

Decreto núm. 138.

La Junta de Defensa Nacional, creada por Decreto de veinticuatro de julio de mil novecientos treinta y seis, y el régimen provisional de Mandos combinados, respondían a las más apremiantes necesidades de la liberación de España.

Organizada con perfecta normalidad la vida civil en las provincias rescatadas, y establecido el enlace entre los varios frentes de los Ejércitos que luchan por la salvación

Boletín Oficial de la Junta de Defensa Nacional de España.—Burgos 30 septiembre 1936.—Número 32

de la Patria, a la vez que por la causa de la civilización, impónese ya un régimen orgánico y eficiente, que responda adecuadamente a la nueva realidad española y prepare, con la máxima autoridad, su porvenir.

Razones de todo linaje señalan la alta conveniencia de concentrar en un solo poder todos aquéllos que han de conducir a la victoria final, y al establecimiento, consolidación y desarrollo del nuevo Estado, con la asistencia fervorosa de la Nación.

En consideración a los motivos expuestos, y segura de interpretar el verdadero sentir nacional, esta Junta, al servicio de España, promulga el siguiente

DECRETO

Artículo primero.—En cumplimiento de acuerdo adoptado por la Junta de Defensa Nacional, se nombra Jefe del Gobierno del Estado Español al Excmo. Sr. General de División D. Francisco Franco Bahamonde, quien asumirá todos los poderes del nuevo Estado.

Artículo segundo.—Se le nombra asimismo Generalísimo de las fuerzas nacionales de tierra, mar y aire, y se le confiere el cargo de General Jefe de los Ejércitos de operaciones.

Artículo tercero.—Dicha proclamación será revestida de forma solemne, ante representación adecuada de todos los elementos nacionales que integran este movimiento liberador, y de ella se hará la oportuna comunicación a los Gobiernos extranjeros.

Artículo cuarto.—En el breve lapso que transcurra hasta la transmisión de poderes, la Junta de Defensa Nacional seguirá asumiendo cuantos actualmente ejerce.

Artículo quinto.—Quedan derogadas y sin vigor cuantas disposiciones se opongan a este Decreto.

Dado en Burgos a veintinueve de septiembre de mil noveciento treinta y seis.

MIGUEL CABANELLAS

ORDENES

Del 24 de septiembre de 1936

217

En vista de las diferentes consultas que vienen haciéndose sobre reclamaciones de ciertos devengos a personal agregado de unas dependencias, unidades y situaciones a otras de igual naturaleza, por la Junta de Defensa Nacional se ha resuelto lo siguiente:

Primero. Los Generales, Je- [illegible] equipo y montura y las generales de Aviación, según proceda.

Segundo. Los de igual clase que hayan sido agregados o se agreguen en lo sucesivo a Parques, Laboratorios, Centros quirúrgicos, Radiólogos, Establecimientos fabriles y Comisiones de movilización de industrias, percibirán, además del sueldo y gratificaciones de carácter per- [illegible] dustria, según los casos y siempre que, por la índole del cargo que desempeñen, tengan reconocido ese derecho.

retirados que presten servicio en Unidades armadas, centros militares, Aviación, etc., o de Ayudantes de Generales, además de su sueldo pasivo, que continuarán percibiendo por Hacienda, disfrutarán las gratificaciones de mando, servicio en filas, equipo y montura, industria, de servicio en Aviación, de vuelo, y, en general, aquellas que tenga re- [illegible] illa en las Unidades o servicios a a que estén agregados y desempeñen el mismo cometido que aquéllos. Estas gratificaciones

Nombramientos en el Boletín Oficial del Estado del día 29 de septiembre del 36. En el preámbulo se señala la *Alta conveniencia de concretar en un solo poder todos aquellos que han de conducir a la victoria final*.

La breve reseña biográfica de Franco, que publica ABC de Sevilla del día 30, termina así: *Esperemos el juicio de la historia, que habrá de comparar al general Franco con los genios de la guerra,* y le llama además: *ilustre Caudillo* **(241)**.

En Cáceres fue proclamado primeramente "JEFE DEL ESTADO" y en el lugar de su proclamación existe hoy una lápida con esta inscripción:

"Palacio Golfines de Arriba.

Estando en esta Casa el Excmo. Sr. D. Francisco Franco Bahamonde fue proclamado Jefe del Estado y Generalísimo de los Ejércitos Nacionales. XXIX-IX-MCMXXXVI".

Tras las presiones interesadas de los monárquicos y la tensión habida con los generales, a mediodía del jueves 1 de octubre, Franco llega al palacio de la División de Burgos, donde es esperado por los generales de la Junta de Defensa Nacional, excepto el general Mola, que llega acompañando a Franco. Hay que leer los periódicos de Burgos y Salamanca para captar el significado del acto a través de la prosa periodística del día:

«Vivas estruendosos y estentóreas aclamaciones al Jefe del Estado español, al Dictador». «El Dictador revista las tropas».

Aquí aparece un entronque verbal con la dictadura primorriverista, que tan buen recuerdo había dejado en las derechas españolas tras el azaroso período republicano. La palabra dictadura podría asustar todavía a buen número de españoles y el mismo Franco prohibiría, desde el día siguiente a la toma de posesión, el uso de tal palabra, identificándose con otra más arcaica, pero de mejor circulación en Europa: Caudillo.

Ante las aclamaciones del público congregado en la plaza burgalesa, organizadas por Millán Astray, Franco se asoma al balcón principal y, rompiendo el protocolo, ya que aún no ha tomado posesión oficialmente, pronuncia unas palabras; se trata de una decisión muy hábil al aceptar una proclamación popular antes que la oficial, que tendría lugar unos minutos después. Y dice: *Españoles, noble pueblo castellano, corazón de España, tierra de hidalgos, tierra de nobles, de todo lo que iba a desaparecer, de todo lo que atacaba la horda roja de Moscú. (...) Nuestro Gobierno será un Gobierno de autoridad, un Gobierno para el pueblo, y se engañan quienes crean que venimos a sostener los privilegios del capitalismo. (...)*

Venimos para la clase media; venimos para las clases humildes (...) Los militares tenemos una palabra. (...) En España se está ventilando la civilización mundial. (...) Hay que creer en Dios y en el culto de la patria, porque el hombre que no tiene creencias, que no tiene espiritualidad, que no gobierna una familia, ese ya no es hombre, ni es español, ni es nada. (...) Y en estos momentos solemnes en que me ungía con la jefatura del Gobierno del Estado español, me dirijo a vosotros. No tengo más que corazón para los ciudadanos españoles y para España. Y se me rompe el corazón gritando ¡Viva España!, ¡Viva España!, ¡Viva España!.

A continuación, Franco y Mola pasan al salón de recepciones donde son recibidos por la Junta y demás generales y oficiales y proceden a la lectura del nombramiento de Franco. Ante la tensión del momento y algunas caras largas, el general Cabanellas improvisó unas palabras y no leyó las que llevaba escritas para el acto.

Dijo lo siguiente:

Sr. Jefe del Gobierno del Estado español: en nombre de la Junta de Defensa Nacional os entrego los poderes absolutos del Estado. Estos poderes van a V.E., soldado de corazón españolísimo, con la seguridad de que cumplo al transmitirlos el deseo fervoroso del auténtico pueblo español. ¡Viva España! ¡Viva España! ¡Viva el Jefe del Estado Español! **(242).**

Cabanellas, en el texto que llevaba escrito, decía: ... *queda nombrado Jefe del Estado...*; pero en el discurso improvisado se dirigió al "Jefe del Gobierno del Estado Español". A continuación se pueden comparar los dos discursos:

TOMA DE POSESION EL 1.º DE OCTUBRE DE 1936
CABANELLAS

Borrador del discurso

En nombre de la España que lucha por su redención y por su merecida y tradicional grandeza, como Presidente de la Junta de Defensa Nacional, representante del Patriótico Alzamiento del 17 de Julio de 1936, hago entrega en y en este día, ante el pueblo de Burgos y representantes de la España liberada, de los Poderes y de la Suprema autoridad del País al ilustre General de

División, don Francisco Bahamonde, quien queda nombrado Jefe del Estado y Generalísimo de los Ejércitos Nacionales.

(Fotocopia publicada en *Crónica de la Guerra Española*, 5 tomo, Edit. Codex, S.A. T. II, pág. 278).

Discurso pronunciado

Sr. Jefe del Gobierno del Estado español: en nombre de la Junta de Defensa Nacional os entrego los poderes absolutos del Estado. Estos poderes van a V.E., soldado de corazón españolísimo con la seguridad de que cumplo, al transmitirlos el deseo fervoroso del auténtico pueblo Español. ¡Viva España! ¡Viva España! ¡Viva España! ¡Viva el Jefe del Estado Español!

(Fotocopia del diario ABC de Sevilla del 2 de Octubre de 1936, pág. 3).

Franco, con un aspecto muy juvenil y sin bigote, rodeado de unos generales con una media de edad de 57 años, tenía detrás de él a Cabanellas, Queipo, Saliquet, Mola y Dávila, y pronunció las siguientes palabras:

Mi general, señores generales y jefes que componéis la Junta: podéis estar orgullosos de vuestra obra. Me entregáis en estos momentos una España. Recibisteis nada más que pedazos de España. Os alzasteis en las distintas guarniciones, desplegando la verdadera bandera de España, la bandera de España encarnada en las tradiciones y en la espiritualidad del pueblo; bandera de España que entrañaba igualmente la civilización occidental, atacada ahora, y en trance de desaparecer, por las hordas rojas de Moscú.

Al levantarse contra aquello no defendíais sólo un espíritu castellano nacional, sino que resolvíais un problema de civilización, demandado por un espíritu castellano, un espíritu español, que iba faltando ahora en España.

Hoy, después de dos meses de lucha, con la victoria a nuestro lado, con la organización a nuestro lado, con la honradez y la nobleza a nuestro lado, me entregáis a España; yo sólo puedo en estos momentos solemnes, con la seriedad del soldado, con la lealtad del caballero y con el corazón en la mano, deciros a todos: ponéis en mis manos a España. Mi mano será firme, mi pulso no temblará y yo procuraré alzar a España al puesto que le corresponde conforme a su Historia y que ocupó en épocas pretéritas. Me tengo que

El general Miguel Cabanellas Ferrer, presidente de la Junta de Defensa de Burgos. Fue buen conocedor de Franco y sabía perfectamente que el gallego nunca dejaría el poder si lo alcanzaba. Las palabras de su hijo fueron proféticas.

encargar de todos los poderes. Y yo digo que haré aquello o moriré en el empeño, derramando la sangre lo mismo que esos bravos falangistas, que esos bravos requetés, que esos bravísimos soldados, que esos heroicos cadetes toledanos, que llevaron al mundo el nombre de España en gloria.

Yo, en estos momentos, y para esta obra, os tengo a todos, y tengo a esta Junta, que seguirá a mi lado para llegar a una España noble, unida, con idéntica bandera, con idéntico sentimiento, con nobleza, que es tanto como decir una España española. ¡Viva España!

El breve discurso pronunciado por Franco en la toma de posesión del día 1 de octubre es considerado como el discurso del engaño y la mentira. Del engaño a sus propios compañeros, que lo habían elegido y le habían entregado el poder; del engaño a la Junta de Defensa –*Os tengo a todos y tengo a esta*

Junta que seguirá a mi lado–, (unas horas después disolverá la Junta y a su presidente, Cabanellas, lo arrinconará descaradamente, negándose a recibirle en audiencia). La única gran verdad que encierra el discurso es la entrega de España en sus manos: *Me entregáis a España... ponéis en mis manos a España*. Sólo faltó decir en aquel momento: *Que nadie se llame a engaño después*.

Me tengo que encargar de todos los poderes... Aquí radica la aspiración máxima de Franco. O todo o nada. Es su más secreto anhelo psicológico: todos los poderes y para siempre.

Mi mano será firme, mi pulso no temblará... Muchos años después tendría la enfermedad de Parkinson y la mano y el pulso temblarían constantemente.

Un testigo presencial de la histórica toma de posesión del poder en el 1 de octubre escribe: *Franco estaba sumamente tranquilo y no disimulaba su contento y buen humor. Noté algunas caras largas, pero, en general, el ambiente era de elevado optimismo*.

El día 1 de octubre de 1936, un paranoico se instaló en el poder. Durante 40 años tuvo continuas ocasiones y oportunidades de ir desarrollando y afianzando su paranoia latente. Una vez instalado en la cúspide se le agudizará el "síndrome paranoico". Los psiquiatras definen la "posición paranoide" centrada en los fantasmas de persecución por "los objetos malos". Franco creció y se desarrolló dentro de un marco de referencia que le facilitó la paranoia, desde la familia (relaciones paterno-filiales) hasta su inserción en el grupo militar.

Aquel mismo día, por la noche, Franco pronunció un discurso-programa a través de "Radio-Castilla" de Burgos que le había escrito el diplomático Sangroniz en compañía del jurídico Martínez Fuste y del hermano Nicolás Franco; entre los tres lograron escribir, tras varias y repetidas correcciones, un discurso-programa bastante aceptable en la forma, pero que Franco consideró demasiado intelectual y cuyos párrafos corrigió casi en su totalidad, empeorando notablemente la forma al suprimir conceptos y alterar frases, e introduciendo hasta vulgarismos. Como demostración de lo escrito anteriormente se han transcrito en paralelo los dos discursos, el pronunciado por Franco y el escrito por sus colaboradores:

TRASCENDENTAL DISCURSO PRONUNCIADO ANTE EL MICRÓFONO DE RADIO CASTILLA DE BURGOS POR EL GENERALÍSIMO FRANCO (243)

Españoles: los que en vuestros domicilios escucháis las noticias de la guerra, los que en los frentes de combate esperáis las de retaguardia, los que en la zona ocupada por los rojos aguardáis con anhelo la llegada de nuestras columnas liberadoras, los que apartados de España seguís con inquietud las vicisitudes de la lucha, a todos os saludo desde el micrófono de "Radio Castilla".

No voy a dirigiros una arenga de caudillo, porque obligaciones de Gobierno me imponen el deciros cuál ha de ser nuestra labor.

Pecaría de utópico un proceder que tratase de dividir el tiempo en etapas diferenciadas absolutamente, sin una concatenación más o menos directa entre ellas. De aquí, que al hablar de nuestros propósitos se haga indispensable un breve examen del pretérito, siquiera sea para obtener el resultado de la experiencia que como tal ha de aleccionar útilmente las decisiones del porvenir. No se trata, por tanto, de invocar una situación que justifique lo que por ser integralmente nacional no precisa de razonamientos, pero sí es indispensable que en la euforia combativa no se registre un fenómeno de amnesia colectiva, a la que por hidalgos soñadores somos tan dados los hijos de Quijano.

España, y al invocar este nombre lo hago con toda la unción de mi alma, sufría desde largos años mediatizaciones de variada índole, no siendo la menos perniciosa y nociva la de una corriente de intelectuales equivocados que despreciando los verdaderos y acusados pensadores de nuestra raza, miraban por encima de sus fronteras para captar todo lo que de estrambótico y demoledor se generaba en otros países. Preferencias idiomáticas, unas veces, regusto de literatura claudicante, admiración de doctrinas demagógicas, racionalismo furioso, infiltración de impotencias sentidas, alteraciones de verdades históricas que nos desenmarcaban como país civilizado, todo eso y mucho más acabó por anular entre las clases directoras el sentimiento patriótico, y así, inoculado el virus, no es de extrañar la trayectoria que fatalmente habría de ser descrita; pérdida de las características culminantes de nuestro pueblo, vergüenza de nuestro presente, olvido de nuestro pasado, falta de confianza en nuestro porvenir, recelo a no tener el concepto moderno de las cosas que parecían demandar un aherrojamiento de los sentimientos de bandera, honor y patria, y de tal suerte, sumidos unos en el error y teniendo por base otros la ignorancia e incultura fomentada en las masas del pueblo, no es de extrañar que llegase un instante en que tuviera repercusión inmediata todo lo que fuera alentamiento de odios, propósitos iconoclastas, divorcio entre los diversos factores que integraban las fuerzas productoras de nuestra riqueza.

Después, logrando el asesinato moral de un pueblo que parecía sumido en el abismo, no es difícil entregarlo y venderlo al mejor postor extranjero, ya conservándole para actuar de comparsa y seguir sus dictados, en pretexto de una misma tendencia materialista, ya poniéndole en vanguardia para atenazar un continente que él descubrió y parió. Tal es la estampa que representábamos en el concurso de las naciones, que sólo oían nuestra voz, si tenía un matiz determinado y recibíamos instrucciones celestinescas que, al cumplirlas a satisfacción de quienes las dictaban, hacían descender nuestro propio nivel.

Entretanto, nuestra balanza comercial favorable se trocaba en adversa; los frutos de nuestro suelo se despreciaban cual si procediesen de colonias conquistadas, se imponían limitaciones con espíritu pseudo pacifista pero sin otro propósito que el de desconocer el brazo salvador de la víctima propiciatoria; se creaban obstáculos a todo lo que significaba creación de nuestra propia personalidad a la que se pretendía atrofiar.

Falsos apóstoles encarecían con los tópicos de una visión halagadora el ambiente genuinamente nacional, y por medio de un comunismo que predicaba la tierra para el campesino, la soberanía para el obrero y la autonomía política para las regiones, sembraron el odio y el exterminio. Triple mentira llena de cinismo, pues, llegado al PODER, su Estado tiránico arrebata la tierra al campesino, la libertad del obrero y se opone abiertamente a toda flexibilidad autonómica.

Por eso la nueva España se da cuenta de la magnitud e importancia de todo ese pasado pavoroso y acomete la empresa de su liberación, para demostrar, con amplio espíritu de colaboración social, que el restablecimiento del orden y de la autoridad legítima, austeramente ejercida, es la condición previa, el campo seguro para la instauración de su propia libertad, la cual, por ser suya, refluirá en todos los connacionales dentro y fuera del solar patrio.

ESPAÑA se organiza dentro de un amplio concepto totalitario a través de aquellas instituciones naturales que aseguren su nacionalidad, unidad y continuidad. La implantación del más severo principio de autoridad que implica este movimiento no tiene exclusivo carácter militar, sino que es la instauración de un régimen jerárquico, en cuyo armonioso funcionamiento han de desenvolverse todas las capacidades y energías de la Patria.

La personalidad de las regiones españolas será respetada en sus peculiaridades, respondiendo a la vieja tradición nacional en sus momentos de máximo esplendor sin que ello suponga merma o menoscabo de la más absoluta unidad nacional.

El Municipio Español de abolengo histórico se revestirá de todo el vigor que precisa para el cumplimiento de su misión celular como entidad pública. Fracasado el sufragio inorgánico que se malversó primero por acción de los caciques nacionales y locales, y más tarde por la opresión tiránica del sindicato puesto al servicio de intereses políticos, la voluntad nacional se manifestará oportunamente a través de aquellos órganos técnicos y corporaciones, que enraizada en la entraña misma del país representa de manera auténtica sus ideales y necesidades.

Cuanto mayor sea la fuerza del nuevo Estado español, y más normal su desenvolvimiento, más se avanzará en la descentralización de aquellas funciones que no le sean específicas, y las regiones, municipios, asociaciones e individuos gozarán de las más amplias libertades dentro del supremo interés del Estado.

En su aspecto social, el trabajador tendrá una garantía absoluta, evitando su servidumbre al capitalismo o que, organizada como clase avanzada, adopte los tintes combativos y amargos que implicando una rebeldía ineficaz le inhabilitan para colaboraciones conscientes.

Se implantará la seguridad del jornal y en tanto no se dicte la fórmula que junto al salario vital o remunerador haga partícipe al obrero en los provechos o utilidades y beneficiario de los aumentos de producción, serán respetadas todas las conquistas que indiquen un mejoramiento adecuado a las necesidades de la economía española.

Al lado de estos derechos que se reconocen al obrero, estarán sus deberes y obligaciones, especialmente en cuanto afectan al rendimiento de su trabajo y a su leal colaboración con los demás elementos creadores de riquezas.

Todos los españoles estarán obligados a trabajar según sus capacidades. El nuevo Estado no puede admitir ciudadanos parásitos.

El Estado, sin ser confesional, concordará con la Iglesia Católica sus respectivas facultades, respetando así nuestra tradición y el sentimiento religioso de la inmensa mayoría del pueblo español, sin que ello suponga la intromisión de ninguna otra potestad en las funciones específicas del Estado.

En su aspecto tributario el Estado organizará la justa y progresiva distribución de las contribuciones e impuestos, evitando el aniquilamiento de la riqueza creada y logrará el reparto de las cargas sobre quienes deban soportarlas.

En el aspecto agrario, la creación del patrimonio familiar será realizada por la adecuación del cultivador a la tierra, sin incorporaciones de siervo, ni por medio de ficticias manifestaciones que sólo viven en el plano de hipótesis, sino merced a la ayuda directa y constante que a la par que independiza al campesino, produce un bienestar general. Tal solución será una preocupación permanente de nuestra labor.

Se devolverá al agro, para mejorar la vida campesina, parte de lo que hoy absorbe la ciudad en pago de sus servicios burocráticos y comerciales.

En el orden internacional, viviremos en armonía con todos los demás pueblos, constituyendo nuestra preferencia la comunidad de raza, lenguaje e ideario, pero sin que por eso se desdeñen o releguen, dentro de una leal correspondencia, aquellas relaciones tradicionales que ni son incompatibles ni pueden ser antitéticas con nuestro amplio horizonte, siempre abierto a todos los mundos.

Exceptuamos de manera rotunda los contactos soviéticos, de tan perjudiciales efectos para la causa de la humanidad y de la civilización.

Estoy seguro de que en esta tierra de héroes y de mártires que hoy vuelve a darlos vertiendo su sangre generosa para que el mundo encuentre en el solar hispano la más clara de las soluciones, se despejaran problemas que preocupan más allá de las fronteras y que España, cumpliendo una vieja contribución, providencialmente marcará un ejemplo a imitar cuando escriba sobre las páginas de su historia esta etapa de gesta que no es de oriente ni de occidente, porque es genuinamente española.

DISCURSO-PROGRAMA AL PUEBLO ESPAÑOL, PRONUNCIADO POR EL JEFE DE ESTADO EN BURGOS, EL 1.º DE OCTUBRE DE 1936 **(244)**

¡Españoles! Los que escucháis en vuestros hogares las noticias de Radio Castilla, los que en el frente de batalla escucháis los pequeños radiadores que os llevan las noticias del hogar y de la retaguardia; españoles que en la zona roja sufrís la barbarie de Moscú y que esperáis la liberación de las tropas españolas; españoles que en América sufrís la incertidumbre de las noticias de España; españoles todos los que tenéis cabida en el calificativo de españoles de la España Grande; a vosotros me dirijo.

Y no me dirijo con arenga de soldado. Voy sólo a exponeros el fundamento de nuestras razones y a haceros un examen de los que nos proponemos en el porvenir.

Sería confusa mi exposición si no la dividiera en etapas con una concatenación más o menos directa entre ellas. De aquí que al hablar de nuestra conducta se haga imprescindible un breve examen del pretérito, siquiera sea para tener una esperanza con que orientar nuestras decisiones en el porvenir. No se trata de justificar una actuación que por ser íntegramente nacional no precisa de razonamientos.

Invocar este nombre lo hago con toda la unción de mi amor a España sufriendo desde muy lejos el daño de unas actividades de muy variada índole, entre las cuales no fue la menos perjudicial –hay que reconocerlo– la de una corriente de intelectualidad equivocada, que despreciando todo lo que significaba pensamiento verdaderamente nacional, tenía preferencias por todo cuanto de estrambótico se generaba en otros países; preferencias idiomáticas, unas veces, regusto de literatura claudicante, emoción por las doctrinas soviéticas, de un socialismo furioso, alteración de verdades de nuestra propia Historia, que nos desahuciaban como país civilizado. Todo esto contribuyó a aniquilar en el pueblo español el sentimiento patriótico.

Así no es de extrañar la trayectoria que fatalmente había de ser descrita. Perdido el carácter de nuestro pueblo, con vergüenza de nuestro presente y olvido de nuestro pasado, faltos de confianza en nuestro porvenir, recelosos de no tener un concepto moderno de las cosas, no es extraño que llegase un momento en que tuviera repercusión todo cuanto fuera elemento de odio, propósito de disgregación, entre los diversos factores que integran las fuerzas productoras de riqueza.

Después, logrado el asesinato moral de un pueblo sumido en el abismo, no es difícil entregarlo, venderlo al mejor postor, pretextando una misma tendencia ideológica para someterlo como colonia o como vanguardia en la lucha contra la civilización y la sociedad.

Tal era nuestra situación. Entre tanto nuestra balanza comercial favorable se trocaba en adversa. Los frutos de nuestro suelo se depreciaban; se nos imponían limitaciones. Se creaban obstáculos a cuanto significaba destellos de nuestra propia personalidad, a la que se pretendía rectificar. Se trataba de reducir a la nada y de desconectar el brazo salvador que podía liberar a la víctima. Falsos apóstoles enrarecían el ambiente nacional por medio de predicaciones de un comunismo que ofrecía la tierra al campesino, la soberanía al obrero y la autonomía política a las regiones, sembrando el odio y el exterminio. Tristes ofrecimientos de un régimen que llegado al Poder arrebata la tierra al campesino, la libertad al obrero y se opone a toda flexibilidad autonómica.

Por eso la nueva España se dio cuenta de la perspectiva de un porvenir pavoroso y acometió la empresa de su liberación con un amplio espíritu de colaboración social, de restablecimiento del orden y de la autoridad legítimos, segura del camino a seguir para defender su propia libertad y restablecer el ambiente nacional dentro del solar patrio.

España se organiza dentro de un amplio concepto totalitario mediante aquellas instituciones nacionales que aseguren su totalidad, su unidad y continuidad. La implantación de los más severos principios de autoridad que implica este movimiento no tiene justificación en el carácter militar, sino en la necesidad de un regular funcionamiento de las complejas energías de la Patria.

La peculiaridad de la región será respetada en su personalidad, respondiendo a la vieja tradición nacional y sin que suponga merma o menoscabo de la más absoluta unidad nacional.

El Municipio español, de abolengo histórico, se revestía de todo su vigor para el cumplimiento de su misión celular como entidad pública.

Desprestigiado el sufragio popular inorgánico, que se manchó primero por la acción de los caciques nacionales y más tarde por la tiránica actuación de los Sindicatos, puestos al servicio de intereses políticos, la voluntad nacional se manifestará oportunamente a través de aquellos órganos técnicos y corporacionales que enraizados en la entraña misma del país representen de una manera auténtica su ideal y sus necesidades.

Cuanta mayor sea la fuerza del Estado nacional y más moral su desenvolvimiento, más podrán intervenir en sus funciones específicas las Regiones, los Municipios, las Asociaciones y los individuos, y todos gozarán de más amplia libertad dentro del supremo interés del Estado.

En su aspecto social, el trabajo tendrá una garantía absoluta, evitando que sea servidumbre al capitalismo y que se organice como clase, adoptando actitudes combativas que le inhabiliten para colaboraciones conscientes.

Se implantará la seguridad del jornal, y en tanto no se dicten fórmulas relativas a salarios y a la participación de los obreros en los beneficios de la producción serán respetadas cuantas conquistas impliquen mejoramiento de trabajo para la sociedad y para la economía nacional.

Al lado de estos derechos que se reconocen a los obreros estarán sus deberes y obligaciones, especialmente cuanto signifique leal colaboración para la producción de la riqueza.

Todos los españoles estarán obligados a trabajar sin exclusión: el nuevo Estado no puede sostener ciudadanos parásitos.

El Estado, sin ser confesional, concordará con la Iglesia Católica, respetando la tradición nacional y el sentimiento religioso de la inmensa mayoría de los españoles, sin que ello signifique intromisión ni reste libertad para la dirección de las funciones específicas del Estado.

En su aspecto tributario, el Estado organizará los impuestos de forma que recaigan especialmente sobre quien por su capacidad económica deba soportarlos.

En el aspecto agrario, sin aplicar fórmulas que sólo pueden concebirse en hipótesis, la actuación del Estado será de constante ayuda a la independencia del campesino, preocupándose especialmente por su bienestar. Tal misión será llevada a la práctica con preferencia.

En el orden comercial viviremos en armonía con los demás pueblos, constituyendo preferencia la comunidad de raza, de lenguaje y de ideario; pero sin que por eso se olviden aquellas relaciones tradicionales dentro de una leal correspondencia, que no sean incompatibles con nuestro sentido ideológico, excluyéndose, desde luego, todo contacto soviético, que tan perjudicialmente afectaría a nuestra civilización y nuestra sociedad.

Estoy seguro de que en esta tierra generosa, que vierte su sangre para que el mundo encuentre en España la solución a problemas complejos que están planteados más allá de sus fronteras, comprende sumisión providencial y se da cuenta de la importancia de la página que está escribiendo en la Historia.

¡Viva España!

El discurso escrito por sus colaboradores –Sangróniz, Martínez Fuste y Nicolás Franco– constaba de 1.442 palabras y Franco lo redujo a 1.141, o sea, suprimió 301, que representaban el 21% del texto.

Rogamos al lector que tenga paciencia en leer y comparar detenidamente ambos textos entre sí y observe las diferencias existentes en sintaxis, vocablos y conceptos. El lector podrá reconocer frases exactas que repitió Franco durante 40 años.

El primer escrito está redactado con abundancia de oraciones compuestas, donde las subordinadas y explicativas matizan el sentido de la oración; Franco suprimió gran parte de las oraciones subordinadas, convirtiendo las oraciones –algunas en oraciones simples– en párrafos secos, duros y sin posibilidad de matizaciones apropiadas; cambió, en muchas, el sentido de la oración, transformando los sujetos en complementos directos o predicados, como en la siguiente:

La personalidad de las regiones españolas será respetada en sus peculiaridades.

Franco dijo así:

La peculiaridad de la región será respetada en su personalidad.

Había cambiado el sentido de la oración. La lectura comparada supone toda una riqueza de matices, que refleja bastante la personalidad de Francisco Franco. El lector ante el texto puede sacar sus propias conclusiones.

Entre los vocablos con más connotación ideológica del pequeño discurso de la toma de posesión aquella mañana se encuentran "España", que es nombrada trece veces, como gran preocupación del momento y entre los siguientes están: pueblo, bandera, raza, civilización, hordas, honradez, nobleza, soldado, caballero, lealtad, poderes, sangre, bravos, heroicos, gloria.

Franco no perdonará jamás a Cabanellas por su voto en contra; se sintió rechazado y desde el subconsciente le trajo la imagen del padre –viejo también– que lo rechazó siempre. Además, Cabanellas era masón y se consideró agraviado por ello; siempre se consideró perjudicado por la masonería; e igualmente, rechazado por ella. En dos ocasiones intentó ingresar en la masonería, allá en sus años de Marruecos, según ha escrito un experto en la materia, el profesor Ferrer Benimelli:

El testimonio oral y escrito del teniente coronel D. Joaquín Morlanes (iniciado en la masonería el 4 de agosto de 1925) es tajante. Francisco Franco, siendo teniente coronel, solicitó su ingreso en la Logia Lupus de Larache en la que había civiles y militares. Y fueron precisamente estos últimos los que más se opusieron a dicho ingreso. En concreto, siempre según el testimonio del teniente coronel Morlanes, dieron su informe negativo entre otros el general de Infantería José Riquelme y López-Bago, el general Gómez Morato, el coronel Romerales, el capitán de Infantería Bartolomé Montañer, el capitán Eduardo Villa, el capitán de Infantería afectado a los mejaristas Vicente Guarner, el teniente de Infantería, destacado en Regulares, Fermín Galán Rodríguez y el teniente Lora.

Los motivos alegados para no admitirle en la masonería fueron varios, aunque el principal estaba directamente relacionado con la aceptación por Franco del ascenso a teniente coronel, cuando se había comprometido, al igual que el resto de la guarnición de Marruecos, a no aceptar ascensos por méritos de guerra... había varios motivos más, pero en ningún caso se esgrimieron argumentos estrictamente políticos.

Esta noticia de la solicitud y rechazo ha sido igualmente confirmada por el que luego sería el jefe de la Falange de Tetuán, Augusto Atalaya, quien se incautó en el 36 de los papeles masónicos de la zona, entre los que estaba el libro de Actas en el que se reflejaba la no admisión de Francisco Franco a la Logia de Larache. Parece ser que dichos papeles estuvieron en su poder, al menos, hasta la independencia de Marruecos. Más tarde, en plena República, concretamente en 1932, según testimonio del teniente coronel Morlanes, Franco solicitaría nuevamente el ingreso en la masonería, esta vez en Madrid. Pero también en este caso serían especialmente los militares los que se opondrían a dicho ingreso. Entre estos, destacaron el general de Caballería Núñez de Prado, el general Cabanellas (que acababa de ingresar en la masonería), el general Sebastián Pozas Perea (también recién ingresado), el coronel Julio Mangana, el comandante Pérez Farrás, los capitanes Sediles, Eleuterio Díaz Tendero, Díaz Calleja y su propio hermano, el comandante Ramón Franco, que había sido iniciado un año antes en París, en la Logia "Plus Ultra", de habla española, durante su breve exilio a raíz de la sublevación de Cuatro Vientos **(245)**.

El general Cabanellas, presidente de la Junta de Defensa, no podía dirigir realmente la guerra, que se presentaba a la vista, por ser de edad avanzada (tenía 64 años) y era un republicano convencido, que no se entendía con los monárquicos, ni éstos con él; pero el principal inconveniente que presentaba era su reconocida fama de masón.

Su hijo Guillermo escribirá en 1976, refiriéndose al acto de la toma de posesión el día 1 de octubre en Burgos:

Ustedes no saben lo que han hecho, porque no lo conocen como yo, que lo tuve a mis órdenes en el ejército de África, como jefe de una de las unidades de la columna a mi mando, y si, como quieren, va a dársele en estos momentos España, va a creerse que ya es suya y no dejará que nadie lo sustituya en la guerra, ni después de ella, hasta su muerte **(246)**.

Otro conocedor de aquella historia, Serrano Súñer, comenta que Cabanellas le dijo: "*Emilio me quiere; Franquito, no*". *(...) Cabanellas pasa a desempeñar un cargo, prácticamente sin función, que se titula Inspector del Ejército. En realidad, queda apartado de todo. Franco no le hace ningún caso, incluso se resiste a recibirlo, muchas veces, cuando pide audiencia. (...) Dice Franco que he sido masón, lo que es muy cierto pero eso ya lo sabían cuando contaron con mi colaboración y si sobre ello tiene alguna duda, para asegurarse no tiene más que preguntarlo a persona próxima, ya que juntos asistimos a las mismas reuniones en la logia.* **(247)**.

Franco rechaza claramente a Cabanellas –según S. Súñer– y se resiste a recibirlo. Es la imagen del padre. Pero Cabanellas hace una insinuación aquí, que implica al hermano Ramón como masón, y tal vez también a Nicolás.

Pedro Sáinz Rodríguez narra la conversación que tuvo con Mola en Avila, donde el general le preguntó: *¿Vd. cree que Franco lo hará bien?* y Mola le dijo a continuación: *Es que yo tengo la idea de que todo esto ha de ser políticamente revisado, cuando se termine la guerra, y he pensado que Franco no tiene ambiciones políticas, sino militares, y no pondrá obstáculos, cuando todo acabe, para que se haga esa revisión* **(248)**.

Si nos atenemos a la versión dada por Sáinz Rodríguez respecto a la opinión que sobre Franco emite el general Mola, director de la sublevación, nos encontramos con la confirmación de que el mando único era revisable "cuando se termine la guerra". Pero sobre todo, el error de Mola es manifiesto al opinar que *Franco no tiene ambiciones políticas, sino militares*, según se pudo comprobar a lo largo de 40 años. Un error demasiado largo, tal vez la opinión de Mola estaba apoyada en la consulta que hizo Sanjurjo, como presunto Jefe del Estado, a los generales implicados en la conspiración sobre el puesto que deseaban, una vez alcanzado el Poder. Escribe Sáinz Rodríguez: *Yo supe la respuesta de Franco. La ambición del general no era ser ministro, ni jefe de Gobierno, ni cargo alguno de índole política: pidió la Alta Comisaría de España en Marruecos* **(249)**.

¿Qué debió pasar en la mentalidad de Franco para cambiar tan radicalmente de actitud respecto a la ambición personal? ¿Por qué varió fundamentalmente de aspiraciones y desde la pretensión de la Alta Comisaría de España en Marruecos se situó en la cúspide de la pirámide, a través del mando único? ¿A qué se debió el cambio de meta?:

Primero, a las circunstancias que le empujaron de forma imparable hacia arriba, a la cúspide.

Segundo, a la psicología de Franco, que reunía todos los complejos apropiados y las frustraciones más intensas para mantenerse en un caudillaje artificial.

El sueño de poder de Franco se hizo realidad el 1 de octubre de 1936. Con la Jefatura podía regenerar la Patria, purificar la Historia, enmendar la plana a los políticos, contradecir a los monárquicos, recibir aplausos, alimentar su ego insaciable, erigirse en padre, compensar sus frustraciones, vengarse de los masones, eliminar a los comunistas, desarrollar su paranoia y convertirse en Caudillo y Salvador.

Aquí tenemos una ironía más de la Historia: presidiendo la sublevación de las derechas frente a la República se encuentra un general masón y republicano, que es la figura decorativa y prestigiosa que le hacía falta a los monárquicos tras el accidente mortal de Sanjurjo para no levantar muchas sospechas de que se trataba realmente de derribar la República con todas sus consecuencias, a manos de un reconocido general republicano. Queipo es republicano recalcitrante; Mola es un liberal, que tiene muy apagados sus fervores monárquicos. Y Franco es la única posibilidad para la monarquía; pero sobre todo tiene 43 años, frente a los 64 de Cabanellas, los 61 de Queipo y los 49 de Mola.

Cabanellas, que presidió la Junta de Defensa Nacional desde el 24 de julio al 30 de septiembre, entrega a Franco la jefatura y el poder, pasando a continuación a un puesto gris y burocrático sin mando de tropas y muriendo antes de 1939. Franco le arrinconó sin piedad; separaban a los dos generales 20 años de edad; y Franco debió recordar la imagen del padre que incluso se parecía en el aspecto físico. Una vez más, Freud tenía razón: se trataba de la rebelión contra el padre, contra la autoridad establecida.

López Rodó escribe en su obra ya citada: *Es interesante consignar que en el proyecto de Decreto elaborado por Nicolás Franco y Kindelán, presentado por éste a la Junta de Defensa Nacional, se decía: "La jerarquía de Generalísimo llevará aneja la función de Jefe de Estado mientras dure la guerra, dependiendo del mismo, como tal, todas las actividades nacionales: políticas, económicas, sociales, culturales, etc."* En cambio, el texto del decreto efectivamente promulgado por la Junta de Defensa Nacional dice: *Art. 1.º En cumplimiento de acuerdo adoptado por la Junta de Defensa Nacional, se nombra Jefe del Gobierno del Estado español al Exmo. Sr. General de División D. Francisco Franco Bahamonde, quien asumirá todos los poderes del Nuevo Estado. Art. 2.º Se le nombra asimismo Generalísimo de las Fuerzas Nacionales, Tierra, Mar y Aire, y se le confiere el cargo de General Jefe de los ejércitos operacionales.*

En un alarde de valentía y decisión el general Queipo de Llano se hizo con todos los cuarteles militares de Sevilla el mismo 18 de julio con un reducido número de oficiales y soldados. Fue el protagonista de la radio sevillana que se trataba de oír en toda la España nacionalista. Sus arengas radiofónicas eran las más agresivas y populistas, hasta que Franco lo mandó silenciar.

La lucha por la sucesión, en realidad, estaba planteada desde el momento mismo en que Franco asumió la Jefatura del Estado. Para algunos–los generales Kindelán, Ponte y Varela–los poderes que la Junta de Defensa Nacional transmitió al Generalísimo el 1.º de octubre de 1936 eran temporales y tenían por objeto principal la conducción de la guerra hasta la victoria. Para otros, a Franco le correspondía con carácter vitalicio la Jefatura del Estado: eran los franquistas incondicionales.

Otra imagen de Queipo de Llano hablando por la radio.

Pero en uno y otro caso surgía el gran interrogante: después de Franco, ¿Qué? **(250)**.

El título de la obra de López Rodó es un título revelador y lleno de insinuaciones, que relata las dificultades efectivas y los tropiezos que hubo de sufrir la monarquía hasta su llegada. Destaca en el libro la pugna tenaz y siempre difícil que oponía a Franco a la monarquía. Pero en el fondo del libro está latente la supervivencia del viejo dictador a soltar el poder. Y esto era consustancial con la personalidad de Franco. Los pocos españoles que leían sus discursos sabían perfectamente y entendían con claridad que el dictador no estaba dispuesto ¡jamás! a dejar el poder en vida.

Es sumamente importante la afirmación que hace López Rodó, catedrático de Derecho Administrativo, ex ministro y cerebro gris de Carrero Blanco; por lo tanto buen conocedor de lo que escribe: *Es curioso observar que ningún texto legal atribuye con carácter vitalicio la Jefatura del Estado. Ni el decreto de la Junta de Defensa Nacional de 29 de septiembre de 1936, ni las leyes de 30 de enero 1938 y 8 de agosto de 1939, ni la ley de Sucesión de 26 de julio de 1947, ni la Ley Orgánica del Estado de 10 de enero de 1967 le conceden expresamente este carácter vitalicio.*

El propio Franco fue ambiguo en este punto; si alguna vez hablaba de seguir al frente del Estado *mientras Dios me dé vida* (Mensaje de Fin de Año de 1969, 1970, 1971), en otros matizaba la idea con frases como la siguiente: *El tiempo que Dios quiera pueda seguir sirviendo con eficacia* (1972), *lo que Dios me conceda de vida útil*, expresión esta que empleó por dos veces en la alocución dirigida al país el 12 de diciembre de 1966, ante-víspera del referéndum de la Ley Orgánica del Estado.

Y más adelante, López Rodó, como gran conocedor de las intrigas de El Pardo y protagonista de muchas, escribe: *Fueron más bien quienes rodeaban al Generalísimo los que, siendo más franquistas que Franco pusieron en circulación la idea del carácter vitalicio de su suprema Magistratura e incluso llegaron a proponerle que se proclamara rey* (pág. 286).

Esta "feliz idea" partió primero del ministro Ibáñez Martín, que a pesar de ser catedrático de Geografía e Historia, no sintió pudor al proponerlo. Más tarde fue Carrero Blanco, que en el año 1942 le volvió a proponer la "feliz idea" al general de 50 años de edad.

Desde que fue nombrado Generalísimo, acude con su esposa a Misa todos los días a primeras horas de la mañana. A partir del día 5, que ocupa el palacio episcopal de Salamanca, cedido por el obispo para residencia oficial de Franco y su familia, el capellán del obispo Plá y Deniel es nombrado capellán del matrimonio Franco-Polo hasta 1975; se llama padre Bulart, un catalán que ya no abandonaría a los Franco.

Carmen Polo era feliz viviendo en el palacio de un obispo, con alfombras, cuadros y arañas de cristal, mejor residencia que los edificios oficiales que había ocupado anteriormente. Unos años más tarde, Carmen Polo colmaría sus ambiciones más provincianas al ocupar y habitar el palacio de El Pardo, repleto de alfombras, cuadros, tapices y lámparas fastuosas, que fue residencia de recreo de los Borbones. Algunas personas que la trataron muy directamente afirman que "se creía una reina". Era conocida por el apelativo de "La Señora", que exigió e impuso a través de su "perro guardián", Fuertes de Villavicencio, el hombre que más sabe de las intrigas, suciedades y corrupción del franquismo.

La mayoría del público que visita el palacio de El Pardo coincide en afirmar que se trata de un palacio lujoso y riquísimo, más propio para museo que para hogar confortable y cómodo. Ella era feliz en medio de sus alfombras, de criados y servidores con calzón corto y media blanca, rodeada de reverencias y sonrisas falsas. La ambición de una señora provinciana no podía llegar a más. Y para adornar la tarta con una guinda espectacular, casó a una nieta con un nieto del rey Alfonso XIII.

El primo-secretario escribe: *El día 5 de octubre nos instalamos en el palacio episcopal de Salamanca, residencia del señor obispo de la diócesis, doctor Plá y Deniel, que puso todo el palacio a nuestra disposición.*

Conocí aquel día al sacerdote, secretario de S.E., ilustrísimo señor don José Mª Bulart, persona sumamente inteligente y de gran simpatía personal, que llegó a ser buen amigo mío y capellán de S.E. el Generalísimo **(251)**.

Los hombres que rodearon y colaboraron más directamente con Franco, tras su nombramiento, fueron el diplomático Sangroniz, encargado de los asuntos internacionales, en cuanto a diplomático de carrera y conocedor de idiomas; Millán Astray, como animador de masas y cultivador de tempranas adhesiones inquebrantables; Yagüe, hombre de confianza de Franco y por eso en algunas ocasiones expresaba su descontento y rebeldía; Luis Bolín, el periodista organizador del vuelo del *Dragon Rapide* entre Las Palmas y Tetuán, y Nicolás Franco, el hermano, gran conocedor del mundo y sus flaquezas, administrador de bienes ajenos y buen vividor, que en 1938, con la creación del primer gobierno, fue alejado de la "corte franquista". Sobre estos cinco pilares, más otro de refuerzo, el cuñado Serrano Súñer, que aglutinados con mil intereses más, a veces sucios, se montó el tinglado del franquismo incipiente –por el Imperio hacia Dios–, hasta tanto la oligarquía se convenció de que el general no lo estaba haciendo realmente mal, para provecho y beneficio de los de siempre: la clase dominante.

En seguida de la toma de posesión, Franco iniciará la táctica habitual, vieja en la Historia, de apartar a los hombres que le ayudaron a subir a la cúspide. Inmediatamente dará un cargo honorífico, sin relieve ni mando alguno, al general Cabanellas, ex presidente de la Junta de Defensa Nacional y general más antiguo en el escalafón de los militares sublevados. *La Junta de Defensa Nacional seguirá a mi lado*, pero no fue así; fue una promesa vana para calmar los ánimos inquietos y desconfiados. *Vosotros no sabéis lo que habéis hecho*.

1937. 1.er AÑO TRIUNFAL

EL PERIODISTA FRANCISCO DE COSSÍO puso prólogo al libro de un general, que narra sus andanzas y episodios de guerra. Así vio la retaguardia en Burgos, mientras los soldados morían en los campos de España:

Burgos era un hervidero humano, concentrándose en su recinto todas las pasiones y anhelos de la retaguardia. Los vestíbulos de sus hoteles, sus cafés, sus salas de espectáculos, las frondas del Espolón y de la Isla, las antecámaras de los despachos, teniéndola tan cerca, vivían la guerra a distancia. Los combatientes que se acercaban allí a cumplir una misión o a liquidar unos días de permiso no hablaban apenas de la guerra. Naturalmente daban muestras de la elegancia del soldado que no concede importancia ni a la vida ni a la muerte. Llegaba también el dolor, pero éste se reconcentraba entre cuatro paredes, o en la penumbra de las iglesias. Fuera, las luces, el bullicio, la conversación, el juego de ingenio, la frivolidad...

Otra ciudad que vivía al margen de la guerra, Salamanca, reunía en el Gran Hotel a quienes aspiraban a un puesto burocrático o político y no ir a los campos de batalla, donde efectivamente se moría por Dios y por España. El Gran Hotel de Salamanca, con sus hervideros de chismes, fortaleza donde la vieja oligarquía española se refugia y lo convierte en mentidero político y paraíso de confidentes y adulones. El Gran Hotel de Salamanca constituía la aspiración de todo aquel que buscaba situarse en puestos de privilegio dentro de la zona nacional **(252)**.

Y Serrano Súñer, que acaba de llegar a la zona nacional, tras su odisea en la zona republicana, reflejará años más tarde su impresión de aquellos días en Salamanca:

El ambiente era enormemente animado, alegre y entusiasta; un ambiente de guerra espontáneamente sentida, de guerra necesaria y aún de guerra santa, de guerra muy a la española y, en cierto modo, anacrónica... **(253)**.

Según algunos supervivientes comentaron después, allí se vendían vidas y haciendas, honores y cargos políticos, pero sobre todo se pretendía crear una

Desfile en Salamanca. Esta ciudad representó un papel muy importante en los primeros meses del Movimiento gracias al apoyo incondicional de las derechas agrarias y ganaderas. Antes del nombramiento definitivo de Franco hubo reuniones previas a su designación, la primera en Cáceres y la segunda en un aeródromo situado en la finca de San Fernando (llamado también Campo del Hospicio, próximo a Aldehuela de la Bóveda, Salamanca), propiedad de los Pérez Tabernero. En esta importante reunión los generales deciden, previo consenso, el otorgamiento del mando único a Franco. Es el punto de inflexión que convertirá a Franquito en el Generalísimo. Fue muy comentado que, durante los años 36 y 37, el Gran Hotel de Salamanca fue el principal foco de tráfico de influencias tanto para cargos civiles como militares. El obispo de Salamanca, Plá y Deniel, cedió su palacio a la Jefatura del Estado y también a su propio secretario, el padre Boulart, como capellán de Franco.

España nueva, libre de políticos y de sus métodos corrompidos, mientras miles de hombres morían ilusionados por la libertad y otros por salvar a España.

Conquistado San Sebastián, se convierte en el tranquilo y divertido refugio de la oligarquía española del momento, para ser conocido como el San Sestabién **(254)**. La alta burguesía, los terratenientes y la nobleza encuentran un lugar seguro y tranquilo a la espera de que desaparezca la República de

España y volver de nuevo, incluso con más ímpetu, a ocupar sus puestos de privilegio, como si no hubiera pasado nada. Solamente que miles de hombres morían ilusionados en los campos de España.

El año 1937 representa para Franco el año de más intensa actividad política, militar y oratoria; es entonces cuando decreta la unificación de las fuerzas políticas, ligadas a la sublevación; se produce la destrucción de Guernica; recibe el apoyo incondicional de la Iglesia con la publicación de la *Carta Colectiva del Episcopado*; muere el general Mola, director de la sublevación; tiene lugar la batalla de Brunete, primera victoria de la República, que Franco, con la ayuda del apóstol Santiago, según declaraciones posteriores, admitiría más tarde repetidamente, trocaría la batalla a su favor.

Se inicia el año con la publicación por el Boletín Oficial de esta Orden:

Sobre la puerta de todos los cuarteles ha de aparecer escrito con grandes letras doradas, bien visible, para que pueda ser leído a distancia este tema, que debe ser constantemente guía del soldado: TODO POR LA PATRIA (...) Los cuarteles son los templos de la Patria y es preciso rendir en ellos ferviente culto, al propio tiempo que al heroísmo, a la justicia, al honor y la disciplina, a sus mártires y a sus glorias pretéritas... **(255)**.

Un mes más tarde, ABC de Sevilla publica un artículo firmado por el marqués de Quintanar **(256)**, y que decía así:

No diré dónde para no herir la sensibilidad de los autores de esta beatificación; pero yo he visto, días pasados, en un pueblecito castellano, próximo a la raya de rojos, cómo en una apoteosis de cruces y de banderas, de niños escolares y de todo un vecindario endomingado, avanzaba el Alcalde por la nave central de la iglesia, llevando la imagen de Jesús, que al terminar la Misa iba a ser entronizada en el Ayuntamiento, y escoltados de otros dos concejales, portador uno de una pintura de la Virgen y el otro de un retrato del Generalísimo, que seguidamente fue instalado en el altar mayor del lado de la Epístola. ¡No andan desencaminados, no, los munícipes sencillos y españolísimos que tal homenaje idearon! El pueblo ha comprendido el valor mesiánico del Ejército, personificado en Franco **(257)**.

Por aquellas fechas se publica en Sevilla un libro titulado *¿Qué es lo nuevo?*, cuyo autor, en una plegaria a la Virgen, dice así:

Haz, Reina y Señora nuestra, que la Cruzada por la Civilización Cristiana sea pronto ganada por el heroísmo español, conducido por nuestro Glorioso Caudillo Franco; pro-

El gobierno de la República encargó a Pablo Ruiz Picasso
una de sus más famosas obras, el *Guernica*.
Esta pintura se ha convertido en uno de los testimonios más patéticos de lo que
significa la destrucción de una ciudad mediante un bombardeo con aviones.
Actualmente se encuentra en el Centro de Arte Reina Sofía de Madrid.
La imagen que nos presenta es premonitoria de muchos otros
episodios acaecidos tras su creación, algunos muy actuales.
El pintor malagueño fue capaz de captar toda la angustia de la destrucción y, sobre
todo, de la incertidumbre.

tégenos, Misericordiosa, contra nuestros enemigos exteriores e interiores. Haz que España llegue a ser pronto Una, Grande y Libre, bajo la égida de su gloriosísimo Caudillo Franco; haz posible que recobre en su día su gloria pasada, con su Monarquía Católica Secular... **(258)**.

A pesar de la campaña iniciada en la prensa para crear un ambiente propicio al caudillaje, las distintas fuerzas políticas pugnan entre sí para alcanzar la supremacía del poder. Falangistas, requetés, monárquicos y cedistas andaban a la greña; tan confuso estaba el ambiente político que Franco aprovechó la ocasión para eliminar los partidos políticos y crear el partido único y erigirse en auténtico dictador. Tras la unificación, todo el poder quedaba en manos de Franco, que pasa a ser *primer camarada en la hermandad y caudillo absoluto*, según escribe ingenuamente Ridruejo **(259)**.

La Falange, tras la fusión con las J.O.N.S., tenía condensado su programa político en 27 puntos. A partir del 19 de abril, día de la Unificación, los puntos falangistas se quedaron convertidos en 26; se suprimió el 27, que decía así: *Nos afanaremos por triunfar en la lucha con sólo las fuerzas sujetas a nuestra disciplina. Pactaremos muy poco. Sólo en el empuje final por la conquista del Estado gestionará el mando las colaboraciones necesarias, siempre que esté asegurado nuestro predominio*.

ABC de Sevilla, en su comentario editorial al discurso del 19, llama a Franco *Verbo y acción de la Cruzada Nacional*. Y considera que *Ha acreditado reiteradamente poseer las dotes de palabra y de dialéctica adecuadas a un Caudillo y a un estadista de su talla histórica*, para denominarle más tarde *Glorioso Capitán de la Cruzada Nacional*, que *Se transfigura en tribuno y comunica a España las creaciones de su pensamiento y los latidos de su espíritu*, para terminar llamándole *El barón de austeridades*.

ABC se pronuncia claramente por la fusión y la unificación de todas las tendencias participantes en la Cruzada y asegura que *Sólo aplausos merece*, aunque parece que no fueron solamente aplausos lo que se oyó en Salamanca, según las disputas violentas y hasta trágicas entre falangistas –de una y otra tendencia– y los requetés, según contarían, años más tarde, algunos protagonistas (260).

Franco dice en el discurso de la unificación:

...queremos militares, soldados de la fe y no politicastros, ni discutidores....

El general aprovecha la oportunidad para anular a los políticos, a los que trata con despecho; les exige la disciplina del soldado.

La hermana del dictador, Pilar Franco, muestra ya en el mes de mayo una vocación muy temprana de hacer declaraciones a la prensa y a la radio; el día 20 habló por "Radio Coruña" en un llamamiento a las mujeres españolas, para que cooperaran y ayudaran en la retaguardia, protegiendo a la mujer desamparada y a los niños huérfanos, a fin de que acabada la guerra se pueda decir: *Tu sangre fue fructífera*.

A finales de abril, el tema que alcanzó fuerte resonancia internacional fue el bombardeo y destrucción de Guernica, el día 26.

Guernica fue. Hoy no es más que brasas y cenizas. En este momento arde todavía pueblo tras horas bombardeo intensísimo bombas incendiarias lo han destrozado totalmente....

Por este telegrama, transmitido unas horas después del bombardeo, por Telesforo Monzón, ministro del Gobierno vasco, se informaba por triplicado a Largo Caballero, a Irujo y a Indalecio Prieto.

Tras el escándalo internacional suscitado por la destrucción de Guernica, Franco, en unas declaraciones a la agencia "United Press", se muestra contundente en sus afirmaciones al expresar:

...los rojos destruyeron a Guernica premeditadamente y con fines de propaganda **(261)**.

Desde el extranjero se pidió una investigación sobre lo ocurrido en Guernica. El Estado Mayor de Franco informa, con fecha 7 de mayo: *Unidades primera línea pidieron directamente a aviación bombardeo cruce carreteras ejecutado avión alemana e italiana, alcanzando por falta de visibilidad por humos y nubes de polvo bombas aviones a la villa....*

A pie de telegrama, Franco escribe de su propia mano lo siguiente: *...Por tanto, no es posible acceder investigación, rojos aprovecharon bombardeo para incendiar población. Investigación constituye maniobra propaganda y desprestigio España nacional y naciones amigas... En ninguna forma conviene acceder asunto Guernica, que carece de importancia*.

Está claro para Franco: el asunto Guernica carece de importancia. Una vez más niega la realidad y solamente cree en aquello que le conviene. Tan poca importancia tiene el bombardeo de Guernica, que Vigón anota en su Diario cinco palabras: *Guernica ha sufrido bastantes destrozos* **(262)**.

El Ayuntamiento de Guernica en sesión plenaria aprobó la concesión de la Medalla de la Villa, en Categoría Especial, Medalla de Brillantes, a S.E. el Jefe del Estado, como sentido homenaje a su persona y a todo cuanto representa **(263)**.

La bibliografía sobre el "asunto Guernica" es abundante y reciente **(264)**.

Durante el mes de mayo, la prensa nacional publicaba frases elogiosas a Franco, como esta de ABC de Sevilla:

La obra de Reconquista y de Restauración tienen un supremo objetivo: España. Su artífice genial tiene un nombre: Franco. España y Franco son en estos momentos sinónimos en el sentido de la adhesión que debemos a la Patria y a su gobernante.

En otra ocasión escribe:

Menéndez Pelayo fecundizó desde hace medio siglo la Cruzada que ahora vemos a punto de coronarse.

Acción Española representa en el Movimiento de reivindicaciones nacionales que Franco acaudilla el elemento fecundante, el germen creador de un clima espiritual, en el que la Cruzada ha encontrado su ambiente **(265).**

Ante los continuos elogios de la prensa a Franco, que se intensificarán constantemente, incluidos los halagos de la Iglesia con sus correspondientes apoyos interesados, llega un momento en el que Franco se cree cuanto le dicen quienes le adulan. Cualquier hombre inteligente percibe enseguida la adulación, pero el mediocre paladea gustosamente el caramelo dulzón. Franco llegará a creerse los elogios que le prodigan.

El mes de junio empieza con una noticia trágica para los militares sublevados: la muerte del general Mola en accidente de aviación en una localidad próxima a Burgos. La personalidad de este general sigue aún sin ser estudiado. Era, ante todo, un militar y nunca ostentó un distintivo o uniforme, como hacían otros generales durante la guerra, que no fuera el reglamentario. Los carlistas le regalaron una boina roja y no lograron que la usase. Los monárquicos desconfiaban de él; en agosto del año anterior había ordenado la expulsión del príncipe don Juan de Borbón de la zona nacionalista. Odiaba el halago y era austero y sobrio.

Serrano Súñer escribe en sus *Memorias*: "*Mola, el general de mayor personalidad, verdadero jefe de la conspiración y el mejor preparado para la política*" (pág. 159).

Jorge Vigón anota en su *Diario*:

1937. Junio, 3, jueves. Noticia de la muerte en accidente del general Mola. Es un dolor que nos afecta a todos. Y todos hacemos lo posible para desechar la tentación de creerlo un mal augurio. Pero, en todo caso, es una pérdida y un daño que se sentirán en adelante. 10, jueves. Ayer tuve una breve conversación con Carlos después de comentar, entristecidos, el accidente que costó la vida al general Mola. Le pregunto qué cree él que va a pasar después de que la guerra termine... **(266)**.

El embajador alemán Faupel escribió que Franco *Se sintió indudablemente aliviado por la noticia de la muerte de Mola*.

Se dijo, entonces, que lo habían matado los alemanes por haber protestado enérgicamente por el bombardeo de Guernica. A partir de su muerte, el general Franco no usó más el avión en sus desplazamientos. *Más tarde me enteré con satisfacción de que los vuelos del Generalísimo estaban suprimidos y en lo sucesivo se trasladaría en coche a visitar los frentes de guerra* **(267)**.

Un buen conocedor del ambiente e intrigas habituales en Burgos, Herrera Oria, declaró a un periodista años más tarde: *Franco le temía. No era un adicto incondicional como él exigía y murió, quizá algún día pueda precisarse cómo, en un accidente de aviación* **(268)**.

El biógrafo de Franco durante el franquismo, Ricardo de la Cierva, que tuvo casi todos los archivos a su disposición, escribe: *Sabemos que Mola llevaba un cuadernito íntimo con datos y reflexiones sobre la actualidad diaria... que no existe rastro de él ni de otros documentos más importantes*. (Ricardo de la Cierva: *Historia Ilustrada de la guerra civil española*, Edit. Dánae, S.A., Barcelona, 1971, 4ª edic.).

La prensa nacionalista continúa en sus elogios a Franco, en un auténtico "culto a la personalidad". ABC de Sevilla escribe: *España, grande y unida, tiene un Caudillo que la restaurará como Imperio en el mundo. La adhesión incondicional a Franco es deber primario e inexcusable de todo español*.

El mayor apoyo psicológico que recibió Franco durante la guerra civil, cuya gran rentabilidad prolongó durante 40 años –do ut des– lo recibió con la publicación de la *Carta Colectiva del Episcopado español*, que apareció a primeros de julio.

La publicación del documento supuso un fuerte respaldo y apoyo a los nacionalistas por el mundo católico internacional, que a través de sus órganos de difusión y propaganda distribuyeron ediciones en Argentina, Chile, Colombia, Uruguay, Francia, Bélgica, Canadá, Inglaterra, Estados Unidos,

Alemania, Hungría, Italia, Polonia, Checoslovaquia, Portugal, Rumanía y China **(269)**, con un total de 36 ediciones en 14 idiomas. (Episcopado español, Burgos, 1938, pág. 14-20).

En el citado libro *El mundo católico*..., se afirma: *Tal estado de cosas exigía al Episcopado español una declaración solemne y representativa en documento colectivo que expresara no pareceres individuales por altos que fueran, sino el sentir unánime de todo el Episcopado, el criterio jerárquico, sereno, objetivo, de máxima autoridad para todos, y, especialmente para los católicos, irrecusable y definitivo* (pág. 30).

Con la misma fidelidad señalan los Obispos los caracteres distintos de las dos grandes fuerzas de choque que iniciaron la guerra el 18 de julio, y que automáticamente dividieron a España en dos campos: el espiritual, el de los sublevados que se levantaron para salvar los valores tradicionales de la vida española y claramente, en un gran sector, para defender la religión; y el revolucionario de socialistas, comunistas y anarquistas, que querían destruirlos de raíz y para siempre y sustituirlos por los del credo marxista (pág. 34).

Asentada esta base, van sacando los obispos conclusiones y previendo reparos con sagacidad política y con discreción pastoral (pág. 34).

Para el recopilador del libro y glosador de la *Carta*, destaca: *La revolución comunista, por la cantidad y el horror de sus excesos, fue excepcional en la historia*, "*premeditada*", "*cruelísima*", "*inhumana*", "*bárbara*", "*conculcadora de los más elementales principios del derecho de gentes*, *antiespañola* y *sobre todo, anticristiana*". El Movimiento acaudillado por Franco es llamado "*nacional*" con justicia, por su espíritu y por su fin. "*Ha fortalecido el sentido de patria*"; dentro de él "*se ha producido el maravilloso fenómeno del martirio. Ha garantizado el orden en el terreno por él dominado*", en el cual, "*además florece la religión y el culto*" (pág. 35).

Y a continuación, el glosador de la *Carta Colectiva*, el jesuita P. Bayle, escribe: *Se acusa a la Carta Colectiva, por los rojos y sus adláteres, de documento político; de haber soltado sus autores el báculo para empuñar la espada* (pág. 36).

El P. Bayle relata en el libro un recuerdo personal, que no ha sido reproducido ni comentado hasta la fecha:

Franco y la solidaridad católica. Lo recuerdo con emoción. Cuando hace cerca de un año, la campaña difamadora en el extranjero contra la obra nacional alcanzaba el punto álgido, en el desnudo salón del Palacio Episcopal de Salamanca –a la sazón Cuartel general–, Franco se dolía amargamente de esta falta de solidaridad católica. Todos los enemigos de la vida cristiana ayudan a los rojos–decía el Generalísimo–, Yo, que sólo me he levantado para defenderla, y aún en el último extremo, cuando de no hacerlo se perdía en nuestro país, no tengo junto a mí a todos los católicos del mundo. Muchos recelan y otros nos atacan. Es muy triste y muy desconsolador...

La iglesia gallega saluda con el brazo en alto a un Franco endiosado (febrero del 38). La Iglesia se sumó con entusiasmo a la rebelión contra la República.

¡Si todos los católicos hubieran oído al Gran Cruzado! **(270)**.

El mejor y mayor resumen comentario sobre el eco alcanzado por la *Carta Colectiva* lo hizo el cardenal Plá y Deniel:

El eco que obtuvo la *Carta Colectiva* de los obispos españoles fue inmenso en todo el mundo, y no sólo en la esfera eclesiástica, sino aun en los gobiernos y cancillerías y en los medios políticos y sociales, ya que se publicaron en ella más de treinta y seis ediciones en catorce lenguas, aparte de ser reproducida íntegra o parcialmente en muchos periódicos de todo el mundo. Mas para nuestro objeto basta hacer resaltar que moralmente toda la Jerarquía eclesiástica universal (unos novecientos obispos) contestó reconociendo la legitimidad de la guerra por parte de la España Nacional y su carácter de Cruzada por la religión cristiana y la civilización. Mucha importancia tuvo la *Carta colectiva de los obispos españoles*.

A partir de los años 60, la Iglesia española quiere olvidar –y hace olvidar–, a toda costa, el recuerdo de la famosa *Carta Colectiva* e inicia la táctica de abandonar todo aquello, que tan fervorosamente defendió. Un periódico francés –*Le Monde*– escribirá más tarde: *La Iglesia española abandona el tren del franquismo, menos el vagón restaurante*.

Cuatro meses después de su publicación, en noviembre de 1937, los obispos se reúnen en Venta de Baños y se expresaron así:

Sobre la "Carta Colectiva del Episcopado español" a los obispos del orbe católico, redactada según el voto unánime de los obispos residentes en España, expresado en febrero último, la Conferencia se congratula del eco que ha hallado ante los hermanos de todo el mundo, de la difusión extraordinaria que ha logrado en todas partes de la tierra, habiéndose reproducido en millones de ejemplares en las principales lenguas, y de la eficacia que ha tenido para desvanecer errores y preocupaciones sobre la guerra que aflige a España.

Y que la paz del Señor sea con todos nosotros, ya que nos ha llamado a todos a la gran obra de la paz universal, que es el establecimiento del Reino de Dios en el mundo por la edificación del Cuerpo de Cristo, que es la Iglesia, de la que nos ha constituido obispos y pastores. Os escribimos desde España, haciendo memoria de los hermanos difuntos y ausentes de la Patria, en la fiesta de la Preciosísima Sangre de Nuestro Señor Jesucristo, 1 de julio de 1937.

La política de exterminio del enemigo, "de los que no piensan como nosotros" se inició invocando el sacrosanto nombre de Dios, de la Patria, de la civilización cristiana, de la moral y de los principios tradicionales y eternos. En una palabra, con conceptos tradicionales, conservadores y contrarrevolucionarios, eliminando a "los sin Dios y sin Patria" **(271)**.

Franco, en unas declaraciones a un periodista francés, durante el II Año Triunfal decía:

...nuestra guerra no es una guerra civil, una guerra de partido, una guerra de pronunciamiento, sino una Cruzada de los hombres que creen en Dios, que creen en el alma humana, que creen en el bien, en el ideal, en el sacrificio, que luchan contra los hombres sin fe, sin moral, sin nobleza. Sí, nuestra guerra es una guerra religiosa. Nosotros,

todos los que combatimos, cristianos o musulmanes, somos soldados de Dios y no luchamos contra otros hombres, sino contra el ateísmo y el materialismo, contra todo lo que rebaja la dignidad humana, que nosotros queremos elevar, purificar y ennoblecer. Nuestro campo es el campo de la fe y de la abnegación (272).

La fraseología no puede ser más idealista ni falsa, según se comprobaría con el paso del tiempo, sin remontarse a 40 años. Se trataba de una ideología conservadora a ultranza, disfrazada de idealismo religioso y patriotero, que escondía descaradamente las intenciones materialistas de mantener la propiedad (el sagrado derecho a la propiedad), y los privilegios, que ya habían empezado a perder con la legislación republicana y sobre todo con el triunfo del Frente Popular, que hacía presagiar un porvenir difícil para la oligarquía económica-eclesiástica.

Entre el bando de los enemigos, o sea, de los fieles a la República se alzará la voz de un hombre calificado de "monstruo" –Azaña–, que en 1937 decía:

Debe afirmarse –yo lo he afirmado siempre– que ninguna política se puede fundar en la decisión de exterminar al adversario; no sólo –y ya es mucho– porque moralmente es una abominación, sino porque, además, es materialmente irrealizable; y la sangre injustamente vertida por el odio, con propósito de exterminio, renace y retoña y fructifica en frutos de maldición (273).

El año 1937 representa una etapa muy importante en el desarrollo y autoestima de la personalidad de Franco y en la organización del nuevo estado.

Durante este año pronuncia el mayor número de discursos y declaraciones a los periódicos y corresponsales extranjeros: 67. Frente a los 54 del año 36, 29 en el 1938 y 22 del año 39.

La primera vez que se escribió la palabra "franquismo" fue en el folleto –rarísimo hoy– de J. García Mercadal (274):

Es buena señal la prontitud con que (Franco) salió al paso de artera maniobra, en razón de que taimada ocurrencia particular echó sobre la cancha de la guerra una falsa moneda de "franquismo", dispuesta a ser jugada no más que para ganar.

Se normaliza e intensifica el suministro de gasolina a las tropas de Franco por la Cía. de petróleos norteamericana TEXACO, que vendió la gasolina a crédito durante toda la Guerra Civil. Hoy ya se sabe que, en aquella Cía., existía un paquete mayoritario de acciones en manos del Vaticano y de los obispos norteamericanos, que de forma directa e importante ayudaron a Franco **(275)**.

Futuro régimen de España, el mismo pueblo español decidirá. Ya lo he dicho: si los españoles expresan el deseo de volver al régimen de Gobierno que dio a España su grandeza pasada, y que duró más de mil años, la decisión les pertenece.

El cardenal Gomá le dijo a Serrano Súñer al llegar a Salamanca:

Dios ha querido traerlo aquí. La guerra va bien, pero no todo ha de ser guerra y sólo guerra. Hay que saber para qué se guerrea, escribe el cuñado en sus "Memorias" (pág. 158).

Franco declara a un corresponsal de agencia inglesa: *Las gentes creían que sólo nos interesaba hacer la guerra; pero nosotros vamos a realizar, al propio tiempo, una profunda revolución de carácter social inspirada en las enseñanzas de la religión católica. Habrá menos personas ricas, pero también menos pobres*.

El 17 de julio de 1937 se cumple el primer año de la iniciación de la Guerra Civil, encontrándose las tropas fijadas e inmovilizadas a las puertas de Madrid y sin esperanza de entrar en la capital. Lo que se inició tan alegremente en el verano anterior no presentaba síntomas de finalizar.

Llevábamos un año de guerra y sólo Dios sabía cuándo terminaría. Al empezarla estaba convencido de que la campaña concluiría en septiembre de 1936, con la llegada de nuestras fuerzas a Madrid **(276)** escribe un conocedor del tema.

Pero julio también traerá una sorpresa: la primera victoria sería del ejército de la República. Los tanques T-26 rompieron el frente, próximo a Madrid y llegaron a Brunete; algunos especialistas han denominado esta batalla como "la batalla de la sed", que Franco logró taponar, para de nuevo dominar el frente e invertir la victoria a su favor, con la ayuda prodigiosa del apóstol Santiago, según insinuaría más tarde.

Tras la victoria en la batalla de Brunete, Franco recibe a los periodistas extranjeros en Salamanca y les invita a visitar el frente y les pide *Que digan la verdad*. Franco anticipa claramente a los periodistas lo que será políticamente el nuevo régimen, al declarar: *(el régimen) seguirá la estructura de los régimenes totalitarios, como Italia y Alemania. Se revestirá de las formas corporativas...*

Como en todo Imperio, se atenderá especialmente al principio jerárquico, se fomentará el amor a la Patria.

La prensa nacionalista prepara una campaña conmemorativa del nombramiento de Franco, mientras ABC de Sevilla escribe: *El nombre de Franco era una lucecita que alumbraba, a lo lejos, las tinieblas de España... al ver que España agonizaba y que todos los valores tradicionales de una raza como la nuestra, descubridora y conquistadora de mundos, se hundían... entonces se hizo el milagro de que España encontrase el hombre que necesitaba para su misma vida, primero, y para su grandeza, después... España no se equivocó al elegir a Franco como el artífice de su triunfo actual y de su gloria futura. Con ser gigantesca la figura del general, no cede ante ella la del estadista... Esta magnífica compenetración del pueblo con su Caudillo, que constantemente presenciamos, esta unión no se romperá nunca. Nunca* **(277)**.

Al cumplirse el primer año de la proclamación de Franco –exaltación, como prefería decir el dictador–, como Jefe y Generalísimo, el Boletín Oficial establece la Fiesta Nacional del Caudillo:

El primero de octubre próximo se cumple el primer aniversario del momento histórico en que asumiendo por Gracia de Dios y verdadera voluntad de España, los máximos poderes, fue solemnemente proclamado Jefe del Estado y Generalísimo de los Ejércitos Nacionales de Tierra, Mar y Aire, excelentísimo Sr. General don Francisco Franco Bahamonde, Jefe Nacional de Falange Española Tradicionalista y de las JONS, y Caudillo supremo del Movimiento Salvador de España.

Por su insuperable dirección de la campaña como Generalísimo, consecuencia de su patriotismo, competencia, valor de soldado y espíritu de sacrificio, nuestro Glorioso e invencible Ejército, alentado por el pueblo que todo lo da por la salvación del país, conquista incesantemente causas que admiran al mundo y con acelerado ritmo, reconquista el suelo patrio, liberándolo del marxismo destructor.

España, la España nacional, consciente de cuanto debe a su Caudillo, anhela rendirle, en la fecha memorable que se avecina, el homenaje de adhesión y gratitud que le es debido **(278)**.

En las declaraciones a la revista norteamericana *Colliers*, en agosto de 1937, afirma: *La guerra habría terminado hace tiempo sin la ayuda de Rusia y del gobierno socialista francés que aprovisionaron a Valencia de armas y hombres.*

Y una semana después, confiesa a *La Revue Belge*: *No pensé que la guerra durase tanto tiempo*.

En las declaraciones a *Figaro* de París, en octubre de 1936, Franco declara: *España deseaba este Movimiento; nosotros no hicimos más que obedecer la voluntad nacional*, para agregar: *Este Movimiento, según las últimas noticias, parece cercano al triunfo*.

Por primera y única vez, Franco, al referirse a sus tropas, que avanzan sobre Madrid, las denomina "los blancos", en contraposición a "los rojos".

Al mes siguiente, en noviembre, en unas declaraciones a la prensa española, Franco afirma que *la guerra ya está ganada... Un día se levantarán ustedes con la sorpresa de que la guerra terminó*.

En el mismo mes de noviembre, Franco hace unas declaraciones al corresponsal de la Agencia News Service norteamericana, dirigiéndose a los católicos de aquel país, les anuncia que ha sido *Anulada la Constitución laica de la República por un Decreto mío*. Algo que el pueblo norteamericano no comprende, ni comprenderá jamás, que un hombre anule una constitución. Franco se dirige a los católicos norteamericanos anunciándoles: *Nuestra guerra es una guerra de defensa de la Iglesia, de nuestra religión y de la Civilización cristiana*. Nada más; o sea, que no existen otras motivaciones ocultas. Y les comunica: *Estamos haciendo también una profunda revolución en sentido social que se inspira en las enseñanzas de la Iglesia católica*, para afirmar: *Habrá menos ricos, pero también habrá menos pobres*.

Franco en el frente de batalla.
Durante el verano del 37, los republicanos rompen el frente de la carretera de La Coruña en Madrid y avanzan hacia Brunete.
Franco se enfurece por el desastre y cesa al jefe de las unidades, reorganiza el frente y, con sus fieles legionarios, les infringe una gran derrota.
Ningún ejército disponía de agua y por eso se llamó a Brunete la "batalla de la sed".
Esta victoria tuvo lugar el 25 de julio y por ello Franco atribuyó públicamente la victoria al apóstol Santiago.

Franco se dirige a los católicos norteamericanos: *No hará falta Universidad católica, porque todas nuestras Universidades serán católicas y en ellas habrá una enseñanza superior religiosa de carácter filosófico*, para lamentarse a continuación: *Los españoles de carrera no tenemos suficiente cultura religiosa*, para después declarar: *Nuestro Estado ha de ser un Estado católico en lo social y en lo espiritual; porque católica ha sido, es y será la verdadera España.*

Frente a esta profesión de fe católica que dice Franco a los católicos norteamericanos, hace unas declaraciones en aquellos días a los ingleses, a través de la Agencia Havas y del *Daily Mail*, saliendo a deshacer un intento de mediación de paz iniciado por el Gobierno inglés, donde afirma rotundamente: *Declaro que ganaré la guerra por las armas, que me niego a recibir toda propuesta de mediación y que no aceptaré compromiso alguno con el gobierno de Valencia,* para vaticinar: *Esta Nueva España será un país de justicia, de clemencia y de fraternidad*. A continuación asegura: *La guerra ha sido ya ganada en los campos de batalla, así como en el terreno económico, comercial, industrial e incluso social. La terminaré y estoy dispuesto a terminarla militarmente, consideraré como traidor y castigaré como tal a todo español que ponga en duda nuestra decisión de terminarla así*.

En las mismas fechas, Franco hace unas declaraciones al corresponsal de *La Prensa*, de Buenos Aires, en las que define el régimen *Tradicional español: Un Estado, una Patria, un pensamiento y un brazo para dirigirlos. El Estado será Nacional Sindicalista; sus órganos consultivos y de construcción, las Corporaciones; y su motor, el ansia de hacer una España grande, fuerte, justa y humana*. A la pregunta del periodista de si será consultado el pueblo mediante un plebiscito, Franco contesta rotundo y seguro: *No es necesario; el pueblo ya se pronunció. Falangistas y Tradicionalistas, que es decir España en nervio, sangre y alma, están fundidos en partido único, cuya aspiración máxima, es única también: la grandeza y prosperidad de España*. Y a continuación agrega, refiriéndose a los voluntarios extranjeros en el ejército nacionalista: *Han acudido a nuestro lado en un impulso heroico, movidos por un santo anhelo de defender la civilización y la paz del mundo... su ayuda es puramente moral*. Sin embargo, cuando habla Franco de los extranjeros que combaten con los republicanos los califica de *desgraciados*. Al preguntarle el periodista por el fusilamiento del poeta García Lorca, responde Franco: *Se ha hablado mucho en el extranjero de un escritor granadino... ese escritor murió mezclado con los revoltosos; son los accidentes naturales de la guerra... como poeta, su pérdida ha sido lamentable*.

También en aquellos días de noviembre, Franco hizo unas declaraciones a *L'Echo de París* donde aseguró: *Nuestra guerra no es una guerra civil, una guerra de partido, una guerra de pronunciamiento, sino una cruzada de los hombres que creen en Dios, que creen en el alma humana, que creen en el bien, en el ideal, en el sacrificio, que luchan contra los hombres sin fe, sin moral, sin nobleza... nuestra guerra es una guerra religiosa. Nosotros, todos los que combatimos, cristianos o musulmanes, somos soldados de Dios y no luchamos contra otros hombres, sino contra el ateísmo y el materialismo*.

Y a finales de noviembre, Franco concede unas declaraciones al corresponsal del periódico japonés *Asahi* asegura: *Yo no tengo ningún gusto especial: no fumo ni tengo afición por el alcohol. Lo que me distrae más es jugar con mis hijos* (y Franco comete un olvido freudiano: sólo tenía una hija). Y termina con un deseo: *Cuando haya concluido mi misión, me retiraré al campo para vivir tranquilamente la vida de familia*. Pero Franco ignoraba aquello que dijo un filósofo: cuando el hombre conoció el poder, olvidó los demás placeres.

En agosto de 1937, Franco publica un artículo en *La Revue Belge*, titulado ¿Dónde estamos? y trata de hacer una capitulación y justificación de las causas de la sublevación militar, declarando: *Los jefes del Ejército no intervinieron hasta tener la convicción de que solamente su acción podía salvar al país de la ruina completa*, para denunciar: *La revolución comunista que debía estallar en mayo fue pospuesta para junio y, por último, hasta fines de julio*.

A continuación se justifica ante la sospecha de ambición de poder, diciendo: *Ninguno de nosotros se ha dejado guiar por la ambición o el deseo de apoderarse del poder. Sólo nos han guiado los más altos ideales y motivos puramente altruistas*, para resumir: *La sublevación fue de parte del pueblo, un acto de legítima defensa; de parte de sus jefes, un acto de legítima indignación*.

Franco explica la prolongación de la guerra, porque *En ciertos barcos de la marina de guerra, los marineros, siguiendo instrucciones del Gobierno rojo de Madrid, se amotinaron y asesinaron a la oficialidad. (Si no hubiese sido así, yo habría transportado nuestras fuerzas de Marruecos a España en muy poco tiempo, y Madrid hubiese sido nuestro en septiembre, tal vez a fines de agosto. La guerra habría terminado con el año 1936.*

En el artículo publicado en la revista belga, Franco habla continuamente en primera persona: "*Yo habría transportado*". "*Yo hubiese podido movilizar*". "*He preferido apoyarme en verdaderos soldados*". "*Afirmo que el comunismo será completamente destruido y extirpado de toda España*". "*No necesito tomar medida alguna para evitar un levantamiento del pueblo contra mí*". "*El pueblo me sostiene*". "*Me sostiene el Movimiento que dirijo...*"

En la segunda parte del artículo, al hablar sobre el futuro de España, asegura: *La Nueva España será fiel a sus tradiciones milenarias... No basaremos el régimen futuro en sistemas democráticos*. Y agrega a continuación: *En lo que se refiere al futuro régimen de España, el mismo pueblo español decidirá. Ya lo he dicho: si los españoles expresan el deseo de volver al régimen de Gobierno que dio a España su grandeza pasada, y que duró más de mil años, la decisión les pertenece*.

Y un ilustre clérigo, don Eloy Montero, catedrático de Derecho Canónico y más tarde Decano de la Facultad de Derecho de la Universidad de Madrid, mantenía la teoría de que el Alzamiento del 18 de julio fue un milagro. Y en una exaltación casi de fanático, escribió que milagro fue que no fracasara; milagrosa la gesta de Queipo de Llano en Sevilla; milagroso el paso del Estrecho; milagrosa, la conquista del Norte; milagrosa la victoria. Y a continuación se pregunta esta lumbrera de la Universidad española del franquismo, ¿cómo es posible que Dios que comenzó su obra de milagro, vaya a dejarla inacabada? *No, esto no puede pensarse de la Sabiduría Infinita* **(279)**.

Ramón Garriga, gran conocedor de las intrigas políticas de los años 40, que trabajó como periodista y colaborador de Serrano Súñer en el Servicio de Información, es tajante en apreciar la responsabilidad del cuñado en la construcción del mito que convirtió a Franco en el Caudillo. A este respecto escribe: *Serrano Súñer fue el mejor colaborador que encontró Franco en la Guerra Civil española para convertirse en el Caudillo. El gran pecado de Serrano Súñer consistió en consolidar el mito que hacía de Franco un caudillo providencial. Y ha sido un buen espec-*

tador de cómo se forjó la leyenda del genio providencial de Franco y de la labor continua y leal que Serrano Súñer llevó a cabo para ir suprimiendo los obstáculos que subsistían para imponer la voluntad única del Caudillo. Si hay que acusar a Serrano Súñer de algo grave es precisamente la de haber contribuido, más que nadie, a consolidar el poder absoluto y tiránico de Franco sobre el pueblo **(280)**.

Los generales de la Junta de Burgos se encontraron poco a poco con que iban siendo arrinconados y perdían su influencia, puesto que Franco no contaba con ellos para cosas importantes del Gobierno, mientras que el general asumía continuamente y día a día la autoridad más absoluta y personal. En agosto de 1937, ya muerto Mola y Queipo aislado, sin acción efectiva en los frentes de batalla, los jóvenes comandantes y coroneles iniciadores de la sublevación adquirían cada día mayor importancia y eran promocionados por Franco a puestos de superior categoría, cuando el Generalísimo se apropió del poder absoluto y personal. El 4 de agosto firma Franco el decreto aprobando los Estatutos de Falange, que había redactado el cuñado y aceptado la Junta Política, fiel hechura de Serrano. Casi perdido en el articulado se encuentra el artículo 47, génesis del dictador, y dice así: *El Jefe Nacional de Falange Española Tradicionalista y de las JONS Supremo Caudillo del Movimiento, personifica todos los valores y todos los honores del mismo. Como autor de la Era histórica donde España adquiere las posibilidades de realizar su destino y con él los anhelos del Movimiento, el Jefe asume en su entera plenitud la más absoluta autoridad. El jefe responde ante Dios y ante la Historia*.

He aquí erigido ya en dictador a un general que fue nombrado en Salamanca por unos generales que habían limitado su jefatura hasta la terminación de la guerra, pero que quedaron sorprendidos al conocer que "*el Jefe responde ante Dios y ante la Historia*". Se había convertido oficialmente en Caudillo de una dictadura. Los generales creían que Franco tendría que responder ante ellos y esto les pareció una burla, pero admitieron el hecho consumado, haciendo culpable de ello al cuñado.

Verdaderamente no hubo oposición política definida al famoso artículo 47, excepto Dionisio Ridruejo, que sugirió con desenfado, que los Estatutos debían incluir un artículo donde el Jefe "*podría ser destituido en caso de traición*".

El general Emilio Mola fue el organizador de la sublevación. Desde Pamplona mandaba circulares a los implicados en el Alzamiento firmándolas como "el Director". En los momentos previos, Franco se mostraba indeciso y le envió un mensaje cifrado para que no contase con él. Estaba escrito en un papel cebolla y fue entregado a Mola oculto en el cinturón de una chica joven. Cuando Mola rajó el cinturón y leyó el mensaje exclamó: *Estoy hasta los cojones de estos gallegos*. Más tarde, y gracias al apoyo de Juan March, Franco acabaría sumandose al Alzamiento a las órdenes del general Sanjurjo. Tras el bombardeo y destrucción de Guernica por aviones Stuka alemanes (que fueron probados por primera vez allí), Mola se permitió criticar duramente al alto mando alemán y ello le costó la vida. Los germanos, en junio del 37 colocaron una bomba en el avión que llevaba a Mola a entrevistarse con Franco en Burgos que explotó en vuelo muriendo todos sus ocupantes. Desde ese momento Franco se negó a viajar en avión, cosa que no volvería a hacer hasta finalizada la guerra. Sólo viajó desde entonces en el autobús *Terminus*, acondicionado como vivienda y despacho.

Esta frase indignó a Franco y esperó el tiempo necesario. Jamás olvidaba una ofensa. ¿Cómo un joven conocido como "intelectual" se atrevía a poner en duda su futura actuación, la de un militar que había dedicado siempre su vida a la salvación de España? Franco se sentía verdadero desprecio por los intelectuales, *conocidos por su característica soberbia*, según nos cuenta el primo-secretario.

Se habló mucho de la dureza de Franco durante la Guerra Civil, fusilando prisioneros y mostrándose sin piedad para los voluntarios de las Brigadas Internacionales, "chusma de Europa", como les llamó. La dureza y falta de piedad de Franco tenía unos antecedentes ya puestos de manifiesto durante su estancia en la Legión, donde hizo fusilar a un hombre porque había arrojado un plato de comida a un oficial. Esta historia real fue adquiriendo caracteres de leyenda y hubo interés en olvidar el hecho. Pero en 1956, el primo-secretario, Franco Salgado-Araujo, escribe lo siguiente:

He preguntado al Generalísimo si era verdad lo que publicaba un periódico americano de que cuando Franco mandaba la Legión en Uad-lau un legionario le tiró a la cara un plato de lentejas. Me dice:

"No cuenta el incidente tal como ocurrió. En las dos banderas que estaban en Uad-lau al organizar la Legión hubo muchos casos de indisciplina y de deserción; la gente se escapaba en botes. Había que poner fin a tal estado de cosas y escribí al entonces teniente coronel Millán Astray pidiéndole que autorizase la aplicación de la pena de muerte a los legionarios que frente al enemigo cometieran delitos de gravedad. Millán me contestó que había consultado a las autoridades y que de ninguna manera se podía autorizar la aplicación de dicha pena sin las garantías que marca el código de justicia militar. Le manifesté que salía de Uad-lau para reunirme con él. A los pocos días de esto me dan cuenta de que un legionario se negaba a que le sirviesen el plato con la comida. El oficial, que era el hoy coronel laureado señor Montero, dijo al legionario que la comida había que servírsela, pero que si no quería comérsela que no lo hiciera. Se sirvió la comida al legionario y éste arrojó el plato con su contenido a este oficial. Me dio cuenta de esto y ordené tocar a formar, comprobando la veracidad de lo ocurrido por las declaraciones de los testigos. Entonces ordené que un pelotón de legionarios fusilase al compañero rebelde, y desfiló la Legión delante del cadáver. A continuación informé de lo ocurrido al teniente coronel Millán, diciéndole que lo había hecho bajo mi responsabilidad y pensando en la existencia de la Legión, que necesitaba aplicar un castigo ejemplar para restablecer la disciplina" **(281)**.

Foto histórica: el general Sanjurjo toma el vuelo que le costará la vida. Era el oficial de mayor prestigio entre las derechas, y ya había sido el protagonista de la sublevación del 10 de agosto del 32 en Sevilla, que fracasó y le valió la condena a pena de muerte conmutada después por cadena perpetua. Fue excarcelado por el gobierno de derechas en el 33 y partió desterrado a Portugal en

el 34. Sanjurjo, que oficialmente era el iniciador y la cabeza de la sublevación, intenta viajar de Portugal a Sevilla el 20 de Julio del 36 para ponerse al frente del Movimiento. La avioneta no consigue despegar por sobrecarga y acaba chocando contra una arboleda que había al final de la pista, muriendo sus ocupantes. Esta es otra "muerte providencial" que allanaría el camino a Franco.

Capitán General de la Armada

A finales de enero de 1938, Franco disuelve la Junta Técnica creada en octubre de 1936. Ya se considera más seguro de su poder, muertos Sanjurjo, Cabanellas y Mola. A Queipo de Llano le hace callar a primeros de febrero, al ser sustituidas las "charlas patrióticas" por el parte oficial de guerra del Cuartel General del Generalísimo. Desde que Franco asume el poder en Burgos imprime un ritmo más lento a la guerra, porque con ello no sólo asegura la victoria–según dice–, sino que va recogiendo metódicamente en su mano todos los resortes del poder sin dejar un cabo suelto. Cuanto más dure la guerra más posibilidades tiene él de permanecer en el poder, que según lo convenido –pacto entre caballeros– las condiciones de entrega del poder por los generales de la Junta estaban supeditadas hasta finalizar la guerra. Y él lo sabía perfectamente, por eso su nombramiento consistía en "Jefe del Gobierno del Estado español". Nada más. El resto del poder se lo apropió deliberadamente.

La técnica es muy vieja y sencilla: mantenerse el máximo tiempo posible en el poder, mientras elimina paulatinamente, pero sin pausa, a todos aquellos que se lo entregaron. Es la técnica de todas las dictaduras. Stalin eliminó a la vieja guardia bolchevique; Hitler, a los viejos camaradas; Mussolini, también, y así empiezan y se mantienen los dictadores. Franco les prometió a los generales, en el discurso de la toma de posesión el 1 de octubre, que siempre los tendría a su lado. No fue así. A Cabanellas, el presidente de la Junta, lo arrinconó, quitándole el mando de las tropas. Mola, el impaciente, que quería conquistar el Norte, tras el fracaso al entrar en Madrid, murió en un accidente de aviación todavía no aclarado. A Queipo de Llano, el más fogoso e inquieto, lo mantuvo alejado de toda actividad militar y guerrera en Sevilla, como Jefe del Ejército del Sur, que no libraría ninguna batalla importante ni decisiva. Incluso le obstaculizó la conquista del Santuario de la Virgen de la Cabeza en Andújar, para que no se adjudicara éxitos ni victorias, inmovilizando al Ejército del Sur en un frente estable y fijo, sin apenas escaramuzas de importancia. A Queipo le odiaba, por eso, en la primera ocasión que tuvo en 1939 lo eliminó, enviándole a Italia de embajador extraordinario. Ese sería su final.

A mediados de abril, se publica la nueva Ley de Prensa, redactada por Serrano Súñer y sus asesores. Resulta sumamente interesante leer la exposición de motivos, que entre otras ideas dice lo siguiente: ... *Cuando en los campos de batalla se luchaba contra unos principios que habían llevado a la Patria a un trance de agonía, no podía perdurar un sistema que siguiera tolerando la existencia de ese cuarto poder, del que se quería hacer una premisa indiscutible. Correspondiendo a la Prensa funciones tan esenciales como las de transmitir al Estado las voces de la nación y comunicar a ésta las órdenes y directrices del Estado y de su Gobierno; siendo la Prensa órgano decisivo en la formación de la cultura popular, y sobre todo en la creación de conciencia colectiva, no podía admitirse que el periodismo continuara viviendo al margen del Estado. (...) los daños que una libertad entendida al estilo democrático había ocasionado a una masa de lectores diariamente envenenados por una Prensa sectaria y antinacional. (...) hacia esa meta propuesta de despertar en la Prensa la idea del servicio al Estado. (...) Así, redimido el periodismo de la servidumbre capitalista, de las clientelas reaccionarias o marxistas, es hoy cuando auténtica y solemnemente puede declararse la libertad de Prensa. (...) ya nunca podrá desembocar en aquel libertinaje democrático...*

Para Serrano Súñer, la Junta Técnica *Salvo contadas excepciones* –Amado–, *estuvo constituida por personas sin relieve ni mérito y algunos de sus miembros de menor valor intrigaron luego y durante muchos años hasta lograr que se les diera el nombre y consideración de ministros. ¡Qué obsesión! Supongo que con jubilación y todo, ¡Qué obsesión y qué codicia!* **(282)**.

Franco, una vez elevado al supremo poder –al mando, como él decía–, se dedicó única y exclusivamente a dirigir la guerra, que era, en realidad, lo que a él le gustaba (la cacería de hombres). Cuando su cuñado Serrano Súñer se unió a él, *Franco seguía principalmente atento a las operaciones militares y a la represión* **(283)**. Con ello alcanzaría el prestigio que deseaba y consolidaría su poder.

El año 1938 trajo una noticia que a Franco le dio tranquilidad y gozo: la muerte del general don Miguel Cabanellas Ferrer, ex presidente de la Junta de Defensa Nacional, masón, número uno del escalafón militar de los generales sublevados y hombre que entregó el poder al general Franco en Burgos en la mañana del 1 de octubre de 1936. Cabanellas fue el único general que votó en contra durante la reunión de Salamanca y se opuso a la entrega del poder a Franco, en "el mando único". Cabanellas murió en Málaga, olvidado y arrinconado; sus pertenencias personales y documentos fueron secuestrados por la autoridad competente, buscando información sobre masones.

En marzo de 1938 se deroga la Ley de Matrimonio Civil y la Ley de Divorcio de la República. Y un mes después, Serrano Súñer hace unas declaraciones al periódico nazi *Völkischer Beobachtes*, que fueron reproducidas en la prensa española. Una frase del cuñado molestó mucho: *Tenemos hoy a Cataluña en la punta de nuestras bayonetas. La cuestión del dominio material es cosa de poco tiempo*.

La guerra civil se ha prolongado demasiado ya y no se perfila claramente un vencedor. Surgen intentos de mediación para alcanzar pronto la paz. Franco no acepta las ideas "generosas" de Yagüe ni el perdón que ofrecía; pero mucho menos acepta los "13 puntos de Negrín", que buscaba un compromiso de paz. Yagüe habló de ser generoso: *...Hay que tener el alma grande y saber perdonar. Nosotros somos fuertes y nos podemos permitir ese lujo*. El general comete un error al pedir generosidad y perdón, porque demuestra que, a pesar de haber estado tantos años juntos en Marruecos, no conoce bien a Franco, que no perdona jamás a sus enemigos, ni es generoso. Por el contrario, Franco es un hombre rencoroso, que no olvida.

Pero hay algo más, que Franco no puede ni siquiera oír: la idea lanzada por Prieto de formar un gobierno de coalición con Gil Robles, Franco, Negrín y el mismo Prieto, junto con algunos moderados más. Esta idea irritó a Franco. Esta idea iba contra sus deseos de permanencia en el poder; algo que Franco no podía aceptar jamás. *Yo que soy el que era* –dirá un año después– *y el que fui siempre*.

ABC de Madrid escribe: *Yagüe, a quien se acusa de alta traición, no está solo en su rebelión contra Franco* **(284)**.

La reacción oficial no tarda y en los periódicos de la zona nacionalista aparecen editoriales y artículos denunciando la maniobra de mediación y paz. En un discurso pronunciado por Franco en aquellos días, dice lo siguiente:

Cuantos deseen la mediación consciente o inconscientemente sirven a los rojos y a los enemigos encubiertos de España (285).

Se inicia una gran campaña de prensa y radio contra la mediación entre los bandos contendientes. Y se exige la victoria del dictador: *En el nombre del destino de España, de sus héroes y de sus mártires, la Patria exige la victoria incondicional y total de Franco*.

Los soldados de Franco llegan al Mediterráneo por Vinaroz, y se celebran corridas de toros, para festejar la victoria. En Burgos torean Antonio Márquez, Marcial Lalanda y Manolo Bienvenida; En Sevilla, Chicuelo, la Serna y Pascual Márquez.

Francisco Franco pasa revista a la Escuadra nacional frente a las playas de Vinaroz, el último día de mayo. Se trata de una visita importante que ha sido poco analizada en las biografías. Franco llega a bordo vestido de general del ejército de tierra. ABC escribe: *El Caudillo subió a bordo, recorriendo todas las dependencias del barco de guerra y deteniéndose en el puesto de mando. (...) El Generalísimo fue preguntando diversos detalles en cada barco y manifestó claramente el vivísimo interés que le inspira la Marina de guerra* (286).

Se trata de una vuelta a la infancia y a la juventud, a la vocación frustrada de marino. Psicológicamente es una regresión a los sueños imposibles, con la fijación consiguiente que mantuvo toda la vida. El periodista lo expresa muy bien: *Manifestó claramente el vivísimo interés que le inspira la Marina de guerra*. Se comportó como un niño de juguete, *recorriendo las dependencias del barco de guerra y deteniéndose en el puesto de mando*.

Después pronuncia un discurso lleno de tópicos, improvisado y mediocre, recordando el Imperio: *Marinos del Imperio español, que diciendo Imperio hay que decir Marina y cuando la Marina desaparece, cuando sus buques no surcan los mares, cuando la bandera de España no pasea por el mundo, ya no hay Imperio y ya no hay España*.... Tiene toda una connotación sobre la guerra de Cuba y el Desastre del 98, tan presente siempre en el inconsciente de Franco.

No sólo Queipo crea problemas con su ironía y sarcasmo, sino también los amigos. Los amigos y compañeros de promoción de la Academia, como Juan Yagüe, que cruzó el Estrecho con las tropas de Marruecos, conquistó

Extremadura y llegó hasta Maqueda, a 75 km de Madrid, negándose a liberar a los sitiados en el Alcázar de Toledo. En 1938, en la celebración del aniversario de la Unificación, ante unos falangistas, elogió a los combatientes de la República y agregó: *...En las cárceles, camaradas, hay miles y miles de hombres que sufren prisión. ¿Y por qué? Por haber pertenecido a algún partido o a algún sindicato. Entre esos hombres hay muchos honrados y trabajadores, a los que con muy poco esfuerzo, con un poco de cariño, se les incorporaría al Movimiento (...) Hay que ser generosos, camaradas. Hay que tener el alma grande y saber perdonar. Nosotros somos fuertes y nos podemos permitir ese lujo...* **(287)**.

Abril trae también contenido cultural. Eugenio d'Ors ingresa en la Real Academia de la Lengua, y el arquitecto Muguruza, en la de Bellas Artes. Eugenio d'Ors, que ocupaba el sillón vacante de Unamuno, lo calificó de *Rector que no regía ni se regía* y de *Hijo de un fin de siglo decadente* **(288)**.

Por su parte, la revista Vértice publica la opinión de don Pedro Sáinz Rodríguez, ministro de Educación Nacional, a la encuesta de: ¿Qué contenido tiene para nosotros la palabra Imperio?:

...Nuestro Imperio fue el momento cumbre de nuestra catolicidad, aquel período de nuestra Historia en que España vivió en la justificada persuasión de ser la Nueva Roma y el Israel cristiano. (...) el orden católico, la cultura clásica y el poderío militar. Estas serán las tres columnas de nuestra futura España y nuestro Imperio consiste en la tarea ingente de salvar de nuevo el ideal espiritual (...) y hacer de las grandes reservas morales de nuestro pueblo la "sal del mundo".

Los católicos celebran jubilosos que Carmencita Franco *Apóstol de Cristo y soldado del Papa*, ha ingresado en la Acción Católica, mientras los alemanes la denominan *Una organización religiosa de la Falange*.

El Consejo de ministros del 3 de mayo aprobó un decreto, *Restableciendo la Compañía de Jesús y derogando el de 23 de enero del año 1932 sobre su disolución e incautación de sus bienes*.

A primeros de junio, doña Carmen Polo de Franco llega a la Coruña para tomar posesión del Pazo de Meirás, como propiedad, tras la suscripción cubierta casi en su totalidad por el Ayuntamiento y el Sr. Barrié, que más tarde sería recompensado por Franco con el extraño título nobiliario de Conde de FENOSA (Fuerzas Eléctricas del Noroeste, S.A.). Doña Carmen, la asturiana, se preocupará inmediatamente de acondicionar el Pazo y decorarlo con gran cantidad de escudos nobiliarios de piedra recogidos o regalados de viejos palacios de la región. Con la democracia, tras la muerte de su esposo, el Rey le concederá el título de Señora de Meirás, Grande de España.

Al revistar Franco la Escuadra de Vinaroz comentó con el almirante Moreno que su mayor deseo fue siempre vestir el uniforme de marino. Y el 16 de julio, la Virgen del Carmen, patrona de los hombres de la mar, el almirante Cervera dirige a Franco el siguiente telegrama:

El Almirante Jefe del Estado Mayor de Marina al Generalísimo. La Marina Nacional, en su nombre y en el de los caídos, se dirige a Vuecencia, en respetuoso ruego de que se digne honrarla vistiendo su uniforme. Salúdale.

Y como vestir el uniforme le parece poco, le envía una carta en nombre de toda la Marina para *...que se digne aceptar el cargo honorífico de almirante de la Armada*.

Franco acepta inmediatamente con carácter efectivo y no honorífico. He aquí su deseo más soñado y más querido: vestir el uniforme de marino. ¿Qué pensará el viejo don Nicolás Franco de su hijo Paquito vestido de almirante? Por fin lo ha conseguido. Su sueño juvenil se hizo realidad. Había sido necesario llegar a una horrible guerra civil para vestir el uniforme de marino. Había llegado hasta la cima del escalafón militar desde el lugar 23 de la Escala de Generales de División, en julio del 36. Había alcanzado lo más alto, la cúspide (*Si un hombre llega a la cúspide, no dirá cómo arribó allí*).

El Consejo de Ministros, al examinar la solicitud que la Armada elevó al Jefe del Estado en súplica de que vista su uniforme, ha estimado conveniente aconsejarle acepte tal galardón, y el Generalísimo, muy complacido, se ha servido aceptarlo, honrando con ello a nuestra gloriosa Marina de Guerra.

Pero el Consejo de Ministros ha creído de su deber aprovechar esta oportunidad para afrontar cuestión tan fundamental e inaplazable, cual es la de precisar la jerarquía militar que corresponde a quien ostenta la Jefatura del Estado y, en este caso, también la del Gobierno, la Nacional de Falange Española Tradicionalista y de las J.O.N.S. y, como Generalísimo el mando directo de los Ejércitos de Tierra, Mar y Aire, y ha considerado que ha de ser la máxima.

Al acordarlo así se recoge el sentir unánime de la España Nacional, que cifra en su Generalísimo y Caudillo FRANCO todas sus esperanzas de salvación y resurgimiento; el de Falange Española Tradicionalista y de las J.O.N.S. que agrupada se halla al servicio permanente de su Jefe Nacional, para contribuir a la regeneración de España y el del Ejército y la Armada, que anhelan ver a su Generalísimo que tan magistralmente dirige su ingente e incomparable obra, exaltado a la jerarquía que indiscutiblemente le corresponde. También cree el Gobierno rendir tributo de justicia a quien, por designio Divino y asumiendo la máxima responsabilidad ante su pueblo y ante la Historia, tuvo la inspiración, el acierto y el valor de alzar la España auténtica contra la anti-Patria y, después como artífice inimitable de todo nuestro Movimiento, dirige personalmente y en forma insuperable una de las más difíciles campañas que registra la Historia, conduciendo a nuestros bravos soldados de victoria en victoria y a pasos agigantados al triunfo final, y como Jefe del Estado y Presidente del Gobierno rige los destinos de la Nación con desvelo y acierto universalmente admirados.

Todas estas consideraciones se han impuesto imperiosamente al Gobierno que, al deliberar sobre este asunto y tomar el partido al principio expuesto, está seguro de cumplir un sagrado deber y prestar un señalado servicio a la Patria.

En su virtud, de acuerdo con el Gobierno y como Vicepresidente del mismo,

DISPONGO:

Artículo primero.- Se restablece la dignidad de Capitán General en el Ejército y en la Armada, con todos los honores y privilegios y prerrogativas de que gozaba antes de ser suprimida.

Franco, Capitán General de la Armada. El General siempre quiso ser marino y entrar en la Academia. Toda su juventud vivió obsesionado por vestir algún día el uniforme de la Marina, posiblemente porque para ser "algo" entre las familias "bien" de El Ferrol había que pertenecer al cuerpo. El 16 de julio de 1938, en medio de un desfile militar, le hace a un almirante el comentario de que le hubiera gustado pertenecer a la Marina. Poco después, a sugerencia del Gobierno, se le nombra Almirante de la Marina a la cabeza de todo el escalafón, algo que para Franco supuso una de las mayores satisfacciones de su vida. Posteriormente distribuyó docenas de copias de su retrato con su uniforme de Capitán General de la Armada por todos los cuarteles donde había estado.

Artículo segundo.- Se exalta a la dignidad de Capitán General del Ejército y de la Armada al Jefe del Estado, Generalísimo de los Ejércitos de Tierra, Mar y Aire y Jefe Nacional de Falange Española Tradicionalista y de las J.O.N.S., Excelentísimo Señor don Francisco Franco Bahamonde.

Dado en Burgos a dieciocho de julio de mil novecientos treinta y ocho. III Año Triunfal.

El Vicepresidente del Gobierno

FRANCISCO GOMEZ JORDANA Y SOUSA **(289)**

Cuando las tropas de Franco llegan al mar Mediterráneo, por Vinaroz, el vocero de Franco escribe: *Cuando Franco, arribando al mar, tajó con su espada en dos pedazos la Bestia roja –como San Jorge al Dragón o San Miguel al Demonio–, ya nuestra España creyó haber llegado al fin de su drama y de su guerra* **(290)**.

Y hace responsable a la "Bestia roja" de todos los males de España: *El católico, en España, había perdido su Dios. El monárquico, su rey. El aristócrata, su señorío. El militar, su espada. El patrono, su capacidad de iniciativa. El operario, su posibilidad de trabajo. La mujer, su hogar. El hijo, el respeto al padre. Y hasta la lengua española, "compañera del Imperio" –como la llamó Lebrija ante los Reyes Católicos–, era una escupidera para toda clase de inmundicias regionales* (pág. 8 y 9). Y agrega Jiménez Caballero en sus elogios: *...en la siega trágica de nuestros mejores hombres, Dios, desde el primer momento, fue con su mano de providencia salvando a este UNO, a ese hombre que toda España aclama hoy con este nombre único, en el que se resume todo: FRANCO* (pág. 11).

El folleto de Jiménez Caballero contiene un florilegio de elogios, de alabanzas desmesuradas y de un descarado culto a la personalidad: *Un hombre que se pone al frente de una Causa, como la nuestra, "en un acto de servicio", con la misma disciplina, humildad, hombría, sacrificio y deber que cuando España le encargó de tomar tal cota de Marruecos o atacar tal poblado con la Legión. Todos los combatientes sabemos –sin habérnoslo dicho los unos a los otros– que FRANCO es el que tiene el 'servicio más duro'; el que no puede retroceder, le guste o no le guste su servicio; el que quedará firme hasta siempre en su puesto. (...) Sencillo, natural, modesto y hasta casi pobre. Así es nuestro Caudillo. (...) Sólo un hombre que no nos quiera aplastar con su soberbia o su falsa mandonería o su intelectualismo o su dinero, puede ser el Padre y Jefe de los españoles. (...) nos manda, ni envidiado ni envidioso, "con sonrisa de padre" y "con dureza de padre" si es preciso. Y eso lo logra porque es, ante todo, padre. Y por eso es un religioso de verdad. Ya que sabe lo que es tener un Padre todopoderoso encima de nuestros personales destinos. (...) Y por eso la juventud le adorará más cada día, como adora a los padres y conductores. (...) Somos nosotros los que debemos aspirar a él. Y no él a nosotros. No somos nosotros, la masa, los que debemos dictarle normas. Sino él a nosotros, al resto de la nación. (...) FRANCO es la sonrisa. Su más profundo secreto. (...) FRANCO es la sonrisa. La sonrisa de FRANCO tiene algo de manto de la Virgen tendido sobre los pecadores. Tiene ternura paternal y maternal a la vez. En su sonrisa vemos que el hombre de más poder de España, y el que puede fulminar los destinos de los demás hombres, sabe perdonar, sabe comprender, sabe abrazar.*

En el segundo aniversario del Alzamiento, el ABC de Sevilla, para conmemorar la efeméride, publica un credo bastante original sobre una Trinidad nueva:

Creemos en Dios. Creemos en España.

Creemos en Franco.

Esperamos en Dios. Esperamos en España.

Esperamos en Franco.

Amamos a Dios. Amamos a España.

Amamos a Franco **(291)**

Y el Boletín Oficial del 18 concede condecoraciones a varios personajes, entre ellos a Herman Göering, a von Stohrer, al conde Rossi, a Langenhein y a Bebb y a los españoles Pilar Primo de Rivera, Mercedes Sanz Bachiller y Fermín Yzurdiaga. Todos suficientemente conocidos en la España de Franco.

La batalla del Ebro resulta más difícil de ganar de lo que podía pensar Franco; tiene enfrente a una eficaz reorganización en las filas republicanas; en la retaguardia, la propaganda nacionalista mantiene la moral, frente a los avances republicanos. Pero la suerte está aliada con Franco. Y en medio de los días trágicos de la batalla muere un torero popular en España. Desde Espartero a Joselito y Manolete, el buen pueblo español se siente conmocionado ante el hecho. El 31 de agosto fallece Manolo Bienvenida, hijo de "El Papa Negro", víctima de un cáncer de pulmón. La noticia desplaza el interés por la batalla del Ebro. *La noticia estremece a los españoles el 31 de agosto; incluso desplaza en el interés popular a las informaciones de la batalla del Ebro; en San Sebastián muere un matador de toros; en el frente aragonés habían caído ya más de 2.000 hombres* **(292)**.

A mediados de agosto, Franco concede unas declaraciones a una revista francesa y dice: *Nosotros somos católicos. ¡En España se es católico o no se es nada* (293).

Y dice una frase que encierra sus más firmes motivaciones:

Ni es espíritu de cautela ni el egoísmo de los ricos podrán desviarnos del camino que nos hemos trazado.

Franco, el Caudillo de España, idealizado hasta límites dramáticos.

Promete su "democracia": *Nosotros crearemos la verdadera democracia, no la que de democracia sólo tiene el nombre y que permite la explotación de los débiles por los fuertes.*

Franco, a pesar de que leía algunos libros de economía y política, que su esposa confiesa no entender, dice algo propio de su ignorancia: *España es un país privilegiado que puede bastarse a sí mismo. Tenemos todo lo que nos hace falta para vivir y nuestra producción es lo suficientemente abundante para asegurar nuestra propia subsistencia. No tenemos necesidad de importar nada.*

Por primera vez, Franco se refiere a la guerra y a los muertos: *...hemos tenido que hacer la guerra, ¡y qué guerra! (...) desde que empezó han caído cerca de un millón de españoles*.

A finales de septiembre el Ministerio del Interior concedió al Ayuntamiento de El Ferrol –pueblo natal de Franco– el altísimo honor de titularse El Ferrol del Caudillo.

Los funcionarios, tanto civiles como militares, percibirán un subsidio extraordinario –paga extraordinaria–, que se abonará dentro del mes de enero. El artículo 3 establece que *los beneficios de esta Ley se aplicarán a los individuos del clero*.

El lenguaje y no la blasfemia, "don divino del hombre", le preocupa al Gobierno y publica una Orden Circular, que dice así:

BLASFEMIA Y DIFAMACIÓN

O. Circular, 11 de julio de 1938 (B.O. del 11).

En la invocación a los deberes individuales que el Estado nuevo tiene que formular, ocupa lugar digno de atención cuanto concierne al uso y dignidad del lenguaje, don divino del hombre, merced al cual hallan realización externa los más altos valores espirituales.

Tiene la Gramática una parte moral que se refiere al bien hablar en el sentido material o de contenido de la expresión; y es claro que, en cuanto tales normas son merecedoras de garantía por el Poder público, afectan al orden jurídico y constituyen materia de orden gubernativo.

Independientemente de los preceptos que se recogen en las leyes penales, los Gobernadores Civiles vienen obligados, por la disposición del artículo 22 de la Ley de 29 de agosto de 1882, a reprimir los actos contrarios a la moral y a la decencia pública, con lo que cae dentro de la esfera de sus atribuciones la vigilancia y la sanción de cuantas expresiones orales se viertan en lugares públicos y a las que pueda aplicarse aquella calificación. Es decir, incumbe a la Autoridad gubernativa la persecución de la maledicencia.

Dos manifestaciones de ella tienen entre nuestro pueblo señalado relieve. Es la una la blasfemia, proferida en injuria de Dios o de los Santos. Es la otra la difamación de las personas, ya sean autoridades o particulares, ora se dirija contra individuos o contra colectividades... Encarezco, pues, a los Gobernadores Civiles que en la represión de estas dos lacras sociales –la blasfemia y la difamación– pongan especial cuidado y atención, sancionando con las medidas que la Ley autoriza cuantos actos de esa índole lleguen a su conocimiento **(294)**.

El Gobierno está preocupado, ante las naciones extranjeras, de la legitimidad jurídica de su actuación frente a la República y encarga un informe a una comisión de juristas.

Este fue el dictamen de la comisión de juristas que por Orden del Ministerio de la Gobernación, de fecha 21 de Diciembre de 1938, se encargó de demostrar la ilegitimidad del Gobierno Republicano.

Los antecedentes y conclusiones que fueron publicados por el Ministerio de la Gobernación.

Argumentación:

–Vicio de las elecciones de Febrero de 1936, esencialmente las anuladas y repetidas.

–Los actos del Gobierno surgido de aquellas elecciones no se ajustaban a la Constitución de 1931, que antes y después del 19 de Febrero *Se convirtió en un instrumento partidario al servicio de la violencia y el crimen*.

–Asesinato de Calvo Sotelo, jefe de la oposición.

–Cuando se presume el levantamiento nacional el llamado gobierno, lejos de recurrir al proceso legal y constitucional de proclamar el estado de guerra, recurrió al medio jurídicamente inconstitucional de armar al pueblo, estableciendo tribunales populares y proclamando la anarquía revolucionaria.

–Que el glorioso levantamiento nacional no puede ser llamado en ningún caso una rebelión en el sentido jurídico de la palabra, sino que fue, por el contrario un llamado supremo a los recursos legales de la fuerza que ofreció los únicos medios de reestablecer la ética y la justicia que habían sido ignorados y repetidamente violados (295).

Al final de 1938, Franco hace unas declaraciones al periodista Aznar y he aquí unas frases muy interesantes que revelan la psicología del dictador:

Mis años de África viven en mí con indecible fuerza. (...) Sin África, yo apenas puedo explicarme a mí mismo. (...) Yo aspiro a ser el Caudillo de todos los espa-

El general José Solchaga estuvo al frente de la Brigada Navarra a las órdenes del general Mola e intervino en importantes hechos militares.

ñoles. (...) Yo me siento Caudillo de España para servirla, para morir por ella. (...) Yo no aspiro solamente a vencer, sino a convencer. (...) Los españoles, todos los españoles, los que me ayudan hoy y los que hoy me combaten, se convencerán. (...) Dios me asistirá; y el pueblo español en un solo haz, estará a mi lado. (...) La victoria debe ser considerada como un medio y jamás como un fin; al día siguiente de ella nos esperan otras más arduas y complejas. Pero venceremos con la ayuda de Dios. (...) (la obra que) en conjunto acometeré el día de mañana, merece el calificativo de inmensa. (...) Estoy convencido de que dentro de poco tiempo los trabajadores de España no tendrán queja que formular en el orden sanitario. (...) España, que hará una política económica y comercial más realista, cimentada, además, en el patriotismo, no solamente se levantará por sí misma, sino que lo hará sin violentar los resortes naturales y sin caer en dependencias extranjeras de ninguna clase. (...) España es pueblo que de veras, muy de veras, entiende a los musulmanes y sabe compenetrarse con ellos. Nos quieren. Cuando esta guerra haya terminado, yo haré que nuestro Protectorado del Norte de África sea la provincia más floreciente del Imperio marroquí **(296)**.

Las declaraciones de Franco a Aznar en 1938 se pueden considerar como las ideas de un iluso, sin base cultural ni formación económica, para opinar sobre temas que estaban fuera de sus conocimientos. En este año se olvidó de la realidad.

El teniente coronel Von Funck, agregado militar en la embajada alemana ante Franco, considera desde el punto de vista de un oficial del Estado Mayor, a finales de 1938, que la *Organización militar de Franco es muy deficiente*.

El general Dávila, junto a Franco, fue uno de sus subordinados más fieles y de los generales mejor preparados, clave en las batallas más importantes. Más tarde, sería Ministro de la Guerra.

1939 AÑO DE LA VICTORIA

Ley 9 de Febrero de 1939 (B.O.E. del 13).

Responsabilidades políticas de entidades y personas contrarias al Movimiento Nacional.

TÍTULO 1

(Parte sustantiva)

CAPÍTULO I

Declaraciones generales

Artículo 1.º Se declara la responsabilidad política de las personas, tanto jurídicas como físicas, que desde el 1 de Octubre de 1934 y antes del 18 de Julio de 1936, contribuyeron a crear o a agravar la subversión de todo orden de que se hizo víctima a España y de aquellas otras que, a partir de la segunda de dichas fechas se hayan opuesto o se opongan al Movimiento Nacional con actos concretos o con pasividad grave.

Artículo 2.º Como consecuencia de la anterior declaración y ratificándose lo dispuesto en el artículo 1.º del Decreto número 108, de fecha 13 de Septiembre de 1936, quedan fuera de la Ley todos los partidos y agrupaciones políticas y sociales que, desde la convocatoria de las elecciones celebradas el 16 de Febrero de 1936, han integrado el llamado Frente Popular, así como los partidos y agrupaciones aliados y adheridos a éste por el solo hecho de serlo, las organizaciones separatistas y todas aquellas que se hayan opuesto al triunfo del Movimiento Nacional.

Se entenderán comprendidos en esta sanción los siguientes partidos y agrupaciones:

–Acción Republicana
–Izquierda Republicana
–Unión Republicana
–Partido Federal
–Confederación Nacional del Trabajo

–Unión General de Trabajadores
–Partido Socialista Obrero
–Partido Comunista
–Partido Sindicalista
–Sindicalista de Pestaña
–Federación Anarquista Ibérica
–Partido Nacionalista Vasco
–Acción Nacionalista Vasca
–Solidaridad de Obreros Vascos
–Esquerra Catalana
–Partido Galleguista
–Partido Obrero de Unificación Marxista
–Ateneo Literario
–Socorro Rojo Internacional
–Partido Socialista Unificado de Cataluña,
–Unión de Rabassaires
–Acción Republicana Catalana
–Partido Catalanista Republicano
–Unión Democrática de Cataluña
–Stat Catalá

Todas las Logias masónicas y cualesquiera otras Entidades, Agrupaciones o Partidos filiales o de análoga significación a los expresados previa declaración oficial de hallarse, como los anteriormente relacionados fuera de la Ley.

Artículo 3.º Los Partidos, agrupaciones y organizaciones declaradas fuera de la Ley sufrirán la pérdida absoluta de sus derechos de toda clase y la pérdida total de sus bienes. Estos pasarán íntegramente a ser propiedad del Estado.

Quedan confirmadas las incautaciones llevadas a cabo en aplicación de lo dispuesto en el artículo 2.º del Decreto número 108 antes citado y en sus disposiciones complementarias y concordantes.

El 31 de enero de 1939, Franco firma una instrucción para la ofensiva centro-sur, que dice así:

Las noticias que se reciben por conductos que me merecen crédito y respeto a la situación del enemigo aconsejan aprovechar su decaimiento moral y material para no darle punto de reposo, a fin de terminar la campaña en el menor plazo posible y emprender cuanto antes la gran obra de reconstrucción y reorganización nacional...

Aún no ha acabado la guerra civil ni ha sido alcanzada la paz, cuando Franco exterioriza sus intenciones de continuar en el poder, al decir que desea: *Emprender cuanto antes la gran obra de reconstrucción y reorganización nacional*.

Obtenida la victoria en Cataluña y producido el corte con la llegada de las tropas al Mediterráneo, Franco escribe:

Destruido el ejército rojo en Cataluña y liberados los Cuerpos del Ejército del Norte, he decidido llevar la acción de nuestras tropas sobre la zona central de España, con objeto de destruir al enemigo, liberándole de la barbarie marxista (13-2-1939).

El general Aranda en el frente de Castellón. Él fue uno de los mejores estrategas de Franco. Una prueba de su astucia fue el engaño a los milicianos de Oviedo cuando se les presentó como republicano engañándolos y enviándolos al frente de Madrid, pero proclamándose posteriormente defensor del futuro dictador. A pesar de su valía, fue perseguido debido a que fue crítico con la perpetuación en la ocupación del poder.

Es importante resaltar la frase de … *he decidido llevar la acción… con objeto de destruir al enemigo*. Inconscientemente manifiesta su voluntad de acción en primera persona para destruir al enemigo. Toda su vida consistirá en destruir al enemigo, a su enemigo, a todo lo que se oponga a su voluntad de hombre permanentemente frustrado.

Y con fecha 8 de febrero, la Cruzada recibe, a través de una Orden ministerial, el nombre oficial de guerra civil. Y más tarde, alcanzada la paz, los periódicos recibirán la consigna de la censura de no escribir las dos palabras odiosas: guerra civil.

Y cinco días después, el Boletín Oficial de Burgos publica la Ley de Responsabilidades Políticas. Estas responsabilidades políticas se retrotraen hasta el 1 de octubre de 1934 (revolución de Asturias). Se reseñan a 25 partidos políticos además de todas las logias masónicas, el Frente Popular, el Gobierno de la República, los diputados de izquierdas, aquellos que se han opuesto de forma activa al Movimiento nacional.

Con motivo de la Cuaresma, *Cuando ya alboreaba la paz victoriosa en nuestra Patria*, el cardenal Gomá publica una Pastoral en la que dice: *Teniendo nuestra guerra, en alguno de sus aspectos, todos los caracteres de una cruzada*, para culpar de los males de España al hecho de haber abandonado el catolicismo, conceptos halagadores para Franco, pero, por otra parte, con el vivo deseo de participar en los beneficios de la paz: *La causa de haber puesto pie la bestia asiática en nuestro suelo hispano es la última consecuencia de una serie de desviaciones de los principios católicos, como lo es que la decadencia de España se inició desde el punto y hora en que comenzó a sustraerse de la influencia de la doctrina de la Iglesia* **(297)**. Para decir a continuación: … *esperamos el resurgimiento del Catolicismo en nuestra Patria. Lo presagia la decidida voluntad del Jefe de Estado, que reiteradamente ha dicho que, por exigencia de nuestra historia y por convicción personal, el Catolicismo ha de ser el nervio de la España futura* (pág. 221), para exponer los conceptos de una, grande y libre *que nos place hoy el triple adjetivo. Una, con la unidad católica, razón de toda nuestra Historia; grande, con la grandeza del pensamiento y de la virtud de Cristo, que han producido los pueblos más grandes de la Historia Universal; y libre, con la libertad con que nos hizo libres Cristo* (pág. 223).

El 1.º de abril llega la paz. La guerra ha terminado.

Ahora tiene el general Franco, el victorioso, que enfrentarse con los problemas de la paz. Ahora tiene que enfrentarse con la realidad; este es el momento más difícil de los tímidos. Y el día que va a firmar el parte de guerra final, Franco está enfermo en la cama con fiebre; oficialmente tiene gripe, pero se trata de una enfermedad psicosomática que esconde la verdad. Se mete en la cama como forma de eludir la realidad; la terrible realidad que ya ha llegado: la paz. Ahora, a partir de ese momento, tiene obligatoriamente que enfrentarse con la realidad, pero Franco la rehúye y se pone enfermo; se trata de un mecanismo psicológico de defensa. Sobre este momento, escribe un biógrafo: *Francisco Franco que no ha perdido en casi tres años de guerra una sola jornada de trabajo, va a pasar en cama –gripe, desfonde físico por la enorme tensión acumulada– la primera semana de la paz* **(298)**.

En el día de hoy, cautivo y desarmado
el ejército rojo, han alcanzado
las tropas nacionales
sus últimos objetivos militares.
LA GUERRA HA TERMINADO.
Burgos, 1.º de abril de 1939.
Año de la Victoria
EL GENERALÍSIMO

El parte que se leyó por Radio Castilla se exhibe en el Servicio Histórico Militar; existe otro en el Museo del Ejército totalmente manuscrito por Franco, pero el parte más interesante de todos ellos, desde el punto de vista grafológico y psicológico, es el borrador escrito a lápiz, que posee un familiar del comandante Martínez Maza, ayudante de Franco durante la guerra.

A través de lo que aparece borrado o tachado en el borrador se puede reconstruir y leer lo escrito: *En el día de hoy, después de haber desarmado a la totalidad del Ejército Rojo, han alcanzado las fuerzas nacionales sus últimos objetivos militares.*

La guerra ha terminado.
Burgos, 1 de abril de 1939
Año de la Victoria.

La guerra ha terminado, según dice el parte oficial, único que firmó Franco durante toda la guerra, pero al día siguiente Radio Castilla de Burgos dice: *¡Españoles, alerta! España sigue en pie de guerra contra todo enemigo del interior o del exterior, perpetuamente fiel a sus caídos* **(299)**.

ABC de Madrid, a los pocos días de haber sido liberada la capital de España, reproduce el decreto N.º 138 de la Junta de Defensa Nacional, del 29 de septiembre de 1936, que nombra a Franco, Jefe de Gobierno del Estado Español. ¿Qué quiere recordar el diario monárquico? ¿Acaso insinúa veladamente que el general victorioso no ha sido nombrado Jefe del Estado y que hay que pensar en ello?

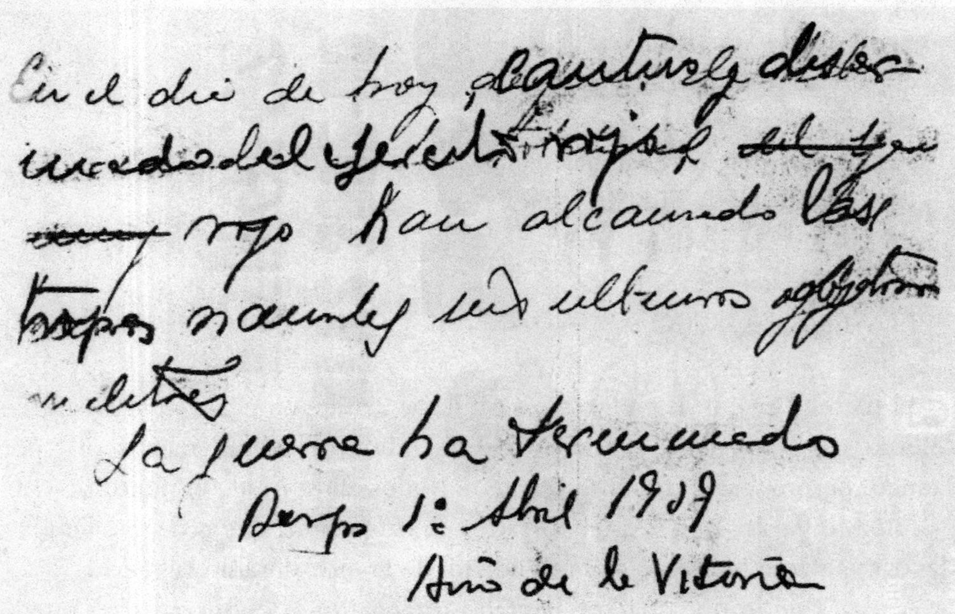
La guerra ha terminado
Burgos 1º Abril 1939
Año de la Victoria

Borrador-manuscrito del parte oficial de victoria del 1 de abril del 39.
Franco escribe, como siempre a lápiz, el texto proclamando el final de la guerra, el único que firmó Franco. Se aprecian las rectificaciones y titubeos. Todos los partes de guerra los redactaba y firmaba el coronel Calderón.

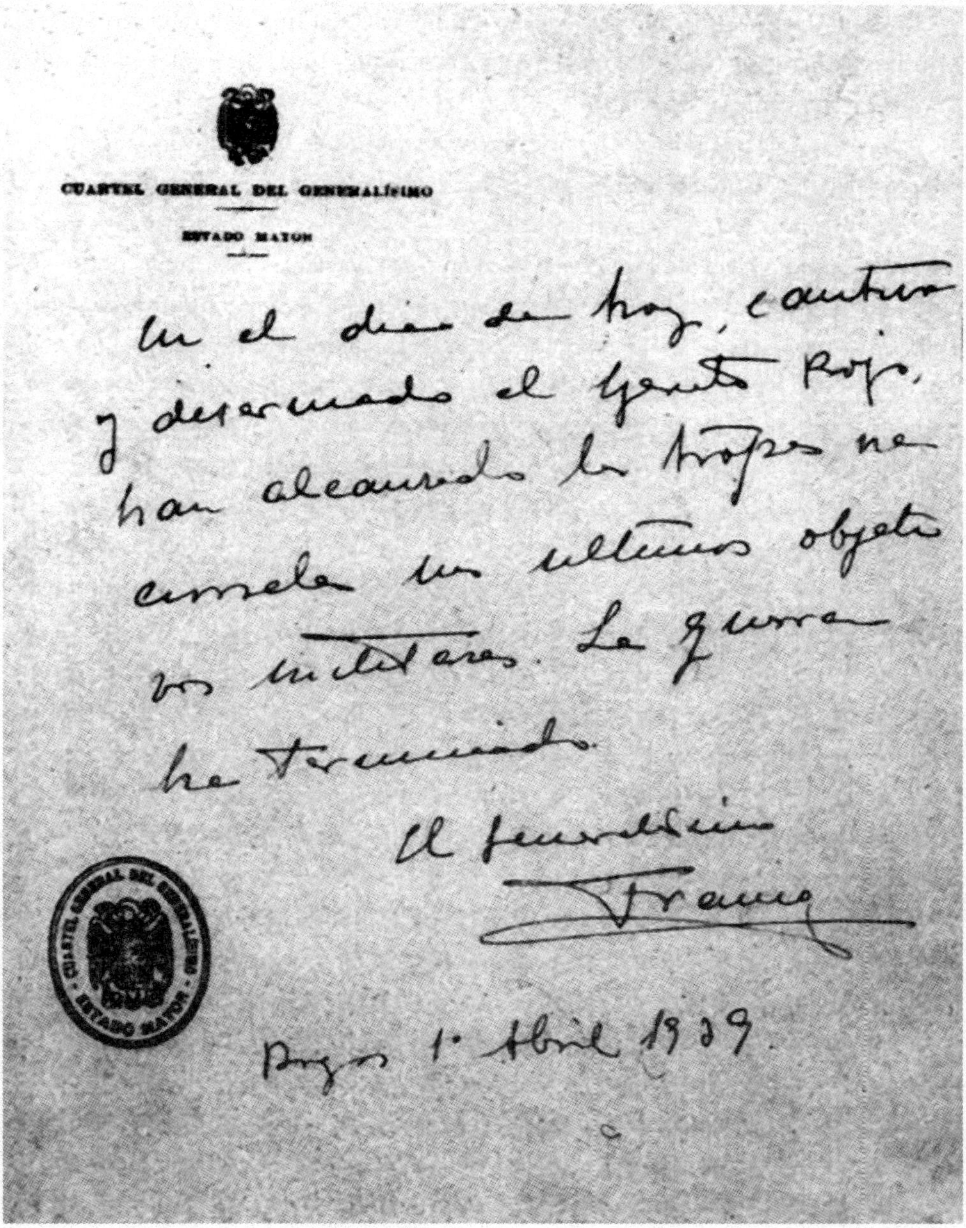

CUARTEL GENERAL DEL GENERALÍSIMO

ESTADO MAYOR

En el día de hoy, cautivo y desarmado el Ejército Rojo, han alcanzado las tropas nacionales sus últimos objetivos militares. La guerra ha terminado.

El Generalísimo

Franco

Burgos 1º Abril 1939.

CUARTEL GENERAL DEL GENERALÍSIMO · ESTADO MAYOR

Declaración de la victoria, ya firmada por Franco como el *Generalísimo*.

En la glosa periodística del Decreto, que ABC califica de "decreto áureo", donde se entregan todos los poderes a Franco por unos generales sublevados contra la República, dice así:

Franco, cuando apareció este decreto áureo de la Junta de Defensa Nacional era ya el Caudillo de España. Todas las miradas de los españoles auténticos, de los españoles que ansiaban la liberación de su patria y deseaban defender sus eternos principios, estaban fijos en el glorioso general mucho antes de que el alzamiento se produjere (...) Todo lo esperaban de aquel general joven–que se había cubierto de gloria en Marruecos, que en el Estado Mayor Central había dado pruebas de su inteligencia portentosa y de su tecnicismo admirable y al que saludaban los viejos generales de la gran guerra y los militares extranjeros encanecidos en el estudio–como el militar europeo de formación más completa, más clásica y al mismo tiempo más llena de audacia y de valor reflexivo (...) Se ganó la contienda civil, no por incruenta menos difícil y menos dura, cuando la Junta de Defensa Nacional llevó al Boletín Oficial del Estado el decreto con el nombramiento del General Franco para la Jefatura de la Nación y del Gobierno. (...) Desde que Franco ocupó la Jefatura del Estado y con ella la del Gobierno su labor es gigantesca y se dibuja con perfiles llenos de luz sobre toda la vida española **(300)**.

El diario *Informaciones* no quiere quedarse rezagado en los elogios a Franco, y tres días después escribe:

FRANCO. He aquí, españoles, el Caudillo triunfador de la más difícil guerra que han conocido los tiempos modernos. Hace dos años y medio, Franco, frente a una horda llena de oro y rencor, ávida de lanzarse sobre el cuerpo caliente de una España moralmente arruinada, sólo su fe, su patriotismo y unas escuadras de caballeros, jefes y oficiales del Ejército. (...) Contra Franco se conjuraron todos los poderes satánicos del mundo, todas las sectas y todas las ocultas fuerzas negativas y anticristianas **(301)**.

Para equilibrar tanto elogio a Franco, el diario relaciona los precios de los artículos de primera necesidad:

–Aceite corriente 2,85 ptas/litro

–Aceite refinado 3,15

–Azúcar 1,90 ptas/Kg

–Alubias blancas 1,80

–Alubias pintas 1,40

–Arroz 1,25
–Bacalao 3,75
–Café natural 18,00
–Garbanzos 2,30
–Galletas 3,75
–Huevos 4,50 docena
–Lentejas 1,40 ptas/kg

El 14 de abril, recordando una fecha nefasta para los monárquicos, ABC publicó en la portada un dibujo de Franco, que recuerda los gestos teatrales de Mussolini, como un símbolo salvador de la Monarquía próxima. Es la portada de la esperanza. El general acaba de ganar la guerra y los viejos monárquicos esperan la segunda Restauración.

Al dibujo acompaña un soneto de Goy de Silva, donde llama a Franco: *¡Oh, Franco, Moisés con nuevas leyes!*.

El diario *Informaciones* publicó un editorial, reproducido unos días después por *ABC*, donde expresaba lo siguiente:

Uno de los fenómenos más sorprendentes de la incorporación total de España a la Revolución Nacional Española que acaudilla el Generalísimo Franco es el de que nadie "pasa la factura". Sucede efectivamente en todas las revoluciones que, al consumarse, avanzan a los primeros planos los factores del nacimiento con una exigencia, aparentemente legítima, de recoger personalmente el fruto de los tiempos arriesgados y difíciles. Ahora, no. Precisamente ésta es una característica de la Revolución Española, que garantiza su duración ilimitada: la generosidad de los revolucionarios.

Al periodista que redactó el editorial se le podría tachar de muchas cosas, menos de profeta. No habrían de pasar muchos meses, para comprobar todo lo contrario: los militares, la Iglesia, la clase dominante, los financieros, los negociantes, los falangistas, o sea, todas las fuerzas participantes en la guerra civil pasaron inmediatamente "la factura" a treinta, sesenta, noventa días o cuarenta años. Algunos pasaron cuarenta facturas hasta por duplicado. Este fue el secreto o la clave de la larga permanencia de Franco en el Poder: que las clases dominantes pasaban continuamente "la factura", mientras el dictador hablaba de imperio o de conjuras judeo-masónicas.

Tres años más tarde dirá Franco: *Nuestra Cruzada es la única lucha en que los ricos, que fueron a la guerra, salieron más ricos* **(302)**.

Los monárquicos no plantearon inmediatamnete la restauración de Alfonso XIII, en abril de 1939, pero su hijo, don Juan de Borbón, envía un telegrama a Franco: *Uno mi voz nuevamente a la de tantos españoles para felicitar entusiasta y emocionalmente a V.E. por la liberación de la capital de España. La sangre generosa derramada por nuestra mejor juventud será prenda segura del glorioso porvenir de España, Una, Grande y Libre. ¡Arriba España!*

Juan de Borbón.

Los monárquicos están a la espera de la iniciativa de Franco, que es el vencedor. ¿Qué hacer? Se equivocaron al esperar la iniciativa de Franco para abandonar el Poder después de haber derrochado toda clase de adjetivos en fomentar el culto a la personalidad del dictador. Ya empezaba a ser tarde para los monárquicos, que esperaban respetuosos. Así pasa el verano y en Europa se desencadenará la guerra.

El día 15 de abril publica ABC el siguiente comentario:

DOS FECHAS HISTÓRICAS.

Ayer, 14 de abril, fue el aniversario de la usurpación del Poder por un grupo de banderías agrupadas bajo consignas antinacionales... Nuestra guerra tiene su máximo significado en la oposición de una idea nacional a la revolución antiespañola encarnada el 14 de abril de 1931... Desde aquel mismo día comenzó la tarea de destruir la unidad nacional, subvertir el orden social, privar a los españoles de una garantía jurídica; la tradición nacional desconocida, la misión de España menospreciada, nuestra Patria vivió bajo una extraña ley. Nuestra Victoria se alcanza bajo el signo de lo nacional, sus consignas son el afán de recrear España, restablecerla en su unidad, darle la libertad necesaria para el cumplimiento de su destino, hacerla fuerte para que su unidad y su libertad estén aseguradas.

1931 es un 98 de España. 1939 es un 1500. Esta víspera triunfal es la victoria, como aquella jornada era el comienzo de una triste y vergonzosa derrota.

El 16 de abril, ya recuperado de la gripe, Franco inicia unos viajes por las provincias españolas, rodeando la capital de España, sin decidirse a entrar en Madrid, sin afrontar la realidad. ¿A qué se debe esta inseguridad de Franco?...

Desde su inconsciente recuerda que el nombramiento en Burgos estaba supeditado a un límite: hasta la terminación de la guerra. Inicia el recorrido triunfal con una vuelta al pasado. La primera visita la realiza a Sevilla. Es casi un reconocimiento a la gran ayuda prestada por Queipo y Sevilla a la sublevación, aunque, sobre todo, desea observar de cerca a Queipo de Llano, el general republicano, superviviente de la reunión de Salamanca donde alcanzó el poder; unos días más tarde diría Queipo que Franco era *unus inter pares*.

Allí en Sevilla, recibe Franco el mensaje de felicitación de Su Santidad, Pío XII: *Con inmenso gozo Nos dirigimos a vosotros hijos queridísimos de la católica España, para expresaros nuestra paternal congratulación por la paz y la victoria con que Dios se ha dignado coronar el heroísmo cristiano de vuestra fe y caridad... Los designios de la Providencia, amadísimos hijos, se han vuelto a manifestar, una vez más, sobre la heroica España.*

Con filial respeto y emoción se ha escuchado el mensaje de Vuestra Santidad, que conforta al pueblo español y su Gobierno en la gran obra de orden espiritual y social que realiza para que esta España que fue siempre adalid en la defensa de la fe católica supere en el porvenir su tradición. En nombre del pueblo español y en el mío transmito a Vuestra Santidad testimonio de devoción y gratitud por la especial distinción de que nos hizo objeto en este día memorable.- Francisco Franco, Jefe del Estado Español.

Franco, reconfortado con la larguísima felicitación papal, recuerda en su alocución los días pasados en 1936: *...En aquellos momentos fue Sevilla la imperial, la Sevilla grande de la Historia, la que ponía el grito de optimismo en el mundo con la Radio sevillana, manejada por vuestro general Queipo de Llano quien llenaba el éter con su palabra de optimismo, con sus frases alegres, con sus mentiras grandes y andaluzas... España se ha encontrado a sí misma... Un millón de hombres, que este Ejército español, que esta juventud gloriosa pesa hoy en el mundo como si fueran cinco millones, porque son soldados de España... Ha terminado la guerra brillante; ha terminado la guerra del cañón y del fusil; ha terminado la guerra de las banderas y de los desfiles victoriosos. Ahora nos queda la misión de reconstruir a España, de levantarla y de fortalecerla, de velar por su honor y su grandeza...*

Franco ha recordado los días en que Queipo hablaba por radio *Con su palabra de optimismo, con sus frases alegres, con sus mentiras grandes y andaluzas*. De forma muy directa le ha llamado mentiroso y al andaluz no le cae bien la frase ni le hace gracia, pero sabe esperar para devolver el agravio. Quizás contagiado Franco de la exageración sureña dice una frase casi ridícula: que el Ejército español, de un millón de hombres *Pesa hoy en el mundo como si fueran cinco millones*. Pero donde Franco se revela de forma inconsciente es al decir que *España se ha encontrado a sí misma*. El que verdaderamente se ha encontrado a sí mismo ha sido Franco, porque se había identificado con España. Paquito, el joven tímido y frustrado de El Ferrol, ha llegado a la cúspide, ha visto realizado su sueño más ambicioso, algo que le parecía irrealizable: el mando supremo. Franco se ha encontrado a sí mismo y no habrá forma humana de bajarlo de la cúspide tanto tiempo soñada. Pero a él, al general victorioso, le queda *La misión de reconstruir a España, de levantarla y fortalecerla, de velar por su honor y su grandeza*. Esta será la constante histórica y personal de Franco: permanecer, para velar por el honor y la grandeza de España. Pero aún hay más motivaciones psicológicas que le impulsan a permanecer, debido a que identifica constantemente a España con su madre, una pobre mujer abandonada por el esposo, encarnación del mal. Y es que Paquito Franco nunca resolvió su complejo de Edipo.

Aquel mismo día piden la Laureada de San Fernando para Franco: el general Saliquet, Jefe del Ejército del Centro; los Ayuntamientos de Las Palmas de Gran Canaria y de El Ferrol, su ciudad natal.

Y dice en Sevilla: *La guerra no se hubiera podido ganar sin una España unida y disciplinada. Ante Dios y ante la nación española decidimos dar cima a esta obra unificadora*.

Los militares de la guarnición sevillana se reúnen con Franco en un acto de camaradería, y Queipo de Llano pronuncia unas palabras: *Mi general: He querido dar a este acto un aspecto familiar del verdadero compañerismo que hemos tenido durante toda la guerra, felizmente terminada con la victoria; pero esta familiaridad con que te trato no excluye el respeto que debemos a la alta jerarquía que ostentas. Precisamente nos encontramos aquí algunos generales que te elegimos como jefe supremo*.

Queipo le recuerda a Franco, al Caudillo, al Victorioso, de forma también muy directa y precisamente delante de los demás militares, que *Nos encontra-*

mos aquí algunos generales que te elegimos como jefe supremo. Ya decían los griegos que la verdad es como una pedrada en un ojo. Eso es lo que acaba de hacer Queipo con Franco. Queipo le devuelve la ofensa, mientras Franco encaja el golpe sin inmutarse aparentemente, pero lo que acaba de decir Queipo ya no se lo perdonará y espera la ocasión que justifique la acción apropiada. Franco sabe esperar y contesta lo siguiente:

En primer lugar he de agradeceros vuestra cordialidad. Yo soy el que era y el que fui siempre, militar desde los catorce años, compañero entre los compañeros, hermano de mis soldados y español desde la cuna, tuve que pasar por los sufrimientos, por las decadencias y por las injusticias, que fueron consecuencia del pasado siglo...

Franco, como todos los tímidos, no reacciona inmediatamente, pero queda desconcertado en ese instante y trata de justificarse ante los generales que le eligieron. Sabe perfectamente que algunos generales, entre ellos Queipo y

Franco junto a Queipo de Llano. No fueron especialmente amigos. El andaluz siempre pensó que el gallego era un pobre mequetrefe. Eso le perdió a la larga.

Kindelán, quieren que deje el poder, según el acuerdo de Salamanca, terminada la guerra y alcanzada la paz. Franco se justifica diciendo: *Yo que soy el que era y el que fui siempre*, o sea, sigo siendo el mismo psicológicamente; no he cambiado nada y permanezco anclado en el pasado, en mi pasado, con mis complejos, mis frustraciones y mis ambiciones. Y como no sabe justificarse de otra forma recurre al mecanismo de defensa de la evasión, haciendo responsable al "pasado siglo" de sus frustraciones, de los sufrimientos y de las injusticias...

Y como confirmación de lo que dice, se viste de Capitán General de la Armada– el viejo sueño infantil, la gran frustración de su vida –y se dirige a Cádiz. Allí embarca en el crucero "Canarias" para satisfacer sus ambiciones más íntimas, pronunciando más tarde, desde el balcón del Ayuntamiento gaditano, las siguientes palabras: *Españoles, gaditanos: esta masa del pueblo gaditano me recuerda otros momentos históricos, cuando de estos mismos lugares salían las naves del Imperio de España. Eran los que escribieron las páginas más brillantes de la Historia de la Patria y eran los que iban forjando paso a paso nuestro Imperio...*

El Ayuntamiento de Cádiz regaló a la hija de Franco un mantón de Manila y una arqueta llena de bombones, un ramo de flores y una reproducción en plata del crucero *Canarias*.

El Ayuntamiento de Sevilla regaló a la esposa, doña Carmen, una riquísima mantilla de blonda, de raro mérito, una peineta de concha y una bellísima filigrana de gran valor artístico, todo ello con una bandeja de plata antigua.

Y a la hija, una preciosa pulsera de platino con una medalla de la Virgen de los Reyes y el escudo de la ciudad.

Vestido de Capitán General de la Armada embarca en el *Canarias*.

Franco llega a Málaga acompañado de Queipo de Llano y dice lo siguiente: *... un siglo de liberalismo había arrastrado a España al grado más bajo de decadencia de su Historia... Han acabado, han terminado las jornadas de la guerra, de la guerra visible, de la guerra airosa, pero el enemigo no está muerto. No hemos luchado con españoles, hemos luchado contra el mundo y al mundo duele nuestra unidad y nuestra grandeza... ¡alerta! que la guerra no ha terminado...*

La comitiva llega a *Granada, cuna de la Unidad Imperia*l **(303)**.

Y Franco dice lo siguiente: *No fueron cerebros españoles los que forjaron la tragedia de España, fueron los cerebros que, fueron y serán enemigos de nuestra unidad, los que todavía nos acechan, los que envidiosos de nuestra gloria y nuestro pasado, nos habían hecho caer en un siglo de decadencia... No es una política nueva la que hoy os traigo, es la política tradicional de España, la de la Iglesia española, la del hogar, la de la familia y del sentido católico en el desfile...*

El Ayuntamiento granadino ofreció a la esposa, doña Carmen, unos pendientes "gitanilla" antiguos de filigrana de oro y esmeraldas; y para la hija una medalla de nácar de la Virgen de las Angustias, rodeada de brillantes con una inscripción: "*Granada a Carmen Franco. Año de la Victoria*".

El día 20 llega a Córdoba y allí dice Franco: *Ahora deben ser nuestras mujeres las reinas de los hogares españoles...*

Y el Ayuntamiento obsequia a doña Carmen con una arqueta de filigrana, una bandeja de plata y un estuche de antigua orfebrería cordobesa.

El día 23, *ABC* publica en recuadro una petición de oro para el Tesoro Nacional: *La Patria pide a los españoles una contribución de oro para la formación del Tesoro Nacional... Haz tu ofrenda de oro. España necesita reponer el robo del marxismo...* **(304)**.

Mientras se pide oro a los españoles ingenuos, doña Carmen Polo recibe espléndidos regalos de los Ayuntamientos en las ciudades que visitan. Es la contribución a cambio de los nombramientos "a dedo" o designaciones. Esta actitud "recaudadora" de doña Carmen ya no cesará hasta la muerte de Franco: nada menos que treinta y seis años recibiendo obsequios y dádivas de oro, piedras preciosas y obras de arte.

El *ABC* escribe: *El Caudillo se propone emancipar a España de la tutela extranjera en la importación de productos químicos.*

El Caudillo antes de abandonar Granada dijo al Director del Laboratorio farmacéutico del Ejército que se propone enviar técnicos químicos a estudiar a Alemania para emancipar a España de la tutela extranjera de la importación de productos químicos. Se levantarán grandes laboratorios que abastezcan nuestro mercado **(305)**.

El día 24, la comitiva vuelve a Sevilla y el presidente de la Diputación entrega a doña Carmen dos magníficos mantones de Manila y un valioso grupo escultórico de Santa Ana y la Virgen, de gran valor artístico y notable antigüedad, y a la hija, una preciosa miniatura de esmalte orlada de brillantes con la imagen de Jesús del Gran Poder.

Años más tarde, el primo-secretario, Franco Salgado-Araujo, que acompañó a Franco en sus viajes por Andalucía, a los que califica de *La apoteosis de la gloria de Franco*, escribe que: *Se había convertido en un verdadero ídolo del pueblo, a pesar de la crisis de alimentos que se le iniciaba* **(306)**. Y esas son las escuetas frases que se le ocurren al primo-secretario de esa *apoteosis gloriosa* .

Tras unos días de descanso, y de estudio de las reacciones provocadas por el viaje andaluz, Franco emprende nueva gira por Levante.

El día 2 de mayo llega a Valencia y, entre las palabras que dirige a los Militares, dice lo siguiente: *Este es el día en que sentimos el premio del sacrificio... ¡Cuántas horas soñasteis con que España caminara por la senda de la grandeza! Eso se ha realizado... Pese a todos los pesimismos, pese a todos los vaticinios, gracias al valor y al patriotismo de la oficialidad... No olvidemos nunca que esta victoria es la obra del ejército y del pueblo... Cuando, liquidada la guerra, se efectúe la desmovilización, no volveremos a ver jamás oficiales de café, sino de campaña y de campo... Este soldado "coitaidiño", en cuyo corazón anida la semilla del héroe... De este héroe que se ha vestido de las mejores galas para morir por España... La victoria no es nuestra, somos sus administradores... Pido y exijo que os unáis todos en el servicio y sacrificio de España. Yo juro que mantendré esta unidad, que es la lucha de los que cayeron y nos han dado la victoria* **(307)**.

Ese día el Ayuntamiento de Valencia le regala una insignia de Concejal Honorario del Ayuntamiento, en oro y brillantes, y a doña Carmen, una imagen de plata de la Virgen de los Desamparados. Después del desfile militar dice lo siguiente:

Este es el Movimiento Nacional, el movimiento orgánico, el movimiento formado por las filas apretadas de todos en una dirección; y aquel que dude o que vacile, debe ser arrollado por las mismas masas, porque es la sangre de los muertos y la voluntad de España quien lo reclama.

Y ante el Tribunal de las Aguas: *Podéis sentiros orgullosos de vuestra misión de conservar la tradición y hacer justicia. Podéis creer que obrasteis rectamente, colaboran-*

Franco y doña Carmen Polo reciben el apoyo popular. En una España dramáticamente empobrecida el pueblo aclama al salvador de la Patria.

do en la obra nueva, porque en la preocupación de la nueva España es hacer tradición y justicia; y lo mismo se sirve a la patria plantando hortalizas que construyendo edificios, como tomando las armas para defenderla.

Franco dirigió unas palabras a los valencianos desde el balcón principal de su residencia y dijo lo siguiente: *Hemos liquidado el siglo XIX, que no debería de haber existido* **(308)**.

Aquí Franco niega la realidad una vez más, pero en esta ocasión se trata de la historia española del siglo XIX, que nunca aceptó y rechazó siempre. El tema del siglo XIX le obsesionaba a Franco por considerarlo el causante de la pérdida de los restos del Imperio español. Franco confunde el continente con el contenido. El causante del desastre del 98 no fue el siglo XIX sino los hombres que intervinieron entonces. Pero esto no lo admite, hace partícipe de su rechazo al siglo XIX, mejor aún, a las ideas liberales del siglo XIX, que no aceptará jamás. Y a continuación dirá a los valencianos: *Nosotros queremos que las generaciones venideras recuerden nuestra empresa con la misma gratitud con que nosotros recordamos las de aquellos iniciadores de nuestra grandeza...*

Aquí aparece un factor importante en la personalidad de Franco: quiere que en el futuro se recuerde a él y a su alzamiento con gratitud; la misma gratitud con la que recuerda a los hombres que iniciaron la grandeza de España, de la que Franco se considera su continuador. Y agrega *ABC*, con letras destacadas: *Durante el discurso, las campañas de El Miguelete, tanto tiempo enmudecidas, dejaron sentir su repiqueteo de gloria*.

El día 12 se desplaza a León para entregar condecoraciones a los aviadores y despedir a la Legión Cóndor alemana (la que destruyó Guernica) y a la Aviación Legionaria italiana. El general Kindelán, jefe de la Aviación española pronunció unas palabras: *La actuación de la Legión Cóndor y Aviación Legionaria en la lucha librada contra el marxismo en España, derrochando pericia, valor y técnica militar en todos los combates ha creado actos de hermandad con nuestras fuerzas aéreas*.... Después habla Franco y los llama *Caballeros de la Victoria* y destaca *La maestría de estos viejos camaradas europeos, de estos veteranos de Europa, que han sentido también el dolor de una Patria atropellada, el presentimiento de una civilización en peligro y que vinieron a alistarse a la Cruzada al lado de los caballeros españoles del aire*.

Frente a estas palabras de Franco, seis años después, perdida la guerra europea por los nazis, Goering, Mariscal del Aire, declaró en el juicio de Nüremberg las razones por las que los alemanes intervinieron en la Guerra Civil española:

Desde el principio de la guerra civil en España, Franco nos dirigió un llamamiento de socorro; pedía armas y técnicos, sobre todo en el campo aéreo. El Führer vacilaba, pero al final cedió a mis requerimientos. Yo estaba interesado en responder al llamamiento de la España nacionalista, primero para intentar cortar la ruta al comunismo y luego para aprovechar la ocasión de poner a prueba a la joven Luftwaffe. Después de obtener la conformidad, la mayor parte de nuestra aviación de transporte, luego varios comandos experimentados de cazas, bombarderos y cañones antiaéreos. Fue, para mí, el mejor medio para verificar si, y en qué medida, este material correspondía a las tareas en vista de las cuales había sido concebido. Además, a fin de asegurar al personal un mínimo de entrenamiento, hice establecer un sistema de relevos acelerados.

El cardenal Gomá, Primado de Toledo, escribe una carta a Franco felicitándole con motivo de la Victoria: *Pudimos hundirnos para siempre y Dios, que ha hallado en Vuecencia digno instrumento de sus planes providenciales sobre la Patria querida, nos ha concedido ver esta hora de triunfo (...) Y Dios se lo pague con lo que más estiman las almas nobles: con la fecundidad del sacrificio para bien de la Religión y de la Patria; el amor del pueblo, que es la mayor corona de un gobernante; y años largos de vida para seguir trabajando en la paz como lo ha hecho en la guerra (...) No le han faltado nunca mis oraciones y las de mis sacerdotes. Me siento, por ello, con derecho especial a participar de su gozo en estos momentos de triunfo definitivo (...) El buen Dios que tan visiblemente le ha conducido desde el comienzo de la guerra, le inspire y le guíe para levantar, en los días de paz la obra de la España cristiana, próspera y gloriosa que todos anhelamos* **(309)**.

Aquella primavera de 1939 aparecieron miles de carteles pegados en las calles y plazas de España:

FRANCO
Caudillo de Dios
y de la Patria.
El primer vencedor en
el mundo del bolchevismo
en los campos de batalla.

Entonces ya aparecen dos importantísimos factores componentes del franquismo:

–Vencedor del bolchevismo y Caudillo de Dios (dice la propaganda oficial).

–Años largos de vida para seguir trabajando en la paz como lo ha hecho en la guerra (le desea la Iglesia por boca del cardenal Gomá, Primado de España, que se siente *Con derecho especial a participar de su gozo en estos momentos de triunfo definitivo*).

La Conferencia de Metropolitanos, reunida en Toledo, durante la primera semana de mayo, se pregunta algo tan importante, para aquellos días, como

¿Puede seguir tolerándose la costumbre que ha prevalecido de que las mujeres entren en los templos con brazos y piernas desnudos?

Los periódicos ya venían preparando, con anterioridad, la entrada triunfal de Franco en Madrid. ABC publicó un recuadro titulado:

La entrada triunfal del Caudillo.

Para la entrada de la católica majestad del rey Felipe II en el Real Monasterio de Poblet mandó solemnemente el Sr. Abad dorar una gran puerta, y por puerta de oro, rezando Ave-Marías entró a la maravilla catalana el Rey de España, cuyas armas fueran vigiladas por la victoria de Dios en la ocasión de Lepanto.

Un día de mayo entrará Franco, el Caudillo, en la capital de España. Y será un día hermoso como haya habido pocos en nuestra historia. Ante el Cristo de Lepanto, traído desde Barcelona, orará el Caudillo y sobre el Triunfador caerá la bendición. Y con la misma ceremonia con que en Toledo entró Alfonso VI, el que reinó sobre hombres de las tres religiones, así entrará en la Villa y Corte de Madrid

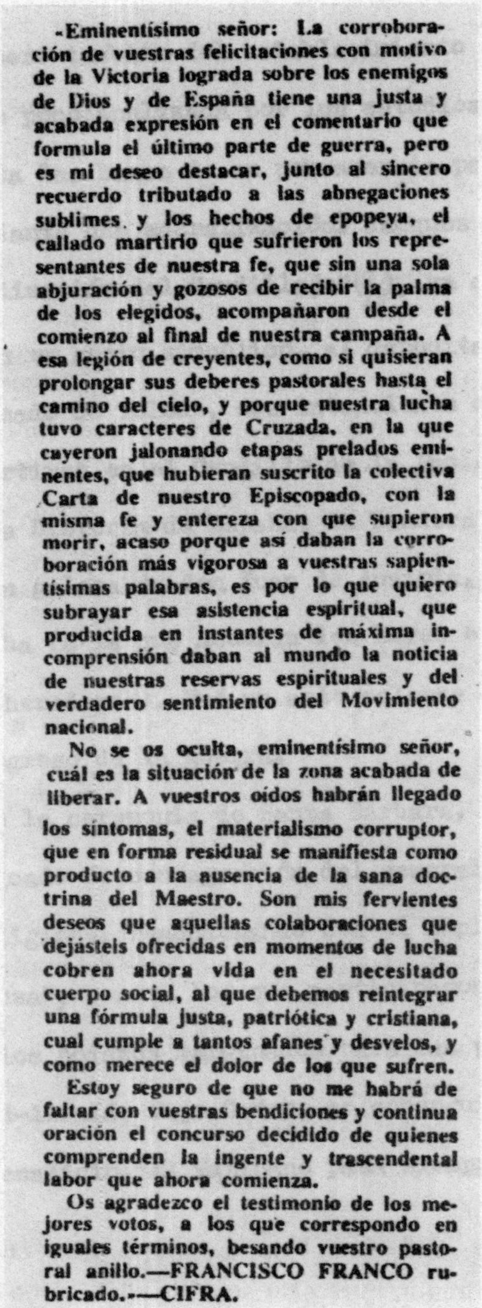

«Eminentísimo señor: La corroboración de vuestras felicitaciones con motivo de la Victoria lograda sobre los enemigos de Dios y de España tiene una justa y acabada expresión en el comentario que formula el último parte de guerra, pero es mi deseo destacar, junto al sincero recuerdo tributado a las abnegaciones sublimes y los hechos de epopeya, el callado martirio que sufrieron los representantes de nuestra fe, que sin una sola abjuración y gozosos de recibir la palma de los elegidos, acompañaron desde el comienzo al final de nuestra campaña. A esa legión de creyentes, como si quisieran prolongar sus deberes pastorales hasta el camino del cielo, y porque nuestra lucha tuvo caracteres de Cruzada, en la que cayeron jalonando etapas prelados eminentes, que hubieran suscrito la colectiva Carta de nuestro Episcopado, con la misma fe y entereza con que supieron morir, acaso porque así daban la corroboración más vigorosa a vuestras sapientísimas palabras, es por lo que quiero subrayar esa asistencia espiritual, que producida en instantes de máxima incomprensión daban al mundo la noticia de nuestras reservas espirituales y del verdadero sentimiento del Movimiento nacional.

No se os oculta, eminentísimo señor, cuál es la situación de la zona acabada de liberar. A vuestros oídos habrán llegado los síntomas, el materialismo corruptor, que en forma residual se manifiesta como producto a la ausencia de la sana doctrina del Maestro. Son mis fervientes deseos que aquellas colaboraciones que dejásteis ofrecidas en momentos de lucha cobren ahora vida en el necesitado cuerpo social, al que debemos reintegrar una fórmula justa, patriótica y cristiana, cual cumple a tantos afanes y desvelos, y como merece el dolor de los que sufren.

Estoy seguro de que no me habrá de faltar con vuestras bendiciones y continua oración el concurso decidido de quienes comprenden la ingente y trascendental labor que ahora comienza.

Os agradezco el testimonio de los mejores votos, a los que correspondo en iguales términos, besando vuestro pastoral anillo.—FRANCISCO FRANCO rubricado.—CIFRA.

Contestación de Franco al cardenal Gomá respondiendo a la felicitación recibida en el día de la victoria.

el Generalísimo de los Ejércitos, Jefe del Estado por la Gracia de Dios y voluntad de la nación. Canten ese día los aires su grito:

¡Saludo a Franco! ¡Arriba España! **(310)**.

Y dos días después, un artículo titulado «*La entrada de los Caudillos en las Ciudades*», dice así: ...*Porque no hay más preciado bien que dormir a la sombra de paz que da la espada de un gran señor... Entrar el Caudillo en la ciudad es disponer la Historia para la escritura.. y su solemne entrada, repique a gloria. Bien puede ser resucitado el ceremonial con que entró en Toledo por la señora puerta Visagra, don Alfonso VI, Rey de Castilla y León. Venga de Cataluña, la que doró puerta en Poblet para don Felipe, soltó palomas en Santa Creus para don Fernando... sólo quedará el alabar a Dios el día en que el Caudillo Franco pase las puerta de la capital de las Españas.*

Alvaro Cunqueiro **(311)**.

Y en el mismo día y en el mismo periódico aparece un recuadro titulado: «*El Caudillo y la perpetuidad de la Victoria*».

Para la entrada de los Caudillos en los reinos conquistados se creó la traza de los arcos triunfales, laurel en el calendario y en el mito de los pueblos. Para la entrada del Caudillo de España, Generalísimo de los Ejércitos, en la capital de las tierras libres de la Patria, habrá de levantar el pueblo torres de entusiasmo. Entre un mar de banderas llegará el Caudillo... A las banderas de España, al Caudillo y a los combatientes corresponde recoger el saludo entusiasmado de un pueblo que se siente resucitado para las más altas jornadas de la Historia y simboliza en ellos toda su fe y toda su esperanza. Franco, Caudillo de España, personificación de todos los honores y valores del Movimiento nacional, es el depositario de la emoción española, de la gran pasión desatada sobre España, con la que ha de hacer perpetua la Victoria y dejar cumplido el mandato de los muertos. En Franco y en sus combatientes se aclama la eternidad de España **(312)**.

Franco fue dilatando su entrada en Madrid, mientras se dedicó a recorrer algunas provincias para vender su imagen de Vencedor, de Caudillo, de Salvador de la Patria. No se decide a entrar en Madrid, porque su inconsciente le recuerda que en Salamanca se acordó su nombramiento por los generales allí reunidos, hasta alcanzar la paz. Ya están muertos Cabanellas y Mola, aunque quedan Queipo, Saliquet, Orgaz y Gil Yuste, además de Kindelán, que le está resultando el más exigente con el pacto de Salamanca. Pero Franco no está dispuesto a entregar el poder, a devolverlo a los generales de la Junta de Defensa. Por eso fue dilatando su entrada en Madrid, mientras buscaba en las provincias el aplauso, la adhesión y las posibles fisuras a su alrededor. Trataba de sondear a las guarniciones militares para constatar fidelidades. Hasta el 19 de mayo, cuarenta y nueve días después de la Victoria, no entró en Madrid.

El 12 de mayo, el Ayuntamiento de Madrid eleva al Gobierno la petición de que sea concedida a Franco la Cruz Laureada de San Fernando. Al día siguiente –resulta demasiado rápido para pensar que ya estaba decidido– el general Jordana, como Vicepresidente del Gobierno, firma el decreto de concesión.

El do ut des latino se cumple inexorablemente. Con fecha de 17 de mayo, el Boletín Oficial publica los Decretos ascendiendo a Tenientes Generales a Queipo de Llano, Saliquet, Orgaz y Dávila, antiguos Vocales de la Junta de Defensa Nacional, que entregaron el poder a Franco. (Se olvida de Kindelán, que ya le estaba resultando incómodo por sus fervores monárquicos). A cambio del ascenso a Tenientes Generales (grado que había suprimido la República), el dictador tiene prácticamente en la mano la Laureada de San Fernando, su gran frustración militar hasta entonces. "Do ut des": esta será una actitud constante durante el franquismo.

El primo-secretario, Franco Salgado, escribe que Franco obtuvo la laureada *A propuesta de S.M. don Alfonso XIII*, mediante una carta autógrafa del Rey, que reproduce y dice así: *...creyéndome autorizado para ello por haber sido Jefe nato de la Real y Militar Orden de San Fernando, permítame exprese cuán dichoso me consideraría, si recogiendo el común sentir y justificado anhelo del grandioso ejército de tierra, mar y aire español y todos los buenos compatriotas viéramos sobre su pecho esa invicta y heroica condecoración jamás tan bien otorgada al caudillo que tan brillantemente salvó a España y la llevó a la victoria.*

Y como final, faltando al protocolo le envío hoy como en otros tiempos un fuerte abrazo.

De V.E. afmo. y buen amigo

Alfonso XIII **(313)**.

(La carta lleva fecha de 9 de abril de 1939).

El ministro de la Gobernación, Serrano Súñer, firma una orden con fecha del 16, que dice así:

Alcanza la guerra el término simbólico y la victoria su más alta coronación con la entrada oficial del Caudillo en Madrid... y gózase el español viendo el universal reconocimiento de su nombre levantado por el Caudillo, que convirtió en Victoria el Alzamiento e hizo de la lucha incierta nuestro seguro triunfo (...) Se dará lectura en las plazas mayores de todas las ciudades, pueblos y aldeas de España a la proclama que dirigió el general Franco el 19 de julio de 1936 al tomar el mando del Ejército de África, y el último parte de guerra del Cuartel general del Generalísimo.

ABC publica unos «*Laudes para la entrada del Caudillo en su Ciudad*»: *...Y aunque fuera de noche a la hora en que la ciudad le abra sus puertas, no le faltará al pueblo luz para verlo, pues el Caudillo es sol. La mirada del Señor lo escogió entre los soldados. De ella está ungido...* **(314)**.

Hasta el 19 de mayo, Franco no se decidió a entrar en Madrid y lo hace a lo grande, como los generales victoriosos en el imperio romano. "Los Césares eran generales invictos", dicen los carteles de la propaganda oficial. Aquella mañana lluviosa de mayo entra, por fin, Franco en Madrid y en los anales oficiales es considerado como "el día de la Victoria". Los periódicos publican una proclama dirigida a los españoles, que entre otras ideas dice así: *Nuestros triunfos dieron respuesta adecuada al histérico "no pasarán"... Yo os aseguro que España superará todas las pruebas... Yo no puedo ocultaros en este día los peligros que todavía acechan a nuestra Patria. Terminó el frente de la guerra, pero sigue la lucha en otro campo. La victoria se malograría si continuásemos con la tensión y la inquietud de los días heroicos, si dejásemos en libertad de acción a los eternos disidentes, a los rencorosos, a los egoístas, a los defensores de una economía liberal que facilitara la explotación de los débiles por los mejor dotados. No nos hagamos ilusiones. El espíritu judaico, que permitió la alianza del gran capital con el marxismo, que sabía tanto de pactos con la revolución antiespañola, no se extirpa en un solo día, sino que aletea en el fondo de muchas conciencias. Mucha ha sido la sangre derramada y mucho ha costado a las madres españolas nuestra Santa Cruzada para que permitamos que la Victoria pueda malograrse... Hacemos una España para todos... Para esta gran tarea de la reconstrucción de España necesitamos que nadie piense volver a la normalidad anterior...*

Acabaron, pues, los días fáciles y frívolos en que se vivía para el presente. Nosotros viviremos para el mañana. No es una frase hueca y sin contenido la de nuestro Imperio. A él vamos; pero sólo lo lograremos con renuncias, con sacrificios, con austeridad y con disciplina; para coronar nuestra gran obra necesitáramos que a la victoria militar acompañe la política... Nuestros cargos se sirven como el centinela: en constante tensión y sacrificio, y se relevan cuando la natural fatiga lo aconseja... (315).

Esta proclama es preciso leerla muy detenidamente, porque Franco revela aquí sus intenciones; mediante un análisis de sus motivaciones, observamos que se identifica con el triunfo, con la victoria, frente al famoso "no pasarán" republicano, que pretendía cerrarle el paso a él, a Paquito Franco. Aquí debió recordar inconscientemente que la República le "congeló" sus ascensos en la carrera, perdiendo puestos en el escalafón militar. Franco sabe perfectamente que la misión que le habían encomendado los generales de Salamanca había llegado ya a su fin: jefe del gobierno hasta ganar la guerra. Y ha llegado el momento de rendir cuentas ante aquellos generales (ya faltan Cabanellas y Mola), por ello ha tardado 49 días en entrar en Madrid, dilatando ese momento, que sabe perfectamente que marca una nueva etapa. Franco se anticipa a rendir cuentas y muestra un colosal trofeo: la Victoria, que se puede convertir, tal vez, en la Paz. Muy astutamente, Franco recuerda los peligros que todavía acechan a España, para que no se hagan ilusiones, porque "el espíritu judaico" permitió la alianza "del gran capital con el marxismo". Algún tiempo después hallará su frase favorita: la conjura judeo-masónica, que será una constante en su vida hasta repetirla mecánicamente en sus discursos, como en los famosos de la plaza de Oriente. Y recuerda a las madres españolas la sangre derramada a favor de "nuestra Santa Cruzada", para que la victoria no se malogre. Con el exclusivo objeto de evitarlo está él, todo un Caudillo, que piensa seguir en el puesto de centinela. Muy veladamente les recuerda a los monárquicos, que están inquietos porque no ven despejado el camino hasta el trono, que se: *acabaron, pues, los días fáciles y frívolos en que se vivía sólo para el presente*. Frente a ese presente fugaz: *Nosotros viviremos para el mañana* (¡Vaya si lo consiguió!). En resumen: no piensa abandonar el Poder. Y matiza claramente, que *No es una frase hueca y sin contenido* y agrega además rotunda y claramente:

Para coronar nuestra obra necesitamos que a la victoria militar acompañe la política. Aquí parece ya, sin veladuras y con claridad, una proyección de futuro, de sus deseos más ocultos de permanecer en el Poder; incluso agrega: *Los cargos se relevan cuando la natural fatiga lo aconseja* y él, Francisco Franco, está aún joven: sólo tiene 46 años.

Aquella mañana lluviosa del mes de mayo, momentos antes de comenzar el Desfile de la Victoria, se leyó el decreto de concesión de la Laureada, de conformidad con el Art.º 35 **(316)**, que dice así: *Cuando notorios servicios de un general en jefe, tales como pacificar rápidamente un territorio, o conquistarlo, sin contar para ello con recursos y medios superiores a la importancia de la empresa, y antes bien, supliéndolos con su pericia y valor, grandes y victoriosas acciones de resultados indiscutibles en la campaña, denuedo personal y sabías disposiciones que salven un ejército que él no haya comprometido, y otros de análoga notoriedad y decisiva importancia, hagan al Consejo de Ministros juzgarlo acreedor a la Gran Cruz de San Fernando se comunicará así por el Ministro respectivo a la Asamblea de la Orden, la cual estudiará el caso, y con su informe razonado, devolverá la moción al citado Ministro, para que de acuerdo con el Consejo de Ministros, si el informe es favorable pueda proponer a S.M. la concesión de esta recompensa.*

El Boletín Oficial de aquel día publicó la siguiente

DISPOSICIÓN (pág. 432)

Momentos antes de comenzar el desfile militar, el bilaureado general Varela pronunció las siguientes palabras: *El Gobierno, en nombre de la Patria, acordó conceder la Gran Cruz Laureada de San Fernando a nuestro heroico Caudillo por haber salvado a la Patria; y yo, como delegado del Gobierno y de los Caballeros de la Orden, tengo el altísimo honor de imponer tan alta condecoración a nuestro Generalísimo* **(317)**.

Varela le colocó en el pecho la Laureada, pero con las prisas y las improvisaciones no había en Madrid una Laureada a la venta. Y no hubo más remedio que usar una "de prestado", como escribe el primo-secretario:

Como por falta de tiempo no se pudo encargar una Gran Cruz de San Fernando, se impuso al Caudillo la que S. M. el Rey don Alfonso XIII (q.e.p.d.) había regalado al general Mariana **(318)**.

La viuda del general Mariana se negó a regalar la insignia, por tener gran valor sentimental y ser un regalo del Rey, exigiendo su devolución tras el acto de la imposición (más adelante los militares abrieron una suscripción para regalarle la Laureada a Franco, que le sería entregada y de nuevo impuesta, en ceremonia solemne, en el Palacio de Oriente el 17 de julio de 1940).

Le fue impuesta a Franco la tan deseada Laureada de San Fernando en un escenario impresionante y a la vista de "sus guerreros" **(319)**. Han debido pasar 23 años desde aquel lejano 1916 en que fue herido el capitán de regulares Franco en el Biutz, siéndole denegada, tras juicio contradictorio. Aquella negativa pesó siempre sobre la personalidad de Franco, produciéndole su gran frustración militar. Después, en 1925, en Alhucemas, no hizo nada para merecerla de nuevo. Sin embargo, sí la consiguió el dictador Primo de Rivera por haber terminado la guerra de Marruecos. La historia se repite con los dictadores. La Laureada que no pudo conseguir en Marruecos la ha alcanzado ya. Por fin era suya. Se la ha concedido él mismo, ya que estaba en la cúspide del Poder y los generales que le rodeaban se doblaron serviles ante él, unos por adulación y otros por miedo. Fue un acto de vasallaje por parte de los generales que se la concedieron. Fue el gran momento tan deseado y es que los militares son como niños, están sometidos a los símbolos, como demostración de personalidades inmaduras e infantiles. Llama poderosamente la atención a los no iniciados el observar a esos militares que muestran sus uniformes abarrotados y recargados de medallas y cintas, como exhibiendo su curriculum vitae.

Cuando al Caudillo le hubo sido impuesta la Gran Cruz Laureada de San Fernando, súbitamente el aire se pobló de un batir de alas trémulas, y una bandada de centenares de palomas levantaron el vuelo en signo de paz **(320)**.

Por el contrario, Manuel Azaña, con una visión anticipada de España, tras la victoria de Franco, predice a los españoles *Medio siglo de trabajos forzados*.

Tras el desfile militar, donde los periódicos hablan de 120.000 hombres, Franco invita a los generales que han participado en el magno desfile, que duró 6 horas y fue un auténtico alarde belicista de los vencedores; los invita a una copa de vino español, servida por Perico Chicote en los Salones del Banco

El general Varela impone a Franco la Laureada.

de España. Franco pronunció un discurso importante por las connotaciones ambiciosas que encierra:

Camaradas míos del Ejército: No os extrañéis no os diga ahora nada nuevo. En mis días de constante contacto con vosotros os dije cuanto pensaba de España y de sus problemas... En estos momentos en que se derrumban todos los muros del orden viejo, hay que hacer que el sol, que es alegría y juventud, penetre en nuestras instituciones, en la institución militar sobre todo... Fijaos bien: hablo de Revolución, y que esta palabra no os asuste... (Una enorme ovación impide al Generalísimo terminar el brillante párrafo. Los quinientos oficiales agrupados en el patio prorrumpen en gritos de ¡Franco, Franco, Franco!). Nosotros tenemos ahora que derribar la frivolidad de un siglo. Que desterrar hasta los últimos vestigios del fatal espíritu de la "Enciclopedia". ... Muchas veces se ha hablado de Imperio y yo afirmo que esto no es una palabra hueca, porque ha de forjarlo nuestra magnífica juventud. No hay quien se ponga en el camino de un pueblo unido. Los que luchasteis en los riscos de Teruel, de Oviedo y de Huesca no conocéis los peligros. Yo os pongo ahora en guardia permanente, honrando así la memoria de nuestros muertos. Compañeros de hoy y de ayer: ¡Todos juntos lucharemos por el honor de España! ¡Arriba España! **(321)**.

Los militares allí reunidos le aclaman como vencedor (Victor), pero Franco no les dice claramente que piensa seguir. Los generales de Salamanca están nerviosos, principalmente Kindelán y Queipo de Llano, que no ven la posibilidad de la salida del Poder. El atractivo programa que les ofrece es: *No os extra-*

ñéis no os diga ahora nada nuevo, junto con: *Desterrar hasta los últimos vestigios del fatal espíritu de la Enciclopedia*.

Por la noche asistí acompañando al Generalísimo a la función de gala en el Teatro Calderón, representándose la zarzuela Doña Francisquita (322).

La prensa publica la carta de Franco al cardenal Gomá, Primado de Toledo, en contestación a la felicitación recibida con motivo del "Día de la Victoria".

La arcaica ceremonia con resonancias medievales, celebrada el día 20 en la iglesia de Santa Bárbara, de fundación real, y veinticuatro horas después del Desfile de la Victoria, tiene todas las connotaciones de una iniciación, pero también del establecimiento de una instauración. Esta ceremonia, en la que el dictador sienta las bases de su permanencia para un futuro, apoyado en la Iglesia y mediante una sacralización, ha sido poco analizada por los estudiosos del franquismo. Jacques Georgel la ha denominado "la institucionalización del Caudillaje" (323), ya que de eso se trató realmente. Franco muestra en un gesto simbólico, al depositar la Espada de la Victoria (324) en manos del

Franco vencedor. El 19 de mayo de 1939 Franco preside el Desfile de la Victoria en el paseo de la Castellana de Madrid, donde se instalan unas gradas presididas por un imponente podium central con el emblema universitario "Victor". Franco aparece en él como único protagonista de la Guerra Civil.

Primado de Toledo, sus intenciones de cesar las funciones del guerrero y convertirse en el Caudillo de la Paz. Allí estaban los más valiosos trofeos de la Historia de España: la bandera y el Cristo de Lepanto, los gallardetes de la galera de don Juan de Austria, las cadenas de Navarra y la Virgen de Atocha (a la que acudían los Reyes españoles a presentar a sus descendientes y herederos). Fue un acto solemne con el ritual de un cuasi-Rey victorioso al regreso de la guerra.

Tras la ceremonia de Santa Bárbara, el Vaticano advirtió en seguida el significado de consagración del General Franco, siendo mal aceptada la ceremonia religiosa, reaccionando con el típico estilo vaticano, "sin prisa, pero sin pausa", contra los que participaron en la liturgia del 20 de mayo, quedando los obispos marginados para las promociones eclesiásticas; el obispo de Madrid-Alcalá, Eijo Garay, no conseguiría ya una archidiócesis ni el birrete cardenalicio. El Vaticano pasa siempre la factura.

Las fiesta de la victoria. El Caudillo impetra la ayuda de Dios para la forja del Imperio y es ungido con las palabras sacramentales de la Iglesia

A las diez de la mañana empezaron a llegar las personalidades especialmente invitadas. Los arzobispos de Burgos, de Valencia y de Granada; obispos de Salamanca, Ávila, Tortosa, Calahorra, Coria, Oviedo, etc., hasta diecinueve; el arzobispo de Winnipeg (Canadá), monseñor Alfred A. Limrott y el prelado peruano, monseñor Sarasola. A las diez y media hizo su entrada el obispo de Madrid-Alcalá, doctor Eijo y momentos después el cardenal Primado, doctor Gomá.

Los generales Varela, Moscardó, Millán Astray, Espinosa de los Monteros, contralmirante Cervera, el general italiano Babini, Pilar Primo de Rivera, etc. El nuncio de Su Santidad, monseñor Cicognani; embajadores de Alemania, Portugal e Inglaterra y los restantes diplomáticos acreditados en España. El Gobierno en pleno, presidido por el conde de Jordana.

Alrededor de las once llegaron al templo la esposa y la hija del Generalísimo, que llegó poco después. Franco llegó escoltado por la Guardia mora y el coronel Ríos Capapé. S.E. penetró en el templo bajo palio entre los gritos de la multitud, el repicar de campanas, las salvas de artillería y las notas majestuosas del himno nacional. La púrpura del cardenal, el carmín de los prelados y la variedad de los uniformes bajo el sol de gloria es el fondo de este maravilloso cuadro.

En el centro del presbiterio estaba colocado el reclinatorio ante el cual había de situarse el Caudillo. Sobre el artístico altar de plata repujada figuraba la gloriosa e histórica imagen del Cristo de Lepanto y Nuestra Señora de Atocha, revestida del manto regalado por Isabel II.

Al ocupar el Caudillo de España el sitial que se le tenía reservado, la *Schola Cantorum* de los Benedictinos y el Coro de Silos entonaron las antífonas mozárabes del siglo X, recogidas del *Antiphonarium mozarabium legionense*, que se conserva en el monasterio de Silos. La liturgia adquiere una solemnidad majestuosa, las voces de los cantores y las notas musicales estremecen de emoción a los asistentes al religioso acto, que unen sus oraciones a las del Caudillo por la gloria de España.

Terminada la acción de gracias al Altísimo por la Victoria se rezaron las preces. «Al regreso del Caudillo de la guerra». Recogidas de la edición de Dom. Terotim del *Liber Ordenum*: *El Dios Omnipotente que trajo a nosotros tus pasos en paz, lleve nuestras almas a la heredad eterna. Así sea.*

Y Él, que nos hizo clemente volver aquí, nos haga siempre llegar a Él felizmente. Así sea.

Para que a Él, ante quien derramáis aquí lágrimas por vuestro regreso, le deis gracias perennes por el eterno don que nos ha dado. Así sea.

Oh, Dios, a Quien todos se someten, a Quien todas las cosas sirven, haz que los tiempos de tu fiel siervo el Caudillo FRANCISCO FRANCO sean tiempos de paz y aleja de Tu clemencia las guerras bárbaras. Para que aquel a quien pusiste al frente de tu pueblo, bajo tu guía tenga paz con todas las naciones.

Te rogamos, oh Señor que seas propicio a nuestras preces. Tú que eres Rey de Reyes y Señor de señores, para que mires benignamente desde el trono de Tu Majestad a nuestro Caudillo FRANCISCO FRANCO. Y al que diste un pueblo sujeto a gobierno, le des también hacer en todo Tu voluntad.

Inmediatamente el Caudillo, con voz clara y sonora, pronuncia la siguiente oración: *Señor, acepta complacido el esfuerzo de este pueblo, siempre tuyo, que conmigo, por Tu nombre, ha vencido con heroísmo al enemigo de la Verdad de este siglo.*

Señor, Dios, en cuyas manos está todo derecho y todo poder, préstame tu asistencia para conducir este pueblo a la plena libertad del Imperio, para gloria tuya y de tu Iglesia.

Señor, que todos los hombres conozcan que Jesús es el Cristo, el Hijo de Dios vivo.

Su Eminencia el cardenal Primado unge al Caudillo, derramando sobre él la siguiente bendición: *El Señor sea siempre contigo. Él, de quien procede todo derecho y todo poder y bajo cuyo imperio están todas las cosas, te bendiga y con amorosa providencia siga protegiéndote, así como al pueblo cuyo régimen te ha sido confiado. Prenda de ello sea la bendición que te doy en el nombre del Padre y del Hijo y del Espíritu Santo.*

(De la prensa del día 21 de mayo de 1939).

Dichas oraciones junto con el ceremonial fueron preparadas y dirigidas por un fraile falangista, Fray Justo Pérez de Urbel.

Muchos monárquicos creyeron que con la entrega de la espada Franco simbolizaba la entrega del poder y daría paso a un gobierno civil de matiz monárquico. Pero como siempre, también se equivocaron esta vez los monárquicos, como se equivocaron el 1 de octubre del 36. Franco no pensaba retirarse. Le habían dicho tantas veces que era el salvador de la patria, el caudillo y el generalísimo, que se lo había tomado muy en serio, asumiendo esta nueva personalidad.

Unos días después, un periodista gallego escribe en *ABC*: «*La leyenda dorada, antífonas en Santa Bárbara y preces en El Escorial*».

A nuestra ocasión de hoy llega el aroma de nuestra poderosa antigüedad sea en Santa Bárbara de Madrid, donde el caudillo escuchó preces a su regreso de la guerra, o sea en el Real Monasterio de El Escorial donde oró ante los sepulcros de los Sres. Reyes D. Carlos el Emperador y D. Felipe el Prudente, el espíritu se reclama a una especial hermosura y libertad.

Cuando en Santa Bárbara de Madrid el coro cantaba la antífona que decoró el latín de los mozárabes de León, la visigoda, la rica, la reina, respondían a las preces toledanas, las que en Santa Leocadia saludaban a los reyes godos, ilustres entre las más ilustres sangres.

Y arrodillado nuestro Caudillo ante la tumba fría del César Carlos-Sacra Majestad; sacra, sagrada, y no hay más que una –no cabe diferencia literal con el proemio a aquella pragmática que en el año 54 firmó el Emperador: "Considerando que el Cid es nuestro progenitor"... El Caudillo allí arrodillado, rodeado de la huesa de los reyes, testaba, "juzgaba por lo eterno", como manda al papa un severo texto de pintiparada teología. Y si testar es heredar, pensad qué estandarte no se recobraba en el panteón escurialense **(325)**.

A final de mes, Franco se dirige a las mujeres españolas representadas por las camaradas de la Sección Femenina, a las que les dice: *Yo en este momento solemne de hermandad y unión entre las mujeres españolas devuelvo el honor y el tributo a las caídas en la guerra... en la vida de la Reina Isabel de España tenéis todo un libro para estudiar. Ella conoció también de los tiempos turbulentos y materialistas, ella se crió también abandonada entre la corrupción y el vicio, pero supo mantener la pureza de su fe y de sus virtudes. Este es el ejemplo que tenéis que dar las mujeres españolas de hoy... yo haré que a todos los hogares españoles puedan llegar el sol y la alegría...* (30-5-39).

El día 4 de junio inaugura Franco el monumento al General Mola, en el segundo aniversario de su muerte en Alcocero (Burgos), en cuyo monumento se puede leer esta inscripción: *El día 3 de junio de 1937, el invicto General Mola Vidal cayó en este lugar, víctima de un accidente derivado de su actividad en el mando y de su valor militante que en 100 veces en su vida arrostró el peligro de la guerra con ánimo sereno y corazón levantado, vino a morir con las alas rotas en día de niebla sobre estas tierras que su nombre han hecho sagradas.*

Como símbolo de lo que fue en vida, su muerte se preparó en el vuelo entre las nubes y en ellas quedó su espíritu abierto a las luces de la inmortalidad.

¡Honor a su recuerdo, que en el futuro marcará el pórtico de la nueva reconquista de España!

El corazón nato, por su gloria. Y en los labios de quienquiera que se detenga ante este recinto sagrado, una oración.

3 junio 1938. 2.º año Triunfal **(326)**.

(Muchos años después le contarían a Franco que el monumento de Mola estaba abandonado y cubierto de hierbas silvestres, en un camino que sólo conduce al olvido. Franco no haría nada por su compañero y director de la sublevación, que providencialmente estaba muerto).

En aquel día dijo Franco lo siguiente: *Este no es el monumento que merece la grandeza de nuestro héroe... esta es la cruz en el camino que pide una oración, no el monumento a la victoria, porque la victoria de España, la victoria de Mola, la de Sanjurjo, la que forjaron nuestros más grandes héroes, tiene una dimensión universal, y cuando tiene ese alcance una victoria es pobre el cemento, son pobres las piedras, hay que levantar templos, hay que edificar lugares donde se adore a Dios y se eleve el corazón ante los héroes caídos y ante los mártires. Nuestro monumento de la victoria no será un mausoleo más de piedra ni un grupo escultórico, cosa de tiempos pasados. Tendrá más grande dimensión, tendrá Basílica, Monasterio y Cuartel. Tendrá la reciedumbre de España y con la noble aspereza de la piedra, la soledad que invita a la oración.*

(Aquí está pensando ya Franco en un monumento para el que unos meses después escogerá el lugar, el Valle de Cuelgamuros para convertirse, más tarde, en el Valle de los Caídos y en su propia tumba).

Franco bajo palio. El dictador exigió a la Iglesia el uso del palio al considerarse como sucesor del rey y mantuvo este privilegio durante muchos años.

Unos días después dirá en Bilbao: *Yo os aseguro que no temblará mi mano en la tarea de la paz, como tampoco tembló en las horas de la guerra* (327).

Aquí, una vez más, Franco se descubre totalmente y anticipa que piensa continuar también en la paz. Ya lo dice claramente, sin tapujos.

En aquel mes, la ciudad de Burgos regala a Franco el Palacio de la Isla, mientras la propietaria, Condesa de Muguiro, no está dispuesta a vender. Cede elegantemente a la presión oficial, irresistible en aquella hora. *Como el palacio no está en venta, fijen Vdes. libremente el precio*, dice la Condesa a los compradores (328).

El día 20 llega a El Ferrol a bordo del *Canarias* (se trata de la mayor afirmación de su personalidad, del joven que no pudo ingresar en la Escuela Naval, del hijo de Nicolás Franco y de Pilar, la esposa abandonada y humillada). El padre de Franco estaba en aquellos días en El Ferrol y no se creía que su hijo Paquito llegase vestido de Almirante de la Armada Española. Fue la secreta venganza de Paquito, la venganza contra el padre y un halago a su madre muerta. En El Ferrol impone la Laureada al Almirante Moreno, recorriendo a pie las calles de su ciudad natal par presidir un gran desfile militar.

Solamente hay una nota discordante en aquel concierto, las carcajadas del viejo Nicolás Franco, padre del Caudillo: *¿Mi hijo Francisco Jefe del Estado?, eso no se lo cree nadie*. El padre no lo quiso nunca. Esa era su mayor desgracia personal. Paquito estaba falto de la imagen del padre y carente de la afectividad paterna: se odiaban mutuamente.

El 19 de julio, Franco concede la Cruz Laureada de San Fernando a la ciudad de Valladolid. Queipo, según era habitual en él, no se calla tampoco ahora y expresa su descontento: *¿Por qué no se otorga la Laureada a Sevilla?* Lo que estaba haciendo era pedirla de forma indirecta también para él.

Franco actúa esta vez de forma rápida y sorpresiva, poco habitual en él: cesa a Queipo, después de tres años de ser auténtico Virrey de Andalucía. Y a los 17 días de ostentar la Capitanía General de Sevilla, Franco le llama desde Burgos, y mientras, llega Saliquet a Sevilla en avión y se hace cargo de la capitanía sevillana. Franco no recibe a Queipo, sino el Vicepresidente del

Gobierno, general Jordana, que le ofrece el cargo de embajador extraordinario en Roma. Queipo acepta malhumorado, soltando unas palabrotas impresionantes y desaparece de la Historia. Franco ha conseguido eliminar a otro de los generales que le nombraron en Salamanca. Apenas han pasado unos meses desde que Queipo le recordó en Sevilla: *Nos encontramos aquí algunos generales que te elegimos como jefe supremo*. De aquellos ya queda uno menos. Unos días después, la agencia Efe publica una nota desmintiendo la huida de Queipo y su extradición desde Italia; la detención de Yagüe y las declaraciones en contra de Franco del general Aranda. Los tres, ciertamente, han caído en desgracia del dictador.

Tras la victoria se inicia la instauración de un orden político nuevo sobre una exaltación patriótica; de lo mágico se pasa a lo lógico, según el desarrollo psicológico.

A mediados de julio llega a España el conde Ciano, ministro de Asuntos Exteriores de Italia, y en San Sebastián, durante la comida de gala, dice Franco: *...Al genio político de vuestro Duce, que alumbró al Mundo con la magnífica creación de la Era Fascista, no podía ocultársele la dimensión y trascendencia que nuestra guerra tenía para la suerte de Europa y de la civilización....*

En el comunicado oficial de las conversaciones, facilitando a la prensa, dice lo siguiente: *...Ha sido comprobada una completa solidaridad de puntos de vista y de propósitos y se ha decidido desarrollar la colaboración existente con el fin de que la amistad entre Italia y España, que es una realidad positiva de la política de Europa, pueda plenamente responder a los fines deseados por el Duce y el Caudillo en interés de los respectivos países*.

ABC de 11 de julio de 1939.

LA ESPADA VICTORIOSA DEL CAUDILLO

Toledo 10, 10 noche. Su Eminencia el cardenal primado de España, Cardenal Gomá, ha dirigido al Generalísimo la siguiente carta notificándole la entrega de la espada de la Victoria al Cabildo primado:

Excelentísimo señor: Juzgo mi deber de dar el mayor relieve al gesto nobilísimo, de cristiana edificación, de entregarme Vuestra Excelencia, en mi calidad de representante de la Iglesia, su espada vencedora, tributo de gratitud a Dios, que con amorosa providencia ayudó a los que lucharon por su honor y por el de España, y como protección y veneración a la Santa Iglesia Católica, de la que Vuestra Excelencia es hijo ilustre y fidelísimo.

A este fin, he hecho entrega de la histórica espada al excelentísimo Cabildo de nuestra Catedral primada para su custodia en el tesoro de dicha iglesia.

Pido a Dios desde el fondo de mi alma que le premie con la máxima largueza el ejemplo de la religiosidad que dio Vuestra Excelencia a España y al mundo, y especialmente que le infunda luz y fortaleza para que triunfe en las arduas tareas de la paz como triunfó en los días heroicos de la guerra.

Dios guarde a Vuestra Excelencia muchos años.

Isidro, cardenal Gomá, arzobispo de Toledo.

Eliminado Queipo de Llano, muertos Sanjurjo, Cabanellas y Mola, se decide a afianzar la dictadura personal y en los primeros días de agosto, mientras el calor del verano adormece la acción de los españoles, Franco publica en el Boletín Oficial del Estatuto una Ley, donde se concede a sí mismo la facultad de "dictar leyes", cuya exposición de motivos dice así:

JEFATURA DEL ESTADO. LEY

Terminada la guerra y comenzadas las tareas de reconstrucción y resurgimiento de España, es necesaria la adaptación de los órganos de gobierno del Estado a las nuevas exigencias de la situación presente, que permita, de una manera rápida y eficaz, se realice la revolución nacional y el engrandecimiento de España.

Ello aconseja una acción más directa y personal del Jefe del Estado en el Gobierno, así como desdoblar aquellas actividades ministeriales como las castrenses que, fundidas en un solo ministerio por imperativos de la guerra, entorpecerían hoy la labor de creación de nuestras armas de tierra, mar y aire, constituyendo para su coordinación y suprema dirección, a las órdenes directas del Generalísimo de los Ejércitos, un órgano permanente de trabajo...

Artículo séptimo. Correspondiendo al Jefe del Estado la suprema potestad de dictar normas jurídicas de carácter general, conforme al artículo decimoséptimo de la Ley de treinta de enero de mil novecientos treinta y ocho, y radicando en él de modo permanente las funciones de gobierno, sus disposiciones y resoluciones, adopten la forma de Leyes o de Decretos, podrán dictarse aunque no vayan precedidas de la deliberación del Consejo de Ministros, cuando razones de urgencia así lo aconsejen, si bien en tales casos el Jefe del Estado dará después conocimiento a aquel de tales disposiciones o resoluciones.

...Así lo dispongo por la presente Ley, dada en Burgos a ocho de agosto de mil novecientos treinta y nueve.- Año de la Victoria.

Francisco Franco.

Examinado atentamente el texto de La Ley, se observa que se trata de concederse Franco: *Una acción más directa y personal del Jefe del Estado en el Gobierno*, correspondiéndole: *La suprema potestad de dictar normas jurídicas*, o sea, el establecimiento de la dictadura, desde el punto de vista jurídico. Pero lo antijurídico de la Ley –todas las dictaduras son antijurídicas– es que el propio Franco se concede la facultad de dictar leyes. Desde este instante, Franco está seguro de su poder. De los generales de Salamanca, sólo tiene fuerza el general Kindelán, que pasado algún tiempo también será anulado definitivamente. Unos meses después, pasado el verano, Franco, el dictador, se instalará oficialmente en el palacio de El Pardo.

Inmediatamente van a chirriar las relaciones Iglesia-Estado, a pesar de las buenas promesas mutuas. El cardenal Primado de Toledo publica una pastoral titulada *Lecciones de la guerra y deberes de la paz*, que fue censurada y no pudo ser difundida fuera del boletín arzobispal **(329)**. El cardenal recibe un oficio, que es un trallazo: *De acuerdo con la Superioridad, tengo el honor de comunicar a V.E. que queda rigurosa y terminantemente prohibida la publicación de la pastoral hecha pública por el cardenal Gomá últimamente*.

Terminada la guerra, los falangistas se dieron cuenta de que no contaban políticamente ante Franco. El dictador los usaba, nada más, para organizar a las masas y para aplaudir. Los falangistas no representaban verdaderamente nada en la política nacional. Un resumen exacto de la realidad lo hace Dionisio Ridruejo, un joven desengañado: *Los jerarcas auténticos nos gastábamos en interminables conciliábulos en los que se estudiaba la situación y se establecía la necesidad de dar a Franco un ultimátum o, como suele decirse, de "herrar o quitar el banco". Todo era insatisfactorio, el partido era una comparsería; el Ejército imponía su poder; la Iglesia tiranizaba la política cultural con criterios calomardianos y proyectaba una autoridad ejecutiva inaceptable sobre la sociedad laica*.

En 1939 se produjeron las primeras tensiones importantes entre los falangistas y la Iglesia. Los principios dogmáticos de la política falangista chocaron

¡VIVA FRANCO!

BADAJOZ ~ IRUN ~ TALAVERA

MALAGA ~ BI

OVIEDO ~ BRUNETE ~ BELCHITE

BARCELONA ~ GERONA ~ MA

S.E. EL GENERALÍSIMO FRANCO

CUARTEL
GENERAL DEL GENERALÍSIMO
ESTADO MAYOR

PARTE OFICIA

CORRESPONDIENTE AL DIA 1º DE

EN EL DIA DE HOY, CAVTIVO Y DESARMA
LAS TROPAS NACIONALES SVS VLTI

LA GVERRA HA TERMINA

LIBRE
¡ARRIBA ESPAÑA!
EL PINGARRÓN
EL MAESTRAZGO
JOSE ANTONIO PRIMO DE RIVERA ¡PRESENTE!
ALCAZAR DE TOLEDO
AVANCE NACIONAL

SECCIÓN DE OPERACIONES

DE GVERRA

IL DE 1939 - III AÑO TRIVNFAL

EL EJERCITO ROJO, HAN ALCANZADO
OBJETIVOS MILITARES.

BURGOS 1º DE ABRIL DE 1939
AÑO DE LA VICTORIA
EL GENERALÍSIMO,

con el dogmatismo reaccionario de la Iglesia española, que desde siglos atrás, desde siempre, había mantenido. Los dos eran autoritarios y el fanatismo los complementaba. La Iglesia aparecía como vencedora de la Guerra Civil, dominando la política educativa y cultural, imponiendo duros y estrechos criterios en la sociedad y alentando el espíritu de Cruzada. La Iglesia se benefició atrayendo a miles de jóvenes a los seminarios y noviciados, tanto de las familias de los vencedores como de los vencidos, que vieron en ello la única posibilidad de dar estudios y alimentación a muchos de sus hijos.

Se crean nuevas actitudes basadas en un concepto nuevo de renovación espiritual, sin olvidar lo monetario, y surgieron grupos de fieles que, sin ser sacerdotes, ejercían una fructífera labor de apostolado, dirigidos por un sacerdote aragonés, José María Escrivá. En 1939 se publica en Valencia la 1.ª edición de una obrita basada en el *Opus Dei*. Se suscita pronto una terrible rivalidad entre jesuitas y miembros del *Opus*. Los primeros se percatan pronto de que empiezan a perder vocaciones y clientela entre sus habituales.

El Ejército –otra columna vertebral del Estado– tras los primeros meses de la victoria se resiente de su cohesión y solidez, apareciendo los primeros síntomas de rivalidades internas entre militares monárquicos y militares falangistas.

En aquel verano de 1939 se hablaba mucho de paz, pero la paz no aparecía en las ciudades. Sin embargo, aparecieron la escasez, el racionamiento, el mercado negro (mal llamado estraperlo), el abuso y la corrupción. Pronto se olvidaban los ideales de la Cruzada. Años más tarde, un periodista escribiría una novela titulada *La paz empieza nunca*.

A mediados de agosto produce gran conmoción en la España oficial la noticia del pacto germano-soviético, *en aquella España de dogmas y perfiles netos*, según De la Cierva. Franco está impresionado por la noticia y no la compren-

Página anterior. Parte final de la victoria. Podemos ver adornando el parte: a la izquierda, bajo la imagen de Franco, la ciudad universitaria y el paso del Ebro. A la derecha, bajo Primo de Rivera, el Alcázar de Toledo y el avance nacional, adornados con la pintoresca frase de García Morato: *Vista, Suerte y al Toro*.

de. ¿Qué ha pasado? Su concepto del comunismo se refuerza, porque está convencido de que tiene razón y posee la verdad, causa más que suficiente para no ver la realidad. Alguien muy cercano a Franco le llamó "el pacto con el diablo". España, la España germanófila, no sabe a qué atenerse. Franco comunicó cuatro años más tarde al embajador norteamericano, Carlton S. Hayes, que: *Protestó ante Hitler contra la violación del pacto antikomintern*. Protestó también ante Mussolini y se dirigió a Inglaterra, Francia y el Vaticano para tratar de romper la nueva asociación germano-rusa.

En la referencia del Consejo de Ministros del día 1, se notifica a los españoles: *Como acuerdo del más alto interés nacional ha de subrayarse la aprobación definitiva del Programa Naval*. Franco, impulsado inconscientemente por su frustrada vocación marinera –ya era Almirante–, lanza un ambicioso programa, que devolvería a España su rango de potencia marítima. (Franco no olvidará jamás el Desastre del 98). Mientras España quiere desarrollar su Marina, la guerra estalla en Europa.

Los diarios publican en primera plana: *En la madrugada de ayer Dantzig se ha incorporado al Reich y se han roto las hostilidades entre Alemania y Polonia. Movilización general en Inglaterra y Francia. Discurso histórico del Führer. Chamberlain habla ante la Cámara inglesa. Las tropas alemanas han penetrado en varios puntos en Polonia y bombardeado objetivos militares*.

España se declara neutral y el B.O.E. publica un decreto de Franco: *Ordeno por el presente decreto la más estricta neutralidad a los súbditos españoles...*.

Para relajar tensiones y dar sensación de naturalidad, Franco visita varias zonas de Galicia durante su veraneo. Visita Santiago de Compostela y abraza al Apóstol, pidiéndole ayuda y protección. Después, llega a Pontevedra vestido de Capitán General de la Armada y de allí a Marín, donde visitó las obras que se realizan para la Escuela Naval. Es superior a sus fuerzas, pero no puede resistir la visita y queda extasiado en la contemplación de la futura Escuela Naval: su gran frustración de marino. De allí embarca para Vigo, donde dice: *Nosotros hemos hecho una promesa: nosotros hemos prometido la revolución y haremos la revolución (...) a nadie ha de faltar el pan de la vejez (...) también queremos que el sol alumbre las paredes de las pobres alcobas. Estamos construyendo el Estado: esta-*

Dionisio Ridruejo, uno de los falangistas que se opusieron a la unificación de Franco. Junto a Miguel Hedilla y sus seguidores fueron continuadores de la obra y pensamiento de José Antonio y se opusieron a Franco, lo que supuso a algunos la condena de muerte de la que fueron indultados, pero también apartados e ignorados.

mos dando forma a la doctrina de nuestro Movimiento (...), que nadie pueda, como antes, murmurar del Estado, porque el Estado os va a unir a todos para construir la España una, grande y libre de nuestros sueños **(330)**.

Y más tarde dirá al alcalde de Vigo: *...La maravillosa bahía de Vigo ha de ser uno de los caminos que han de conducirnos al Imperio de España. No hay que olvidarlo* **(331)**.

Y en Orense, recuerda: *No nos basta vencer; nos hace falta también convencer...* con una implícita resonancia de Unamuno en el enfrentamiento con Millán Astray, ignorando que solamente se convence a los que ya están convencidos.

El diario *Arriba* dice lo siguiente: *Hay algo en la crisis europea de hoy que puede afirmarse, gracias a la Cruzada española, cualquiera que sea el resultado militar: la retirada histórica de la democracia como forma política y la generalización del régimen de Estados nacionales basados en la autoridad y en una relación personal de servicio* **(332)**.

A mediados de septiembre termina Franco su veraneo en Galicia y el recorrido triunfal por la tierra de sus paisanos. Pero tiene que compensar a doña Carmen con otro viaje similar y afirmar su personalidad ante los asturianos. En Oviedo dice: *...porque estamos haciendo una España para todos, porque tenemos que dar unidad al pensamiento español, necesitamos forjar un credo digno, humano y fraterno, que desarme las manos ante el hermano...* (333).

Y en Gijón, ante las ruinas del cuartel de Simancas: *...Las flores de la Victoria no pueden repartirse (...) y ¡ay! de aquel que se tuerza, porque sobre los escombros de Simancas, ante la gloria de estas piedras, juro yo, con los españoles, apartar y hundir al que se oponga*.

Franco debió recordar aquello que dijo Clemenceau, al terminar la guerra europea del 1914-18: *Hemos ganado la guerra; ahora tenemos que ganar la paz*. Y no le arredra la envergadura del problema, por eso había dicho anteriormente: *Tenemos fe en Dios y fe también en nuestro destino*. Así es que en agosto forma nuevo Gobierno, conocido como el primer gobierno de la paz, compuesto por doce ministros, más dos sin cartera; de un total de catorce, seis son militares, o sea, el 42,8%. Pero la novedad que presenta es la de desglosar en tres a los militares, de forma que se crea el ministerio del Aire, cuyo titular es el general Yagüe. Con este nombramiento, Franco actúa para, primero, compensar a su amigo Juan Yagüe y con ello tenerlo implicado en el gobierno, porque ya le resultaba incómodo por la libertad que tenía para expresar sus puntos de vista; segundo, al nombrarlo para este cargo, tema del que no entendía, lo llevaba al fracaso absoluto, algo que Franco deseaba para el hombre que realizó la "marcha sobre Madrid" hasta Maqueda al frente de las tropas marroquíes. Recordemos que le relevó del mando por su obstinación en llegar a la capital a finales de septiembre, pasando de largo sobre Toledo; tercero, con su nombramiento pretendía apartar al general Kindelán, que le proporcionaba más quebraderos de cabeza que el propio Yagüe, siendo el monárquico uno de los generales de Salamanca, que le dio su voto e incluso fue el promotor de su nombramiento, pero Kindelán insistía, una y otra vez, en que el nombramiento fue hasta terminar la guerra, algo que Franco pretendía olvidar. Este quedó humillado con el nombramiento de Yagüe por ser el único general que durante la guerra mandó la aviación y por lo tanto debió tener esa consideración con él. Por eso y por muchas otras cosas, Kindelán mantuvo hasta su muerte ya una fuerte aversión a Franco.

Don Pedro Sáinz Rodríguez narra que Franco le propuso en 1939, al cesar como ministro de Educación Nacional, que pasara como embajador a la Argentina. El ex ministro se negaba, por considerar que su labor sería muy delicada, a lo que replica Franco: *Ahora ha cambiado todo tanto, que es posible que alguna nación americana pida la incorporación a la soberanía española* **(334)**.

(Este relato ha sido sometido en una encuesta de opinión a 68 españoles y el resultado fue el siguiente:

De locura 82,5%

Falto de realidad 10,3%

No lo entiendo 4,1%

Otras respuestas 3,1%)

Yo estaba sentado en una butaca –escribe Sáinz Rodríguez– *y por eso no me caí de espaldas, pero puse una cara tal de asombro, que me dijo: ¿Qué, le choca a usted?* (pág. 329)

Una vez más, Franco está fuera de la realidad, aunque en su alienación histórica quiere que la realidad se adapte a sus deseos.

Pasados los primeros fervores de la victoria, Franco seguía sin enfrentarse con la realidad política, pero el cuñado Ramón Serrano Súñer, más inteligente que el dictador, comprendió la necesidad de crear un soporte de tipo intelectual que suministrara ideas al régimen, porque el dictador carecía de ellas. A primeros de septiembre se crea el Instituto de Estudios Políticos como una institución dependiente de la Junta Política, cuyo cometido era la formación de intelectuales pasados por las teorías de la Falange; allí acudirían los jóvenes intelectuales de camisa azul, desde García Valdecasas hasta Fraga, pasando por F. Javier Conde y Castiella. El Instituto de Estudios Políticos fue un semillero de vocaciones políticas del momento.

A finales de septiembre, Franco va a participar en otra arcaica ceremonia medieval: la jura y constitución del segundo Consejo Nacional de Falange Española Tradicionalista y de las JONS, en el histórico monasterio de las

Huelgas en Burgos. Algunos de aquellos consejeros aún siguen hoy vivos, como Laín Entralgo, Pemán, Areilza, Tovar, López Ibor, Fernández Cuesta, Suevos, Jiménez Caballero, Montes, Oriol, Fanjul, Mendoza **(335)**, etc. Y Franco les dijo lo siguiente: *El segundo Consejo Nacional abre sus tareas en momentos de grave responsabilidad y de transformación histórica profunda en el interior y en el exterior. Dentro de la vida española, de sobra conocéis cuáles son las exigencias mayores–y, por tanto, mis preocupaciones más agudas–, a las que seguiré, con el favor de Dios, sirviendo sin tregua, como Jefe del Estado y de la Revolución (...) Hace falta fundar las Instituciones del Estado nuevo que aseguren la fecundidad civil de la Victoria; articular una administración de nueva planta que sirva con tensión y flexibilidad a los propósitos revolucionarios del Movimiento; ordenar la economía... orientar con ánimo de Imperio y severa crítica los hogares y trabajos de la cultura de España. Yo encomiendo al nuevo Consejo Nacional la obra de proyectar sobre toda la vida española el sistema que deriva de mis consignas de unidad (...) Es mi propósito que este nuevo Consejo cumpla con toda realidad su importante cometido (...) Tenemos conciencia de que en la batalla librada en tierras de España, salvamos al mundo de un gran peligro...* **(336)**.

Y en el tercer aniversario de su elevación al poder, Franco no pronuncia discurso alguno, pero: *El Caudillo dedicó gran parte de la tarde al estudio de las sentencias en que se imponen penas irreparables, y una vez más dispensó la gracia del indulto a gran número de casos* **(337)**.

La prensa del día airea una iniciativa de Franco, que produce sorpresa a los españoles, que tienen los bolsillos vacíos: *No quedará ninguna población mayor de cuatro mil habitantes sin una agencia o sucursal de la Confederación Española de las Cajas de Ahorros*. Habrían de pasar, por lo menos veinte años, para que se cumpliera el pronóstico.

El día 4 de octubre publica la prensa española unas declaraciones de Franco sobre la guerra europea al periodista Manuel Aznar: *Jamás una guerra fue emprendida en condiciones menos favorables y halagüeñas*.

Se equivocó el general. En dos meses, los tanques de Hitler se apoderaron de media Europa. Fue una sorpresa para Franco.

Unos días después presenta sus cartas credenciales el embajador de Italia, general Gambara, al que Franco dice: ...*Como Jefe del Estado y Generalísimo de los Ejércitos comparto en grado eminente con el pueblo español el agradecimiento debido a vuestro augusto Soberano y al Duce. (...) España no olvidará jamás el valioso apoyo que Italia le prestó en la hora más crítica de su Historia...* **(338)**.

Con fecha 10 de octubre se crea la Casa Civil del Jefe del Estado... y designa a Julio Muñoz Aguilar para la jefatura.

El día 12 de octubre, Fiesta de la Raza, dirige un mensaje a España e Hispanoamérica en el que por primera vez cambia Guerra Civil por Cruzada: *En los albores de la España nueva, disipadas ya por la victoria las tinieblas de la guerra civil...(...) Dos siglos de bastarda cultura han insistido de manera suicida en cultivar todo lo que separa, olvidando todo lo que une; escindiendo primero a la ciencia de la fe, dividiendo después la cultura especulativa de la experimental, las almas de los cuerpos, y llegando, por último, a una especie de separatismo científico que tendía a destruir la unidad del antiguo, vital y armonioso árbol de la ciencia..* **(339)**.

Por fin ha llegado la hora de instalarse en Madrid. Franco fija su residencia en El Pardo, pero mientras se acondiciona debidamente el palacio, vive provisionalmente en el palacio de las Viñuelas, cedido por el duque del Infantado, situado en las proximidades de El Goloso, cerca de Colmenar (durante la guerra Cuartel General de los republicanos). Franco ha llegado, pero de forma provisional, y así se instala. El palacio Real le parece demasiado a Franco; este es un problema psicológico que se analizará más adelante.

Unos meses antes, preparando la llegada de Franco a la capital, el ministro de la Gobernación, Serrano Súñer, dirá al Ayuntamiento de Madrid, presidido por su Alcalde, Sr. Alcocer: *...Hay que hacer un Madrid nuevo, lo que no quiere decir precisamente el gran Madrid en el sentido material y proletario de los ayuntamientos republicanos-socialistas, sino el Madrid con la grandeza moral que corresponde a la capital de la España heroica..(...) Trabajen ustedes para que todos podamos acabar con la españolería trágica del Madrid decadente y castizo, aunque hayan de desaparecer la Puerta del Sol y ese edificio de Gobernación, que es un caldo de cultivo de los peores gérmenes políticos* **(340)**.

La primera salida oficial de Franco será a la estación de Atocha, para recibir los restos del general Sanjurjo, que va a ser enterrado en Pamplona. Murió en un extraño y providencial accidente de aviación, cerca de Lisboa, el día 20 de julio de 1936, cuando se disponía a despegar con rumbo a Burgos. Se habló mucho de un atentado. ¿De quién? Aún no se sabe...

El 21 de octubre se celebra el primer Consejo de Ministros de Madrid y entre los principales acuerdos tomados se dictan normas contra una plaga que empieza a inquietar y angustiar a los españoles: el estraperlo.

Al día siguiente, Franco llega acompañado de su comitiva al valle de Cuelgamuros, en la sierra de Guadarrama, y decide que allí se levantará una gigantesca cruz de doscientos metros de altura (luego será de ciento cincuenta).

El psiquiatra Castilla del Pino ha comparado la gran cruz que corona la basílica del Valle de los Caídos "con un gran falo". Todo un símbolo. En las antiguas culturas el mausoleo es el símbolo de la perpetuación del hombre, del ansia de sobrevivir, de continuar, tras la muerte, en otra vida.

Franco pretende inconscientemente quedar inmortalizado en su megalomanía, que encubre su mediocridad. Para el psiquiatra el Valle de los Caídos: *Es el supermausoleo donde Franco habría de quedar inmortalizado por él mismo* **(341)**.

Y en otra ocasión puntualiza sobre el tema: *Otro intento de compensación de este complejo de castración es el Valle de los Caídos. En realidad, aquello era un gran falo... con el cual ha conseguido su inmortalidad* **(342)**.

A finales del mes abren sus puertas las universidades españolas. Vuelven los estudiantes, pero se observa la presencia de jóvenes ex-combatientes que tratan de recuperar el tiempo perdido, con cursos intensivos y exámenes patrióticos, donde obtienen en un par de convocatorias los títulos deseados. Intimidan a los profesores con sus correajes, uniformes y pistolas; traen aires de vencedores ante unos profesores que, por miedo a ser depurados o tachados de izquierdistas, aprueban a todo aquel alumno que se presenta vestido de militar. Estos serán los abogados, jueces, letrados, ingenieros, médicos, etc., que ocuparán los puestos de la Administración durante el franquismo, carentes e ignorantes de conocimientos y de formación universitaria.

Por el contrario, los estudiantes procedentes de la llamada "zona roja" tendrán múltiples dificultades académicas por haber sido invalidados sus estudios realizados en la zona de los vencidos. De esta forma se eliminan posibles competidores en profesiones universitarias **(343)**. Muchos universitarios quedaron

con vocaciones frustradas y definitivamente rotas. Se hizo notar desoladoramente la ausencia de profesores y catedráticos eminentes que se encontraban exilados como Duperier, Ortega, Marañón, Américo Castro, Sánchez Albornoz, etc. Aquí se podía decir aquello de: *Faltan los mejores*. De aquí arrancó la base de la llamada "desertización de la cultura bajo el franquismo".

Unas semanas después se iniciaría el campeonato nacional de la liga de fútbol, que tantas glorias daría a España y a su Imperio.

Son trasladados a hombros de falangistas, desde Alicante a El Escorial, los restos de José Antonio, en un gesto espectacular y necrófilo, muy de acuerdo con los años cuarenta. Al ser depositado en la tumba, cada jerarca pronuncia una frase breve de despedida. Franco dice: *José Antonio, símbolo y ejemplo de nuestra juventud, que Dios te dé su eterno descanso*. (En aquellos momentos, Franco debió recordar la primavera de 1936, cuando en la segunda vuelta de las elecciones a diputados por Cuenca, José Antonio se negó a presentarse en la misma candidatura con Franco, teniendo que renunciar el general ante la exigencia del joven José Antonio. Ya estaba muerto).

Fotos de los primeros gobiernos de Franco.
El dictador preside gobiernos designados entre sus colaboradores más fieles.

El 28 se crea el Consejo Superior de Investigaciones Científicas *...con la ambición más noble de la España del actual momento* –según expresa la exposición de motivos– *que, frente a la pobreza y paralización pasadas, siente la voluntad de renovar su gloriosa tradición científica. Tal empeño ha de cimentarse, ante todo, en la restauración de la clásica y cristiana unidad de las ciencias destruida en el siglo XVIII. Para ello hay que subsanar el divorcio y discordia entre las ciencias especulativas y experimentales y promover en el árbol total de la ciencia su armonioso incremento y su evolución homogénea, evitando el monstruoso desarrollo de algunas de sus ramas, con anquilosamiento de otras.(...) Hay que imponer, en suma, al orden de la cultura, las ideas esenciales que han inspirado nuestro Glorioso Movimiento, en que se conjugan las lecciones más puras de la tradición universal y católica con las exigencias de la modernidad...* **(344)**.

Franco dirige su mensaje navideño al pueblo español en la fría y última noche del año 1939. Se trata de un discurso extraño, mitad ingenuo (apunta la posibilidad de descubrir oro en cantidades importantes), mitad amenazador: *esos pequeños grupos de cretinos que pasean su miseria física y moral, alternando las tertulias frívolas con los lugares de crápula para verter en ellos las consignas que desde el extranjero les remiten.*

Después arremete contra los especuladores y recuerda la caída de Primo de Rivera, con una alusión clarísima a su persona, como una negación de aquello que estaba en el ánimo de muchos; él no caería, sino que se mantendría en el mando. Expone a continuación su programa –los constantes e inalcanzables programas de las dictaduras–, para liquidar los odios de la guerra *no al estilo liberal con monstruosas y suicidas amnistías*.

Aunque del mensaje aflora una idea de mesianismo, existe una fuerte preocupación en el español de la calle por el invierno: el hambre y el frío. Sin embargo, el diario *Arriba* cierra el año 1939 con un balance optimista: *«Optimismo y alza. Dinero abundante. Pocos soñaron con tan brillante perspectiva»*. El español de a pie se debatía entre la escasez y el estraperlo, entre el Imperio hacia Dios y el hambre.

En el año 1939, año de la Victoria, se publica un *Catecismo del Estado Nuevo* **(345)**. Se trata de una burda imitación del catecismo de Ripalda con definiciones tan pintorescas como: *El Estado Corporativo se rige por "elites" o minorías selectas preparadas para el mando por vocación, capacidad y esfuerzo. (...) Nuestra democracia es la auténtica. La democracia liberal es anarquía* (pág. 9).

Y más adelante afirma que Marx era: *Un judío que, despechado porque la sociedad burguesa alemana lo trataba con desdén, puso su inteligencia al servicio de la agitación proletaria para vengarse de la sociedad*. Y continúa así: *Su doctrina como filósofo es un cúmulo de disparates y un odre de veneno*. (pág.17).

Frente al marxismo opone el nacional-sindicalismo que: *Es el sistema político-social-económico que quiere aumentar la felicidad del individuo, respetando su naturaleza y sus fines propios al organizar la Sociedad y el Estado, teniendo presentes las tradiciones y la moral de la conciencia histórica de España* (pág. 18).

Terminada la guerra, aquellos jóvenes oficiales, muchos de los cuales provenían de ambientes pueblerinos, al saberse y sentirse vencedores, adquieren un complejo de superioridad (que en realidad es un complejo de inferioridad mal disimulado). Muchos volvieron a la vida civil, pero otros muchos se negaron a reintegrarse en la vida anterior, en el campo, en la ciudad, en la oficina o en el taller. Eran vencedores y no querían volver a la realidad mediocre o vulgar que les esperaba. Muchos son hoy los generales y coroneles que no se resignaron a despojarse de los laureles ya mustios. (Esto ocurre en todas las guerras).

En la vida española apareció el síndrome de "vencedores y vencidos". España seguía dividida.

PARTE III

40 años de paz

Existimos porque piensan
en nosotros, y no
al revés.
(FERNANDO LEÓN DE ARANOA)

Franco en una arenga militar.
Donde únicamente tuvo mayor naturalidad fue en las arengas militares, muy enérgicas y con discursos preparados por sus asesores más cercanos, como por ejemplo el cuñado Ramón Serrano Súñer y Pedro Sainz Rodríguez.

1942. Muerte del padre. Franco, posible rey raza

Terminada la guerra civil, Franco se siente vencedor y triunfador y se deja llevar por los impulsos más elementales. Se desbordará su fantasía y cometerá varios errores que intenta olvidar inmediatamente. Se deja llevar por la exaltación del momento y pronuncia discursos imprudentes, que más tarde desaparecerán de las recopilaciones publicadas, incluso otros se publican, pero han sido previamente retocados y eliminados algunos párrafos. Ahí están los diarios de aquellas fechas, que contienen frases que resultan verdaderos disparates.

Garriga escribe lo siguiente: *La fantasía de Franco se desborda y surgen las realizaciones más imposibles de llevar a cabo. Sucedió en los años 1939, 1949 y 1941, en los momentos más críticos que conoce la economía española, cuando se acuerda la electrificación de los ferrocarriles sabiendo que en la Península no existen fábricas que puedan producir el enorme material que se necesita para la realización de semejante proyecto ni las instalaciones hidroeléctricas capaces de facilitar la energía correspondiente; se conceden las aguas del rio Júcar a un ingeniero austriaco que ha convencido a Franco, que mezclando el agua con unos polvos, un nuevo procedimiento secreto, se obtiene gasolina superior; se organiza una serie de excavaciones por tierras de Extremadura, que Franco dirige personalmente, en la seguridad de arrancar del suelo de esta miserable región oro en cantidades tales que permitan suplir el que se llevó Stalin* **(346)**.

En el Mensaje de final de año, en 1939, Franco hace una revelación sensacional a los españoles: *Tengo la satisfacción de anunciaros que España posee en sus yacimientos de oro cantidades enormes*.

Franco está convencido, en su ignorancia, de que España posee “cantidades enormes” de oro; todos estos disparates y algunos más serían, más tarde, borrados de las antologías políticas de Franco y de las obras completas, para eliminar la seguridad del ridículo en “enormes cantidades”.

Pero año y medio más tarde, Franco dirá ya resignado en la pobreza española: *...A las naciones como a los individuos, el oro acaba envileciéndoles... Nuestra pobreza es nuestra ejecutoria* (18-8-1941).

Franco llega a Cataluña y, *Emprende uno de los viajes políticos más importantes de toda su vida* **(347)**. No le acompaña Serrano Súñer, pero sí Arrese. La organización resulta perfecta y el éxito clamoroso. En este viaje trata de asegurarse a los catalanes y recurre a la oligarquía catalana, a la que halaga.

Se detiene primero en el Monasterio de Montserrat, corazón y cerebro de la región, y dice algo que desconcierta a los políticos del momento, pero sobre todo a los monárquicos, que quedan irritados: *...Vosotros conocéis mejor que yo que la Historia de España está íntimamente unida a la de sus monasterios; ellos albergaron las inquietudes de nuestros monarcas y empujaron en el camino de Dios a nuestros santos y a nuestros caudillos y fueron los más esforzados paladines de nuestra unidad.*

Al venir a visitaros cumplo una tradición de los reyes de España.

¿Qué pretende Franco?... Unos meses después, Carrero Blanco, que empieza ya a intrigar y a halagar a Franco, le propone al dictador, nada menos, que se corone rey; Franco no lo acepta; no por prudencia, sino por miedo al ridículo. Y sigue diciendo en Montserrat: *Nuestra Cruzada demostró que tenemos el Jefe y el ejército. Ahora necesitamos el pueblo.*

Aquí el dictador se hace autopropaganda, pero reconoce que las grandes masas, el pueblo, aún no se han sumado con entusiasmo y voluntariamente a la nueva tarea política que pretende realizar. Se da cuenta de que la escasez de alimentos es verdadera y el pueblo tiene los estómagos vacíos para aclamar y vitorear a nadie. "Necesitamos el pueblo", porque todos aquellos que le rodean y aclaman, esos precisamente, tienen los estómagos llenos. Y no se puede hacer política ni crear un Imperio cuando escasean los alimentos, los vestidos y el trabajo. Aquella noche, Franco duerme en el Monasterio de Montserrat. Y al día siguiente, 26 de enero, llega a Barcelona y en el Ayuntamiento recibe la Medalla de Oro de la ciudad.

Franco regresa a Madrid y vuelve cargado de aplausos, de fe y de entusiasmo, recogidos en Cataluña y Aragón. Los Ayuntamientos han rivalizado en

Ramón Serrano Súñer. Fue considerado la "eminencia gris" durante la Guerra Civil y en los primeros años del Régimen. Todas las leyes que se redactaban pasaban por su mano. Era cuñado de Franco (ambas esposas hermanas). A él debió en gran parte su prestigio.

entregarles “Medallas de Oro”, como Barcelona, Sabadell, Gerona, etc., y Zaragoza lo ha nombrado “Hijo Adoptivo”.

Los editoriales de los periódicos, tanto catalanes como madrileños, han competido en derramar adjetivos laudatorios.

A finales de febrero, el pueblo español permanecía muy ocupado en lograr un mínimo de alimentación para subsistir diariamente. El principal problema español de aquel momento era el hambre. Escaseaban todos los alimentos, pero había florecido un potente mercado negro, que estaba enriqueciendo rápidamente a los principales abastecedores del mercado. Literalmente se moría en la calle por desnutrición. El gobierno no resolvía la situación con una eficaz distribución de los alimentos; sin embargo, existían economatos de alimentación, exclusivamente para los privilegiados funcionarios del Estado u organismos autónomos, y también para los militares.

La noticia que pasó casi desapercibida para el pueblo español, preocupado por obtener alimentos, fue la muerte de don Nicolás Franco, padre del dictador, en un piso destartalado, frío e incómodo de la calle Fuencarral de Madrid, donde vivía el anciano con su antigua amante, Angustias, y una hija de la pareja. Toda la esperpéntica salida del cadáver a altas horas de la noche es relatada en otro capítulo del libro.

A finales de febrero de 1942 murió en Madrid el mayor enemigo de Francisco Franco: su padre.

En los primeros años del franquismo ya surgieron fuertes tensiones entre los capitalistas españoles, que exigían la remodelación política del nuevo régimen por estar convencidos que ellos habían sido los que pagaron la financiación de la guerra con fuertes desembolsos económicos. Por tanto querían cobrar la factura y recuperar sus capitales. En realidad, se trataba de una inversión económica recuperable a corto plazo. Frente a esta pretensión se encontraban los falangistas, con Dionisio Ridruejo a la cabeza, con ideas revolucionarias de nacionalización de la banca y de las grandes propiedades, que ya anteriormente había propugnado José Antonio.

El principal financiero de la sublevación, Juan March, estaba fuertemente inquieto por la posición socialista que defendía un grupo de falangistas de

En Aragón se debió recordar a Franco dirigiendo las operaciones del frente del Ebro, en donde los milicianos le dieron algún que otro disgusto.

camisas viejas (348). Se suscita una polémica en los diarios falangistas e inmediatamente una orden de la Delegación de Prensa prohíbe comentar o glosar en los periódicos los puntos 9 al 16 de la Falange. Algo que nutría la base del falangismo y que fue reconocido oficialmente por Franco el 19 de abril de 1937, en la Unificación. Con la orden de la Delegación Nacional de Prensa queda definitivamente cercenada y frustrada la aspiración falangista de la revolución social. Casi 40 años después, las viejas momias falangistas seguirán hablando de la "revolución pendiente".

El general Alfredo Kindelán afirmó en una reunión semipolítica en casa del Marqués de Aledo, en una conferencia titulada: *El momento actual de Europa*, que en caso de guerra, España no podría asumir: *Una tercera neutralidad*.

La reacción de Franco, inmediatamente, no se hizo esperar. Kindelán, el hombre que fue el motor para la instalación de Franco en el poder, es arrestado por dos meses y proscrito en el Monasterio de Guadalupe (Cáceres).

En 1956 los componentes de la Junta de Defensa Nacional que quedaban aún vivos se reúnen en Salamanca para recordar aquella efemérides, 20 años después. Ya habían muerto varios de ellos: Mola, Cabanellas, Queipo, Gil Yuste, Orgaz y Montaner.

Sólo asistieron: Franco, Saliquet y Dávila. Kindelán excusó la asistencia por enfermedad, esto es, dio un portazo en las narices a Franco. No quiso asistir a aquella conmemoración del XX Aniversario de Exaltación de Franco a la Jefatura del Estado por parecerle una mascarada y sobre todo por sentirse culpable de la "entronización" de un hombre, que le pagó más tarde con el destierro.

Se reservaron sillas vacías a los "ausentes" y se colocaron coronas de laurel en dichas sillas.

El diario *ABC* (30-9-56) escribe que Franco tiene en el rostro: *Un rictus de emoción profunda*. Las fotos que se publican de aquella reunión conmemorativa son bastante elocuentes. Los protagonistas están ausentes de la escena. Y Franco está escondido tras unas gafas oscuras que le ocultan la expresión real. En aquel momento volvió a ser de nuevo *primus inter pares*.

¿Qué pensamientos tiene Franco, en ese momento, 20 años después, de aquella escena en que fue "elevado sobre el pavés", que recordará en muchos momentos y que se ha tomado tan en serio que España es suya para siempre, respondiendo ante Dios y ante la Historia? Los asistentes –Franco, Saliquet, Dávila y Moreno Calderón– están distantes, sin comunicación alguna entre ellos; es una reunión de compromiso.

En el año 1941, Franco escribe la historia de una familia en la soledad de su despacho de Jefe del Estado, mientras España vive la euforia de la victoria para algunos y la tragedia para otros; también Europa vive una guerra triunfal para los nazis. Franco está absorbido por el relato de una "familia ejemplar española". La historia está escrita principalmente con diálogos y se asemeja bastante a un guión de cine, según su estructura.

El libro *Raza* se publicó en 1942, el mismo año en que se estrenó la película, cuyo autor es "Jaime de Andrade", seudónimo de Franco, tomado del apellido de la madre **(349)**.

Sr. Presidente de la "SOCIEDAD GENERAL DE AUTORES DE ESPAÑA".

MADRID

Muy Sr. mio:

Ruego a usted se acepte mi solicitud de ingreso en esa Sociedad, participándole que, a tal efecto, acato las normas por que se rigen las distintas modalidades del derecho de autor administrados por la entidad, así como las disposiciones que en el futuro acuerde su Consejo de Administración, y confiero a la misma los poderes necesarios para que administre los derechos de mis obras en cualquiera de sus aspectos (Gran Derecho o Derechos de Representacion; Ejecución, Variedades, y Reproducción mecánica; música y texto de las películas o derechos de proyección o presentación cinematográfica en los locales; derechos de edición; publicación en prensa, radio y televisión, derechos de traduccion, adaptación, etc., etc.) y ostente con carácter de exclusiva, mi representación legal y administrativa en todos los paises y en todos los casos.

MI FILIACION ES LA SIGUIENTE:

Apellidos FRANCO BAHAMONDE
Nombre FRANCISCO
Seudónimo "Jaime de Andrade"
Nacionalidad española
Fecha y lugar de nacimiento 4-12-1.892 El Ferrol
Estado civil casado
(1) Escritor de
(2) Compositor de
(3) Autor de libros
Domicilio Palacio Nacional de El Pardo (Madrid)
En El Pardo a 26 de Febrero de 1964

(Firma)

(1) Hágase constar si es autor de
- obras teatrales (Gran Derecho), o
- letras de números de variedades o de baile (Pequeño Derecho).

(2) Hágase constar si es compositor de
- obras teatrales (Gran Derecho), o
- números de variedades o de baile (Pequeño Derecho).

(3) Hágase constar si es autor de
- novelas (cuentos, narraciones).
- poemas.
- ensayos
- obras científicas o pedagógicas, investigación o erudición

Si es guionista cinematográfico consígnese el título de la primera película estrenada.

MUY IMPORTANTE: Esta solicitud deberá ser fiel y exactamente cumplimentada. La omisión o inexactitud de un solo dato será motivo de su anulación, inmediata o posteriormente, quedando sin efecto la adhesión si se hubiera tramitado ya.

(Véase al dorso)

Solicitud de ingreso de Franco en la SGAE. Fue presentada el 26 de febrero de 1964, muchos años después de la publicación de Raza, el libro donde habla de sus inquietudes. El seudónimo que utilizó fue el de Jaime de Andrade.

Caudillaje

Ganada la Guerra Civil se plantea de inmediato crear argumentos políticos para cimentar la teoría del caudillaje, que de forma emocional se lanzó durante la contienda por el aparato de propaganda en manos de los falangistas. Algunos de ellos y varios profesores iniciaron un tanteo especulativo filosófico político para crear una teoría válida.

El más destacado sustentador de la teoría fue el profesor Francisco Javier Conde, que a primeros del año 1942 **(350)** publicó en el diario de la Falange la "Doctrina del Caudillaje" y lanzó las definiciones de qué es acaudillar:

Acaudillar es, ante todo, mandar legítimamente (pág. 374).

Acaudillar no es dictar; caudillaje no es sinónimo, sino contrapunto de dictadura (pág. 375).

La legitimidad del caudillaje sería legitimidad democrática (pág. 377).

Caudillaje es, pues, mando legítimo en sus dos dimensiones (pág. 377).

Acaudillar es mandar carismáticamente (pág. 377).

Acaudillar es mandar personalmente (pág. 384).

El vocablo para F. Javier Conde, surge: *históricamente en la tremenda coyuntura cuya vivencia da a la joven generación española sentido, vocación y unidad: la Guerra Civil*. (pág. 369) Y más adelante agrega: *El vocablo caudillaje surge y prende en los españoles con la fuerza obradora de un símbolo* (pág. 373).

Para Max Weber y Carl Schmitt, dos teóricos de la dictadura, **(351)** que influyeron decisivamente en los teóricos del Instituto de Estudios Políticos, el mando carismático descansa en la devoción extraordinaria a la ejemplaridad o temple heroico de una persona, según escribe Conde: *El carisma, en sentido inmanente, es una cualidad considerada como excepcional, en virtud de la cual se cree que el que la posee es capaz de desplegar potencias extraordinarias y es portador de valores ejemplares* (pág. 379).

Para José Antonio: *El ser caudillo tiene algo de profeta, necesita una dosis de fe, de salud, de entusiasmo y de cólera*. Para F. Javier Conde: *El principio de legitimidad carismática queda solemnemente registrado en dos documentos de gran alcance constitucional: en el Mensaje del Secretario General del Movimiento al Caudillo, leído en el II Consejo Nacional celebrado en Burgos* **(352)**, *y en la respuesta del Caudillo a dicho Mensaje* (pág. 379). En el del Secretario General, con resonancias bíblicas, aparecen las palabras de Jehová al profeta Jeremías: *Mira que te he puesto en este día sobre gente y sobre reinos, para arrancar y para destruir y para arruinar y para derribar, y para edificar y para plantar. Tiene toda la invocación* –continúa Conde– *propósito constituyente* (pág. 380). Y agrega el Secretario General en su Mensaje: *No ha sido en vano el dolor de España, pues por él sanarán sus males y recobrará el singular destino que Dios ha señalado a nuestro pueblo*, para afirmar que *el milagro de la guerra ha obrado el milagro de un mando soberano carismático, fervorosamente acatado y amado por todos los españoles, en el que señaladamente concurren todos los títulos de legitimidad*. Y destaca a continuación los tres principios de legitimidad en que el caudillaje descansa: *La legitimidad que otorga la razón a quien ha instaurado un nuevo orden constitucional y nuevas instituciones políticas. La legitimidad que otorga la tradición a quien, con la espada en la mano, pone a salvo, bajo su custodia, las esencias de su pueblo. Y, sobre las demás cosas, la legitimidad que otorga la propia ejemplaridad y la esencial asistencia con que Dios favorece a quien en combate victorioso por la Verdad y por la salvación de su pueblo le son desvelados los arcanos del futuro histórico y asume el deber indeclinable de formarlo por su mano*. Y continúa Conde entusiasmado: *El texto, verdaderamente precioso, vale, sin duda, por cualquier definición* (pág. 381) **(353)**.

De las poquísimas revistas que Franco leía, una de ellas era la *Revista de Estudios Políticos*, de donde tomó abundantes ideas para sus discursos e ideología, pero principalmente se afirmó en su pedestre conocimiento de la historia. Lógicamente, de tal revista, tales ideas, tal dictador.

De esta revista surgirán tres temas fundamentales:

–El caudillaje

–La unidad

–La justicia social

Los teóricos de la política franquista, que suministran ideas al dictador y escriben en la *Revista de Estudios Políticos*, llegarán en su audacia a decir: *O Europa vuelve al seno de la catolicidad y con ello a iluminar al mundo, o se hundirá inexorablemente en las tinieblas de la esclavitud bolchevique* **(354)**.

También un ex ministro, en su retórica y desvaríos da una receta de lo que deberá ser Europa: *Una Europa unida cupularmente por la vía del Poder católico, fusionada en la vida espiritual, esencialmente justa, fundamental y racialmente justa, o sea, capaz de recoger cuantas empresas brotan dentro de ella con raíz histórica o nacional* **(355)**.

El franquismo presentó lo católico como única vía de salvación para la humanidad y por ello: *Tendrá que volver a lo que es eterno, a lo que ni los siglos, ni las adversidades han podido alterar: la idea católica* **(356)**.

Franco condenará constantemente el liberalismo y renegará del siglo XIX, llegando a exclamar: *Maldito siglo XIX*. Durante el franquismo, el liberalismo fue repudiado de forma tan rotunda como el comunismo y la masonería. *Sabido es que el liberalismo y con él los liberales se configuran como uno de los mayores adversarios del régimen. La acusación de liberal adquiere casi la misma gravedad que bajo el absolutismo de Fernando VII. Ideológica y políticamente fueron mostrados por el pensamiento reaccionario español como anti españoles por excelencia. Bajo el Franquismo compartirán este título con los masones y los comunistas, los republicanos y los separatistas* **(357)**.

Los periódicos, la radio y los folletos van dibujando y configurando la imagen del Caudillo con los epítetos más halagadores y absurdos. Hemos recogido de los periódicos de aquellos años los siguientes: *Salvador, justiciero, cruzado, guerrero, padre, el centinela de Occidente, la mejor espada, el guerrero invicto, el glorioso general, el genio de España, el héroe de cien batallas, el falo incomparable, las alas de águila imperial, hijo de Júpiter, campeón de la milicia, sol del cielo y de la tierra, supremo exponente de la raza, hombre de hierro, poderosa planta, mano firme y segura, héroe hercúleo, el enviado de Dios, un santo, pronto estará en los altares, el héroe hecho padre, la figura irrepetible, hombre excepcional, el arquetipo, etc.*

Franco recibió una adulación ciega y desequilibrada, que con tanto adjetivo encomiástico le compensó las carencias afectivas familiares. Frente al rau-

Retrato de Franco por Ignacio de Zuloaga. El pintor vasco afincado en Segovia logra un bellísimo retrato ensalzando a Franco como jefe de la Falange y envuelto en la bandera nacional. En este retrato hay una interesante mezcolanza de vestimenta: pantalón militar, fajín de general, camisa azul y boina roja.

dal de adjetivos disparatados **(85)**, un historiador escribe, refiriéndose a aquellos años: *Sólo tenía cuarenta y tres años, estaba quedándose calvo, era rechoncho y solamente medía 1,58 m.* **(86)**.

A los españoles menores de 40 años todo esto les resultará inexplicable o quizá les suene a música celestial o, tal vez, opinen que los españoles estaban locos.

Ante tanto elogio y halago, ante tanta adulación y culto a la personalidad, había que estar muy despierto para rechazar inteligentemente el acoso continuado y la avalancha sin freno, al narcisismo de Franco. Cualquier otro hombre habría sucumbido también ante tan exagerados epítetos, el "enviado de Dios", según la Iglesia, que colaboró con muchísimo entusiasmo y tesón.

El general Francisco Franco se muestra pleno y satisfecho por el éxito alcanzado. En la década de los 50 su régimen alcanza su madurez política.

La muerte

La mañana fría de noviembre pone cendales de niebla en la Plaza de Castilla. Los obreros salían apresuradamente del metro mientras formaban largas colas ante las paradas de los autobuses muchas caras no podían disimular una alegría interior, rebosante y hasta agresiva, pero otros ojos, en cambio, mostraban miedo. Los "grises" situados estratégicamente en las esquinas, metralleta en mano, advertían a los transeúntes de mirada torva o sonrisa mal disimulada, que algo importante estaba ocurriendo no lejos de allí. Por las calles y plazas, por las avenidas y bulevares más importantes de la ciudad se percibía de día en día un control más estricto y una vigilancia discretamente intensificada. Los obreros miraban de soslayo a la policía armada.

Algo importante estaba ocurriendo en Madrid o, tal vez, había ocurrido ya. Los alrededores de la Ciudad Sanitaria La Paz estaban militarmente ocupados.

–Dicen que se ha muerto– comentaban los obreros en las paradas de los autobuses. Algunos no podían disimular la alegría interior y los ojos despedían chiribitas de gozo. Nadie se atrevía a comentar en público la noticia, que suponía un cambio radical para todos los españoles, tanto de un lado como del otro, de una ideología o de la contraria.

La ciudad estaban tensa, nerviosa, expectante de ansiedad. Algo sumamente importante estaba ocurriendo, aunque el pueblo no lo sabía exactamente, pero lo presentía, lo intuía y también lo deseaba.

A unos centenares de metros más al norte, en La Paz, un anciano de ochenta y dos años se encontraba al borde de la muerte, mientras los médicos –el equipo médico habitual– estaba haciendo lo humanamente imposible por prolongar la vida de un anciano decrépito con el mal de Parkinson y muchas enfermedades más desencadenadas unas tras otras y lo conducían al umbral de la muerte.

En La Paz, los controles eran rigurosísimos y los periodistas solamente podían permanecer en el *hall* de entrada, derrengados en los sillones, materialmente deshechos, dormitando unos, fumando otros, y todos con los ojos rojizos de horas y días sin dormir. Los periodistas aguardaban nerviosísimos la noticia tan esperada, inexorable e irreversible, que el mundo entero no dudaría en recibir en cualquier momento. Los españoles seguían confundidos, unos esperanzados, otros asustados, pero ninguno indiferente ante la muerte de un anciano que durante cuarenta años había regido los destinos de España con mano dura la mayoría, pero blanda y colaboradora para la minoría de siempre, para la oligarquía que detentaba el poder desde siempre.

Estampitas, escapularios, rosarios, novenas, mujeres arrodilladas, hombres exaltados, eran el friso humano que rodeaba el hospital, al borde del histerismo colectivo, mientras un anciano decrépito e inmensamente solo agonizaba rodeado de cables, de monitores, de tubos, de inyecciones y drogas, de enfermeras y médicos escogidos.

Los partes médicos –del equipo médico habitual– mentían descaradamente a diario en la información que se facilitaba a la prensa. *Mantiene sus constantes vitales, permanece consciente en todo momento*, etc.

En el amanecer del día 20 de Noviembre de 1975 murió en la Ciudad Sanitaria La Paz de la Seguridad Social de Madrid Francisco Franco **(360)**.

En el amanecer del día 20 de Noviembre de 1975 murió el general Franco, a pesar de la oscura y sucia red de intereses, entre patrióticos y económicos, que se afanaban en no dejar que la vida del viejo dictador siguiera el último trayecto obligado. Lucharon por arrancar a Franco de la muerte. Lucharon inhumanamente y con violencia para detener lo inexorable.

Francisco Franco, responsable ante Dios y ante la Historia, ya ha comparecido ante el tribunal de Dios. Sin embargo, le falta comparecer ante la Historia, que lo juzgará más despiadadamente que el tribunal divino; ante ella el dictador aparece envuelto en una densa cortina de humo que esconde su personalidad, falseando la realidad del hombre.

En el amanecer del día 20 de noviembre de 1975 murió el más grande mito de la historia de España. Franco fue siempre un mito viviente, desde sus años de joven oficial en Marruecos, hasta el día de su muerte; que dominó durante casi 40 años a una nación con más de 30 millones de habitantes. Con su muerte murió el mito, porque la mitificación de los dictadores muere con su persona.

Brian Crozier, biógrafo de Franco, escribe: *Existen dos mitos sobre Franco, ninguno de los cuales sirve de ayuda al biógrafo. El mito del "héroe", parte inevitable del régimen, impregna las biografías "autorizadas" y la prensa controlada con su pegajoso almíbar de adulación.*

Según el mito del héroe, Franco es el salvador del mundo occidental, el defensor de la fe y de la civilización cristiana, el cruzado contra el ateísmo bolchevique y un hombre valiente, sabio y de larga visión por encima de toda comparación, el hombre que ha dado a España más de veinticinco años de paz, esa "paz española" de los carteles y folletos de 1964.

El mito del "monstruo" no es menos irrelevante. Según él, Franco es el general fascista que asesinó a la República y, con ella, a la democracia española; el hombre que fue uña y carne con Hitler y Mussolini; el último dictador superviviente, que no debería estar donde está, ya que llegó allí ahogando a España en sangre con la ayuda de las potencias fascistas y que pesa como el plomo en la conciencia del mundo occidental **(361)**.

Franco se entrevista con Hitler.

La entrevista de Hendaya con Hitler. Siguen sin aclararse con exactitud los detalles de la famosa entrevista del 23-10-1940, a la que Franco llegó una hora y media tarde. Serrano Súñer escribió bastante sobre ello, pero nunca dijo toda la verdad. El propósito de la reunión fue discutir con el Führer sobre la entrada o no de España en la II Guerra Mundial. Franco no quería y pidió unas condiciones excesivas al dictador alemán, como por ejemplo la entrega del Marruecos francés. Hitler salió muy contrariado y comentó posteriormente a Mussolini que *Preferiría que le arrancasen tres o cinco dientes antes que tener que soportar una vez más una entrevista con Franco*. En la foto en la que los mandatarios caminan por la alfombra roja de la estación, podemos ver a un Franco que ocupa el centro, desplazando a Hitler.

Portada del diario *Arriba* del 24 de octubre del 40.

Arriba

NUM. 489.—SEGUNDA EPOCA MADRID, JUEVES 24 OCTUBRE DE 1940

ORGANO DE FALANGE ESPAÑOLA TRADICIONALISTA Y DE LAS J. O. N. S. • DIARIO DE LA MAÑANA • 15 CENTIMOS

Misa de S. S. en sufragio de los caídos

Será celebrada en la Basílica de San Pedro el 24 de noviembre

ROMA 23.—El 24 de noviembre, el Santo Padre [illegible]

ESPAÑA: UNA, GRANDE, LIBRE

Fe y obediencia de la Falange en un día histórico

EL Führer y el Caudillo se han entrevistado. En el encuentro de estos dos paladines Europa ha vivido horas de grandeza incomparable, de esas que quedan resonando en la Historia y marcan un momento de encumbrada altura para las generaciones. La entrevista ha tenido lugar en la frontera hispanofrancesa. Esa línea de confines ha cobrado por este acto un nuevo sentido: el que los corazones mozos esperaban con afán. Porque esos mismos paisajes fueron testigos de la deserción de España a su imperial destino, en tristes fechas que jalonan nuestra retirada del mundo, camino del olvido y del no ser. Pero la España recobrada por el coraje y la sangre, la España con voluntad de ascenso e intervención, tenía que ir ahí, personificada por su gran paladín, al encuentro del futuro que el Führer germánico representa.

Adolfo Hitler y Francisco Franco se han conocido personalmente. Los dos grandes países que encontraron en ellos su símbolo, su rumbo y su dirección registran emocionadamente este día solemne.

La propia trascendencia del hecho nos obliga a un comentario lacónico, de comedida sobriedad. Hoy más que nunca nos prohibimos toda conjetura irresponsable e impaciente. Ignoramos en absoluto las palabras que hayan cruzado estos dos grandes creadores de Historia. Lo que ayer se haya dicho el comunicado lo revelará. Pero creemos poder derivar como significación del acontecimiento esta consecuencia esencial: la de que España, como corresponde a su mejor tradición y a su renacimiento actual, ha decidido acusar su presencia en la nueva era, encarar los problemas mundiales, imprimirle su alma, su fisonomía, su experiencia y su ser al nuevo orden que se está forjando. En la época de decadencia que nos ha precedido el proceso del mundo se decidió sin contar con nosotros, imponiéndonos sus resultados. Ahora, hartos de ser víctimas, somos protagonistas por fueros de un recobrado poderío y de una tensa y rejuvenecida voluntad.

A nuestro espíritu falangista, henchido de fe en el Caudillo, no le hace fruncir el ceño ninguna inquietud. Todo lo que de él emane cuenta con nuestro entusiasmo, y cualquier gesto, cualquier consigna, será alegría para nuestra obediencia.

En él ha encontrado España el Jefe predestinado que ansiaba desde hace siglos. En nosotros, la viril disciplina y el apasionado servicio que son dignos secuaces de tan gran capitán.

FRANCO Y HITLER SE ENTREVISTARON AYER

La reunión se desarrolló en el ambiente de camaradería que existe entre España y Alemania

SERRANO SUÑER Y VON RIBBENTROP ASISTIERON A LAS CONVERSACIONES

EN FRANCIA, 23.— "El Führer ha tenido hoy con el Jefe del Estado español, Generalísimo Franco, una entrevista en la frontera hispanofrancesa. La entrevista ha tenido lugar en el ambiente de camaradería y cordialidad existentes entre ambas naciones. Tomaron parte en la conversación el ministro de Relaciones Exteriores del Reich, von Ribbentrop, y el ministro de Asuntos Exteriores de España, Sr. Serrano Súñer". (Efe.)

DESARROLLO DE LA HISTORICA REUNION

EN FRANCIA 23.— El Jefe del Estado español, Generalísimo Franco, y el Führer-Canciller de Alemania, Adolfo Hitler, han celebrado esta tarde una detenida entrevista en una pequeña estación fronteriza, en el territorio ocupado del sur de Francia. La entrevista ha tenido por escenario el histórico vagón del tren especial del Führer, y a ella asistieron el ministro de Asuntos Exteriores de España, D. Ramón Serrano Súñer, y el de Relaciones Exteriores del Reich, von Ribbentrop.

EL CAUDILLO Y HITLER LLEGAN AL LUGAR DE LA ENTREVISTA

Cerca de las tres y media de la tarde llegó al lugar de la entrevista el tren especial que conducía al Führer-Canciller y a su ministro de Relaciones Exteriores. Poco después, a las tres y media en punto, llegaba a la misma estación el tren especial del Caudillo, integrado por tres vagones, que ocupaban el séquito de Su Excelencia y otras personalidades. La estación estaba profusamente engalanada con banderas de España y de Alemania, y había en ella formado, para rendir honores, un batallón integrado por tres compañías de los regimientos de Infantería alemana números 2, 23 y 44, al mando del coronel Ricerm, con banda de música.

LOS DOS JEFES DE ESTADO SE ENCUENTRAN POR VEZ PRIMERA

Al detenerse el tren en el que viajaba el Caudillo con su ministro de Asuntos Exteriores, los Sres. Hitler y von Ribbentrop, acompañados por las personalidades de su séquito, se dirigieron al coche ocupado por el Generalísimo Franco, y al descender al andén, ambos Jefes de Estado cambiaron un saludo efusivo. El Caudillo vestía uniforme militar. El Führer-Canciller, uniforme de campaña del partido nacionalsocialista. El embajador de Alemania en Madrid, barón von Stohrer, hizo las presentaciones de las personalidades de los respectivos séquitos, y ambos Jefes de Estado, seguidos por sus respectivos ministros de Asuntos Exteriores y personalidades de sus séquitos, pasaron revista al batallón de honor, mientras la banda de música interpretaba los Himnos nacionales de España y Alemania.

EL CAUDILLO, EL FUHRER, SERRANO SUÑER Y VON RIBBENTROP SE REUNEN

Una vez revistadas las fuerzas, el Führer-Canciller invitó al Caudillo y a los ministros señores Serrano Súñer y von Ribbentrop a subir al coche-vagón de su tren especial, donde quedaron reunidos los cuatro.

La entrevista se prolongó hasta las seis y cinco, hora en que el Caudillo y el ministro español de Asuntos Exteriores abandonaron el tren especial del Führer para trasladarse al español. Media hora después volvieron a reunirse los ministros Sres. Serrano Súñer y von Ribbentrop, y una vez terminada esta nueva entrevista el Sr. Serrano Súñer regresó al tren especial del Generalísimo Franco. A las siete de la tarde fué dado a la publicidad, redactado en los idiomas español y alemán, el comunicado de la entrevista, que figura en otro lugar de esta página.

EL FUHRER-CANCILLER INVITA AL CAUDILLO Y A SU SEQUITO

En las primeras horas de la noche el Führer-Canciller invitó al Caudillo y a las personalidades de sus respectivos séquitos a una comida, que se celebró en el coche-salón del tren especial del primero. El Caudillo sentó a su derecha al ministro alemán de Relaciones Exteriores, Sr. Ribbentrop, y a su izquierda, al mariscal Brauchitsch; a la derecha del Führer-Canciller se sentó el ministro español de Asuntos Exteriores, Sr. Serrano Súñer, y a su izquierda, el embajador de España en Berlín, general Espinosa de los Monteros.

(Continúa en octava página)

Tras la muerte del dictador, conseguido el clima de libertad y desaparecido el miedo, han acabado los panegíricos a Franco, los libros hagiográficos y los artículos laudatorios en los periódicos.

Ahora tienen la palabra los psicólogos, los psiquiatras y los médicos, o sea, los profesionales de la interpretación de los estados patológicos.

Muerto el dictador, la historiografía de la Guerra Civil española se ha situado en un punto de máximo interés, incluso empieza a responder a las inquietudes intelectuales de los jóvenes universitarios. Ante la enorme sorpresa de la edición de ciertos libros sobre el tema, se avecina un interés extraordinario en desvelar y conocer la Historia española de los últimos 40 años.

Para conocer y estudiar este período de la Historia española denominada "era de Franco", es deseable un esfuerzo de investigación de la verdad histórica. Es muy posible que no acaben las disputas, pero es necesario investigar:

–Para sacar a la luz las causas y orígenes de la Guerra Civil...

–Para establecer concretamente los hechos históricos a la luz de la investigación rigurosa

–Para conocer las biografías de los hombres clave en la preparación e inicio de la Guerra Civil, que aún siguen desconocidas

–Para determinar las motivaciones psicológicas de los hombres protagonistas que empujaron desde ambos lados a una lucha fratricida en beneficio de unos pocos solamente

–Para determinar exactamente los intereses económicos de la derecha como grupo contrarrevolucionario.

Resulta inútil buscar la clave del franquismo fuera de Franco, ya que Franco es la única constante de su régimen. Resulta, pues, casi irrelevante construir una sociología **(362)**, escribió un periodista al mes de la muerte del dictador.

Gran parte de los libros escritos sobre la Guerra Civil y Franco carecen de valor histórico, no son obras serias, con rigor científico, sino que están escritas por personas que aportan su opinión y punto de vista, tratando de escribir su "guerra civil" o su "Franco".

Los muchos libros escritos están incompletos, porque se detienen y, a veces, se recrean en los hechos históricos, discutiendo o rectificando puntos de vista, fechas o datos, que con frecuencia pueden mostrar un nuevo enfoque, pero estos libros mutilan la biografía del dictador, porque fundamentalmente han olvidado de manera intencionada el estudio de su personalidad. Se trata de biografías incompletas. El lector sigue sin conocer el por qué de tal o cual situación inexplicable, que luego suele resultar importante en el desarrollo de los acontecimientos.

En general, los historiadores se dedican a estudiar hechos y situaciones muy concretas, a veces superficiales y anecdóticas, de los hombres que han configurado la Historia, sin entrar en las motivaciones psicológicas de los protagonistas. Mientras no analicen suficientemente la psicología del hombre que estudian, no podrán nunca emitir un juicio aproximado sobre su personalidad. Ahí están muchos trabajos publicados sobre Franco que resultan superficiales y poco serios por desconocer la personalidad del protagonista.

12 de Octubre de 1975

El día 12 fue domingo. Los diarios del día 13, lunes, dieron la noticia de la celebración de la fiesta de la Hispanidad a la que asistió Franco.

El diario *Informaciones* del 13 publica solamente 7 líneas a una columna en primera página, en el resumen: "*El Jefe del Estado presidió ayer el acto académico celebrado en el Instituto de Cultura Hispánica con motivo de la fiesta de la Hispanidad. Asistió también el Príncipe de España*".

Y en la página 7 amplía la noticia a dos columnas. Franco: *Estuvo acompañado por el Príncipe de España, el presidente del Gobierno, el de las Cortes, cuatro ministros (los de Asuntos Exteriores, Educación y Ciencia, secretario general del Movimiento y de Información y Turismo) y el presidente del Instituto* **(363)**.

Pronunciaron discursos el presidente del Instituto de Cultura Hispánica, el ministro de Educación de Guatemala, el ministro español de Asuntos Exteriores. Terminado el acto, Franco abandonó el salón con el mismo ceremonial que a su llegada.

En primera página y a dos columnas *Informaciones* titula:

MADRID TIRITA DE FRÍO

Toda Europa, y desde luego España, tirita actualmente bajo el influjo de una ola de frío de inusitada energía, que desde el pasado sábado ha invadido el sur del continente. En España concretamente, ha nevado ayer en muchos puntos no sólo en las montañas, sino también en la meseta, pero lo más llamativo ha sido, sin duda alguna, el brusco descenso de las temperaturas, que en poco más de tres días han bajado de niveles totalmente veraniegos a valores absolutamente invernales. Como botón de muestra citemos los tres grados bajo cero de máxima ayer en el puerto de Navacerrada y los seis bajo cero de mínima en la mañana de hoy. Aún más llamativos son esos dos grados bajo cero de mínima en Madrid en la madrugada de hoy y los parcos 11 grados de máxima de ayer, cuando hace tan sólo cuatro días alcanzábamos 29. La diferencia en tan corto espacio de tiempo es realmente abrumadora y no es extraño que Madrid tirite de frío.

En la página 29 del diario, escribe Manuel Toharia:

CEDE EL FRÍO

Después de un domingo más propio del mes de Enero que del día del Pilar, la ola de frío empieza a remitir, a la par que las temperaturas se van recuperando con dificultades del tremendo bajón sufrido, las nubes vuelven a ser minoría en el país.

Los datos del tiempo del día 12 fueron así:

MADRID

Máx.: 11 grados

Mín.: 2 grados bajo cero en Barajas, 1 grado en la Ciudad Universitaria

Aquel día fue de invierno anticipado, frío y desapacible, aunque soleado. El hombre del tiempo habló en TVE del "cordonazo de San Francisco". Y efectivamente, había muchas personas con gripe en Madrid, aquellos días. Los organizadores del acto del Instituto de Cultura Hispánica no previeron que asistiría un anciano de 82 años. El salón de actos estaba frío y el viejo general se enfrió y constipó. Ahí se inició el proceso de la enfermedad de Franco. Empieza la cuenta atrás.

La primera noticia que comunica la gravedad de Franco es publicada en el semanario norteamericano *Newsweek* en su sección "Periscopio" en la que se anuncia que el general Franco sufre trastornos circulatorios graves. La noticia lleva fecha 15 de Octubre. Los hechos demostrarán, una vez más, que no se trata de un simple rumor o bulo mal intencionado, sino que la noticia ha sido ocultada, una vez más, a la opinión pública española con toda la gravedad que esto conlleva.

Esa misma tarde, 12 de Octubre, el viejo general ya siente los primeros síntomas de la enfermedad. Su hermana Pilar declarará más tarde a un periodista de *El Ideal Gallego*: *Ten en cuenta que lleva enfermo desde el día del Pilar*.

A pesar del secreto que rodea la vida privada de El Pardo, Franco ha cogido la gripe como cualquier español, pero con la diferencia de que es un anciano decrépito de 82 años. Ningún periodista cazó la noticia, aunque el día 18 el periódico *Nuevo Diario* escribe: *Durante la tarde de ayer, la salud del Jefe del Estado debió calentar los hilos telefónicos. Lo que al parecer ha sido una afección gripal, acompañada posiblemente de algún trastorno habitual en su edad, fue desorbitado por el rumor. De fuentes dignas de crédito, se afirmaba a última hora que el Generalísimo había visto una película a las 7 de la tarde en su residencia de El Pardo. Por la mañana se había celebrado allí una reunión deliberante del Gobierno. La nota oficial no revelaba ninguna novedad en los planteamientos oficiales*.

A pesar de todo, el pueblo español sigue ignorando lo que pasa. El día anterior, Hassán II había convocado una marcha sobre el Sahara, aunque los periódicos españoles titulaban que «*El Tribunal de la Haya da la razón a España*». *ABC*, el día 18 en "Última Hora", escribe: «*Reunión de los ministros militares en la residencia del Gobierno, y el Jefe del Alto Estado Mayor*».

Los primeros rumores sobre la enfermedad de Franco circulan por Madrid, el ministerio de Información y la Casa Civil rivalizan en su absurda política de ocultaciones y negativas, que ha sido una de las constantes de la política del franquismo.

Desde los años 60, Franco estaba afectado por la enfermedad de Parkinson, provocada por la degeneración o lesión de una parte del cerebro que se manifiesta por un temblor especial de las manos; el enfermo da la impresión de que está haciendo bolitas con migas de pan. Fue tratado con el medicamento apropiado, denominado L-Dopa, como el mejor medio de aliviar los incapacitantes temblores y la rigidez, típicos de la enfermedad. Este fármaco tiene un grave inconveniente: debe tomarse en grandes dosis, puesto que queda metabolizado antes de llegar al sistema nervioso central. Además provoca efectos secundarios, tales como náuseas y vómitos y su uso continuado favorece las hemorragias. Funciona penetrando en el cerebro, donde se convierte en dopamina, importante regulador del movimiento muscular.

Un periodista del Movimiento Nacional escribe más tarde: *El 17 de Octubre preside un Consejo con un aparato eléctrico en el tórax. Los médicos se niegan y protestan*: *Le puede repetir el infarto*. Y él responde: *Es preferible que muera yo a que por no asistir al Consejo de Ministros se muera España* **(364)**.

Si la frase es cierta y fue pronunciada por Franco revela, una vez más, que el viejo general estuvo toda su vida, hasta la muerte, identificado con España creyendo que su vida y la de la Patria eran la misma cosa. Algo que todos los dictadores creen siempre.

Esta es la idea que tenía, que se puede presumir de la frase anterior en la que iguala al mismo nivel y en el mismo plano psicológico, su muerte con la de España. Si durante 40 años se le estuvo repitiendo al dictador que él era su salvador, mitificando a un hombre vulgar, llega el momento de la muerte y él cree, está firmemente

Últimos momentos de Franco, que a pesar de su avanzada edad aún fue capaz de ser contumaz defendiendo su visión de sí mismo.

convencido de que tomando una decisión en un Consejo de Ministros España no morirá. Una vez más le falta a Franco el principio de la realidad.

En la segunda quincena de octubre comienza a filtrarse rumores sobre la salud de Franco. Al principio hay cierto escepticismo respecto a un próximo desenlace. Pero paulatinamente el temor crece. La primera alarma se produce el día 17: el Consejo de Ministros se reduce a veinte minutos ante la indisposición del Generalísimo. Durante unos días se habla de la gripe, hasta que el día 21 se reconoce oficialmente la existencia de una insuficiencia coronaria **(365)**.

López Rodó, que vio la escena desde primera fila, la reseña en 14 páginas **(366)** llenas de observaciones curiosas, como aquella en que le dice al presidente Arias, tras despachar, el día 21: *No se preocupe usted, todo terminará bien* **(367)**. Irrealidad, hasta las últimas horas de su vida. Y más adelante agrega López Rodó: ... *dijo que no hacía ninguna falta alarmar al país porque se encontraba muy bien*.

Franco quiere presidir el Consejo. Asiste con tres electrodos aplicados al pecho, mientras es controlado a distancia por los médicos a través de una pantalla catódica instalada en un salón próximo. El ministro de Asuntos Exteriores lee su informe sobre el problema del Sahara. Diez minutos después, Franco sufre una crisis cardíaca: es una angina de pecho. Es cierto que el trasplante de corazón fue por lo menos estudiado, aunque no hay ninguna alusión a este respecto en los muchos comunicados de prensa publicados. El doctor Barnard apareció en Madrid, de improviso, aunque con la excusa de que llegaba invitado para una cacería a la que había sido invitgado por el señor Barreiros.

El martes 21 de octubre aparece la segunda crisis de insuficiencia cardíaca, más grave. El registro electrocardiográfico indica una lesión en el ventrículo izquierdo.

El día 24 aparece una complicación clásica: edema pulmonar agudo. La sangre se acumula en los vasos capilares de los pulmones; el enfermo corre el riesgo de asfixia, se le administra oxígeno y tónicos cardíacos, además de diuréticos. Para calmar al paciente y atenuar los dolores se le inyectan morfina y sus derivados.

Al día siguiente, el edema pulmonar es reabsorbido pero los riñones no eliminan y aumenta el riesgo de uremia. Ese día tiene hemorragias digestivas.

El 28 de octubre se dilata el ventrículo derecho. Por la noche se produce una ascitis peritoneal. El momento es extremadamente grave. En realidad, el enfermo vive debido a una supervivencia artificial: respiración artificial, sonda gástrica, alimentación artificial, diálisis renal. El electrocardiograma presenta arritmias repetidas y fatiga progresiva.

El 3 de noviembre se le realiza una transfusión de sangre de 7,5 litros. Franco es sometido a una operación quirúrgica de extrema urgencia; cuando es introducido en el quirófano, en estado inconsciente, pronuncia entrecortadamente las siguientes palabras: *¡Cuánto cuesta morir!* En la operación quirúrgica hubo que ligar la arteria que sangraba en el estómago, vaciarlo de sangre y punzar el derrame intestinal. A partir de este día, Franco ya no recobrará la lucidez mental, a pesar de que los partes médicos muy politizados, insisten en lo contrario. *A partir de este momento* –escribe un periódico francés– *ya no existe duda ninguna de que la ética médica ha sufrido una influencia política*. Ya no podía existir esperanza razonable de que Franco sobreviviera. El encarnizamiento terapéutico continúa a pesar de que los médicos se doblegan ante las voces de la familia que se opone a otra intervención quirúrgica tras la hemorragia masiva en la noche del 17 de noviembre.

El 18 de noviembre: *Los médicos de Franco toman una decisión que sorprenderá al cuerpo médico de todo el mundo: le ponen en hibernación, es decir, hacen descender la temperatura del cuerpo a 33 grados centígrados ¿Por qué?* **(368)**.

El viejo dictador estaba prácticamente desahuciado por los médicos que le asistían. Humanamente era imposible seguir manteniéndolo con vida, pero clínicamente había que continuar alargándola hasta el máximo. Era cuestión de horas ya. En dos semanas, su cuerpo se consumió hasta pesar algo menos de 40 kilos. Era un conjunto de piel y huesos. Las suturaciones de las heridas se desgarraban. Comenzó una gangrena en la pierna. Y más tarde el peritoneo se rompió como una seda.

Era necesario, en beneficio de unos cuantos, familia y sucios intereses, que Franco viviera. Pero era materialmente imposible alargarle la vida más. Tal vez la ciencia médica hubiera prolongado la vida de un "medio cadáver", de una piltrafa humana, pero a costa de insufribles y espantosos dolores. Los más allegados preferían tenerlo "casi vivo", sin tener piedad con él. Alguien dijo que él tampoco tuvo piedad para los vencidos. Vae victis.

Jean Descolá escribe: *Carmen, la hija única de Franco grita, exasperada, a su marido el marqués de Villaverde: "¡Basta ya de torturas! ¡Que se le deje morir en paz!"* **(369)**.

Los médicos le quitarán las sondas y controles que tenía en la nariz, la tráquea, la uretra, el brazo izquierdo, etc.

El franquismo seguía impertérrito hasta el final, engañando al pueblo: *Está consciente y tiene el pleno uso de sus facultades mentales*. Un médico comentó: *Si eso fuera cierto, los sufrimientos serían horrorosos. No podría soportarlos*. Un periodista recogió las declaraciones de un médico que dijo: *Franco, en su agonía, ha sido la más grande víctima del franquismo en su implacable exigencia*.

El análisis psicoanalítico de la larga, monstruosa e interesada agonía de Franco nos revela que los médicos, en general, asumieron la personalidad del pueblo, del hombre de la calle, atendían al viejo dictador con odio, con violencia. Lo mantenían aún con vida para no ahorrarle sufrimientos, para prolongar sus espantosos dolores. Era el sadismo de una clase médica que se ensañaba con un hombre que había representado tantas cosas simbólicamente, que de forma subconsciente le hacían sufrir, prolongando su agonía.

Una enfermera joven y bonita, con su uniforme azul pálido y la cofia blanca taconea airosa. Se acerca a otra enfermera que sale de las habitaciones del enfermo ilustre y le dice suavemente:

–Oye, Pepita, déjame tu tarjeta de identificación, que quiero pasar a verle.

–Está prohibidísimo... imposible. Buen lío organizarías... ¿Por qué ese interés?

–Quiero ver la cara que tiene, mientras agoniza ese hijo de puta que mandó fusilar a mi abuelo. Focos rojos, focos verdes...

Que retiren la marcha verde... que la paren... que disparen... que maten a los marroquíes... que paren la marcha verde... Los rojos, que maten a los rojos... esto es una conjura marxista judeo-masónica... Focos rojos, focos verdes...

Esto es una conjura internacional contra España... contra mí. No me perdonan mi victoria sobre el comunismo... que paren la marcha verde... que apaguen esos focos...

Yo nací el 4 de diciembre de 1892 en un pueblo gallego, pequeño y aislado por tierra, pero situado al fondo de la ría de El Ferrol. Me bautizaron en la iglesia de San Francisco y me pusieron los nombres de Francisco, Paulino, Hermenegildo y Teódulo. Pasados muchos años, tuve la manía de escribir algo, pero firmaba siempre con seudónimo; algo que resultaba siempre muy cómodo, donde lograba esconder mi nombre verdadero, bajo Jaime de Andrade, Jarkin Boor, Juan de la Cosa y hasta Hispanicus, aunque he de reconocer –más lo reconocerán los españoles–, que mi especialidad fueron los discursos. Muchos discursos, centenares de discursos, durante 40 años, que a los españoles les resultaron demasiados.

Con el Parkinson se me va la memoria de los años más recientes, pero recuerdo perfectamente los años de mi infancia. Yo nací en el seno de una familia de administradores de la Armada y mis antepasados fueron unos judíos conversos, que llegaron a Galicia procedentes de Andalucía en... Instruyeron un expediente de limpieza de sangre y se instalaron como unos auténticos cristianos viejos, olvidando los recelos y persecuciones habidas por la Iglesia.

Mi historia familiar es bastante confusa y atropellada. De la mezcla de mis sangres se ha hablado mucho sin fundamento. En mis antepasados no hubo nunca guerreros ni militares, al revés, mis abuelos fueron perseguidos por "marranos" (con perdón) y lo pasaron muy mal. Hasta que un día decidieron ir a Galicia y quedarse en esas tierras. Muchos de mis antepasados fueron expulsados por los Reyes Católicos. Otros, sin embargo, ocuparon cargos importantes en la catedral de Santiago.

En mi familia se conserva un escrito muy antiguo donde aparecen los nombres como Diego, Santiago, Zacarías, Jacobo, Zacuto, Leví, Abrahán...

Mola murió en un accidente de aviación y, como siempre, me echaron también la culpa de su muerte y bien sabe Dios que yo no tuve arte ni parte. Se trató de un atentado perpetrado por los alemanes, según tuve conocimiento después por los servicios de información...

Tantos discursos como yo había pronunciado y casi ninguno es mío. De verdad, de verdad, no llegué a escribir ningún discurso; por el contrario, pronuncié algún discurso breve... Yo sabía que entre el auditorio –forzado y agradecido– había muchísimos oyentes, que fanatizados por mi presencia o por mi voz –ridícula y chillona voz– aplaudían a rabiar y me interrumpían sin cesar, en los párrafos previamente establecidos, que siem-

pre calentaban a los que de antemano estaban preparados para aplaudir. Yo creo firmemente, que aplaudían por interés. He de reconocer que todo el espectáculo estaba perfectamente montado por Fernando...

Yo pienso ahora en las etapas más sobresalientes de mi vida, de mi larga vida. En realidad, no puedo pensar mucho ni a diario, porque además de padecer de Parkinson, según asegura Vicente, el poco tiempo de que dispongo lo uso en otras cosas más agradables... Prefiero pasear diariamente por las colinas del El Pardo. Y de vez en cuando disparo unos tiros a todo lo que se mueva. Alguna vez, Carmen me recordaba que aquello que se movía allá a lo lejos era un guardia civil...

Me ocurre algo extraño y nunca visto. Todo lo que veo es hermoso y bellísimo, de una gran luminosidad, algo nunca visto por mí. Siento que me empujan por un túnel sin fin y al fondo aparece un punto intensamente luminoso, que me atrae... Voy hacia él... irresistiblemente.

Con mucha frecuencia he pensado que algo muy importante debió influir en mi mente, para que yo, un general, cuya máxima pretensión en el año 1936 era la Alta Comisaría en Marruecos, cambiara tan radicalmente de idea y aspirara de forma imparable a lo más alto de la cúspide. ¿A qué se debió el cambio de mentalidad? Mis seguidores incondicionales decían que había sido escogido por Dios para salvar a España e incluso a Occidente. Me llamaron el "centinela de Occidente" y llegó un momento que me lo creí ciegamente; pero más tarde, cuando tuve tiempo de recapacitar un poco y meditar sobre la situación me di cuenta de la gran mentira. Ahora, en este momento, me doy cuenta que me tomaron el pelo... En esta situación en que me encuentro, con la claridad mental que poseo tal vez debido a la clarividencia del que va a morir en breve, pienso que las circunstancias me empujaron de forma imparable hacia arriba, al mando supremo y fui elegido Caudillo de un pueblo lleno de fe en mi. En segundo lugar, influyó muchísimo mi propia psicología, con todos mis complejos y frustraciones más íntimas, que siempre tenía presentes.

He dejado todo atado y bien atado; los guardianes de mi testamento serán el gran ejército de funcionarios dóciles y disciplinados, que con sus buenos sueldos y sus pluriempleos, sin trabajar ni asistir a su obligación, velarán permanentemente por conservar lo adquirido, sin permitir veleidades políticas ni promesas inciertas, que sólo los abocarán a una inestabilidad económica. Yo sé bien lo que hago; siempre tuve ideas claras de ello.

Frente al contubernio judeo-masónico, aliado con el comunismo internacional, yo lo dejo todo atado y bien atado. ¡Qué se habían creído estos estúpidos!... Yo sé bien lo que hago. Así le cierro la puerta a los monárquicos, que durante tantos años han tratado de hostilizarme continuamente.

Girón habla y habla, discursea con una retórica que verdaderamente no entiendo. ¡Nunca lo consideré intelectual, sino un ambicioso desmedido! Ya lo tengo entretenido en sus muchos negocios (que le he dejado hacer, haciéndome el distraído), y me dejará, por ello, tranquilo. No hay nada mejor que se acerquen todos estos al pesebre. En ese instante desaparecen los patriotismos verdaderos y surgen los patrioteros y sus sucedáneos. Durante mucho tiempo estuvo obsesionado por el capitalismo y la Iglesia: sus dos grandes enemigos. ¡Y los de todos! Ya le dije repetidamente que no sobrepasaran los límites y no viera fantasmas por todas partes. Si hostigamos demasiado a la Iglesia y al capitalismo, es como segarse la hierba debajo de los pies. Recuerdo siempre lo que le pasó a Perón y a Mussolini.

Carmina vive obsesionada por las joyas y el lujo. Recuerdo cuando alquilamos el piso en el paseo de la Castellana en el año 30, o, tal vez, no; quizá fue cuando ascendí a general y me destinaron a Madrid. Sí; ahora recuerdo bien. En aquella época, con el mejor piso a que se podía aspirar en Madrid y, además, excedí mucho nuestras posibilidades; pero se emperró en el piso de la Castellana y no hubo fuerza de hacerle desistir. Tuvimos hasta nuestro disgusto. Vivía pendiente del lujo y de las apariencias. Y ello nos reportó algún desaire de los más encopetados, porque nosotros, al fin y el cabo, éramos de una clase social inferior. Hubo alguna marquesa y más de seis monárquicos que nos miraban por encima del hombro. Ni ella ni yo lo pudimos olvidar jamás. Bien que nos vengamos, más tarde, desde El Pardo. Y es que todo se paga a la larga... En aquel piso de la Castellana fue feliz. ¡Qué piso más bonito, lleno de balcones con sol! Siempre que pasaba después por allí miraba sus balcones llenos de sol".

Unas semanas después se escribió: *Así se demostró que, a la lógica del franquismo, el poder no tenía derecho a ser humano, y todo quedó explicado durante este extraño paréntesis sin duración, en el que un anciano que murió el 25 de Octubre fue obligado a resucitar en un infierno* **(370)**.

Franco murió el día 19 a las 22 horas. La "Operación Lucero" había previsto las distintas posibilidades y horas de la muerte de Franco. En caso de que se presentara la muerte a partir de las 12 horas del día, se ocultaría, retrasando el anuncio oficial hasta las primeras horas del día siguiente. De esta forma se tomarían las suficientes medidas preventivas de fuerzas de orden público y militares, con vista a posibles disturbios del pueblo dirigidos por los partidos políticos de la oposición. Durante toda la noche del 19 al 20 las fuerzas estuvieron en estado de máxima alerta, ante un posible estallido popular. Una vez más el franquismo no se atuvo a la realidad ni supo calibrar la opinión del pueblo.

El día 20 se comunica oficialmente la noticia: Franco ha muerto. *ABC* y *Arriba* ya tenían preparado el suplemento en huecograbado, sin fecha, con la biografía **(371)**.

¡Franco ha muerto!

Según el Congreso Internacional sobre la fijación exacta del momento de la muerte humana y la muerte médica tiene que reunir los siguientes requisitos: **(372)**.

–Inmovilidad de pupilas durante cuarenta minutos

–Electroencefalograma sin reacción durante seis horas

–Paro de circulación durante diez minutos

–El electroencefalograma debe ser completado con la angiografía cerebral.

Para Fernando González el final de Franco llegó antes: *Muy posiblemente el fin del dictador tuvo lugar unas semanas antes, el 1.º de octubre, cuando enfundado en uniforme de gala bocamanga de tira bordada en oro, casaca de paño azul noche, gafas de sol Ray-Ban se asoma al balcón de la Plaza de Oriente, para intentar revivir el espectro hablando de la confabulación "masónico-liberal"* **(373)**.

El Valle de los Caídos fue concebido como un gran panteón para Franco, José Antonio y algunos de quienes murieron en la Guerra Civil, se supone que de los dos bandos. El proyecto, obra de Juan de Ávalos, que en principio debía alcanzar los doscientos metros de altura, sólo pudo elevarse ciento cincuenta. Franco no se privó a la hora de tratar de emular a otros hombres soberbios de la Historia. Siempre vienen a la memoria los faraones egipcios, Salomón o el mismo Felipe II.

Como pensó un periodista del diario *Arriba*, del traslado de los restos al Valle de los Caídos: *Tengo la sensación de que acompañamos los restos de un glorioso ejército en derrota*.

El 21 de Noviembre de 1975 una parte de España acompañó a los restos de un hombre en derrota, que había dominado a España durante 40 años. El domingo entierran a Franco en el Valle de los Caídos y a las 4,30 se levanta el luto nacional, porque la vida tiene que seguir a su ritmo normal. Y media hora después, a las cinco de la tarde, se reanudan los partidos de la liga de fútbol, que significa algo así como el relax nacional tras unos días de gran tensión para todos los españoles **(374)**.

Algún tiempo después, Antonio Izquierdo, ex director de *Arriba*, escribirá: *Que yo sepa, en España no ha ocurrido más que una cosa: que en una clínica de la Seguridad Social murió un anciano de ochenta y tres años que cometió el estúpido delito de ponerse al frente de un país desesperado, fratricida, hambriento y miserable y que, tras sacarlo de la hecatombe, liberarlo de la más feroz contienda de la historia universal, desarrollarlo hasta multiplicar sus energías y riquezas, lo deja en manos de los liberadores, con una de las rentas per cápita más altas de Europa; con una dignidad nacional, desconocida desde nuestra retirada del mundo y con un saludable deseo de vivir en paz* **(375)**.

Los últimos días anteriores a la muerte del dictador se convierten en una historia sórdida, grotesca y sucia, además de terriblemente egoísta, sin piedad para un anciano que no tuvo piedad para media España.

Luis Ramírez, implacable biógrafo de Franco, considera que el dictador ha sido, en sus últimos y dolientes días: *Políticamente utilizado hasta el canibalismo histórico por sus allegados* **(376)**.

Estaban preparados desde 48 horas antes del fallecimiento para embalsamar el cadáver, según la "Operación Lucero" los doctores:

Dr. Bonifacio Piga Sánchez-Morente, catedrático de Medicina Legal de la Universidad Complutense de Madrid.

Dr. Antonio Piga Rivero (hijo del anterior), Profesor adjunto de Medic. Legal en la Univ. Complutense de Madrid.

Dr. Modesto Martínez Piñeiro, director del Instituto Anatómico Forense de Madrid.

Dr. Espín, secretario del Instituto Anatómico Forense.

Con el embalsamamiento empleado puede durar el cadáver miles de años, más que las momias egipcias. Los productos químicos empleados fueron: formol, alcohol etílico, agua destilada, hexametilen tetramina y cloruro de cinc cristalizado.

Pasados unos meses del entierro coincidí con el Dr. Piga, hijo, en la calle Alcalá, 56, junto al I.N.P., y le pregunté si durante el embalsamamiento de Franco observaron si le faltaba un testículo y el otro dañado. Me miró y sonrió enigmáticamente diciendo: *Eso no se puede revelar. Está dentro de la deontología médica*.

Y sonreía...

Los periódicos reseñan el nacimiento de cuatrillizos en Badajoz. Eclipse total de luna. Cinco atracos en Madrid. Cierran las Bolsas los días 20 y 21.

Nadie ha comentado la abultada cuenta de whisky que los visitantes –todos gorrones– beben en el bar de La Paz, sin pedir la cuenta, que ha de abonar la Seguridad Social. Hasta el último momento estuvieron bebiendo gratis del régimen del viejo dictador.

Se suspenden las clases y los espectáculos públicos. El Gobierno anula las multas por homilías y pone en libertad a los sacerdotes que estaban en la cárcel. Se reúne la Comisión permanente del Episcopado.

El diario YA publica, en recuadro, una frase de San Lucas (19, 45-48): *Mi casa es de oración, pero vosotros la habéis convertido en una "cueva de ladrones"*.

Operación Lucero

Don Juan Valverde Díaz, comandante de Infantería y diplomado de Estado Mayor, Jefe del Servicio Central de Documentación de la Presidencia del Gobierno y responsable de la "Operación Lucero", fue el hombre que comunicó la noticia de la muerte al presidente del Gobierno y luego hizo lo mismo con los altos mandos militares a través del Alto Estado Mayor. A continuación lo hizo con los directores generales de Política Interior y de Seguridad.

Las autoridades civiles y militares estaban mentalizadas con la misma consigna: mantener la calle en orden y paz, aunque para ello fuera necesario sacar los tanques a la calle. De forma cronometrada y eficaz, en sólo dos minutos, ciento cincuenta y cuatro personas conocieron casi simultáneamente la muerte de Francisco Franco, Jefe del Estado, antes de que la noticia trascendiera a los periodistas y al público en general.

Pero la noticia, aún no conocida, aunque sí sospechada, es la siguiente:

Franco murió el día 19 a las 10 de la noche, momento en que se puso en marcha la "Operación Lucero", anunciando a los gobernadores civiles de toda España que: *Bajo ningún pretexto podían abandonar sus despachos oficiales*, porque en aquel momento Franco estaba clínicamente muerto. A las 10 de la noche, inesperadamente, vuelve el Dr. Hidalgo Huertas, que una hora antes se había ido a su casa. A las 10,05 el ministro de Hacienda comenta: *Aunque no tenemos acceso a la habitación que ocupa el Jefe del Estado, el clima que se respira en la primera planta es de extremada serenidad*.

Algunos observadores indicaron atinadamente, durante las largas esperas en el vestíbulo de La Paz, que a Franco no lo llevó el yerno al Hospital Militar "Generalísimo Franco" de la calle Antonio María López, porque allí los médicos militares no le permitirían al marqués "el mangoneo" que se traía en La Paz, donde disponía a su antojo de medios y material. En realidad algo había de cierto.

Durante los días de noviembre en que se agudizó la agonía de Franco y el país vivía pendiente del fatal desenlace, se estaba "cocinando" la entrega del Sahara a Marruecos y Mauritania, según quedó convenido en la Declaración de Madrid del 14 de noviembre **(377)**.

Aquí está gran parte de la clave de la prolongación artificial de la vida de Franco. Interesaba mucho ganar días, que supondrían cubrir con el "manto franquista" el deshonor del entreguismo. Así decían repetidamente los partes médicos y de la Casa Civil, que: *Franco conserva sus facultades... y está consciente*. Por lo tanto, parecía que el que estaba entregando el Sahara era Franco. Cuando ya estuvo todo convenido y pactado, e incluso recogidos los beneficios –Rodríguez de Viguri acusa a Carro, Solís y los intereses del Banco Ibérico– se dejó morir "piadosamente" a Franco. La suerte estaba echada.

Los pueblos español y marroquí, con gotas de sangre recíprocas, son ignorados permanentemente y utilizados descaradamente en beneficio continuo de una oligarquía.

El pueblo español no sabe que el Jefe de Estado 40 años de Caudillo está agonizando, mientras unos pocos –familia e intereses– ocultan la verdad. Cuarenta años de mentiras. Una eternidad responsable ante Dios y la Historia.

El pueblo marroquí no sabe que el Rey Hassan II juega con la miseria y atrasos de siglos. Los incita con promesas coránicas –riquezas, tierras, felicidad, abundancia–; los transporta al borde del peligro, asesorado por los Estados Unidos que han dado el visto buena a la operación denominada "Marcha Verde". Usa al pueblo –como a todos los pueblos– para presionar a España, pero sobre todo a Franco que, además de anciano, está agonizando. Una vez conseguido el objetivo y a punto de iniciar la guerra caliente, el pueblo marroquí volvió a su lugar de origen, frustrado y engañado como siempre.

Los pueblos son manejados y utilizados permanentemente por unas minorías –políticas, religiosas, económicas– que los usan a su conveniencia.

El final de Franco es una reproducción, casi de calco, de aquella otra de 1898 en que los políticos de Madrid abandonaron a los militares, a pesar de las apelaciones al honor de los mismos. En Cuba corrió la sangre y se cubrieron de honor, en una lucha desigual –Goliat y David–, mientras que en el Sahara no corrió la sangre, porque se retiraron sin luchar. Se habla de entreguismo. En realidad, al pueblo español no le importa la aventura sahariana, en la cual no ganaría nada, sino, por el contrario, perdería muchas vidas.

Franco estuvo traumatizado a lo largo de toda su vida por la pérdida de las colonias en 1898, pero la Historia –el acontecer del tiempo– le reservará la amarga realidad de que él –Caudillo de un Imperio– abandonará el Sahara. Triste ironía.

España pierde la guerra de Cuba y se retira con indignidad y frustración oficial, aunque el pueblo español no se preocupa por esa palabra vacía que es el "deshonor".

España ocupa Marruecos tras la indignidad del desastre de Annual en el año 1921, mientras el pueblo español protestaba inútilmente por el derramamiento de sangre de "Juan Español". Sin embargo, Marruecos fue un "rastro" de condecoraciones y chatarra para los militares que hacían carrera a costa de la muerte y la sangre de miles de soldados.

España se retira cargada de muertes y condecoraciones de la estepa rusa, con una División Azul que se cubrió de indignidad en la retirada oportunista.

España se retira con indignidad del Sahara en el momento de mayor postración histórica del siglo XX español y en la agonía física de la dictadura.

El rey de Marruecos, Hassan II, aprovechó la agonía de Franco para convocar la Marcha Verde y tomar el control del antiguo Sahara Español.

España pierde sus colonias en el amanecer del siglo XX y un joven ferrolano vivirá impresionado toda la vida por aquel Desastre de 1898. Aquel joven se promete a sí mismo que España debe levantarse de la postración donde ha caído y volver al Imperio. Franco se pasará los mejores años de su vida luchando en Marruecos, donde el empeño costó la vida a miles de españoles. Y en el año 1956, Franco se verá obligado a conceder la independencia a Marruecos. Y después, Guinea. Y en 1975, el Sahara.

La vida de Franco comienza con la pérdida de Cuba y Filipinas. Y termina con la pérdida del Sahara de forma vergonzosa. Parece que el principio y el final del general van misteriosamente ligados a la pérdida de algo por lo que luchó.

Los documentos aparecidos en las Naciones Unidas han sacado a la luz el gran engaño –otro más–, mantenido por el Gobierno y ocultado al pueblo español de que "*la marcha se inició y realizó en el entendimiento del Gobierno español de que si la marcha se realizaba en un área limitada y por tiempo también limitado, no se produciría una respuesta armada por parte de las fuerzas españolas ante la penetración en el territorio*" **(378)**.

La entrega del Sahara será calificada a juicio de la Comisión de Derecho Internacional de las Naciones Unidas, según el Derecho Internacional vigente, como un "crimen internacional".

Franco murió el día 19 de noviembre a las 7'30 de la tarde, en que el electroencefalograma da plano.

Inexorablemente murió. Los dictadores pierden siempre la última batalla y el viejo general perdió también la suya. Y el pueblo también pierde siempre sus batallas finales. Otra vez lo volvieron a engañar. Le dijeron que había muerto el día 20, aunque ello sigue dando igual. Lo importante es que había muerto el dictador. Y su dictadura de 40 años "de Paz".

Aquel día despertó España sorprendida, porque no creía la noticia más importante de las últimas cuatro décadas. Muchos españoles madrugaron porque estrenaban nuevo año, según escribió el poeta.

Los grupos políticos de presión franquista y un familiar tomaron el acuerdo expreso de que Franco debía llegar vivo al 20 de Noviembre. Para ello, los médicos prolongaron artificial y despiadadamente la vida del hombre, que yacía moribundo en una cama de uno de los grandes hospitales de Madrid.

Franco estaba ya muerto con anterioridad a esa fecha oficial de resonancias joseantonianas. La hija del general, Carmen, gritó en un arrebato incontrolable al marido y médicos de su círculo: *Ya está bien de hacerle sufrir más*. Los médicos desconectaron los sofisticados aparatos y falleció en un breve plazo de tiempo. Aquella madrugada había muerto oficialmente en España la Ley Fundamental del Estado Español: Francisco Franco, *Responsable ante Dios y ante la Historia*.

Homenaje a José Antonio Primo de Rivera. Franco con camisa azul y boina roja y un bigote que imita al de Hitler. Se hizo coincidir el día de su muerte con la del fundador de la Falange. Paradojas: quien no quiso evitar la muerte de José Antonio, tuvo que pasar por el trance de ver su vida prolongada artificialmente para continuar pervirtiendo el símbolo. ¿Por qué habían de morir el mismo día? ¿Para que Franco se aprovechase por última vez de quien le hubiera dado muchos problemas si llega vivo al final de la Guerra Civil?

Aquella madrugada llegaba para Francisco Franco el momento supremo –la hora de la verdad– de rendir cuentas ante Dios y también ante la Historia. Los periódicos españoles eran solicitados en los quioscos con la misma ansiedad y urgencia que existía durante la Guerra Civil, para conocer la caída de una ciudad importante o el desenlace de una batalla decisiva: había caído "lo fundamental".

El pueblo preguntó enseguida, pasadas unas semanas del entierro del viejo general: ¿Cuánto ha costado la asistencia médica? ¿Quién ha pagado la factura? El Consejo de Administración del Instituto Nacional de Previsión, y a propuesta del Delegado General, dispensó del abono de la factura a los familiares a la Seguridad Social, pero la pregunta iba de boca en boca insistentemente: "*¿Cuánto nos costó su enfermedad?*"

Cuando Franco ingresó en La Paz se le dio un número clave de ingreso, como a cualquier otro enfermo asistido por la Seguridad Social. En aquellos días, el precio de la estancia día estaba en 2.800 ptas. Y permaneció 14. A este total hay que sumar el importe que representó el desalojar la planta de enfermos para que estuviera solo. La factura de estancia solamente, sin contar medicación, análisis, intervenciones, transfusiones y honorarios médicos ascendía a una cantidad respetable.

La Administración de La Paz elevó una consulta al Delegado General del Instituto Nacional de Previsión **(379)** sobre el trámite a seguir para el cobro de la factura, como privado, al no estar el dictador afiliado a la Seguridad Social. Reunida la Comisión Permanente del Consejo de Administración del Instituto Nacional de Previsión, en la sesión celebrada el 23 de diciembre, Acta Nº 1552 (Asunto Nº 52), se aprueba lo siguiente:

Asunto N.º 52. Imputación de los gastos por asistencia al Caudillo de España (q.e.p.d.) en la Ciudad Sanitaria de La Paz. De conformidad con la propuesta, autorizar a la Ciudad Sanitaria en consideración a la inmensa deuda de gratitud al Caudillo de España, por la creación de la Seguridad Social, para que impute a las cuentas representativas de la asistencia sanitaria de los trabajadores, los gastos ocasionados con motivo de la estancia en dicha Ciudad del Excelentísimo Señor don Francisco Franco Bahamonde (q.e.p.d.) **(380)**.

(Franco no estaba afiliado a la Seguridad Social; era el patrono, según comentaba un funcionario, de una empresa denominada "España", cuyo número inicial era: 18-7-36).

El expediente clínico del enfermo Francisco Franco Bahamonde, con todo su volumen de informes, análisis, radiografías, etc., ha desaparecido de La Paz. Se dice allí que lo reclamó y se hizo cargo de él su yerno, el Dr. Martínez Bordiú. Hoy se ignora dónde se encuentra archivado. Por última vez Franco se evadió de la realidad ocultándose a la Historia, a pesar de que él se hizo responsable ante ella y Dios.

La mayor ironía final sobre Franco está en la salida del cadáver por la puerta destinada a la evacuación de basuras. Macabra ironía. Como dato curioso hay que señalar que seis meses antes de la muerte, el administrador de La Paz, Sr. Recio, consultó con el ingeniero sobre la posibilidad de reestructurar la salida de cadáveres para que no coincidieran en la puerta de evacuación de basuras con los desperdicios, restos y deshechos de la Ciudad Sanitaria. Elevada la propuesta a la Comisión Permanente del Instituto Nacional de Previsión, fue desestimada. Los cadáveres de los trabajadores españoles seguirían saliendo por la puerta de evacuación de basuras. Francisco Franco, también **(381)**.

Al confirmarse oficialmente la muerte de Franco, la que más de media España esperaba y deseaba desde tantos años atrás, el viejo dictador se enfrenta con el juicio de la Historia que él invocó en repetidas ocasiones.

Un conocido periodista, historiador y biógrafo de Franco escribió: *Se nos acaba de morir entre las manos la Historia como experiencia, como coexistencia, como vida; la Historia ha muerto para empezar la verdad* **(382)**.

A partir de ahora comparecerá simultáneamente ante la Historia y ante el pueblo. El 20 de noviembre murió la *Unidad de poder y coordinación de funciones*, pero al final cometió uno de los errores más importantes y ridículos de su vida, que se convirtió en parodia burlesca con *La dispersión del poder y la confusión de intereses*. Los nombres de la confusión fueron Fierro, Solís, Cortina, Carro, Arias, etc., que utilizaron cartas marcadas como los viejos y tramposos tahúres.

Salida del cadáver de Franco por la puerta de la "basura" del Hospital de La Paz. El diario YA de Madrid publicó en su primera edición (secuestrada por la censura) del día 21 de noviembre del 75 una foto donde se podía ver el momento de la salida del ataúd de Franco por una puerta trasera del Hospital de La Paz reservada a la evacuación de restos de basura. Parece que a nadie se le ocurrió utilizar el *hall* principal de La Paz.

Yo digo que un día canonizarán a mi hermano **(383)**, aseguró con la mayor tranquilidad y naturalidad la hermana del dictador, Pilar Franco. Anteriormente había declarado a un semanario de Lisboa: *Dentro de, no máximo, 3 anos o Povo español irá en processáo a o Vaticano pedir ao Papa a canonizaçâo do meu irmâo e para que a sua imagen se pouha nos altares* **(384)**. Y agregó más adelante: *Profundamente cristáo e de tal forma que o seu confesor ainda há pouco me dizia que se Franco náo está no céu entáo o céu está vazio*".

Algún tiempo después un franquista de primera línea realizará la siguiente declaración a una revista: *Será difícil canonizar a Franco* **(385)**.

Y más adelante aclara: *Unos señores me pidieron que empezara a hacer gestiones para llegar a la canonización. Pero yo les avisé de que era muy difícil.*

E inmediatamente Francisco Umbral publica una glosa en *El País*, una glosa de cachondeo fino, pieza maestra de periodismo actual. Entre otras cosas, escribe: *Dice Fray Justo Pérez de Urbel en Interviú que va a ser difícil la canonización de Franco. Yo creo que hay que intentarlo. Franco en los altares, mejor que Franco en la Historia. Nos dejará más tranquilos. Madrid fue con Franco como nunca la Corte de los Milagros. El milagro del estraperlo, el milagro del botafumeiro de Santiago de Compostela... Y sin embargo, sigue habiendo franquistas. Otro milagro de Franco*.

El diario *YA* publicó con fecha 21 una amplia información sobre la toma de postura de los obispos y arzobispos españoles, para no perder el nuevo tren que llegaba a la estación de la actualidad, mientras despedían, entre preocupados y esperanzados, la marcha del dictador hacia la Historia.

García Salve, ex jesuita, miembro de CCOO y del Comité Central del PCE, al ser amnistiado tras la muerte de Franco y puesto en libertad, relata en el libro de Gironella su llegada a la Dirección General de Seguridad con un ramo de flores y su entrevista con el comisario Conesa: *Me subieron al antro que tanto conocía y allí estaba Conesa que se empeñaba en repetirme machaconamente: "Franco ha muerto, pero aquí no ha cambiado nada, cabrón"* **(386)**.

Los partes médicos de las casas Civil y Militar

El Dr. Pozuelo escribe: *La noticia estaba en los periódicos –aunque no revestida con los tintes de trascendencia que, en realidad, había tenido–, y en estas condiciones resultaba absurdo ocultar la verdad. Decidimos escribir un primer parte clínico, enseñárselo al Caudillo y, si él lo juzgaba oportuno, darlo a la publicidad. El texto decía así: "En la madrugada del día 15 de octubre de 1975, S.E. el Jefe del Estado sufrió un episodio de insuficiencia coronaria aguda y en el electrocardiograma se detecta una zona eléctricamente inactiva de tercio medio e inferior del tabique y de cara diafragmática con confirmación analítica"* **(387)**.

Y agrega: *Este primer parte nunca se publicó como tal, sino que fue transformado en un comunicado que la Casa Civil envió a todas las agencias y periódicos a través de los servicios informativos de la Dirección General de Coordinación Informativa del Ministerio de Información y Turismo. El comunicado decía textualmente: "En el curso de un proce-*

so gripal, Su Excelencia el Jefe del Estado ha sufrido una crisis de insuficiencia coronaria aguda, que está evolucionando favorablemente, habiendo comenzado ya su rehabilitación y parte de sus actividades habituales" (pág. 219).

Ante los rumores de la gravedad y de la diversidad de criterios mantenida por algunos médicos, el ministro de Información y Turismo declaró durante la ampliación del Consejo de Ministros: *Deseo poner de manifiesto la absoluta y total unanimidad del equipo médico sobre su diagnóstico y tratamiento a seguir por el Caudillo*.

El parte del día 28 ya aparece sin firmar por algunos médicos. Y la noticia que produce estupor en los médicos de todo el mundo la protagoniza el arzobispo de Zaragoza y miembro del Consejo de Regencia, monseñor Cantero Cuadrado, al colocar el manto de la Virgen del Pilar sobre la cama del enfermo. Franco abrió los ojos, besó el manto y lloró. Y el arzobispo declaró a los periodistas: *El estado de consciencia del Caudillo era perfecto, con una mente clara y un fervor ejemplar*.

A pesar del diagnóstico de "trombosis venosa mesentérica" –que es mortal–, Franco sigue viviendo. ¿Milagro?

Y a fin de mes, como una competencia religiosa para obtener el milagro, van llegando a El Pardo las reliquias más famosas españolas: el brazo de Santa Teresa (que permanece en el palacio desde el año 1940); el manto de la Virgen del Pilar; el manto de la Virgen de Guadalupe extremeña; una imagen de la Macarena, etc.

A primeros de noviembre existe gran desacuerdo entre los médicos del Equipo y muchos de ellos se niegan a firmar los partes que: *Redactaba el marqués de Villaverde*.

Aparece una fuerte hemorragia y es conducido rápidamente al botiquín de urgencia del Regimiento de la Guardia. Tras él va dejando un reguero de sangre mientras decía: *Dios mío, qué duro es todo esto*.

A las 10 de la noche es operado por el Dr. Hidalgo Huerta. La redacción del parte médico fue muy laboriosa y larga, porque los doctores disintieron con vehemencia.

Franco luchaba desesperadamente con el pájaro de la muerte en la Ciudad Sanitaria de La Paz. Moría a chorros mientras el país estaba materialmente en un puño. Los partes médicos se parecían más a un relato kafkiano que a un informe profesional adulterado constantemente por los partes emitidos por la Casa Civil, que se contradecían ocultando la verdad.

Hay una prueba evidente de la incomprensión de los "partes médicos" por parte del público en general (incluidas las personas cultas, no especializadas), ya que los periódicos tuvieron que incluir un "vocabulario de la enfermedad" para entendimiento de los lectores. En las librerías de Madrid se agotaron rápidamente los "diccionarios médicos" asequibles al lector de periódicos **(388)**; igualmente incluyeron detallados croquis explicativos del avance de la enfermedad.

Por otra parte, llegó un momento en que existió una superabundancia de información, "detallada y puntual", según el ministro de Información. Ello dio lugar a una ilusión y un engaño, que alguien denominó "ruido informativo"; porque en realidad, los comunicados de las Casas Civil y Militar dieron lugar a una auténtica distorsión sobre la información de la evolución de la enfermedad de Franco.

Se levantó una cortina de humo sentimentaloide a nivel de "prensa del corazón". Aparecieron noticias sobre rogativas, promesas, reliquias, mantos de vírgenes, ofrecimientos de órganos, o sea, puro fetichismo y sensiblería. El hombre de la calle devoró los periódicos buscando información veraz y sólo encontró una densa cortina de humo, que obtuvo el mayor tratamiento periodístico. Se informó ampliamente sobre detalles de "interés humano", incluidas las visitas oficiales de un desfile de publicidad.

La verdadera intención de estas noticias es clara y evidente: distraer la atención del español hacia una información secundaria, desviando al lector de la realidad. Así el español ignorará lo que verdaderamente está ocurriendo en los planteamientos políticos. Se transfiere a la prensa diaria la información habitual de la prensa semanal, que durante tantos años viene alienando a la población española, con las "noticias del corazón", al sublimar la realidad diaria.

La prensa olvida el análisis político del momento histórico que están viviendo los españoles, para prodigar las anécdotas banales o los problemas familiares, eludiendo el tan repetido "atado y bien atado". Falta la visión del futuro que se desvanece con el miedo de los inmovilistas ante el cambio que les produce el "shock" del futuro.

Relación alfabética de los 32 médicos que componían el llamado "Equipo médico habitual"

Dr. Álvarez-Salas Moris, pulmón y corazón
Dr. Artero Guirao, cirujano torácico
Dr. Aza y Fernández Nespral, cardiólogo
Dr. Cabrero Gómez, cirujano
Dr. Cámara
Dr. Contreras Ruiz
Dr. Carbonell Cadenas, neurofisiología
Dr. Castro Fariñas, cirugía cardiovascular
Dr. Corbatín Blasco, radiólogo
Dr. Epeldegui Fernández, traumatólogo
Dr. Fernández Justo, anestesista
Dr. Guerra Sanz, bronconeumología
Dr. Hidalgo Huertas, cirugía digestiva
Dr. López García, medicina interna
Dr. Lucas Tomás
Dr. Llauradó Sabé, cirugía cardiovascular
Dr. Marina Fiol, aparato digestivo
Dr. Mínguez y Enríquez de Salamanca, cardiólogo
Dr. Obrador Alcalde, neurocirujano
Dr. Ortiz Vázquez, medicina interna
Dr. Palma Gámiz, anestesista
Dr. Parra Lázaro
Dr. Pescador del Hoyo, tórax
Dr. Petrement, radiólogo
Dr. Pozuelo Escudero, endocrinología
Dr. Sánchez Aguado, anestesista

Dr. Sánchez Cañas, urología
Dr. Sánchez Sicilia, nefrólogo
Dr. Señor de Uría, cardiólogo
Dr. Vallejo Flórez, director de La Paz

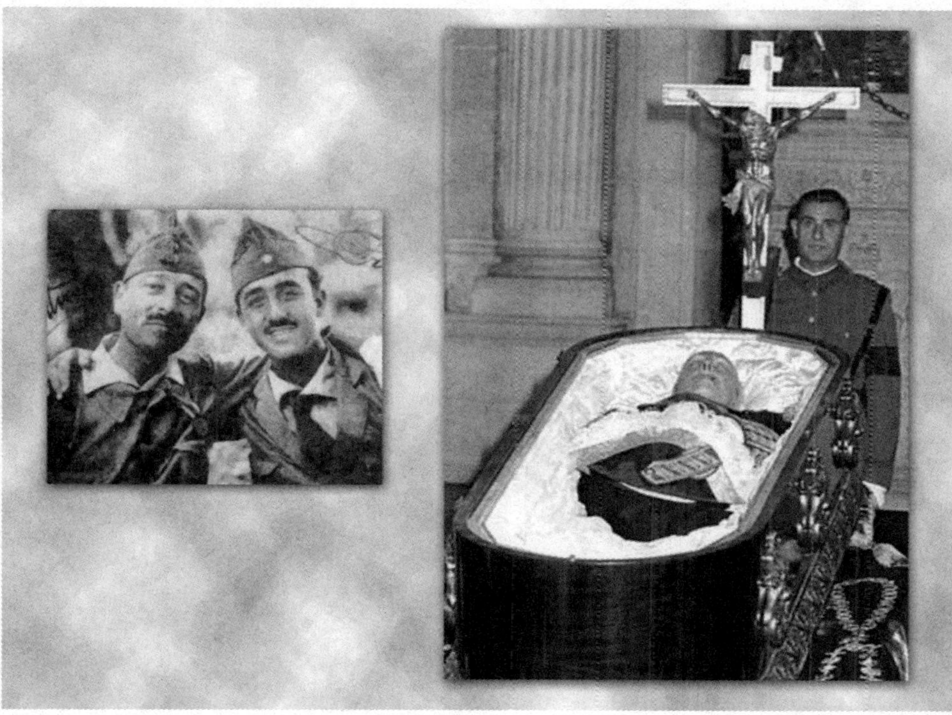

El comienzo de la forja de un dictador.
A su lado el final de su dictadura: "*sic transit gloria mundi*".
El prometedor comandante de la Legión en quien confió Millán Astray fue situado por el destino en un lugar que posiblemente le vino demasiado ancho.

Notas

Propaganda Franquista en Valladolid.

(1) MARAÑÓN, GREGORIO: *Ensayo biológico sobre Enrique IV de Castilla y su tiempo*. Espasa-Calpe, S.A. Madrid, 1950. Pág. 24.
(2) ALVAREZ SOLÍS, ANTONIO: "Franco o la pasión de mandar" en *Las Contramemorias de Franco*. Ediciones Zeta, S.A. Barcelona, 1976. Pág. 11.
(3) MARAÑÓN, GREGORIO: *ob. cit.* Pág. 19.
(4) *ABC*, Sevilla, 18-7-1937.
(5) Se trata de la tribuna de los oradores romanos, adornada con espolones de navíos tomados al enemigo.
(6) ADLER, ALFRED: *El Sentido de la Vida*. Edit. Luis Miracle, S.A. Barcelona, 1973. Pág. 49.
(7) Para comprobarlo, nada mejor que realizar una visita turística al Palacio del El Pardo. Sorprende a los visitantes, entre otras muchas sorpresas, la falta de biblioteca.
(8) CELA, CAMILO JOSÉ: *San Camilo, 1936*.
(9) CELA, CAMILO JOSÉ: "Discurso de la quiebra", publicado en *La guerra civil española,* de THOMAS, HUGH. Ediciones Urbión, Tomo VI. Pág. 379.
(10) KINDELÁN, ALFREDO: *La verdad de mis relaciones con Franco.* Editorial Planeta, Barcelona, 1981. Pág. 344.
(11) LANGER, WALTER C.: *La mente de Hitler*. Ediciones Grijalbo. Barcelona, 1974. Pág. 136.
(12) ADLER, ALFRED: *El Niño Difícil*.
(13) LANGER, WALTER C.: *La mente de Hitler*.
(14) SALGADO-ARAUJO, FRANCO: *Mi vida junto a Franco*. Pág. 14-15.
(15) SÁNCHEZ SILVA: *Franco íntimo*. Pág. 5.
(16) CIERVA, R. DE LA: *Franco.* Tomo I. Pág. 48
(17) RAMÍREZ, LUIS: *Franco*. Pág. 131
(18) CABANELLAS, GUILLERMO: *Los cuatro Generales*, tomo 1. Pág. 68
(19) CIERVA, R. DE LA: *Franco.* Tomo II. Pág. 311
(20) HILLS, G.: *Franco*. Pág. 9
(21) FRANCO SALGADO-ARAUJO, FRANCISCO: *Mi vida junto a Franco*. Pág. 14-15.
(22) HILLS, G.: *Franco*. Pág. 20
(23) HILLS, G.: *Franco*. Pág. 15-16
(24) ARRARÁS: *Franco*, 1.ª Edición. Pág. 12
(25) ARRARÁS: *Franco*, 1.ª Edición. Pág. 14
(26) FRANCO SALGADO-ARAUJO, FRANCISCO: *Mi vida junto a Franco*. Pág. 14.
(27) Véase la foto del mosaico y en detalle. Este es un dato que aún no ha sido publicado en libro alguno o periódico. Garriga en su libro sobre Ramón no dice nada al respecto, ni José Antonio Silva en *Mi vida con Ramón Franco*. Barcelona, 1981
(28) ADLER, ALFRED: *El Sentido de la Vida*.

(29) En Hendaya (Francia) y después en la iglesia de San Vicente con el abate Frobbert, según certificado que reproduce J. A. Silva en *Mi vida con Ramón Franco.*

(30) Franco Salgado-Araujo, Francisco: *Mis conversaciones privadas con Franco*. Pág. 424.

(31) Garriga, Ramón: *Ramón Franco, el hermano maldito*. Editorial Planeta, Barcelona. Pág. 173.

(32) Franco (Comandante): *Madrid bajo las bombas*. Editorial Zeus, Madrid, 1931, pág IX.

(33) Garriga, Ramón: *Ramón Franco, el hermano maldito*. Editorial Planeta, Barcelona, 1978. Pág. 20

(34) Entrevista con Américo Castro.

(35) Entre los varios expedientes de la Inquisición referidos a los judíos y conversos de La Guardia aparecen 28 expedientes cuyos protagonistas tienen el apellido Franco. Aparece Yuce Franco, Juan Franco, Lope, García, Mosé, Alonso, etc.

(36) Además la documentación del Santo Oficio que recoge la lista de 278 sambenitos del claustro de Santo Domingo, renovados en 1755, donde figuran los famosísimos 15 apellidos considerados chuetas, estigmatizados y perseguidos durante siglos y todavía latente en la sociedad mallorquina: Ahuiló, Bonnin, Cortés, Forteza, Fuster, Galiana, Martí, Miró, Moyá, Piña, Pomar, Torongi, Valleriola y Valls (Porcell, Baltasar: *Los chuetas mallorquines. Siete siglos de racismo*. Barral Editores, S.A. Barcelona, 1970. Pág. 44.).

(37) Cervantes, Miguel de: *Entremeses: Los alcaldes de Daganzo*. El labrador Humillos, aspirante a Alcalde, es examinado por el bachiller, el escribano y los regidores: ¿sabéis leer? No, por cierto, ni tal se probará que en mi linaje haya persona tan de poco asiento que se ponga a aprender esas quimeras que llevan a los hombres al brasero. Brasero se llama al campo o lugar donde los relajados por el Santo Oficio (Diccionario de Covarrubias).

(38) Cierva, R. de la: *Franco.* Tomo I. Pág. 20.

(39) Vidal y de Barnola, Luis Alfonso: *Genealogía de la familia Franco*. Editorial Nacional. Madrid, 1975.

(40) Ibid. Pág. 9.

(41) Ibid. Pág. 9.

(42) Castro, A.: *Cervantes y los Casticismos Españoles.* Madrid, 1966.

(43) Marañón, Gregorio: El Greco y Toledo. Espasa-Calpe, S.A. Madrid, 1960. Pág. 167-168.

(44) Ob. cit. Pág. 169.

(45) Castro, A.: *Cervantes y los Casticismos Españoles.* Pág. 170, nota 80.

(46) Crozier, Brian: *Franco, historia y biografía*. Editorial Novelas y Cuentos, Madrid, 1975, 3.ª edic, tomo I. Pág. 61, nota 1.

(47) *Provincia de Lugo. Nomenclátor de las ciudades, villas, lugares, aldeas y demás entidades de población de España*. Formado por la Dirección General de Estadística con referencia al 31 de diciembre de 1940. Editorial Barranco, Madrid. Pág. 32.

(48) Ob. cit. Pág.152.

(49) CIERVA, R. DE LA: Ob. cit. Pág.48.

(50) SÁNCHEZ-SILVA, JOSÉ MARÍA: "Franco, íntimo", fascículo n.º 1 de *Los españoles*, 1972. Pág. 8.

(51) *Interviú*, 18-8-77.

(52) HILLS, G.: *Franco*. Pág. 53.

(53) Ibid.

(54) CIERVA, R. DE LA: Ob. cit. Pág. 54.

(55) HILLS, G.: *Franco*. Pág. 54.

(56) HILLS, G.: *Franco*. Pág. 55.

(57) *Interviú*, 18-8-77.

(58) CIERVA, R. DE LA: Ob. cit. Pág. 56.

(59) NOURRY, PHILIPPE: *Franco, la conquista del poder*. Ediciones Júcar, Madrid, 1976. Pág. 60.

(60) NOURRY, PHILIPPE: Ob. cit. Pág. 64.

(61) ROMANONES, CONDE DE: *Notas de una vida. (1912-31)*. Pág. 34. Para Nourry, Romanones era el hombre que tenía tan poderosos intereses en la minas del Rif. (Ob. cit. Pág. 67).

(62) CROZIER, BRIAN: Ob. cit. Pág. 86.

(63) DESCOLÁ, J.: *Oh, España*. Editorial Argos, Barcelona, 1976. Pág. 14.

(64) NOURRY, PHILIPPE: Ob. cit. Pág. 69.

(65) HILLS, G.: *Franco*. Pág. 83.

(66) CROZIER, BRIAN: *Franco,* tomo I. Pág. 80.

(67) Declaró el médico que lo asistió: el vientre perforado por encima de la ingle derecha, junto al apéndice, descubre un boquete. La tarjeta que llevaba el herido al ingresar en el hospital: Herido de vientre. Gravísimo. Inyectado morfina.

(68) CIERVA, R. DE LA: *Franco*, tomo I. Pág. 120.

(69) CABANELLAS, GUILLERMO: *La guerra de los mil días*, tomo I. Pág. 116, nota 26.

(70) ARRARÁS, J.: *Franco*, 1.ª edic. 1937. Pág. 33.

(71) Ibid.

(72) CIERVA, R. DE LA: *Franco*, tomo I. Pág. 106.

(73) HILLS, G.: *Franco*. Pág. 90.

(74) CIERVA, R. DE LA: *Franco*, tomo I. Pág. 120.

(75) CARVALLO DE CORA, E.: *Hoja de servicios del Caudillo de España*. Madrid, 1967. Pág. 97. Reproducido por R. de la Cierva en *Franco*, tomo I. Pág. 111.

(76) Ibid. Pág. 94.
(77) Ibid.
(78) Ibid. Pág. 95.
(79) Ibid.
(80) Ibid.
(81) *Interviú*, 19-8-76, Ricardo de la Cierva.
(82) *Interviú*, 17-11-77, declaraciones de Sofía Subirán.
(83) *Interviú*, 28-6-78.
(84) MARAÑÓN, GREGORIO: *Ensayo biológico sobre Enrique IV de Castilla y su tiempo*. Espasa-Calpe, Madrid, 1950. Pág. 81.
(85) *Estampa*, mayo, 1928.
(86) *Interviú*, 23-11-77.
(87) CROZIER, BRIAN: *Franco*, tomo I. pág. 84.
(88) CIERVA, R. DE LA: *Franco,* tomo I. Pág. 131.
(89) *Estampa*, 29-5-29.
(90) GÁRATE CÓRDOBA, JOSÉ MARÍA: "Carmen Polo, la mujer que esperó", *Revista Tierra, Mar, Aire*, noviembre, 1975. Pág. 110.
(91) El cuñado se llamaba igual que el suegro, Felipe Polo, enriqueciéndose a la sombra de Franco.
(92) Su hermana Pilar, dos años menor, ya se había casado en 1915, con Alfonso Jaraiz.
(93) FRANCO (COMANDANTE): *Marruecos. Diario de una bandera*. Editorial Pueyo, Madrid, 1922.
(94) HILLS, G.: *Franco*. Pág. 125.
(95) *ABC*, 1-10-1961
(96) HILLS, G.: *Franco*. Pág. 124.
(97) HILLS, G.: *Franco*. Pág. 108.
(98) CABANELLAS, GUILLERMO: *Cuatro generales*. Editorial Planeta, Barcelona, 1977. Pág. 129.
(99) CIERVA, R. DE LA: *Franco,* tomo I. Pág. 158.
(100) GALISONSOGA, L. DE: *Centinela de Occidente*. Barcelona, 1956. Pág. 76.
(101) CABANELLAS, GUILLERMO
(102) V. GUARNER, *Interviú*, 18-8-77.
(103) Ibid.
(104) BAREA, ARTURO: *La forja de un rebelde*, tomo II. La ruta, B. Aires, 1951. Pág. 190.
(105) V. GUARNER, *Interviú*, 18-8-77.
(106) CABANELLAS, GUILLERMO: *Cuatro generales*. Planeta, Barcelona, 1977. Pág. 131.
(107) RAMÍREZ, LUIS: *Franco*. Ruedo Ibérico, París. Pág. 14.
(108) PRIETO, INDALECIO: *Convulsiones de España*, tomo I. Pág. 48.

(109) CROZIER, BRIAN: *Franco*. Pág. 113.

(110) El primer número de la revista se publica en enero de 1924, con el general Queipo de Llano como Director y Franco en el Consejo de dirección, entre los que figura como colaborador en Madrid el periodista Víctor Ruiz Iriarte, El Tebib Arrumi, que figuraría, años más tarde, como uno de los primeros cronistas de la guerra civil.

(111) En mayo, 1925; mayo, 1927; mayo, 1928.

(112) FRANCO, FRANCISCO: "Sistemas rifeños", *Revista de Tropas Coloniales*, núm. 7, julio, 1925.

(113) Véase: *Cartas de amor de Franco*. Edic. Actuales, S.A., Barcelona, 1978.

(114) FRANCO SALGADO-ARAUJO, FRANCISCO: *Mis conversaciones privadas con Franco*. Editorial Planeta, Barcelona, 1976, 1.ª edición.

(115) José Mª Gárate, La boda de Franco en La Actualidad Española. Mº 1137. de 18-10-1973. Pág. 115.

(116) *ABC*, 28-10-1923. Pág. 22.

(117) *Revista Mundo Gráfico*, 31-10-1923, núm. 626.

(118) *ABC*, 24-10-1923. Pág, 10.

(119) CROZIER, BRIAN: *Franco*, tomo I. Pág. 124

(120) MITCHEL-WOLFRAM, HELLEN: *Los conflictos sexuales de la mujer*. Pág. 19.

(121) GÁRATE, JOSÉ M.ª: "La mujer que esperó". en *Revista de Tierra, Mar y Aire*, Noviembre, 1975. Pág. 112.

(122) CARVALLO DE CORA, ESTEBAN: *Hoja de Servicios del Caudillo de España*. Madrid, 1967. Pág. 52 a 61.

(123) MARAÑÓN, GREGORIO: *Ensayo biológico sobre Enrique IV de Castilla y su tiempo*. Espasa-Calpe, Madrid, 1950. Pág. 55.

(124) NOURRY, PH.: *Franco, la ascensión al poder*. Pág. 170.

(125) Hemos visitado el piso, que mide 250 metros cuadrados; se trata del piso 2.º, que está situado en la esquina de la calle Marqués de Villamejor. Es un piso señorial convertido en oficinas de una compañía de seguros.

(126) Ricardo de la Cierva transcribe la fecha exacta.

(127) RAMÍREZ, LUIS: *Franco. Historia de un mesianismo*.

(128) MARAÑÓN, GREGORIO: *Ensayo biológico sobre Enrique IV de Castilla y su tiempo*. Espasa-Calpe, Madrid, 1950. Pág. 46.

(129) CIERVA, R. DE LA: *Franco*. Tomo I. Pág. 286.- De aquí se deduce que de la Cierva no vio la partida de nacimiento literal y se atrevió a negar lo escrito en el periódico.

(130) GARRIGA, RAMÓN: *Ramón Franco, el hermano maldito*. Planeta, Barcelona, 1978. Pág. 110.

(131) CIERVA, R. DE LA: *Franco,* tomo I. Pág. 176.

(132) Vidal y Barnola: *Genealogía de la familia Franco*. Editorial Nacional. Madrid, 1975. Pág. 54.

(133) Dudamos de la veracidad de la fecha de inscripción en el Juzgado de Oviedo.

(134) Unamuno, Miguel de: "Discurso en Valencia", 7-9-1922.

(135) Testimonio del general González Carrasco, en el Servicio Histórico Militar, Archivo de la Guerra de Liberación, L.273, C.18, A.4.

(136) Gil Robles, José M.ª: *No fue posible la paz*. Pág. 719-20.

(137) Cierva, R. de la: *Historia de la guerra civil española*, tomo I. Pág. 764.

(138) Vigón, Jorge: *General Mola (El Conspirador)*. Editorial AHR, Barcelona, 1957. Pág. 90.

(139) Descola, Jean: *Oh, España*. Editorial Argos Vergara, Barcelona, 1976. Pág. 167.

(140) Franco Salgado-Araujo, Francisco: *Mi vida junto a Franco*. Pág. 131.

(141) Cabanellas, Guillermo: *Cuatro generales*, tomo I. Editorial Planeta, Barcelona, 1977. Pág. 438.

(142) Ibid. Pág. 438-39.

(143) Del prólogo de Carlos Seco a la obra de Tusell, Xavier: *Las elecciones del Frente Popular*, Editorial Edicusa, Madrid, 1971, tomo I. Pág. XVII-XVIII.

(144) Pretendía devolver a José Antonio a la zona rebelde para crearle conflictos políticos a Franco.

(145) Maiz, Félix B.: *Alzamiento en España (Diario de la conspiración)*. Pamplona, 1952. Pág. 168.

(146) Lizarza, Antonio: "La Actualidad Española, 1971". *Cuadernos de la Guerra de España*, núm. 5.

(147) López Rodó, Laureano: *La larga marcha hacia la Monarquía*. Pág. 20.

(148) Pradera, Víctor: *Obras Completas* (Prólogo de Francisco Franco).

(149) Maiz, Félix B.: *Mola, aquel hombre. (Diario de la conspiración)*. Pág. 283.

(150) Cierva, R. de la: *Franco,* tomo I. Pág. 424.

(151) Ob. cit. Pág. 425.

(152) Agosto de 1937.

(153) Busquet, Julio: *El militar de carrera en España*. Ediciones Ariel, Barcelona, 1971, pág. 145.

(154) Garriga, Ramón: *Juan March y su tiempo*. Pág. 376.

(155) El egipcio Naguid inició la acción y fue suplantado por Nasser. Ben Bella, en Argelia, fue suplantado por Bumedian.

(156) Maiz, Félix B.: *Mola, aquel hombre. (Diario de la conspiración)*. Editorial Planeta, Barcelona, 1976. Pág. 271.

(157) Serrano Súñer, Ramón: *Memorias*. Editorial Planeta, Barcelona, 1977. Pág. 121.

(158) Serrano Súñer, Ramón: *Cambio 16*, número 229, 26-4-76.

(159) Ob. cit. Pág. 121.

(160) "Diario de Sesiones de las Cortes", 15-7-1936.

(161) Publicado en *El Liberal*, de Bilbao, de 14-7-36 y reproducido por *El Socialista*, de Madrid, de 15-7-36.

(162) *El Socialista*, 14-7-36.

(163) FRANCO SALGADO-ARAUJO, FRANCISCO: *Mi vida junto a Franco*. Pág. 136.

(164) CIERVA, R. DE LA: *Franco,* tomo I. Pág. 438.

(165) MONZÓN, FELO: Revista *Interviú*, 24-8-77.

(166) SANTANA, RICARDO: Revista *Interviú*, 24-8-77.

(167) *Nueva España*. Revista gráfica nacional, Barcelona, junio, 1939.

(168) GIL ROBLES, JOSÉ M.ª: *No fue posible la paz*. Pág. 776.

(169) FRANCO SALGADO-ARAUJO, FRANCISCO: *Mi vida junto a Franco*. Pág. 150.

(170) Ibid.

(171) BOLÍN, LUÍS: *España. Los años vitales*. Pág. 52.

(172) FRANCO SALGADO-ARAUJO, FRANCISCO: *Mi vida junto a Franco*. Pág. 152.

(173) CIERVA, R. DE LA: *Franco,* tomo I. Pág. 439.

(174) DESCOLA, JEAN: *Oh, España*. Editorial Argos-Vergara, S.A. Barcelona, 1976. Pág. 179-180.

(175) PEMÁN, JOSÉ MARÍA: *La Historia de España contada con sencillez*.

(176) PRIETO, INDALECIO: *Convulsiones de España*, tomo I.

(177) AZAÑA, MANUEL: *La revolución abortada*.

(178) CABANELLAS, GUILLERMO: *Preludio a la guerra civil*. Editorial Planeta, Barcelona, 1977, tomo I. Pág. 31.

(179) CIERVA, RICARDO DE LA: *Historia de la guerra civil española. Antecedentes*. Editorial San Martín, Madrid, 1969, tomo I. Pág. 811.

(180) SECO SERRANO, CARLOS: "La Actualidad Española", núm. 702, 17-6-65.

(181) SALAS LARRAZÁBAL, J.: *La guerra de España desde el aire*. Ariel, Barcelona, 1976. Pág. 41.

(182) No es cierto que la Legión se sublevara en bloque, como se viene diciendo.

(183) Era primo hermano de Francisco Franco.

(184) Huyó a la zona republicana, oponiéndose a los sublevados; por el contrario, su hermano Pedro, teniente coronel de la Guardia Civil se encerrará tras los muros del Alcázar de Toledo con Moscardó y será el segundo Jefe. Era la guerra civil entre hermanos.

(185) CIERVA, RICARDO DE LA: *La historia se confiesa*. Editorial Planeta, Barcelona, 1976, Tomo 2. Pág. 202.

(186) ESCOBAR, JOSÉ IGNACIO: *Así empezó...* Editorial G. del Toro, Madrid, 1975, 2.ª edición pág. 14.

(187) ESCOBAR, JOSÉ IGNACIO: Ob cit. Pág. 15.

(188) *Historia de la Cruzada española.* Ediciones Españolas, S.A. Madrid, 1940, vol. 3.º, Tomo X. Pág. 52.

(189) ARQUÉS, ENRIQUE: *17 de julio. La epopeya de África. Crónica de un testigo.*

(190) GUTIÉRREZ-RAVÉ, JOSÉ: *¿Cómo se liberó usted?* Madrid, 1942. Pág. 9.

(191) BOLÍN, LUIS: *España. Los años vitales*. Pág. 28. Entre las historias contadas sobre el viaje la más exacta y documentada es la del libro de GONZÁLEZ BETES, ANTONIO: *Franco y el Dragón Rapide*. Ediciones Rialp, Madrid, 1987.

(192) BOLÍN, LUIS: Ob cit. Pág. 65.

(193) BOLÍN, LUIS: Ob cit. Pág. 55.

(194) PEARSON, JOHN y TURNER, GRAHAM: *La industria de la persuasión*. Oikos-Tau, S.A. Ediciones, Barcelona.

(195) BRAVO MORATA, FEDERICO: *Franco y los muertos providenciales*. Editorial Fenicia, Madrid, 1979. Pág. 26-27.

(196) ARRARÁS, JOAQUÍN: *Historia de la II República española*. Editora Nacional, Madrid, 1968, tomo 4. Pág. 406.

(197) GALINSOGA, LUIS DE y FRANCO SALGADO: *Centinela de Occidente*. Editorial AHR, Barcelona, 1956. Pág. 223.

(198) PAYNE, STANLEY G.: *Los militares y la política en la España contemporánea*. Editorial Ruedo Ibérico, París, 1976. Pág. 299.

(199) Diario *La Providencia*, de Las Palmas, del 18-7-36.

(200) Sorprende aún hoy en 1997, que 61 años después de aquella fecha, ningún historiador o periodista haya publicado la portada del *ABC* de Sevilla del 18 de julio de 1936. Esto demuestra que no se investigan las fuentes ni los documentos. La publicación hoy, 1997, es primicia.

(201) Eduardo coincide con el nombre clave que escribe el general Mola para las Directivas para Marruecos del 24 de junio, anunciando el movimiento militar. Eduardo VIII: 7 + 8 = 15 + 2 = 17 (día en que empezó el movimiento en Marruecos).

(202) Descifrado por el psiquiatra Dr. Jiménez del Oso, al que agradecemos su interpretación de las letras que aparecen en el fuselaje del *Dragon Rapide*.

(203) CIERVA, R. DE LA: *Franco*, tomo I. Pág. 452.

(204) *ABC*, Sevilla, José M.ª Salaverría, 18-7-1936.

(205) El comandante ayudante del general Balmes, García González, custodiará a la esposa e hija de Franco en Las Palmas, hasta que embarcan rumbo a Francia. Era hombre de confianza de Franco y a la vez comandante ayudante de Balmes. Demasiada coincidencia para la muerte accidental del general Balmes.

(206) FRANCO SALGADO-ARAUJO, FRANCISCO: *Mi vida junto a Franco*. Pág. 155.

(207) Esta proclama con frase autógrafa de Franco se encuentra en poder de la dirección de la emisora Inter-radio de Las Palmas.

(208) Cierva, R. de la: "Los factores desencadenantes de la guerra civil española", publicado en *Aproximación histórica a la Guerra Española (1936-1939)*, en *Anejos de Cuadernos Bibliográficos de la Guerra de España*, editados por la Cátedra de Historia Contemporánea de España, de la Facultad de Filosofía y Letras de la Universidad de Madrid, 1970, vol. núm. 1. Pág. 79.

(209) Beneyto , Juan: *La identidad del franquismo*. Madrid, 1979 pág. 87 nota 16. La cita de Conversaciones se refiere al libro del general Franco-Salgado: *Mis conversaciones privadas con Franco*.

(210) Morodo, Raúl: *Acción Española. Orígenes ideológicos del franquismo*. Tucar Ediciones S.A. Madrid, 1980 pág. 138-139.

(211) Serrano Súñer, Ramón: *Memorias*. Barcelona, 1977. Pág. 163.

(212) Franco Salgado-Araujo, Francisco: *Mi vida junto a Franco*. Pág. 156.

(213) Kindelán, Alfredo:Mis cuadernos de guerra. Pág. 18.

(214) Tena, Luca de: Prólogo del libro de Julián Cortés Cavanillas: *Alfonso XIII, vida, confesiones y muerte*. Barcelona, 1966.

(215) Ortega y Gasset, José: *España invertebrada*. Revista De Occidente, Madrid, 9.ª edic. 1955. Pág. 75.

(216) Payne, Stanley G.: *Los militares y la política en la España contemporánea, 1976*. Pág. 226.

(217) Franco Salgado-Araujo, Francisco: *Mi vida junto a Franco*. Pág. 153.

(218) Galinsoga, Luis de y Franco Salgado: *Centinela de Occidente*. Editorial AHR, Barcelona, 1956. Pág. 218-19.

(219) Bolín, Luis: *Spain: the vital years*. Cassell, Londres, 1967. Pág. 47. (En Bolín, L. *España*, *Los años vitales*, España-Calpe, S.A. Madrid, 1967. Pág. 62.)

(220) Arqués, Enrique: *17 de Julio. La epopeya de Africa. Crónica de un testigo*, 2ª edición pág. 89.

(221) Bolín, Luis: *España. Los años vitales*. Pág 58.
En Casablanca, mientras Bolín esperaba impaciente y nervioso, la llegada del avión inglés, leía los titulares del periódico *La Dépêche Marocaine*: «*Sublevación militar en Marruecos español*» (*Revolt has broken out in Spanish Morocco*). Pág. 44, Bolín, Spain. Cassell, Londres, 1976).

(222) Franco Salgado-Araujo, Francisco: *Mi vida junto a Franco*.

(223) Martínez Bande, José Manuel: *La marcha sobre Madrid*. Lib. San Martín, Madrid, 1968.

(224) *ABC*, Sevilla, 12-8-36.

(225) Douglas Jerrold.

(226) Kindelán, Alfredo: *Mis cuadernos de guerra*. Editorial Plus Ultra, Madrid, (S.A.). Pág. 23.

(227) Eby, Cecil: Ob. cit.

(228) NEWS CHRONICLE, 29 de julio de 1936. Recogido por Fernando Díaz-Plaja y publicado en Historia16, núm. 40. Pág. 20-22.

(229) *O ´Seculo*, 13-8-36.

(230) *Chicago Daily Tribune*, 29-6-1936, cuyo texto es así: Then no truce, no compromiso is posible? No. No, decidideldy, no. We are fighting for Spain. They are fighting against Spain. We will go on at whatever cosTomo You will have to shoot half of Spain. I said. He shook his head, smiled and then, looking at me steadly: I said whatever the cost.

(231) *L'Obsservatore Romano*, 23-7-36. Citado por el Prof. Marquina Barrio, de la Universidad de Madrid, en la revista Historia 16, núm. 22, febrero 78. Pág. 41.

(232) SANCEDO, EMILIO: *Vida de don Miguel*. Editorial Anaya, Salamanca, 1970, 2.ª ed. Pág. 415.

(233) FROMM, ERICH: *Anatomía de la destructividad humana*. Siglo Veintiuno, España, Madrid, 1975. Pág. 329-330.

(234) UNAMUNO, MIGUEL DE: "Carta a Quintín de la Torre", publicada por José Bergamín en Historia16, núm. 7, Madrid, noviembre, 1976. Pág, 32, con el título: "Unamuno: testigo excepcional. Dos cartas inéditas en vísperas de su muerte".

(235) KINDELÁN, ALFREDO: *Mis cuadernos de guerra. 1936-1939*. Editorial Plus Ultra, S. A. pág. 49-50.

(236) CASTILLA DEL PINO, CARLOS: *Interviú* (entrevista), marzo, 1977.

(237) FRANCO SALGADO-ARAUJO, FRANCISCO: *Mis conversaciones privadas con Franco*. Editorial Planeta, Barcelona, 1977.

(238) KINDELÁN, ALFREDO: Ob. cit. Pág. 54 y 55.

(239) THOMAS, HUGO: *La guerra civil española*. Ruedo Ibérico, París, 1967, edición corregida y aumentada. Pág. 325.

(240) CREÁCH, JEAN: *La Coeur et l'epée.* Ed. Plon, París, 1938. Pág. 182.

(241) *ABC*, de Sevilla, 2-10-1936.

(242) FRANCO SALGADO-ARAUJO, FRANCISCO: *Mi vida junto a Franco*. Pág. 210.

(243) Folleto publicado sin año (posiblemente en 1936; consta de 6 páginas en 4.º). Se trata de un ejemplar muy raro; existe uno en la Biblioteca Figueras del Centre d'Estudis d'Historia Contemporánea, en Barcelona. Este discurso fue escrito en colaboración por Sangroniz, Martínez Fuste y Nicolás Franco; sirvió de base al pronunciamiento por Francisco Franco.

(244) DÍEZ HIDALGO, JOSÉ EMILIO: *Colección de Proclamas y Arengas del Excmo. Sr. General D. Francisco Franco, Jefe del Estado y Generalísimo del Ejército Salvador de España*. Sevilla, 1937, 266 pág. En 4.º (Con aprobación de la censura militar).

(245) BENIMELI, FERRER: Historia 16, núm. 15, julio, 1977. Pág. 43.

(246) Cabanellas, Guillermo: "Hace 40 años". *YA*, 3-10-76.

(247) Serrano Súñer, Ramón: *Memorias*. Pág. 221-222.

(248) Sáinz Rodríguez, Pedro: *Testimonio y recuerdos*. Editorial Planeta, Barcelona, 1978, pág. 248.

(249) Ob. cit. Pág. 340.

(250) López Rodó, Luis: *La larga marcha*. Pág. 285-286 (este interrogante es precisamente el título de un libro de Santiago Carrillo).

(251) Franco Salgado-Araujo, Francisco: *Mi vida junto a Franco*. Pág. 211.

(252) Cabanellas, Guillermo: *La guerra de los mil días*, tomo 2. Pág. 943.

(253) Serrano Súñer, Ramón: *Entre Hendaya y Gibraltar*. Madrid, 1947. Pág. 21.

(254) García Serrano, R.: *Diccionario para un macuto*. Editora Nacional, 1964. Pág. 203.

(255) O.M. de 13-1-1937.

(256) El marqués que gritó ante el cadáver de Sanjurjo, en Lisboa: ¡El general Sanjurjo ha muerto! ¡Viva el general Franco!.

(257) *ABC*, Sevilla, 12-2-1937.

(258) Pemartín, José: *¿Qué es lo nuevo?* Sevilla. 1937. Pág. 457.

(259) Ridruejo, Dionisio: "La Falange y su Caudillo", en FE, núm. 5. Pág. 35.

(260) Hedilla, Ridruejo y Alcázar de Velasco.

(261) *United Press*, julio, 1937.

(262) Vigón, Jorge: *Cuadernos de guerra y notas de paz*. Oviedo, 1970. Pág. 137.

(263) 13 de febrero de 1946.

(264) Véase, Sourthworth, H.R.: *La destrucción de Guernica. Periodismo, diplomacia, propaganda e historia*. Editorial Ruedo Ibérico, París, 1977. Viñas, Angel: "Guernica ¿el último fraude?", en *Historia 16*, núm. 9, Madrid, enero, 1977. Brey, Gerard: "La destrucción de Guernica. Cuarenta años de polémica", en *Tiempo de Historia*, núm. 29, Madrid, abril, 1977. Salas Larrazábal, Jesús: "Guernica, la versión definitiva", en *Nueva Historia*, núm. 4, Barcelona, mayo, 1977. Idem: "¿Qué ocurrió de verdad en Guernica?", en *YA*, 26-2-1978. Viñas, Angel: "Guernica: las responsabilidades", en *Historia 16*, núm. 25, mayo, 1978.

(265) *ABC*, Sevilla, 25-5-1937.

(266) Vigón, Jorge: *Cuadernos de guerra y notas de paz*. Oviedo, 1970. Pág. 142-143.

(267) Franco Salgado-Araujo, Francisco: *Mi vida junto a Franco*. Pág. 227.

(268) Pérez Mateos, J. A.: *Los confinados*. P. y Janés, Barcelona, 1976. Pág. 85.

(269) Las ediciones están reseñadas en *El mundo católico y la Carta Colectiva del Episcopado español*.

(270) *El mundo católico y la Carta Colectiva del Episcopado español*. Ediciones Rayfe, Burgos, 1938. Pág. 46.

(271) Pemán, José M.ª: *Arengas y crónicas de guerra*. Cádiz, 1937. Pág. 13.

(272) Declaraciones publicadas en *L'Echo* de París, recogidas en *Palabras del Caudillo*. Editorial Nacional, Madrid, 1943. Pág. 395-96.

(273) Azaña, Manuel: "Discurso pronunciado en la Universidad de Valencia", el día 18-7-1937.

(274) García Mercadal, J.: "Ideario del Generalísimo". Tip. Académica, Zaragoza, 1937 (3-4-1937). Pág. 15 (Folleto existente en la Biblioteca Nacional de Madrid; Signatura V. Cª 1308, Nº 17).

(275) Alonso, J. A.: "Notas sobre el suministro de petróleo a la España nacional en la guerra civil", Madrid, 1970. Historia 16, núm. 43.

(276) Franco Salgado-Araujo, Francisco: *Mi vida junto a Franco*. Editorial Planeta, Barcelona. Pág. 233.

(277) *ABC*, Sevilla, 29-9-1937.

(278) B.O.E. 28-9-1937.

(279) Montero, Eloy: *Los estados modernos y la nueva España*. Vitoria, 1939. Pág. 300-01.

(280) Garriga, Ramón: *La España de Franco*. Editorial G. del Toro, Madrid, 1976, tomo I. Pág. 52-53.

(281) Franco Salgado-Araujo, Francisco: *Mis conversaciones privadas con Franco*. Editorial Planeta, Barcelona, 1976, 1.ª edic. pág. 184.

(282) Serrano Súñer, Ramón: *Memorias*. Pág. 159.

(283) Ob. cit.

(284) *ABC,* Madrid, 27-5-1938.

(285) Abella, Rafael: *La guerra de España*. Pág. 328.

(286) *ABC*, Sevilla, 1-6-1938.

(287) El discurso de Yagüe fue publicado por el *Diario de Burgos*, en 20-4-38.

(288) *ABC*, Sevilla, 30-4-38.

(289) B.O.E. 18-7-1938.

(290) Jiménez Caballero, Ernesto: *España y Franco*. Guipúzcoa, 1938. Pág. 3.

(291) *ABC*, Sevilla, 17-7-1938.

(292) Gutiérrez Alarcón, Demetrio: *Los toros de la guerra y del franquismo*. Ediciones Caralt, Barcelona, 1978. Pág. 70.

(293) Declaraciones a Henri Massis, en *Candide*, 18-8-1938.

(294) Dictamen de la Comisión sobre ilegitimidad de poderes actuantes el 18 de Julio de 1936. Editorial . *Regional*, 1939, Barcelona.

(295) Rama, Carlos M.: *La crisis española del siglo XX*. Fondo de cultura económica, 3.ª edición, 1976. Pág. 213-14.

(296) Firmada en Pamplona el 5 de febrero de 1939.

(297) Gomá (Cardenal): *Por Dios y por la Patria (1936-1939)*

(298) Cierva, R. de la: *Franco*, tomo II. Pág. 170.
(299) Radio Castilla, de Burgos, 2-4-1939.
(300) *ABC*, Madrid, 1-4-1939.
(301) *Informaciones*, 3-4-1939, firmado por Víctor de la Serna.
(302) Franco, Lugo, 21-8-1942.
(303) *ABC*, 19-4-1939.
(304) De la prensa; pero *ABC* publica un editorial y dice: *..La ofrenda de oro para el Tesoro Nacional es una contribución que todo español ha de imponerse....*
(305) *ABC*, 25-4-1939.
(306) Franco Salgado-Araujo, Francisco: *Mi vida junto a Franco*. Pág. 277.
(307) *ABC*, 3 de mayo del 39.
(308) Franco Salgado-Araujo, Francisco: *Mi vida junto a Franco*. Pág. 382.
(309) Ibid.
(310) *ABC*, 30-4-1939.
(311) *ABC*, Alvaro Cunqueiro, 2-5-1939.
(312) *ABC*. 2-5-1939.
(313) Franco Salgado-Araujo, Francisco: *Mi vida junto a Franco*. Pág. 33 y 37.
(314) Lleva un dibujo alegórico de José Caballero y el texto tiene el estilo de Álvaro Cunqueiro.
(315) De la prensa del día 20-5-1939.
(316) Reglamento de la Real y Militar Orden de San Fernando, aprobado por Real Decreto de 5-7-1929, C.L. núm. 147.
(317) De la prensa del día 20-5-1939.
(318) Franco Salgado-Araujo, Francisco: *Mi vida junto a Franco*. Pág. 278.
(319) En el podium o arengario instalado no había espacio materialmente para presidir más de una persona; sólo había espacio para uno: Franco, que se elevaba a un metro de altura sobre los demás generales. Ahí están las fotografías, para comprobarlo. Fue todo un símbolo inconsciente, para destacar sobre los demás generales que lo eligieron en Salamanca. Podía haberlos invitado a compartir el desfile, según se quejaron después algunos.
(320) *ABC*, 20-5-1939.
(321) De la prensa del 21-5-1939.
(322) Franco Salgado-Araujo, Francisco: *Mi vida junto a Franco*. Pág. 279.
(323) Georgel, Jacques: *El franquismo*. Ruedo Ibérico, París.
(324) Se trata de la espada que le fue regalada a Franco por la Legión, cuando ascendió a general de Brigada en 1926 y que se conserva hoy en el Museo de la Catedral de Toledo.
(325) *ABC*, 24-5-1939. Álvaro Cunqueiro.

(326) *ABC*, 4 de junio de 1939.

(327) 19-6-39, en Bilbao.

(328) CIERVA, RICARDO DE LA: *Historia del franquismo*. Planeta, Barcelona, 3.ª edic. 1976. Pág. 118.

(329) Ver CIERVA, R. DE LA: *Franco*, tomo II. Pág. 198.

(330) De la prensa, 13-9-1939.

(331) *ABC*, 14-9-1939.

(332) *Arriba*, 16-9-1939; «*Consideración histórica de la guerra de Europa de José Antonio Maravall, (joven intelectual de la nueva España)*».

(333) *ABC*, 19-9-1939.

(334) SÁINZ RODRÍGUEZ, PEDRO: *Testimonio y recuerdos*. Editorial Planeta, Barcelona. Pág. 329.

(335) En 1999 solamente quedan dos vivos.

(336) De la prensa del día 27-9-39.

(337) *ABC*, 3-10-1939.

(338) *ABC*, 10-10-1939.

(339) Este discurso fue escrito por Ibáñez Martín, ministro de Educación Nacional. En el emblema del Consejo Superior de Investigaciones Científicas, creado por Ibáñez Martín, figura el árbol de la ciencia.

(340) *ABC*, 21-5-1939. Pág. 9.

(341) CASTILLA DEL PINO, CARLOS: Entrevista en *El viejo Topo* (Extra núm. 1), noviembre, 1977. Pág. 22.

(342) CASTILLA DEL PINO, CARLOS: *Interviú*, núm. 43, 16-3-1977.

(343) El joven Julían Marías, discípulo de Ortega y Gasset, presentó su tesis doctoral y fue suspendido, eliminando así a una prometedora figura de la enseñanza universitaria.

(344) B.O.E. 28-11-1939.

(345) PÉREZ DE CABO, J.B.: *Catecismo del Estado Nuevo*. Editorial Betis, Sevilla, 1939.

(346) GARRIGA, RAMÓN: *La España de Franco*. Editorial G. del Toro, Madrid, 1976, tomo I. Pág. 64.

(347) CIERVA, R. DE LA: *Franco*, tomo II. Pág. 307.

(348) GARRIGA, RAMÓN: *Juan March*, 1976. Pág. 382-83.

(349) Franco, agosto, 1942, Lugo.

(350) CONDE, FRANCISCO JAVIER: "Doctrina del Caudillaje", publicado en *Arriba*, en la Sección de Folletones, los días 4, 5, 6, 7 y 8 de febrero de 1942. Pág. 3. (Publicado también en *Escritos y fragmentos políticos*, Instituto de Estudios Políticos, Madrid, 1974. Pág. 374 y siguientes).

(351) SCHMITT, CARL: *La Dictadura*, 1928. WEBER, MAX: *Wirtschaft und Gesellschaft*, 1925.

(352) Burgos, 5-6-1939; II Consejo Nacional de F.E.T. y de las J.O.N.S.

(353) Aquí, en esos párrafos, F. Javier Conde elogia el texto que él mismo había escrito, como discurso al Secretario General, ya que el propio Secretario no estaba en condiciones intelectuales para escribir su propio discurso. Una de las misiones de los intelectuales del Instituto de Estudios Políticos era la de escribir discursos a la jerarquía política. ¿El Secretario General estaba preparado para citar a Max Weber o Carl Schmitt? Por eso Conde se entusiasma ante su propio discurso. Esta es una cualidad más de la miseria intelectual. De las poquísimas revistas que Franco leía, una de ellas era la Revista de Estudios Políticos, de donde tomó abundantes ideas para sus discursos e ideología, pero principalmente se afirmó en su pedestre conocimiento de la historia. Lógicamente, de tal revista, tales ideas, tal dictador.

(354) CASTRO RIAL, JOSÉ M.ª: "El problema de la realidad de Europa", *Revista de Estudios Políticos*, núm. 15, 1944. Pág. 503. núm. 11.

(355) AUNÓS, EDUARDO: "Las tres columnas de la unidad europea", *Revista de Estudios Políticos*, 1943. Pág. 3.

(356) AGUILAR NAVARRO, MARIANO: *Revista de Estudios Políticos*, núm. 13, 1944. Pág. 85.

(357) PORTERO, JOSÉ ANTONIO: *La revista de Estudios Políticos en Las fuentes ideológicas de un régimen (España 1939-1945)*. Zaragoza, 1978. Pág. 44.

(358) Los periódicos, periodistas y escritores de aquellos años, que aún subsisten debieran hacer un examen público de conciencia, como arrepentimiento de tanta estupidez; hoy escriben para la democracia con la misma inconsciencia y desfachatez.

(359) PAYNE, STANLEY G.: *Los militares en la España contemporánea*. Ruedo Ibérico, París. Pág. 326.

(360) Habitación núm. 133.

(361) CROZIER, BRIAN: *Franco, Historia y biografía*. Novelas y Cuentos, Madrid, 1975, tomo I. Pág. 28.

(362) García Abad, J.: *Revista Doblón*, 20-12-75.

(363) *Informaciones*, 13-12-75.

(364) IZQUIERDO, ANTONIO: *El año siguiente*. Pág. 89.

(365) LÓPEZ RODÓ, LUIS: *La larga marcha hacia la Monarquía*.

(366) Desde la página 484 a la 497.

(367) LÓPEZ RODÓ, LUIS: Ob. cit. Pág. 484.

(368) DOROZYNSKI, ALEXANDER: *Algo*, Mayo 77.

(369) DESCOLÁ, JEAN: *Oh, España*. Pág. 392.

(370) BERNAL, ÁNGEL: *Cuadernos del Ruedo Ibérico*, julio-diciembre 1975. Pág. 167.

(371) Como igualmente los demás diarios de Madrid y Barcelona.

(372) Viena, Mayo, 1972.

(373) GONZÁLEZ, FERNANDO: *Liturgias para un caudillo*. Pág. 22.

(374) El domingo jugó el Real Madrid-Real Zaragoza y Real Betis-Barcelona C.F. Al día siguiente del entierro se estrena la película titulada Los buenos días perdidos con argumento de Antonio Gala.

(375) Izquierdo, Antonio: *El año siguiente*. Pág. 95.

(376) Ramírez, Luis: *Franco*. Ediciones Ruedo Ibérico, 1976. Pág. 306.

(377) Se mantiene el pacto entre Arias, Rodríguez Valcárcel, Girón y los falangistas con Martínez Bordiú de alargar la vida de Franco hasta después del 20 de noviembre; así se prolongaría todo, principalmente la prórroga de Valcárcel para seguir de presidente del Consejo del Reino de las Cortes. Por ello se hacía necesario que Franco siguiera con vida.

(378) De la Cierva, R.: *La historia se confiesa*, núm. 105. Pág. 296.

(379) Dr. J. Martínez Estrada, Director Gral. R. Martínez Emperador, Director Gral. Seguridad Social (años después asesinado por ETA). Fernando Suárez, ministro de Trabajo.

(380) Respecto a la creación de la Seguridad Social por Franco es necesario puntualizar lo siguiente: 1.º Data de 1908 la Ley Orgánica que estableció en España la Institución encargada de iniciar las medidas sociales de la Previsión. 2.º El Convenio 102 de la Organización Internacional del Trabajo (O.I.T.) señala la norma mínima de Seguridad Social, que no ha podido ser aún ratificada por España, a pesar de que ya opera desde 1952 a nivel internacional. Esta noticia del L.N.P. se publica por 1.ª vez, fruto de la investigación en el Archivo de Actas del Instituto Nacional de Previsión.

(381) Ver fotocopia publicada en *YA*. Solamente este diario publicó la salida del cadáver por la puerta de evacuación de basuras y restos sólidos.

(382) De la Cierva, R.: *Gaceta Ilustrada*, 30-11-75.

(383) *YA*, 20-11-77

(384) *O PAIS*, 7-7-77

(385) Pérez de Urbel, Fray Justo: *Interviú*, 17-5-78.

(386) Gironella, José María y Borrás Betriu, R.: *100 españoles y Franco*. Editorial Planeta, Barcelona, 1.ª edic. 1979. Pág. 221.

(387) Pozuelo Escudero, Vicente: *Los últimos 476 días de Franco*. Editorial Planeta, Barcelona 1980. Pág. 218-19.

(388) Por ejemplo, el *Diccionario médico de la Editorial Salvat*, se agotó inmediatamente la 2.ª edición.

Bibliografía

Ruinas fantasmas del pueblo de Belchite, protagonista en la Batalla del Ebro.

ACCOCE, PIERRE y PIERRE RENTCHNICK: *Aquellos locos que nos gobiernan*, Plaza y Janés, S.A., Barcelona, 1977.

ADLER, ALFRED: *El sentido de la vida*. Edit. Luis Miracle, S.A. Barcelona, 1973. *El niño difícil*. Edit. Espasa-Calpe, S.A. Madrid, 1975, Colec. Austral.

ALVAREZ SOLÍS, ANTONIO: *Franco o la pasión de mandar* (en *Las Contramemorias de Franco*, Edic. Zeta, S.A. Barcelona, 1976).

ANDRADE, JAIME DE: *Raza*. Edit. Numancia, Madrid, 1945.

ANSALDO, JUAN ANTONIO: *¿Para qué? (De Alfonso XIII a Juan III)*. Edit. Vasca Ekin, Buenos Aires, 1951.

ARCHIVOS SECRETOS DE LA WILHELMSTRASSE: *Documents of German Foreign Policy*, Serie D.

ARQUÉS, ENRIQUE: *17 de julio. La epopeya de África. Crónica de un testigo.*

ARRARÁS, JOAQUÍN: *Franco*. Librería Internacional, San Sebastián, 1937.

AUNÓS, EDUARDO: "Las tres columnas de la unidad europea" (publicado en Revista de Estudios Políticos, 1943).

AZAÑA, MANUEL: *Velada en Benicarló. La revolución abortada.*

AZNAR, MANUEL: *Historia militar de la guerra de España, 1936-1939*. Edic. Ideas, S.A., Madrid, 1940.

BALLESTEROS GAIBROIS, MANUEL: "Franco" (publicado en la revista España liberada, abril, 1940).

BAREA, ARTURO: *La forja de un rebelde*. Edit. Losada, Buenos Aires, 1951.

BELLOC, HILAIRE: *Richelieu*. Edit. Juventud, Barcelona, 1971.

BENEYTO, JUAN: *La identidad del franquismo*. Madrid, 1979.

BERENGUER, DÁMASO: *De la Dictadura a la República*. Edit. Tebas, Madrid, 1975.

BOLÍN, LUIS: *Spain: the vital years*. Cassell, Londres, 1967. (En castellano: *Los años vitales*, Espasa-Calpe, S.A., Madrid, 1967).

BRAVO MORATA, FEDERICO: *Franco y los muertos providenciales*. Edit. Fenicia, Madrid, 1979.

BROWN, G. G.: *Historia de la literatura española. El siglo XX*. Edit. Ariel, Barcelona, 1974.

BUSQUET, JULIO: *El militar de carrera en España*. Edic. Ariel. Barcelona, 1971.

BYCHOSWSKI, GUSTAVO: *Psicología de los dictadores*. Edic. Hormé, Buenos Aires, 1968.

CABANELLAS, GUILLERMO: *La guerra de los mil días. Los Cuatro Generales*. Edit. Planeta, Barcelona, 1977.

CANALS, SALVADOR: *Los sucesos de España en 1010*. Madrid, 1910.

GRACIA VICENTE, y SALGADO ENRIQUE: *Cartas de amor de Franco*. Edic. Actuales, S.A., Barcelona, 1978.

CARVALLO DE CORA, ESTEBAN: *Hoja de servicios del Caudillo de España*. Madrid, 1967.

CASTILLA DEL PINO, CARLOS: *En Interviú*, marzo, 1977.

CASTRO, AMÉRICO: *Cervantes y los casticismos españoles*.

CASTRO ALBARRÁN, A. DE: *Guerra Santa (El sentido católico de la guerra española)*. Prólogo del Cardenal Gomá. Edit. Española, S.A., Burgos, 1938. *La gran víctima*.

CASTRO RIAL, JOSÉ MARÍA: "El problema de la realidad de Europa". (publicado en Revista de Estudios Políticos, n.º 15, 1944).

CELA, CAMILO JOSÉ: *San Camilo, 1936*. Discurso de la quiebra.

CERVANTES, MIGUEL DE: *Entremeses*: "*Los alcaldes de Daganzo*".

CICERÓN, M.T.: *De amicitia*.

CIERVA, RICARDO DE LA: "Los factores desencadenantes de la guerra civil española", en "Aproximación histórica a la guerra española" de *Anejos* de *Cuadernos Bibliográficos de la Guerra de España* Editados por la Cátedra de Historia Contemporánea de España de la Facultad de Filosofía y Letras de la Universidad de Madrid, 1970, vol. Nº 1. "España. Datos para el futuro". Cursos de verano de la Universidad de Salamanca, 1972. *Franco, un siglo de España*. Edit. Nacional, 1973. *Historia de la guerra civil española. La Historia se confiesa*. Edit. Planeta, S.A., Barcelona, 1976. *Historia del franquismo*. Planeta, Barcelona, 1976. "¿Pudo Franco ser Rey de España?" (publicado en "Nueva Historia", n.º 3, abril, 1977)

CONDE, FRANCISCO JAVIER: *Doctrina del Caudillaje* (publicado en Arriba, los días 4, 5, 6, 7 y 8 de febrero, 1942 Y en *Escritos y fragmentos políticos*, Instituto de Estudios Políticos, Madrid, 1974).

CONDE DE ROMANONES: *Notas de una vida (1912-31)*.

CORTÉS CAVANILLAS, JULIÁN: *Gil Robles ¿Monárquico?* Lib. San Martín, Madrid, 1935.

COSTA, JOAQUÍN: *Oligarquía y caciquismo*. Madrid, 1903.

CREACH, JEAN: *La Coer et l'epée*. Edic. Plon, París, 1938.

CROZIER, BRIAN: *Franco. Historia y Biografía*. Edic. Novelas y Cuentos, Madrid, 1975.

CHASE, ALLAN: *Falange. El ejército secreto del Eje en América*. La Habana, 1944 (publicado en Nueva York con el título *Falange: The axis secret army in America*, N. Y. Random House, 1943).

DESCOLÁ, JEAN: *Oh, España*. Edit. Argos-Vergara, Barcelona, 1976.

DÍAZ PLAJA, FERNANDO: *1898*. Edit. Nacional, Madrid, 1976.

DÍEZ BOSQUE, J.M.: *Comentario de textos literarios. Método y Práctica.* Payor, Madrid, 1980.

DÍEZ HIDALGO, JOSÉ EMILIO: *Colección de Proclamas y Arengas de Franco*. Sevilla, 1937.

DOROZYNSKI, ALEXANDRE: Revista. ALGO, mayo, 1977.

DUQUE DE TETUÁN: *Apuntes para la defensa de la política diplomática del Gobierno, (1895-1897)*, Madrid, 1902.

EBY, CECIL: *The siege of the Alcazar, 1945*.

ESCOBAR, JOSÉ IGNACIO: *Así empezó*. Edit. G. del Toro, Madrid, 1975.

FERRERAS, JUAN IGNACIO: *Introducción a una sociología de la novela española del siglo XIX*. Edit. Cuadernos para el Diálogo, Madrid, 1973.

FRANCO BAHAMONDE, FRANCISCO (COMANDANTE FRANCO): *Marruecos. Diario de una bandera*. Edit. Pueyo, Madrid, 1922.

FRANCO BAHAMONDE, RAMÓN (COMANDANTE FRANCO): *Madrid bajo las bombas*. Edit. Zeus, Madrid, 1931.

FRANCO SALGADO-ARAUJO, FRANCISCO: *Mis conversaciones privadas con Franco*. Edit. Planeta, Barcelona, 1976. *Mi vida junto a Franco*. Edit. Planeta, Barcelona.

FREUD, S.: *Obras Completas*. Biblioteca Nueva, Madrid, 1967, 3 tomos. *La disposición a la neurosis obsesiva. Los instintos y sus destinos. Tótem y Tabú. La interpretación de los sueños. El final del complejo de Edipo*.

FREUD, S. Y W. BULLITA: *Th. W. Wilson: A Psycological Study*. Londres, 1966.

FROMM, ERICH: *El miedo a la libertad*.

GALINSOGA, LUIS y FRANCO SALGADO-ARAUJO: *Centinela de Occidente*. AHR, Barcelona, 1956.

GÁRATE, JOSÉ MARÍA: *La boda de Franco en "La Actualidad Española, 18-10-1973"*

GÁRATE CÓRDOBA, JOSÉ MARÍA: "Carmen Polo, la mujer que esperó". Revista Tierra, Mar y Aire, noviembre, 1975.

GARCÍA ESCUDERO, JOSÉ MARÍA: *Franco, ese hombre* (publicado en YA, 20-11-75).

GARCÍA MERCADAL, J.: *Ideario del Generalísimo*. Zaragoza, 1937.

GARCÍA PALACIOS, L.: *El segundo bienio (España en escombros, 1933-35)*. Edic. Bancarias, 1936.

GARCÍA VILLADA, PADRE: "El destino de España". (Publicado en Revista de Acción Española, n.º 14).

GARRIGA, RAMÓN: *La España de Franco*. Edit. G. del Toro, Madrid, 1976. *Juan March y su tiempo. Ramón Franco, el hermano maldito*. Edit. Planeta, Barcelona, 1978.

GEORGEL, JACQUES: *El franquismo*. Ruedo Ibérico, París.

GIL CARRETERO y RODRÍGUEZ CASADO. *Causas del analfabetismo en España*, Madrid, 1955.

GIL ROBLES, JOSÉ MARÍA: *No fue posible la paz*.

GIRONELLA, JOSÉ MARÍA y BORRÁS BETRIÚ, RAFAEL: *100 españoles y Franco*. Edit. Planeta, Barcelona, 1979.

GOMÁ, CARDENAL: *Por Dios y por España, (1936-1939)*. Edit. Casulleras, Barcelona, 1940

GONZÁLEZ, FERNANDO: *Liturgias para un caudillo*.

GONZÁLEZ MENÉNDEZ-REIGADA, PADRE IGNACIO: *Catecismo patriótico español*. Edit. Fice, Salamanca, 1937.

GUBERN, ROMÁN: *Raza, un ensueño del general Franco*. Edic. 99, Madrid, 1975.

GUTIÉRREZ ALARCÓN, DEMETRIO: *Los toros de la guerra y del franquismo*. Edic. Caralt, Barcelona, 1978.

GUTIÉRREZ-RAVÉ, JOSÉ: *Antonio Goicoechea*. Gráficas Yagüe, Madrid, 1965. *¿Cómo se liberó usted?* Madrid, 1942.

HAYES, CARLTON, J.: *Misión de guerra en España EPESA*. Madrid, 1946.

HILLS, GEORGE: *Franco. El hombre y su nación*. Edit. San Martín, Madrid, 1975.

HITLER, ADOLFO: *Mi lucha*.

IRIBARNE, JOSÉ MARÍA: *Con el general Mola*. Zaragoza, 1937.

IZQUIERDO, ANTONIO: *El año siguiente*.

JUAN DE ITURRALDE (PADRE DE JUAN DE USABIAGA): *El Catolicismo y la Cruzada de Franco. Su carácter inicial*. Edit. Egi-Indarra, 1960.

KAYSSER, W.: *Interpretación y análisis de la obra literaria*. Edit. Gredos, Madrid, 1972.

KINDELÁN, ALFREDO: *Mis cuadernos de guerra*. Edit. Plus Ultra, Madrid, (s.a.)

LANGER, WALTER C.: *La mente de Hitler*. Edic. Grijalbo, Barcelona, 1974.

LAPESA, RAFAEL: *Introducción a los estudios literarios*.

LIZARZA, ANTONIO: En La Actualidad Española, 1971. "Cuadernos de la Guerra de España, n.º 5".

LÓPEZ IBOR, JUAN J.: "Testimonio", en *Crónica de la guerra española*. Edit. CODEX, S.A., Buenos Aires, 1966, 5 tomos.

LÓPEZ RODÓ, LAUREANO: *La larga marcha hacia la Monarquía*.

LUCA DE TENA, JUAN IGNACIO: *Mis amigos muertos*. Edit. Planeta, Barcelona, 1971.

MACÍAS PICABEA, RICARDO: *El problema nacional, hechos, causas, remedios*. Madrid, 1899.

MADARIAGA, SALVADOR DE: *España*. Espasa-Calpe, S.A. Madrid, 1979, 13 edic.

MAÍZ, FÉLIX: *Mola, aquel hombre (Diario de la conspiración)*. Edit. Planeta, Barcelona, 1976. *Alzamiento en España (Diario de la conspiración)*. Pamplona, 1952.

MARAÑÓN, GREGORIO: *Ensayo biológico sobre Enrique IV de Castilla y su tiempo*. Espasa-Calpe, S.A. Madrid, 1950. (Colec. Austral n.º 196). *El Greco y Toledo*. Espasa-Calpe, S.A. Madrid, 1960.

MARAVALL, JOSÉ ANTONIO: "Consideración histórica de la guerra de Europa" (publicado en Arriba, 16-9-39).

MARTÍ TORRENT, FRANCISCO: *¿Qué me dice Vd. de los presos?* Alcalá de Henares, 1942.

MARTÍNEZ BANDE, JOSÉ MANUEL: *La marcha sobre Madrid*. Librería San Martín, Madrid, 1968.

MAURÍN, JOAQUÍN: *Revolución y contrarrevolución en España*. Edit. Ruedo Ibérico.

MITCHEL-WOLFRAM, HELLEN: *Los conflictos sexuales de la mujer*.

MOLA, EMILIO: *El pasado, Azaña y el porvenir*. Madrid, 1934.

MONTERO, ELOY: *Los estados modernos y la Nueva España*. Vitoria, 1939.

MORALES LEZCANO, V: *El colonialismo hispanofrancés en Marruecos*. Edit. Siglo XXI. Madrid, 1976.

MORODO, RAUL: *Acción Española. Orígenes ideológicos del franquismo*. Edic. Tucar, Madrid, 1980.

NOURRI, PHILIPPE: *Franco, la conquista del poder*. Edic. Júcar, Madrid, 1976.

ORTEGA Y GASSET, JOSÉ: *España invertebrada*. Revista de Occidente, Madrid, 1955.

OSORIO Y GALLARDO, A.: *Memorias*.

PAYNE, S. G.: *Los militares y la política en la España contemporánea*. Edic. Ruedo Ibérico, 1968.

PEARSON, JOHN Y GRAHAM TURNER: *La industria de la persuasión*. Edic. Oikos-Tau, S.A. Barcelona.
PEMÁN, JOSÉ MARÍA: *Arengas y crónicas de guerra*. Cádiz, 1937.
PEMARTÍN, JOSÉ: *¿Qué es lo nuevo?* San Sebastián, 1937.
PÉREZ DE CABO, J.B.: *Catecismo del Estado Nuevo*. Edit. Betis, Sevilla, 1939.
PÉREZ LEDESMA, M.: *El País, 21-11-1976*.
PÉREZ DE URBEL, FRAY JUSTO: *Interviú, 17-5-78*.
PLÁ Y DENIEL, ENRIQUE: *Las dos ciudades (Carta pastoral)*. Salamanca, 1936.
PORTERO, JOSÉ ANTONIO: "La revista de Estudios Políticos" (*publicado en Las fuentes ideológicas de un régimen. España 1939-1945*). Zaragoza, 1978.
POZUELO ESCUDERO, VICENTE: *Los últimos 476 días de Franco*. Edit. Planeta, Barcelona, 1980.
PRADERA, VÍCTOR: *Obras Completas (Prólogo de Francisco Franco)*.
PRIETO, INDALECIO: *Convulsiones de España*.
PRIMO DE RIVERA, JOSÉ ANTONIO: *Obras Completas*.
RAMA, CARLOS M.: *La crisis española del siglo XX*. Fondo de Cultura Económica, 1976.
RAMÍREZ, LUÍS: *Franco*. Edic. Ruedo Ibérico, 1976.
RAMÍREZ, MANUEL: *España, 1939-1975. Régimen político e ideología*. Edic. Guadarrama, Barcelona, 1978.
RASCOVSKI, A.: *Felicidio, violencia y guerra*. Buenos Aires, 1975.
ROBINSON, RICHARD, A.H.: *Los orígenes de la España de Franco*. Edic. Grijalbo, Barcelona, 1974.
RUÍZ ALBÉNIZ, V.: *España en el Rif*. Madrid, 1921.
SÁINZ RODRÍGUEZ, PEDRO: *Testimonio y Recuerdos*. Edit. Planeta, Barcelona, 1978.
SALAS LARRAZÁBAL, J.: *La guerra de España desde el aire*. Edit. Ariel, Barcelona, 1976
SALAVERRÍA, JOSÉ MARÍA: "Cara a la tempestad". ABC, Sevilla, 18-7-1936.
SÁNCHEZ SILVA, JOSÉ MARÍA: *Franco íntimo*. Madrid, 1972.
SCHMITT, CARL: *La Dictadura, 1928*.
SECO SERRANO, CARLOS: En la revista La Actualidad Española" n.º 702, 1965.
Servicio Histórico Nacional. Archivo de la Guerra de Liberación. Documento Nacional.
SERRANO SÚÑER, RAMÓN: *Memorias*. Edit. Planeta, Barcelona, 1977. "Cambio-16", n.º 229, 26-4-76.
SHAW, D.L.: *Historia de la Literatura española. El siglo XIX*. Edic. Ariel. Barcelona, 1973.
SWANSON, BOHNER Y SMITH: *El mundo paranoide*. Edit. Labor, S.A., Barcelona, 1974.
TAMAMES, RAMÓN: *La República. La era de Franco*. Edic. Alfaguara en Alianza Editorial, Madrid, 1976.
TEBIB ARRUMI, EL: *El Caudillo, S.E.D. Francisco Franco Bahamonde, Generalísimo del Ejército y Jefe del Estado Español*. Avila, 1937.
THOMAS, HUGO: *La guerra civil española*. Ruedo Ibérico, Paris, 1967.

TUÑÓN DE LARA, MANUEL: *La España del siglo XIX*. Edit. Laia, Barcelona, 1973.
TUSSELL, XAVIER: *Las elecciones del Frente Popular*. Edit. Edicusa, Madrid, 1971.
UNAMUNO, MIGUEL DE: “Discurso en Valencia, 7-9-1922”.
VALLEJO NÁJERA, JUAN A: *Locos Egregios*.
VÁZQUEZ HUMASQUÉ, ADOLFO: *Boletín del Instituto de Reforma Agraria, BIRA, enero, 1933*.
VICENS VIVES, J.: *Historia social y económica de España*. Barcelona, 1959.
VIDAL Y DE BARNOLA, LUÍS ALFONSO: *Genealogía de la familia Franco*. Editora Nacional, Madrid, 1975.
VIGÓN, JORGE: *Cuadernos de Guerra y Notas de Paz*. 1970.
VILAR, PIERRE: *Historia de España*.
WHITAKER, JOHN: *We cannot escape history*. New York, 1943.

SIN AUTOR

Dictamen de la Comisión sobre ilegitimidad de poderes actuantes el 18 de julio de 1936. Edit. Regional, Barcelona, 1939.
Foreign Relations. 55th Congreso, 3rd session. Doc. 1688-92.
General Mola (El Conspirador). Edit. AHR, Barcelona, 1957.
Historia de la Cruzada española. Edic. Españolas, S.A. Madrid, 1940.
Historia de la II República española. Edit. Nacional, Madrid, 1968.
La Historia de España contada con sencillez.
Nomenclator de las ciudades, villas, lugares, aldeas, y demás entidades de población de España. Edit. Barranco, Madrid, 1940.
Poema de la Bestia y el Ángel. Edic. Jerarquía, 1938.

DIARIOS Y REVISTAS

ABC
ABC de Sevilla
Amanecer de Zaragoza
Diario de Burgos
Diario de Sesiones de las Cortes
El Correo Español
El Debate
El Liberal
El País
El Socialista

El Viejo Topo
Heraldo de Madrid
Informaciones
La Correspondencia de España
La Gaceta de Santa Cruz de Tenerife
La Prensa de Barcelona
La Provincia de Las Palmas
O País
Ya
Rev. Cambio-16
Rev. España en África
Rev. Estampa
Rev. Historia-16
Rev. Interviú
Rev. La Actualidad Española
Rev. Mundo Gráfico
Rev. Nueva España. Revista gráfica nacional. Barcelona
Rev. Nuevo Mundo
Rev. Opinión
Rev. Siesta

INVESTIGACIÓN
ABIERTA

La colección "INVESTIGACIÓN ABIERTA", que pretende abrir nuevas vías en el periodismo de investigación, cuenta con reporteros de contrastado prestigio. Trata campos tan diversos como la política, los fenómenos paranormales, la historia... rabiosa actualidad. El lenguaje directo y valiente que se emplea en todos y cada uno de los trabajos hacen de éstos auténticos ejemplos del periodismo de reportaje más vivo y audaz del momento.

EL GRIAL SECRETO DE LOS MEROVINGIOS

La supervivencia de la Sangre Real

Carlos Cagigal y Alfredo Ros. Prólogo de Juan Antonio Cebrián
ISBN: **84-9763-207-9.** EAN: **978-849763207-2**
Formato: **14x20.** Encuadernación: **Rústica con solapas.**
Colores: **b/n**

LAS CLAVES DEL CÓDIGO DA VINCI

La estirpe secreta de Jesús y otros misterios

Mariano Fernández Urresti y **Lorenzo Fernández Bueno**

EDICIÓN ESPECIAL, ILUSTRADA

ISBN: **84-9763-098-X.** EAN: **978-849763098-6**
Formato: **15,5x21,5.** Encuadernación: **Cartoné.**
Páginas: **264**. Coloes: **232 b/n, 32 color.**

La EDICIÓN ILUSTRADA de "Las Claves del Código da Vinci" incluye 32 páginas de infografías, fotos e ilustraciones que profundizan aún más en los misterios que abre la novela: a) Análisis exhaustivo del cuadro "La Última Cena" de Leonardo da Vinci, desvelando por vez primera todos y cada uno de los elementos extraños y ocultos que se hallan en ésta; b) Análisis gráfico de los extraños manuscritos de Rénnes-le-Chateau, con supuestas genealogías y mensajes encriptados y c) Infografías y mapas sobre los cuales se han plasmado los lugares destacados, con sus claves ocultas.

LAS CLAVES DEL CÓDIGO DA VINCI (12.ª EDICIÓN)

La estirpe secreta de Jesús y otros misterios

Mariano Fernández Urresti y **Lorenzo Fernández Bueno**

ISBN: **84-9763-096-3.** EAN: **978-849763096-2**
Formato: **14 x 20.** Encuadernación: **Rústica con solapas.**
Páginas: **232**. Colores: **b/n.**

Las Caras de la discordia (2.ª Edición Ampliada)

Bélmez, el fenómeno paranormal
más importante de la historia. **¡Actualizada!**

David E. Sentinella y **Lorenzo Fernández Bueno**
ISBN: **84-9763-095-5.** EAN: **978 849763095-5**
Formato: **14x20.** Encuadernación: **Rústica con solapas.**
INCLUYE CD AUDIO. Páginas: **248.** Colores: **b/n**

El negocio de la Virgen

Tramas políticas y económicas de milagros y curaciones

Moisés Garrido Vázquez
ISBN: **84-9763-097-1.** EAN: **978 849763097-9**
Formato: **14x20.** Encuadernación: **Rústica con solapas.**
Páginas: **232.** Colores: **b/n**

Corrupción. Las cloacas del poder

Estrategias y mentiras de la política mundial

Miguel Pedrero
ISBN: **84-9763-099-8.** EAN: **978-849763099-3**
Formato: **14x20.** Encuadernación: **Rústica con solapas.**
Páginas: **232.** Colores: **b/n**

Neonazis: La seducción de la svástica

En busca del IV Reich

Antonio Luis Moyano
ISBN: **84-9763-200-1.** EAN: **978-849763200-3**
Formato: **14x20.** Encuadernación: **Rústica con solapas.**
Colores: **b/n**

Mentiras Oficiales (2.ª Edición)

10 conspiraciones que han cambiado la historia

David Heylen Campos
ISBN: **84-9763-094-7.** EAN: **978 849763094-8**
Formato: **14x20.** Encuadernación: **Rústica con solapas**
Páginas: **232.** Colores: **b/n**